国际海洋法的
理论与发展

邱文弦／著

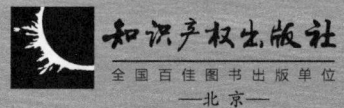

图书在版编目(CIP)数据

国际海洋法的理论与发展 / 邱文弦著. -- 北京：知识产权出版社，2025.7. -- ISBN 978-7-5130-9776-5

Ⅰ. D993.5

中国国家版本馆 CIP 数据核字第 2025G12V52 号

责任编辑：张　荣　　　　　　　　责任校对：王　岩
封面设计：张　欣　　　　　　　　责任印制：孙婷婷

国际海洋法的理论与发展

邱文弦　著

出版发行：知识产权出版社有限责任公司	网　　址：http://www.ipph.cn
社　　址：北京市海淀区气象路 50 号院	邮　　编：100081
责编电话：010 - 82000860 转 8109	责编邮箱：107392336@qq.com
发行电话：010 - 82000860 转 8101/8102	发行传真：010 - 82000893/82005070/82000270
印　　刷：北京建宏印刷有限公司	经　　销：新华书店、各大网上书店及相关专业书店
开　　本：720mm×1000mm　1/16	印　　张：19.5
版　　次：2025 年 7 月第 1 版	印　　次：2025 年 7 月第 1 次印刷
字　　数：309 千字	定　　价：98.00 元
ISBN 978 - 7 - 5130 - 9776 - 5	

出版权专有　　侵权必究

如有印装质量问题，本社负责调换。

序

欣喜收到邱文弦同志发来的《国际海洋法的理论与发展》一书的手稿。2007年9月，文弦在获得中南财经政法大学法学学士学位之后，成为我在中国地质大学（武汉）跨文理学科进行交叉型研究的首名硕士，她随后加入国家海洋局（现自然资源部）第二海洋研究所专属经济区与大陆架划界研究团队，成为联合国大陆架界限委员会中国委员工作组的成员。经过她的不懈努力，在2013年顺利完成"The Role for Natural Prolongation in Maritime Delimitation beyond 200 Nautical Miles Limit"（《自然延伸原则在外大陆架划界中的作用研究》）的全英文博士论文，获得海洋科学专业的理学博士学位。这段艰难不易却极富意义的研究旅程，至今已过十余载。我相信，该书是文弦结合了自己的研究经历以及在浙江大学从事教学与科研工作的心得体会。

古语云："以史为镜，可以知兴替；以人为镜，可以知得失。"历史能引导我们总结经验，提醒我们不要坠入误区、帮助我们思索未来，进一步掌握世界的发展趋势。多年来，我们可能更关注于海洋科学技术的进步和突破，却尚未系统而全面地了解海洋未来发展的脉络和潜在机遇，以及治理海洋的要点。熟悉全球海洋的发展历史，从科学的视角、法学的视角、政策的视角等综合维度观察、判断和把握海洋，才有可能突破我们探索海洋、利用海洋和保护海洋的眼界和思路，有益于掌握海洋学科的发展方向和参与全球海洋的治理。近年来，国内学界关于国际海洋法的研究已有起色，但无论是从队伍建设还是成果积累的角度看，国际海洋法（尤其是海洋划界问题）的研究仍然属于冷门学科。希望本书的出版能够带动或者延续这个学科的持续发展。

该书难能可贵的是，作者结合了自己在国家海洋局的学习体会、澳大利亚国家海洋资源与安全中心和美国特拉华大学海洋与环境学院的访学心得以及在浙江大学的工作经验，将如何开展海洋实践工作的思考融入了书稿之中，将国际海洋法法律体系中与海洋科学、海洋地理等难以被社科研究工作者所理解的地学概念用通俗易懂的语言表达了出来，把课堂上专业知识传授与海洋政策需求有机地结合起来。全书既涉及了海洋法经典理论的再现，也有作者新近研究成果的汇集，适合国际公法、海洋政策等相关领域的工作者参考和该领域高年级本科生、研究生的入门阅读。

全球海洋和人类的经济、生活息息相关。在过去的几十年，全球气候环境、国际形势都发生了深刻的变化，海洋在其中扮演着越来越重要的角色，我国海洋城市高质量发展的根基也源于此。对于广大青年学子而言，认识海洋、了解海洋不应局限于自然科学的视角，更需要努力掌握海洋治理规则、为争夺海洋话语权做好万全的准备，这也是国际法学习非常重要的一部分。未来，不一定会有很多学者去钻研需要跨越文理学科才能开展纵深研究的全球海洋划界与海洋维权问题，但是，这项工作需要有人持续跟进，认真研究，不断发声，才能助力我国海洋强国战略早日实现。稍有遗憾的是，基于当下国际政治形势的严峻斗争，本书第六章暂只能刊出拉丁美洲和亚洲海域海洋治理现状的梳理和思考。我们期待，日后待书再版时，作者可将其他海域的海洋治理现状进行统筹性展现。

海洋依然辽阔，天空足够高远，值得更多年轻人创造梦想、追寻梦想、实现梦想！

2025 年 4 月 21 日

目 录
CONTENTS

第一章　国际海洋权利的话语发展 / 001

第一节　海洋权利应运而生 / 001
　　一、海洋权利的缘起 / 001
　　二、海洋科技拓展与海洋权利外延 / 005
　　三、航海需求促动概念迭代 / 008
　　四、科技革命引发新问题 / 011

第二节　海洋权利的规范体系 / 014
　　一、国际会议谈判历程梳理 / 015
　　二、"海洋宪章"的体系设计 / 017
　　三、一般规范与"海洋宪章"的内在关系 / 027

第三节　我国海洋法制的发展历程 / 031
　　一、新中国涉海法律制度建设的起步时期
　　　　（1949—1979 年）/ 032
　　二、中国涉海法律体系建设的快速成长时期
　　　　（1980—2012 年）/ 033
　　三、中国涉海法律制度建设的完善时期
　　　　（2013—2024 年）/ 038

第二章　国际机构的职能 / 041

第一节　国际机构 / 041
　　一、国际法院及其职能 / 041
　　二、国际海洋法法庭及其职能 / 044

　　　　三、大陆架界限委员会及其职能 / 046
　第二节　职能冲突与司法能动 / 050
　　　　一、司法机构的管辖权"黑洞" / 050
　　　　二、司法机构的管辖权冲突 / 061
　　　　三、委员会与司法机构的实践冲突 / 062

第三章　沿海国划定海洋界限的理论 / 067
　第一节　边界的类型与规范的匹配 / 067
　　　　一、从陆地走向海洋 / 067
　　　　二、边界的类型划分 / 070
　　　　三、界限划定的范式 / 071
　第二节　不同权益区的属性比较 / 085
　　　　一、领海：宽度之争与无害通过权 / 085
　　　　二、毗连区：被弱化的定界理论 / 098
　　　　三、专属经济区：专属权利与剩余权利 / 101
　　　　四、大陆架：科学与法律的融合 / 110
　　　　五、国际海洋公域：自由与共享之纷争 / 116
　第三节　界限概念的难点分析 / 127
　　　　一、大陆边与《公约》第76条的互动关系 / 127
　　　　二、大陆架的法律属性 / 129
　　　　三、自然延伸的双重属性 / 130
　第四节　特殊要素在定界中的地位 / 133
　　　　一、特殊自然地物的类型 / 133
　　　　二、人工造物的定界依据 / 136
　　　　三、特定地理区域的考量 / 142

第四章　全球海洋边界划分理论 / 147
　第一节　全球大陆架外部界限主张梳理 / 147
　　　　一、沿海国划界主张及委员会建议 / 147

二、第76条规则张力及与第83条的关联性 / 156
第二节　不同区域的划界现状——以地理坐标为标准 / 161
　　一、大西洋区域 / 161
　　二、地中海、黑海和加勒比海区域 / 162
　　三、波罗的海与红海区域 / 166
　　四、非洲地区 / 170
　　五、印度洋区域 / 171
　　六、极地区域 / 172
第三节　划界规范的实践难点——以相关要素为标准 / 182
　　一、重叠区域的国家单边划定障碍 / 182
　　二、岛屿区域的权益主张的张力呈现 / 186
　　三、脊状物区的界限划定的解释难度 / 188

第五章　全球海洋边界划分实践的现有桎梏与优化路径 / 207
第一节　划界原则与方法的区别化考量 / 209
　　一、公平原则的根本地位 / 210
　　二、等距离线/中间线方法的有限适用 / 214
　　三、三步划界法 / 216
第二节　不同区域的国家实践 / 218
　　一、领海划界：中间线的绝对权威 / 218
　　二、专属经济区划界：稳中有变 / 233
　　三、大陆架区划界：风险与机遇并存 / 242
第三节　相关要素的效力界定 / 254
　　一、脊状物的判定标准 / 254
　　二、岛和礁的甄别路径 / 257
　　三、冰封区域的法律形态 / 260
　　四、富沉积物区的外溢效力 / 264

第六章 代表性洲域的海洋治理现状 / 269

第一节 拉丁美洲的海洋治理 / 271
一、拉丁美洲国家海洋法适用 / 271
二、拉丁美洲国家海洋生态保护 / 273
三、拉丁美洲国家海洋划界现状 / 275
四、拉丁美洲海域治理改善之思考 / 282

第二节 亚洲区域海洋治理现状 / 285
一、亚洲国家海洋法适用 / 285
二、亚洲国家海洋生态保护 / 291
三、亚洲国家海洋划界现状 / 294
四、亚洲海域治理改善之思考 / 300

第一章　国际海洋权利的话语发展

第一节　海洋权利应运而生

一、海洋权利的缘起

世界历史是一部海权对抗陆权、陆权对抗海权的斗争史。① 古埃及时期，水上运输、海上贸易已经涉及古埃及人生活的方方面面，古埃及人通过海上贸易来维系其与古代美索不达米亚及安纳托利亚地区主要国家之间的交往，并开始在地中海东部进行持续的远距离航行。与古埃及人不同，古代美索不达米亚人是制定海洋法和商法的先驱，在他们最古老的史诗《吉尔伽美什史诗》（*The Epic of Gilgamesh*）中论述了造船和航行，大量历史文献表明古代美索不达米亚地区的贸易由个体商人把持。因此，最早的《汉谟拉比法典》（*The Code of Hammurabi*）中有大量内容涉及商人之间的关系，有7个条款涉及航运，如其中有3个条款规定了租赁载重量为60库鲁的船只所需要收取的利息及费用，其他条款则指出制造一艘载重量为60库鲁的船只所需的费用为2锡克尔，使用期为1年；再如规定了早期历史中罕见的"行驶规则"，即规定向下游航行的船只必须避开逆流航行的船只，如果因船主粗心大意而造成损失，则需自行承担后果。②

古希腊时期，雅典人构筑了海洋城邦。为了保证市场和黑海的谷物能够自由进入，在德尔斐神庙神谕的指示下，雅典人打造了一支地中海最强的舰队，一支能够击败任何入侵者的海军，从而推进雅典人成为航海民族。商业

---

① 卡尔·施米特：《陆地与海洋：古今之"法"变》，林国基、周敏译，华东师范大学出版社，2006，第7页。
② 林肯·佩恩：《海洋与文明》，陈建军、罗燚英译，天津人民出版社，2017，第19-27页。

的兴旺发达推动雅典贸易商事规则的形成,如船只抵押贷款的发展,这是当时唯一可知的真正具有创造性的投资模式。在这种模式下,商人可以将自己的船只或船上的货物进行抵押,以获得一笔贷款,并于航行结束后还付。时至古罗马时代,奥古斯都组建了罗马第一支常规海军,整个地中海都在帝国统治之下,随着罗马帝国的扩张,埃及、叙利亚、北非、黑海、多瑙河与莱茵河、英吉利海峡等地都相继组建了航海舰队。罗马法认可国家为了正当的商业活动利用海洋的权利,这是海洋自由利用和自由航行这一原则的起源。罗马人对海洋的依赖,正如格涅乌斯·庞培(Gnaeus Pompeius)所言,"航行是必须的,但生活不是"。[1] 据记载,2 世纪,罗马法学家宣称海洋为全人类共有,人人都可以利用海洋。在中世纪早期,宗教对人们生活的方方面面产生了影响。[2] 宗教对高利贷的限制,导致海上贸易发生了重大变化,从而使制定日益复杂的商业契约和预防措施变得更加重要。从古希腊至罗马时期,直到中世纪,相继出现了《罗德海商法》(Lex Rhodia)、《论船舶租赁及(契约)双方之权利》(On the Rights of the Parties to the Charter Party of the Ship)、《海洋领事之书》(The Book of the Consulate of the Sea) 等规章制度,就海上商事贸易活动进行多方面约束规定,如规定共同海损规则、处理海盗和船难问题;康曼达契约的形成,推动了中世纪海上贸易的快速增长,商业也逐步发展成为一种公民道德。[3]

1492 年 8 月 3 日,在西班牙女王伊莎贝拉一世的支持下,克利斯托弗·哥伦布率领 3 艘船只和 120 名水手从帕洛斯港出发,开始了横渡大西洋的航行。此后,现代世界进入了所谓的"哥伦布时代",[4] 葡萄牙和西班牙也相继推动了"地理大发现"。1493 年,罗马教皇亚历山大六世发布训令,规定将沿亚速尔与福德角群岛子午线以西 370 里格(1 里格约等于 4800 米)范围内费尔

---

[1] Howatson M C, et al., *The Oxford Companion to Classical Literature* (London: Oxford University Press, 1991), pp. 26 – 27.
[2] 陈德恭:《现代国际海洋法》,海洋出版社,2009,第 330 – 331 页。
[3] 林肯·佩恩:《海洋与文明》,陈建军、罗燚英译,天津人民出版社,2017,第 37 – 341 页。
[4] 卡尔·施米特:《陆地与海洋:古今之"法"变》,林国基、周敏译,华东师范大学出版社,2006,中译本序言。

南德与伊莎贝拉的所有岛屿和陆地的主权授予西班牙。① 1494 年 6 月 7 日，为避免战争冲突，在教皇的调解下，葡萄牙和西班牙签订了《托尔德西里亚斯条约》（Treaty of Tordesillas），同意在佛得角以西 370 里格处进行划界，即著名的"教皇子午线"，进而共同垄断欧洲之外的世界。1529 年 4 月 22 日，葡萄牙与西班牙签署《萨拉戈萨条约》（Treaty of Zaragoza），西班牙将马鲁古群岛卖给了葡萄牙。该条约试图划分海洋势力范围。

17 世纪是大西洋欧洲的海洋强国时代的开端。对殖民地的掠夺使大量黄金和白银从美洲和印度等地区流入欧洲，引起了资本主义商业革命。同时，随着加尔文教派的传播，以及海外贸易的扩张，荷兰的经济很快出现了空前繁荣的景象。17 世纪的阿姆斯特丹成为国际贸易的大都会，商品从波罗的海、地中海、美洲和印度源源不断地运进来，而更多的商品则被储存在遍布这个城市的巨大仓库里，等待着重新出口，商业体系持续扩张。贸易公司忙于组织贸易活动，银行贷出货币，信用则为这个体系提供着动力。在这个商业城市的建构过程中，商业文化也随之诞生。② 随着资本主义新生力量、新教主义国家荷兰与西班牙和葡萄牙之间的贸易冲突愈演愈烈，新教国家为摆脱罗马教皇的控制，对新世界的土地争夺成为宗教斗争的实践场域，海洋自由论成为打破霸权主义的主流学说。著名学者雨果·格劳秀斯（Hugo Grotius）在《海洋自由论》（The Freedom of the Seas or the Right Which Belongs to the Dutch to Take Part in the East Indian Trade）一文中指出，根据万国法的规定，所有人都享有航行自由。海洋是人类共有的，无论如何都不能成为任何私人的财产。雨果·格劳秀斯主张海洋是共有物，支持海洋自由的法律原则。换言之，任何国家之间的交流和贸易都是合法的，以此反驳西班牙人和葡萄牙人以及排除外国人在公海的不当主张。③ 这与雨果·格劳秀斯所处的时代有关。身处欧洲战乱最频仍、霸权与反霸斗争最白热化的阶段，他最为关心的是和平。④ 在他写给法国国王路易十三的献词中，他也表明了这种态

---

① 陈德恭：《现代国际海洋法》，海洋出版社，2009，第 22-23 页。
② 约翰·伦尼·肖特：《城市秩序》，郑娟、梁捷译，上海人民出版社，2015，第 24 页。
③ 雨果·格劳秀斯：《海洋自由论》，拉尔夫·冯·德曼·马戈芬英译，马呈元中译，中国政法大学出版社，2018，第 8-19、21、43-44 页。
④ 张云雷：《自然法谱系中的格劳修斯》，《政治思想史》2015 年第 4 期，第 71-99、199 页。

度:"我们的心灵厌倦了冲突。"① 事实上,雨果·格劳秀斯的观点几乎都来源于自然法和万国法,以及古典时代的先例。其之所以再次阐明这些问题,主要是为了满足荷兰等北欧诸国发展的需要。"海洋自由论"是"重商时代"的产物,海洋自由的观点是从"公共"物品的角度演进的。尽管"海洋自由论"最初提出时也遭到了英国等国及其学者的反对。在1635年,约翰·塞尔登(John Selden)完成了其著作《闭海论》(Mare Clausum),在海洋权益问题上与雨果·格劳秀斯的"海洋自由"的观点截然不同的立场。1609年,雨果·格劳秀斯的《海洋自由论》(Mare Liberum)出版,其主张海洋应与空气一样,是自由且开放的,不应受到任何国家主权的限制。约翰·塞尔登在《闭海论》中提出,海洋并非自然状态下无主的公共领域,某些海域可以基于历史、地理以及使用传统等要素被特定国家所占有。他依据英国对邻近海域的历史性控制,论证了英国君主依据"历史性权利"对领海进行管控的合法性,并要求外国人获取皇家捕鱼许可证。约翰·塞尔登的论点直接挑战了雨果·格劳秀斯的理论,强调了国家对特定海域主权的合法性。英国国王詹姆斯一世正是以此为借口,要求外国人购买"皇家捕鱼许可证"。

随着海上贸易的扩大,至18世纪,"海洋自由论"已被普遍接受。同时,一国对紧邻海岸的水域拥有管辖权的说法也被接受。② 在法国大革命引发的激烈宗教冲突中,兴起了一种关于国家主权至高无上的思想,它试图通过国家权力强行压制或管理神学与教会的冲突,推动社会公共领域的世俗化进程,甚至旨在将教会改造成为国家控制下的公共机构。1648年10月,由神圣罗马帝国与法国、瑞典、荷兰、丹麦以及德意志诸国签署的《威斯特伐利亚和约》(Peace of Westphalia)标志着主权国家的诞生。由此,在陆地与海洋之间的截然对立开始出现,坚实的陆地成为国家领域,而海洋则保持自由,独立于国家,不属于国家领土。在这背后,出现了两种不同的国家法秩序与对立的法律观念的世界。至此,海洋不再是一种元素,而成为一种人类统治的空间。③

---

① 张云雷:《自然法谱系中的格劳修斯》,《政治思想史》2015年第4期,第71-99、199页。
② 曲波:《论南海仲裁案历史性权利实体裁决的瑕疵》,《吉林大学社会科学学报》2017年第2期,第32-42页。
③ 卡尔·施米特:《陆地与海洋:古今之"法"变》,林国基、周敏译,华东师范大学出版社,2006,第72、76-77页。

二、海洋科技拓展与海洋权利外延

18世纪初，随着航海科技的突飞猛进，各国的航海事业已步入正轨，探险者们建立起国家之间的联系。如英国东印度公司通过间接统治过渡到直接控制，最终在18世纪后期掌握了孟加拉；美国商人参与了西北太平洋与广州之间的皮草贸易。① 施米特指出，在此之前，人们将海洋看作一种天然的壕沟；相应地，海岛就被看作一个自然的要塞和海上的堡垒。但这是一种以陆地为中心的观点，是把海岛理解为被大海像护城河一样保护着的城堡的观念，既是领土意识的本能，又是狭隘的陆地中心主义。反之，从海洋看陆地，这个海岛将不再是陆地的一块弃物，而是海洋的一部分或者海洋的造物，更重要的是，海洋的面积远远大于陆地的面积。② 随着时势的变化，荷兰人也开始改弦更张，当他们将葡萄牙人逐出了东南亚后，便开始主张"海洋自由"，从大力提倡自由贸易转而维护其垄断权。1703年，荷兰法学家科尔内利斯·范·宾刻舒克（Cornelius van Bynkershoek）提出了"大炮射程规则"，即陆上国家的权利以其炮火射程所及的范围为限。1782年，加林尼建议以3海里作为大炮射程的统一标准，这一原则被广泛应用。1745年，丹麦最早宣布对沿岸1里格的海域行使管辖权。从19世纪一直到20世纪初期，地中海各国所建立的领海宽度大多为3海里或4海里。

随着工业化的发展，1776年，第一台蒸汽机问世，而蒸汽船技术的诞生和发展则重塑了全球格局。1807年，富尔顿制造的长约45米的侧轮汽船"克莱蒙特"号（Clermont/North River Steamboat），在纽约与奥尔巴尼之间的哈得逊河上进行了首航。1838年4月4日，"天狼星"号从爱尔兰的科克港出发，于4月22日驶入纽约港。《纽约先驱报》（The New York Herald）报道指出，"天狼星"号汽船从科克起航，经过17天的航行终于到达纽约了。蒸汽动力的新时代到来了。广阔的大西洋上终于架起了桥梁。时间与空间湮灭了。随着1869年苏伊士运河的开通，欧洲与亚洲之间的海上贸易更为便利，

---

① 林肯·佩恩：《海洋与文明》，陈建军、罗燚英译，天津人民出版社，2017，第525页。
② 卡尔·施米特：《陆地与海洋：古今之"法"变》，林国基、周敏译，华东师范大学出版社，2006，第92-93页。

蒸汽船在全球海上贸易和海战中占据了重要的位置。①

19世纪，在重商主义政策下，欧洲强国对原材料和新兴市场的迫切需求，推动了工业资本主义发展，也加剧了帝国主义竞争，进而引发了最后一轮海外扩张战争。1890年，美国老兵阿尔弗雷德·赛耶·马汉（Alfred Thayer Mahan）的演讲稿被整理成《海权对历史的影响》（The Influence of Sea Power Upon History）出版，海权被视为打击帝国经济繁荣的能力。他指出，对保护一个国家的海外商业及殖民地，以及通过封锁禁运敌国的贸易而言，海军是必不可少的。正是压倒性的海权，迫使悬挂敌国旗帜的船只离开，并通过控制巨大的公共资源封闭敌国用于商业贸易的公用通道。马汉的海权论本质上是一种带有强烈帝国扩张主义及社会达尔文主义色彩的战略理论，它在历史上主要为帝国主义国家的侵略与扩张政策服务，尽管其核心的海权思想在战略研究领域具有独立的价值。② 马汉在《海权对历史的影响》一书中首次提出了"海权"的概念。张文木指出，海权应是国家"海洋权利"（sea right）与"海上力量"（sea power）的统一，是国家主权概念的自然延伸。海权的概念一定要纳入主权和国际法范畴讨论，而不能仅仅纳入海上力量范畴来讨论，更不能与海上力量混同使用。③ 但不可否认的是，马汉的海权论对20世纪早期的海军政策有深刻的影响，并促进了美国大海军的筹建，对当时处于由资本主义自由竞争时期向帝国主义时期转变的美国跻身于世界强国之列也起到了重要作用。④ 马汉的海权论是当时美国所处的时代的缩影，从它开始，美国海权思想经历了一系列的发展演进，其中有一些不变的核心理念值得中国参考，比如，强大的海权是国家强盛的根基；对制海权的掌控是海权的核心；进攻是海军作战的灵魂；国家利益永远是考虑海权问题的出发点；等等。⑤

---

① 林肯·佩恩：《海洋与文明》，陈建军、罗燚英译，天津人民出版社，2017，第527-544页。
② 袁建军、陈洁：《论社会达尔文主义及其在马汉海权思想中的彰显》，《太平洋学报》2014年第22期第6辑，第81-88页。
③ 张文木：《论中国海权》，《世界经济与政治》2003年第10期，第8-14页。
④ Richard W. Unger, "Alfred Thayer Mahan, Ship Design, and the Evolution of Sea Power in the Late Middle Ages," *The International History Review*, Vol. 19, No. 3（1997）: 505-521.
⑤ 杨震、周云亨、郑海琦：《美国海权思想演进探析》，《国外社会科学》2016年第5期，第99-109页。

在新中国成立初期维护海洋主权的探索中,我们国家所做的一系列工作虽然形式上与马汉强调的海军、基地等要素有表面相似之处,但反侵略、反扩张、求平等的本质,与马汉海权论有着根本性的不同。例如,逐步收回了在近代丧失的绝大部分海权,并制定了相关的法规制度;在物资奇缺、人员紧张的艰难境况下,筹建了人民海军,创办了多所海军学校。这一时期,我国还应对了来自西方的海上封锁与禁运,拒绝了苏联建立长波电台和联合舰队的要求。①

1930年,由国际联盟主持在海牙召开国际法编纂会议,会议筹备委员会建议讨论领海宽度、国家管辖权等海洋法问题。随着海洋科学技术的发展,近海石油开发得到了快速推进。1937年,为响应美国海军部的要求,美国国会出台了提议将整个大陆架留作海军石油储备之用的法案,罗斯福总统也积极地扩大海洋领土和资源管辖权。② 在杜鲁门总统的推动下,美国政府于1945年9月28日出台了《关于美国大陆架的底土和海床的自然资源的政策公告》和《关于美国邻海以外的公海渔业政策的公告》,亦称"杜鲁门公告",其中包含关于海洋问题的两个新政策:一是建立捕鱼保护区,即在邻近美国海岸的公海海域划定渔业保护区,对区域内的捕鱼活动进行保护,捕鱼行为受到美国政府的监管;二是形成大陆架制度,即对邻近美国海岸的公海海底的大陆架涉及的自然资源进行保护。该公告涵盖了地质地貌、经济、安全、保护等方面内容。③ 这也是大陆架制度的萌芽。毫不夸张地说,1945年至第三次联合国海洋法会议出现的单方面海洋权利主张均可追溯至"杜鲁门公告"。此外,该公告的发布,表明海洋科学技术已经将海底矿产资源转化为可开发的经济资源,从此掀开了国际海底区域治理的新篇章,国际海底区域治理日渐发展成为国际社会关注的热点,海底区域亦成为第三次联合国海洋法会议的最重要议题之一。④ "杜鲁门公告"对之后的司法实践也有深远的影响。1969年,

---

① 兰波:《新中国成立初期维护海洋主权的探索》,《郑州大学学报(哲学社会科学版)》2017年第2期,第144-147、160页。
② 吴少杰、董大亮:《1945年美国〈杜鲁门公告〉探析》,《太平洋学报》2015年第9期,第98-106页。
③ 吴少杰、董大亮:《1945年美国〈杜鲁门公告〉探析》,《太平洋学报》2015年第9期,第98-106页。
④ 吴少杰、董大亮:《1945年美国〈杜鲁门公告〉探析》,《太平洋学报》2015年第9期,第98-106页。

国际法院在"北海大陆架"案的判决书中认定的"该边界线将根据各当事国达成的协议,并按照公平的原则划定"①便是引申自"杜鲁门公告"中关于大陆架划界的基本原则。1958 年,在《大陆架公约》(Convention on the Continental Shelf)的制定过程中,与会国对大陆架和历史性权利的关系进行了深入的讨论,整体上认可国家可以在大陆架上拥有历史性权利。如美国认为一个国家可以对定居在大陆架上的一些生物资源享有历史性权利;瑞典认为如果一个沿海国在实践中对大陆架上的定居生物资源一直行使和享有主权的历史性权利,则该国在大陆架上的这种历史性权利不应被剥夺;以色列则认为沿海国可以以历史性权利为由,主张对大陆架上的定居鱼类进行管辖与保护。②

三、航海需求促动概念迭代

得益于不同学科的迅猛发展及其与海洋科技的充分结合,加之新型造船材料与船舶动力技术的应用,航海事业迎来了繁荣发展的时期。工业革命对船体材料、船舶动力与导航技术的革新,使船舶变得更加坚固、航行更加快速。一些较早参与其中的国家,如美国、英国、德国、法国等,其国家的海上军事力量也因此而日益强大。航海事业的发展也充分推动了海上贸易的繁荣,海上商队配备更为有效的运输船只进行跨洋贸易。航海技术的发展提供了海权拓展的另一契机。在远洋航行中,非常重要的航海技能就是定位船只在浩瀚海洋中的位置。早期在海洋航行中的定位方法,譬如地文定位法③、水文定位法④以及日月轨迹定位⑤,其精确度以及稳定性均难以保证。航海定

---

① 参见国际法院:《国际法院判决、咨询意见和命令摘要(1948 – 1991),ST/LEG/SER. F/1》(中文版),1993,第 83 – 86 页,http://www.Icj – cij.org/homepage/ch/files/sum_1948 – 1991.pdf,访问日期:2024 年 1 月 24 日。
② 李永:《历史性权利与大陆架关系初论——兼议中国在南海大陆架上的历史性权利》,《海南大学学报(人文社会科学版)》2017 年第 4 期,第 1 – 9 页。
③ "地文定位法"是指以海岸的特征以及陆地上的物件为参照物的定位方法,这种定位方法只适合离海岸或陆地较近的海区,因此只能实现船舶按海岸线航行。
④ "水文定位法"是指利用在航海过程中的各种海上要素辨别方向,比如依靠水草、鱼类、水流、海鸟等自然要素进行定位,该方法具有高度不稳定性。
⑤ "日月轨迹定位"是指根据太阳和月亮东升西落的轨迹来判断大致的方向,主要是东西方向。但这种方法只适合晴朗的天气,因此也较为不稳定。

位技术的现实掣肘也让国家力量控制与影响的范围非常有限,但在这个阶段海洋已经为人类所认识,而"在海洋被人类认识的那一刻,海权就诞生了"。① 在古代西欧,就产生了主要围绕地中海的海上霸权战争。比如在公元前67年,庞培征召了一批有经验的水手来弥补陆军在航海技术方面的短板,以围剿沿岸海盗,夺回对地中海的控制权。② 这一时期,地中海地区的战役催生了以海洋军事权力为核心的西方海权思想。

随后的"航海大发现"时期,精确航海定位技术的发展带来了开启新航线的可能。指南针的发明应用、世界各地出现利用天体与地平线之间的角度进行南北定位的航海智慧(如中国宋朝的"牵星法"、阿拉伯的"卡马尔"技术以及地中海地区的"雅各竿"技术),极大地提高了航海定位的精确度。这些定位技术经过后人革新,又发展出了"八分仪""六分仪"等仪器。18世纪到19世纪,机械制造业与天文学进一步结合,天文钟的发明应用基本解决了经度定位的问题。得益于此,这一时期的交通也发生了深刻变革。对于有野心的国家而言,航海交通的深刻变革为其提供了追求全球性利益的有效手段。"公海对国家生活带来的积极作用在于它是一种交通手段,因此通过阻止敌人采用这种交通方式,我们可以中断敌国海上活动的正常运行。"③ 海上交通的控制优势,也有利于这些国家拓展自己的军事控制外延。而海上军事力量的大范围扩张,又可以进一步加大对出海港口以及世界贸易航线的控制,进而占据更大面积的海洋空间。英国在这一方面的表现尤为突出。19世纪后半叶,英国已逐步开通了大西洋、印度洋以及美洲的海上交通线,控制了欧洲通往全球市场的入口。在其之后的国家,如德国、美国、日本等,也开始重视发展海军,从原先的优势国家手中夺取海上交通资源。总的来说,航海技术的发展提高了航海能力,增强了国家的海上力量,能够更好地在军事和贸易上掌控海洋。海权成为一个综合了海上军事力量、海上交通线等要素的概念。

进入19世纪中后期,海洋科学技术的突破为海权理论的发展提供基础。

---

① 张晓松:《历史上的海上力量》,东北大学出版社,2015,第5页。
② 张晓松:《历史上的海上力量》,东北大学出版社,2015,第12-13页。
③ 朱利安·S. 科贝特:《海上战略的若干原则》,仇昊译,上海人民出版社,2012,第71页。

受航海技术进步和船舶动力系统革新等工业革命的影响,海洋科学研究迎来了世界性的大发展。譬如,英国的大型海洋考察船——"挑战者"号,于1872年至1876年,大规模地考察了全球的海洋环境,包括海洋深度、海洋温度、海洋沉积物、海洋生物等;美国则在加利福尼亚州沿海钻探出石油,这引发了各国的海洋科考热与海底石油钻探潮流。截至20世纪初,北极与南极也已布满了人类的足迹。各国对海权的争夺与控制又在科学勘探领域打开了一个新局面。

而当航海技术的发展不再由单一国家或者几个国家独占时,各国尤其是海上霸权国家之间在海上军事和贸易等方面的冲突日益凸显。随着国际法理论的逐步发展,国际海洋法规则也日益体系化。"各国在国际海洋法中所享有的权利便成为海权的重要参数。"① 当海上军事活动与对海洋的开发和利用日益频繁时,海洋权利和权力必将重新分配。如何让国家在国际法中能享有更多权利逐渐成为海权的新外延。在此背景与国家需求下,传统的海上强国亟须一个占据高地的手段来维护自己已取得的海洋权力,比之武力,法律成为当时的最佳工具。荷兰法学家雨果·格劳秀斯主张"海洋自由论",认为海洋在本质上是一个公有区域,不受任何国家的主权控制。英国法学家约翰·塞尔登则提出"闭海论",认为海洋并非全部为共有属性,英国周边的海洋属于其王室所有,是英国版图不可分割的一部分。历史证明,除了提出一个利于自身地位巩固发展的海洋权利理论,海权强国还迫切需要一套以它为主导的海洋法律规则以满足其扩张需求。凭借海权的强大控制力和影响力,海权强国得以在海洋"游戏规则"制定中掌握绝对的话语权。譬如,意大利在宾刻舒克理论的基础上提议以3海里的平均"大炮射程"为领海宽度;之后,荷兰建议进一步拓宽到6海里;而英国与美国为了满足自己建立海洋霸权的需求,反对将领海宽度进一步扩大。为了营造良好和平贸易环境,实现海上安全与自由,英国通过《巴黎和约》(Treaty of Paris)与《巴黎海战宣言》(Declaration of Paris Respecting Maritime Law)将禁止海上私掠行为、海上

---

① 江河:《国家主权的双重属性和大国海权的强化》,《政法论坛》2017年第1期,第127页。

强制措施、公海自由航行等原则规则确定下来。① 凭借资本主义的殖民扩张及其强大的海上交通影响力，英国的海洋法具有了域外效力。一些海上法案的内容也为其他利用海洋的国家在航行中所接受，成为国际惯例。因此，在这一方面，海权又进一步表现为对国际海洋法秩序的构建和主导。

四、科技革命引发新问题

在当代，新一轮科技革命的发生让海权的概念外延再次发生了深刻变革。随着海洋科技的发展进步，国际海洋秩序逐步走向稳定，海洋法的发展也逐步提速。当代海洋科技革命所引发的概念革新更多表现在国际海洋法内的延伸，一些海洋法的重要原则和规则在海洋科技革命的推动下产生。第二次世界大战结束后，世界发生了翻天覆地的变化，除了出现了许多新国家，在科技领域中，也产生了许多技术的进步。尤其是在海洋和海底资源利用方面的进步，使深海领域的资源开发成为可能，进而引发了新的国际海洋法议题。

在深海远洋资源开发利用问题上，当代海洋科技（特别是深海探索技术）进步的影响令人瞩目。20世纪50年代，科学家们在太平洋、大西洋和印度洋等海域的深海海底陆续发现了广泛分布的多金属结核矿物，如锰结核，还有软泥，且其中富含多种稀有金属元素。对各国而言，深海海底矿产资源的发现蕴藏着巨大的经济价值和战略价值。20世纪六七十年代，国际组织和一些国家开始进行大规模的深海和大洋调查研究。譬如，自1959年起，联合国教科文组织对印度洋进行了为期6年的调查；1963年至1965年，联合国政府间海洋学委员会又组织了对赤道大西洋的调查。一些国家，比如美国、日本和联邦德国充分利用深海技术，探查和提取海底资源，以获取巨大的经济利益。而70年代爆发的石油危机，更加剧了这些在深海多金属结核研究开发领域的科技占领先地位的国家对深海海底资源的"虎视眈眈"。在这种背景下，广大发展中国家不由得开始担忧这些不可再生的海洋资源会被西方发达国家借助传统的公海自由原则和科技优势瓜分完毕。因此，一些发展

---

① 吴昊：《荣耀之海：19世纪英国海军战略与帝国海权》，海洋出版社，2017，第122页。

中国家提出要调整公海自由原则并形成一套新的制度安排，以实现各国的均衡发展。最为典型的是，1967年马耳他常驻联合国大使阿尔维德·帕多在联合国大会提出的"国家管辖范围以外的海底矿物资源应被宣布为人类的共同遗产"。①

除对深海海底矿产资源的争夺外，当代海洋科技还体现在远洋捕捞能力方面，因此公海渔业资源的开发也成为一些海洋强国的战略重点。海洋科技进步所引发的深海资源利用问题，引发了国际社会针对这一方面的法律讨论，从而带来了海洋权利发展的新契机。比如，1958年第一次联合国海洋法会议所形成的《公海公约》(Convention on the High Seas)、《捕鱼及养护公海生物资源公约》(Convention on Fishing and Conservation of the Living Resources of the High Seas)。同时，海洋科技进步与国际形势变化对《联合国海洋法公约》(United Nations Convention on the Law of the Sea，以下简称《公约》)中的"公海自由原则"的完善以及"人类共同继承财产原则"的形成起到了重要作用。以这两项原则为基础，《公约》形成了公海和国际海底区域两大制度安排。

大陆架制度的建立与当代海洋资源开发利用的技术发展有着密切的关联。大陆架本为地质学、地理学和海洋学的概念，其是随着海洋地质学以及海底勘探技术等相关领域的发展而逐步建立起来的。当代国际海洋法对大陆架的关注始于1945年的"杜鲁门公告"。一方面，远洋捕鱼事业的迅速发展，干扰了沿海国的海上捕鱼活动，因此渔民和沿海国政府产生了进一步扩展国家拥有管辖权的海洋区域的需求。另一方面，当代地质调查、勘探技术的发展，特别是近海石油天然气的发现和开采，让大陆架的战略价值与经济价值显得格外重要。"杜鲁门公告"宣布把在当时并不属于沿海国的领海之外的海床归于其国家管辖范围，"在海洋法史上开创了扩大国家管辖范围的先例"。②这一争议课题推动了海洋法新制度的建立，如《大陆架公约》以及《公约》

---

① 张海文:《〈联合国海洋法公约〉开放签署四十周年:回顾与展望》,《武大国际法评论》2022年第6期,第1页。
② 孙书贤:《国际海洋法的历史演进和海洋法公约存在的问题及其争议》,《中国法学》1989年第2期,第100-111页。

中的大陆架制度。

21世纪对海洋科技而言，又是一次崭新的春天。新一轮的科技革命推动了高新科技的发展，特别是在5G通信、量子技术、机器学习、人工智能、大数据等方面的表现引人瞩目。得益于这些关键领域技术的发展，海上无人系统在这一时期具有重要的战略意义。嵌入人工智能技术的无人船舶在民用和军事领域正在显示出其巨大的应用价值和发展前景。"一个借助无人船舶的新航海时代正在拉开序幕。"① 除无人船舶之外，深海自主水下机器人、海上无人机、无人潜航器等装置纷纷涌现，这些设备在海上作业中具有多种用途。在民用方面，这些海上装置可以在海洋科学研究、海洋矿产资源勘探和海底电缆管道铺设和维护等领域发挥巨大作用。在军事领域，海上无人系统也有不容小觑的价值与战略优势。② 虽然对这些海上军事无人系统在国际法上的定性问题国际法学者们有不同的主张，但对于国家海权而言，这类无人装置的发展无疑是对海权概念的一大推进。

此外，当代科技的进步大大提升了沿海国家在海上建造人工岛屿、设施和装备的能力。如专属经济区内的海上大型风/光电场的建造技术已被美国、英国、德国以及中国等国家掌握并应用。③ 全球海平面上升的严峻现实，也引发了国际社会对以人造工程防止海岸线侵蚀后退的法律影响、海洋划界规则演进以及沉没国家的国家地位等国际法话题的高度关注。联合国国际法委员会等国际组织的研究、新国家实践的发展以及众多国际法学者的讨论将会

---

① 张海文：《〈联合国海洋法公约〉开放签署四十周年：回顾与展望》，《武大国际法评论》2022年第6期，第12页。
② 卜凌嘉：《论海上军用无人系统的法律地位》，《亚太安全与海洋研究》2022年第4期，第89–108页。
③ "根据德国海上风电研究机构Wab及全球风能协会数据统计，截至2020年底德国累计海上风电装机容量7.7GW，其中领海区域仅有526MW海上风电项目，即专属经济区海上风电装机容量占海风总装机容量的93%。从发展规划上，德国政府规划2030年累计海上风电装机目标达到30GW以上，新的项目大部分位于专属经济区内。""截至2021年末，英国已投运的专属经济区海域海上风电项目规模达到6915MW，占海风总装机容量的66%。"英国目前已确定的专属经济区海上风电项目平均离岸距离已达到60～70km。截至2022年年底，中国现有专属经济区内海风项目已有7个海上风电项目共同启动，分别位于山东、浙江和广东，离岸距离普遍在40～90km。见《中金：专属经济区，中国海上风电发展的下一阶段》，载微信公众号"中金点睛"，访问日期：2023年2月15日。

继续，虽然目前暂时不能对这些问题下定论，但可以预见未来海权的外延与内涵将发生新的变革。

第二节 海洋权利的规范体系

随着人类不断地征服海洋，海洋不再神秘，因此随之出现了关于海洋一整套习惯、传统和法律，确定了往返于海上的船舶和水手们以及沿海国的权利。《公约》首次为合理管理海洋资源及为后代子孙保护海洋资源提供了一个通用的法律框架。① 可以说，《公约》是调节国与国之间关于海洋权益和世界海洋秩序的基础性纲领，奠定了人类利用海洋、研究海洋、管理海洋等方面的基本法律制度，被誉为"海洋宪章"（Constitution for Oceans）。《公约》是第三次联合国海洋法会议历经 9 年的艰苦谈判，经过不同利益集团之间的斗争和妥协所取得的结果，它基本解决了各方关切的问题，体现了世界各国的共同愿望。

作为综合规范海洋相关问题的普遍性法律文件，《公约》的成员国数量众多，其内容涵盖范围广泛，影响深远。在概念界定方面，《公约》综合考量了其发展历程中的争议焦点与现实需求，对重要概念予以明确规定，有利于国际交流，减少不必要的争端。在制度设计方面，《公约》详细规定了领海、毗连区、专属经济区、大陆架、公海、岛屿等制度的规则，为相关国家主张权利、解决争端等提供了依据，尤其为海洋划界提供了规则和参考，且其中部分规定具有一定的弹性，有利于根据时代发展要求进行解释，灵活适应现实发展情况。在权利和义务的规范方面，既关注沿海国之间的利益平衡，也兼顾内陆国的特定利益和义务；既关切对海洋环境的保护和保全，以求可持续发展，也鼓励海洋科学研究和技术的发展，以促进海洋资源的开发和利用。在争端解决机制方面，明确了争端解决机构及程序、争端管辖权、争端解决裁判所适用的法律等，强调以和平的方式解决争端，注意保障和平衡当

---

① 参见联合国与海洋官网，https://www.un.org/zh/law/sea/，访问日期：2024 年 1 月 23 日。

事国的相关权利和义务，在以强制程序的适用为核心的同时又具有一定的选择性，为争端的解决提供了有效途径。

虽然囿于时代局限以及利益集团的博弈，《公约》本身存在一定的缺陷和妥协性，但是其产生仍然具有重要的意义，在一定程度上推动了国际海洋秩序的"法治化"，不仅为成员国解决海洋争端提供了重要的依据，还为国际海洋秩序的建设与重构奠定了基础，同时也为发展中国家争夺海洋话语权提供了新机遇，有利于打破海洋大国对制海权的垄断，进而推动了国际经济政治新秩序的建立。

时至今日距《公约》签署已有四十余年，在这期间，国际格局、全球气候状况都发生了重大的变化，也产生了新的趋势和挑战。在《公约》中一些条款具有模糊性且长期存在争议的情况下，分析新的时代背景下《公约》面临的冲击，在把握矛盾的基础上提出"中国策略"是一个新的课题。例如目前面临的海平面上升问题，部分学者将目光聚焦于北极海冰消融和《公约》第234条。尽管海平面上升为航行带来了更大的风险，但是第234条的规定仍应被视为保护北极地区海洋区域的特别法律机制。[①] 中国作为全球贸易大国，是北极航道的主要潜在使用者之一。在人类命运共同体理念下，中国有能力也应该深入参与北极事务，为北极的可持续发展作出贡献。[②]

一、国际会议谈判历程梳理

1957年2月，第十一届联合国大会指出，应当召开会议进行国际海洋法公约的制定，以解决海洋领域的利益冲突以及后期的开发管理问题。1958年2月24日至4月27日，第一次联合国海洋法会议在日内瓦举行，出席会议的有86个国家和地区的代表团。会议分成五个委员会进行审议。第一委员会审议关于领海和毗连区问题，国际法委员会提交的领海宽度3海里的建议受到

[①] Viatcheslav Gavrilov, Roman Dremliuga, and Rustambek Nurimbetov, "Article 234 of the 1982 United Nations Convention on the law of the sea and reduction of ice cover in the Arctic Ocean," *Marine Policy*, Vol. 106, No. 8 (2019): 106.

[②] 郭培清、宋晗：《北极海冰消融背景下〈联合国海洋法公约〉第234条的解释与适用争议及对中国的启示》，《太平洋学报》2021年第12期，第16－28页。

许多国家的反对，经过表决未获通过。会议通过了关于毗连区宽度不得超过12海里的规定。第二委员会审议公海事项，通过了《公海公约》。第三委员会审议公海渔业条款，通过了《捕鱼及养护公海生物资源公约》。第四委员会审议大陆架问题，通过了《大陆架公约》。第五委员会审议内陆国出海事项，并将其加入了《公海公约》。全会还通过了一项解决海洋法争端的任择性议定书，对愿意参加的国家开放签字。1960年3月17日至4月26日，第二次联合国海洋法会议在日内瓦召开，参加会议的国家和地区共87个。会议主要讨论第一次联合国海洋法会议未通过的领海和渔区范围。会议上有5项提案均未通过，第二次联合国海洋法会议以未能达成任何协议而告终。

第三次联合国海洋法会议在联合国总部召开，历经9年，共召开了11期，且于1982年4月30日正式通过了《公约》。参加会议的不仅有联合国所有成员国，还有国际组织。到了第11期会议，应邀参加会议的多达168个国家和组织。会议召开背景是20世纪70年代，会议期间以中小国家为大多数的代表，反对个别大国的海洋霸权主义，要求改变旧的海洋法秩序及相关制度，构建新的平等海洋秩序，以维护中小国家的海洋权益。第一期会议主要是处理有关会议的组织工作事项，通过了会议议程和议事规则，建立了各种协商机构以及分配任务。第二期会议进入实质性事项的协商阶段，115个国家代表公开发言，阐明各国对海洋法的基本立场。第三期会议将第二期会议的文案编撰合一，形成了三份《非正式单一协商案文》（Informal Single Negotiating Text）。第四期会议对《非正式单一协商案文》进行了逐条审议，并形成《订正的非正式单一协商案文》（Revised Informal Single Negotiating Text）。第五期会议陷入僵局，在关于国际海底勘探开发制度上，中小国家与西方发达国家存在较大分歧。后期的非正式协商，推动召开了第六期会议。第六期会议在国际海底勘探开发制度上提出将"平行开发制"作为折中方案，主要审议了国际海底和解决争端等问题，形成了公约的雏形。第七期会议分为7个协商小组，主要针对核心问题进行深入谈判。第八期会议新建了法律工作组，并继续就一些重要问题开展探讨，如大陆架外部界限、相互重叠的大陆架问题等。第九期会议产生了《海洋法公约草案（非正式案文）》[Draft Convention on the Law of the Sea (Informal Text)]。第十期会议结束协商，制订了正式公约草案。第 11 期会议上，《公约》以 130 票赞成、4 票反对、17 票弃权的票决，获得多数票通过。《公约》的最终文件一共有 446 个条款，包括前言、序言、正文（包含 17 个部分，共 320 个条款）和 9 个附件（共 126 个条款）。

1982 年 12 月，《公约》最终的签署会议在牙买加蒙特哥湾举行。开放签署后，119 个国家立即签署了新的《公约》。但是，美国、英国、联邦德国等发达国家由于对深海底采矿制度不满而没有签署。① 中国代表团团长在会议上宣布中国政府决定正式签署《公约》，并指出任何在《公约》以外对国际海底开发另搞一套的行为，如单方面立法活动或所谓"小条约"等，都是非法的、无效的。② 截至 2025 年 1 月 8 日，《公约》的缔约方数量已达到 170 个，具有了高普适性，被誉为"海洋宪章"。

二、"海洋宪章"的体系设计

（一）1982 年《联合国海洋法公约》的理论框架

《公约》的序言部分对其宗旨进行了开宗明义的阐述，具体内容如下：

> 本着以互相谅解和合作的精神解决与海洋法有关的一切问题的愿望，并且认识到本公约对于维护和平、正义和全世界人民的进步作出重要贡献的历史意义，
>
> 注意到自从一九五八年和一九六〇年在日内瓦举行了联合国海洋法会议以来的种种发展，着重指出了需要有一项新的可获一般接受的海洋法公约，
>
> 意识到各海洋区域的种种问题都是彼此密切相关的，有必要作为一个整体加以考虑，
>
> 认识到有需要通过本公约，在妥为顾及所有国家主权的情形下，为海洋建立一种法律秩序，以便利国际交通和促进海洋的和平用途，海洋

---

① 迈伦·H. 诺德奎斯特主编《1982 年〈联合国海洋法公约〉评注》第一卷，吕文正、毛彬、唐勇，等译，海洋出版社，2019，第 3 页。
② 陈德恭：《现代国际海洋法》，海洋出版社，2009，第 26–48 页。

资源的公平而有效的利用，海洋生物资源的养护以及研究、保护和保全海洋环境，

考虑到达成这些目标将有助于实现公正公平的国际经济秩序，这种秩序将照顾到全人类的利益和需要，特别是发展中国家的特殊利益和需要，不论其为沿海国或内陆国，

希望以本公约发展一九七〇年十二月十七日第 2749（XXV）号决议所载各项原则，联合国大会在该决议中庄严宣布，除其他外，国家管辖范围以外的海床和洋底区域及其底土以及该区域的资源为人类的共同继承财产，其勘探与开发应为全人类的利益而进行，不论各国的地理位置如何，

相信在本公约中所达成的海洋法的编纂和逐渐发展，将有助于按照《联合国宪章》（Charter of the United Nations）所载的联合国的宗旨和原则巩固各国间符合正义和权利平等原则的和平、安全、合作和友好关系，并将促进全世界人民的经济和社会方面的进展，

确认本公约未予规定的事项，应继续以一般国际法的规则和原则为准据，

…………

从上述内容可以得出以下结论：

第一，从制定目的来看，《公约》并不具备解决海洋主权权利归属问题的作用与功能，其主要目的是建立新的世界海洋秩序，调解各国间的争端，推进和平发展，形成合作、友好、共赢的关系，促进全球经济社会的发展，尽可能减少海洋纷争。

第二，从制定过程来看，《公约》是利益平衡之法，是为国家权利而斗争的具体体现。如在挪威等国的主张下，直线基线作为一种基线划法被写入《公约》；在美国等国的努力下，大陆架制度被写入《公约》；在智利等拉美国家的争取下，专属经济区制度被写入《公约》；在印度尼西亚等群岛国家的斗争下，群岛制度被写入《公约》；在广大发展中国家的抗争下，国际海底区域制度被写入《公约》。

第三，从规范竞合来看，《公约》与一般国际法规范和习惯国际法并不冲突。相反，国际习惯还是《公约》的有效补充。事实上，《公约》不可能对所有涉及海洋的法律问题进行全方位的规定，也不可能运用《公约》解决各式各样的海洋问题，更不用说世界上不是所有国家都是《公约》的缔约国。因此，这也为国际习惯留下了充足的空间来调整海洋的相关问题。此外，根据陆地统领海洋的原则，海洋权利主要来源于历史、习惯与惯例，《公约》的形成，标志着海洋法从习惯国际法走向了成文条约法，将习惯权利转变为规范权利，这个过程中的中间节点即是历史性节点。

在《公约》正文中，几乎涵盖了当时关于海洋用途和资源各个方面的问题，包括海洋空间的国家管辖范围、进出海洋、航行、保护和保全海洋环境、开发和养护生物资源、海洋科学研究、海底矿产和其他非生物资源的开发以及争端解决等方面的内容。

《公约》的第一部分为序言，仅含"用语和范围"一个条款，包含《公约》中使用的一些术语的含义，是整个《公约》的总则。① 第一条之一确定了"区域""管理局""'区域'内活动""海洋环境的污染""倾倒"的含义，而第一条之二作为"范围"对"缔约国"的含义进行了表述。但第一条并没有将《公约》使用的全部术语列出。譬如，"沿海国""船旗国"这一表述在《公约》文本中经常重复出现，但是《公约》并没有对这些词汇进行正式解释。自第二部分至第十一部分，涉及解决各国在不同海域内的权利义务问题。《公约》在这十个部分的条文规定了关于内水、领海、毗连区、专属经济区、适用于国际航行的海峡、群岛国、大陆架、公海、闭海或半闭海、国际海底区域等各种海洋区域的确定准则。此外，也规定了内陆国出入海洋的权利和过境自由的相关规则。《公约》第十二部分至第十四部分则规定了适用于所有海洋区域的相关规则，依次包括海洋环境的保护和保全、海洋科学研究、海洋技术的发展和转让。第十五部分涉及《公约》缔约国应如何解决关于海洋争端的问题。第十六和第十七部分则关涉《公约》的一般规定和最后条款。

---

① 萨切雅·南丹、沙卜泰·罗森主编《1982年〈联合国海洋法公约评注〉》第二卷，吕文正、毛彬译，海洋出版社，2014，第5页。

《公约》的文本构成充分表明了其在形式上已经建构了一个综合性的海洋法律框架。在这一海洋法律框架之下，一些海洋法的核心原则起到了重要的支撑作用。这些原则包括"公海自由原则"（特别是其中的"航行自由原则"）、"陆地支配海洋原则"、"公平原则"、"人类共同继承财产原则"等。

　　"公海自由"中的"航行自由原则"发轫于"海洋自由原则"。国际社会普遍认为这是海洋法中的一项古老原则。[1] 这一原则最早可以追溯到雨果·格劳秀斯，其主张海洋不应置于任何国家的主权之下，世界上"所有人依国家法均可航行"。[2] 即便某一海域为沿海国主权所有，其他国家也可以在该海域航行。[3] 1958年，联合国第一次海洋法会议通过了《公海公约》，将"公海自由"以法律原则明文确定下来，完成了该原则从习惯法向成文法的转化。其第2条规定，"公海对各国一律开放，任何国家不得有效主张公海的任何部分属于其主权范围"。《公海公约》共规定了四项公海自由的具体内容和种类，其中"航行自由"乃"公海自由"的第一方面内容。同年，《领海及毗连区公约》（Convention on the Territorial Sea and the Contiguous Zone）规定所有船舶在领海范围内均享有无害通过权利，外国船舶（即使是军事船舶）也无须事先获得沿海国的同意。而在领海之外，各国的航行自由也不受限制。这种制度安排在《公约》生效后发生了变化。《公约》将"公海自由"从四种形式发展到了六项自由。特别是在航行自由方面，在平衡沿海国主权和经济利益与航行国的航行自由利益的目标下，《公约》构建了一套新的制度安排，从"二元"（领海以外，即公海）的海域划分转变为"多元"（领海、群岛水域、专属经济区、大陆架、公海）的海域划分。[4]《公约》在照顾全球航行自由利益的同时，也对航行自由施加了限制，形成了许可航行、无害通

---

[1] Rüdiger Wolfrum, "Freedom of Navigation: New Challenges, International Tribunal for the Law of the Sea," https://www.itlos.org/fileadmin/itlos/documents/statements_of_president/wolfrum/freedom_navigation_080108_eng.pdf, 访问日期：2024年2月23日。

[2] 雨果·格劳秀斯：《论海洋自由或荷兰参与东印度贸易的权利》，马忠法译，上海人民出版社，2005，第299页，转引自何志鹏、王艺曌：《对历史性权利与海洋航行自由的国际法反思》，《边界与海洋研究》2018年第5期，第98页。

[3] Hugo Grotius, *The Freedom of the Seas or the Right which Belongs to the Dutch to Take Part in the East Indian Trade*, trans. Ralph van Deman Magoffin (London: Oxford University Press, 1916), p. 34.

[4] 金永明：《现代海洋法体系与中国的实践》，《国际法研究》2018年第6期，第32-45页。

过、过境通行、航行和飞越自由等制度。比如,《公约》第 17 条规定了所有国家的船舶在领海区域均享有无害通过权,虽不要求外国船舶通过前需要取得沿海国同意,但提出了"继续不停和迅速行使""不损害沿海国的和平、良好秩序或安全"的要求。第 38 条规定了在公海或专属经济区的一个部分和公海或专属经济区的另一部分之间的用于国际航行的海峡所要求的过境通行权。第 39 条则详细规定了船舶和飞机在过境通行时的义务。《公约》虽规定沿海国享有主权权利,但该权利并不完整。在专属经济区,航行国须参照公海的航行自由制度,同时也需要"适当顾及沿海国的权利和义务",遵守沿海国制定的不与《公约》和其他国际法规则相抵触的法律和规章。依照《公约》的规定,公海区域的航行自由是其他海洋区域无法相比的,但是即使如此,航行自由在公海仍然受到限制。无论是在《公海公约》还是在《公约》中,国家在行使公海自由时均要"适当照顾""适当顾及"其他国家行使公海自由的权利。航行自由也需要考虑海上安全和保护自然生物资源等共同利益。①

"陆地决定海洋原则"是《公约》分配和调整海洋权利和义务的制度基石。这一原则的含义是"海洋权利源于沿海国对陆地的主权"②。"陆地决定海洋原则"出自习惯国际法,其经过了大量国际司法实践的承认与阐述。最早在 1951 年的"渔业案"中,国际法院就指出,"沿海国是根据陆地获得主张从岸边延伸出的水域的权利"③。国际法院之后在 1969 年"北海大陆架案"④、1978 年"爱琴海大陆架案"⑤ 中再次阐述并确认了这一点。"陆地决定海洋原则"也因此逐渐发展成为一项国际惯例,并在之后被《公约》纳

---

① 何志鹏、王艺曌:《对历史性权利与海洋航行自由的国际法反思》,《边界与海洋研究》2018 年第 5 期,第 98 页。
② Case concerning maritime delimitation and territorial questions between Qatar and Bahrain (Qatar v. Bahrain), Merits, Judgment of 16 March 2001, I. C. J. Reports 2001, p. 97, para. 185. See North Sea Continental Shelf (Federal Republic of Germany/Denmark; Federal Republic of Germany/Netherlands), Judgment of 20 February 1969, I. C. J. Reports 1969, p. 51, para. 96. Aegean Sea Continental Shelf (Greece v. Turkey) Jurisdiction of the Court, Judgment of 19 December 1978, I. C. J. Reports 1978, p. 36, para. 86.
③ Fisheries (United Kingdom v. Norway), Judgment of 18 December 1951, I. C. J. Reports 1951, p. 133.
④ Ibid, I. C. J. Reports 1969, p. 51.
⑤ Ibid, I. C. J. Reports 1978, p. 36.

入。但《公约》文本中并未直接明确地将该原则进行规范和定义，仅在部分规则中有所体现。《公约》在序言中规定："在妥为顾及所有国家主权的情形下，为海洋建立一种法律秩序。"这一规定被认为是这一原则在《公约》中的鲜明体现。① 此外，"陆地决定海洋原则"充分体现在《公约》中关于海洋区域管辖权分配的制度安排上。例如，《公约》第3条、第5条、第13条对领海宽度、正常基线、低潮高地的规定，第47条规定的群岛基线，第57条对专属经济区的规定，第76条关于大陆架宽度的规定以及第121条的岛屿制度，这些规则都体现了沿海国对领海、毗连区、专属经济区和大陆架的权利都是其领土主权的延伸，即"陆地决定海洋原则"的主要含义。《公约》所制定的此类规则是海洋划界的法律依据，因此"陆地决定海洋原则"也是讨论海洋划界的起点。

"公平原则"对《公约》调整规范海洋划界的实践有着主导性作用。②《公约》中涉及该原则的条款包括第59条、第74条第1款、第83条第1款、第82条第4款、第140条第2款。第59条规定了解决关于专属经济区内权利和管辖权的归属冲突的基础——当沿海国与其他一国或数国就专属经济区内的权利或管辖权归属产生利益冲突时，应当"在公平的基础上参照一切有关情况，考虑所涉利益分别对相关各方和整个国际社会的重要性"来解决。第74条第1款和第83条第1款所涉"公平原则"主要是关于海岸相向或相邻国家间专属经济区和大陆架重叠区域划界的"公平解决"。虽然《公约》对专属经济区和大陆架划界作了相同规定，但由于磋商时中间线方法、等距离线方法等均无法使不同利益集团达成一致，因此《公约》在最终案文中只规定了将"公平解决"作为海洋划界的目标，而未确定具体的适用规则。在规定不明确的情况下，海洋法领域的司法实践将"公平原则"引入作为"海洋划界的一般规则"。③ 在"北海大陆架案"中，国际法院并不认为等距离或

---

① 王烁、肖凤城：《论低潮高地的陆地属性》，《边界与海洋研究》2019年第2期，第24页。
② 刘衡：《"格里斯巴丹那仲裁案"重述——以海洋划界的公平解决为视角》，《国际法研究》2020年第5期，第70-87页。
③ Case concerning the delimitation of the continental shelf between the United Kingdom of Great Britain and Northern Ireland, and the French Republic, Decision of 30 June 1977, R. I. A. A., Vol. XVIII, para. 70.

特殊情况规则具有习惯国际法地位,其还同时强调适用内在追求"公平原则"的法律规则与大陆架制度的基础理念是一致的。关于适用"公平原则"的具体方法,国际法院解释道,"在特定情况下,考虑所有情况,适用公平原则,为此可以单独或综合使用等距离线方法或其他方法"。因此,国际法学者们一般认为"公平原则"是自"北海大陆架案"后成为处理海洋划界争端的习惯法。除此之外,亦有学者指出,在"格里斯巴丹那仲裁案"中所产生的"格里斯巴丹那原则"中也蕴含了"公平原则"。① 该原则的法律地位的确立,对后续海洋划界规则的发展产生了深远影响。随着划界实践的发展,"公平原则"的适用在 1982 年"突尼斯与利比亚大陆架案"时便略有不同。国际法院受到当时的公约草案的影响,在适用"公平原则"时更加强调公平的结果,引入了对划界结果的比例检验。②

在海洋法领域中,"人类共同继承财产原则"可以追溯至 1958 年召开的第一次联合国海洋法会议,泰国代表在会议致辞中表示:"海洋是人类的共同继承财产。"③ 1967 年,马耳他驻联合国代表团在其为第 22 届联合国大会提交的建议中提出了"关于目前国内管辖范围以外的海洋床底及底土专为和平目的及为人类利益而利用之宣言与条约"的主张。④ 在此之后,这一主张引起了国际社会的普遍关注。1970 年 10 月,在联合国大会上通过的《关于各国管辖范围以外海洋底床与下层土壤之原则宣言》宣布:"各国管辖范围以外海洋底床与下层土壤(以下简称该地域),以及该地域之资源,为全人类共同继承之财产。"⑤ 这一宣言意味着"人类共同继承原则"成为一项具有法律效力的原则。⑥ 该原则最终被列入《公约》,主要体现在《公约》第十一

---

① 刘衡:《"格里斯巴丹那仲裁案"重述——以海洋划界的公平解决为视角》,《国际法研究》2020 年第 5 期,第 70 - 87 页。
② Continental Shelf(Tunisia/Libyan Arab Jamahiriya), Judgment of 24 February 1982, I. C. J. Reports 1982, p. 45, para. 70.
③ 梁淑英:《人类共同继承财产原则的含义》,《政法论坛》1990 年第 5 期,第 46 - 51 页。
④ Tullio Treves, "United Nations Convention on the Law of the Sea," https://legal.un.org/avl/ha/uncls/uncls.html, 访问日期:2024 年 1 月 23 日。
⑤ 联合国公约与宣言:《关于各国管辖范围以外海洋底床与下层土壤之原则宣言》,https://www.un.org/zh/node/181311, 访问日期:2024 年 1 月 23 日。
⑥ 梁淑英:《人类共同继承财产原则的含义》,《政法论坛》1990 年第 5 期,第 46 - 51 页。

部分"区域"的规定中。《公约》第 136 条规定:"'区域'及其资源是人类的共同继承财产。"由此,《公约》确立了"人类共同继承财产原则",并在此基础上形成了"区域"制度。"人类共同继承财产原则"的核心含义包括禁止任何主权或主权权利主张、世界各国共同参加对共同区域的管理,以及全人类共同分享共同区域的开发利益。① 第一方面的含义具体体现在《公约》第 137 条中,该条规定,任何国家都不应对"区域"的任何部分或其资源主张或者行使主权、主权权利;任何国家、自然人、法人也不应将"区域"或其资源的任何部分据为己有。任何违背这一规定的权利主张或行为均应不予承认。第二方面的含义为共同管理,即由一个独立的国际机构代表全人类来管理。这主要体现在《公约》第十一部分关于国际海底管理局的相关规定中,如第 137 条以及该部分第四节对管理局的专门规定。第三方面的含义主要体现在《公约》第 140 条、第 141 条以及第 150 条的规定中。这三项规定的要义在于"区域"内的活动应为全人类的利益而进行,所有国家平等享有和平利用区域的权利,并在无歧视的基础上公平分配利益。与"人类共同继承财产原则"密切相关的,还有 1994 年的《关于执行〈联合国海洋法公约〉第十一部分的协定》（Agreement relating to the Implementation of Part XI of the United Nations Convention on the Law of the Sea,以下简称《执行协定》）,虽然其对《公约》第十一部分进行了重大修改,但其中蕴含的"人类共同继承财产原则"的核心并未改变。1994 年《执行协定》的修改仅体现在实现这一原则目标的具体实施方式上,② 比如海底的开发是由国际海底管理局垄断还是允许按照市场原则引入多种主体共同参与开发。

(二) 1982 年《联合国海洋法公约》的刻意留白

尽管《公约》有"海洋宪章"之称,集中体现了国际海洋法的规则与原则,但其并没有也不可能"大包大揽"式地把所有海洋法问题囊括其中。《公约》是立足全人类共同利益,兼顾不同类型国家的诉求,协调各国利益,

---

① 梁淑英:《人类共同继承财产原则的含义》,《政法论坛》1990 年第 5 期,第 46 - 51 页。
② 张辉:《国际海底区域制度是否具有普遍拘束力?》,《武大国际法评论》2022 年第 6 期,第 15 - 32 页。

达成的"一揽子"协议。这既是纷繁复杂的国家利益影响的结果，也是《公约》高效运行的必要取舍。

联合国大会第三次海洋法会议希望实现"通过一项需要确保最可能广泛地接受的海洋法公约的愿望"。① 在预期会议上，联合国大会通过了第3067号决议，其执行部分第3段赋予了此次海洋法会议的任务——"为了达成一项处理所有与海洋法有关问题的公约"。② 因国家间未达成广泛共识，而只适用各自有利的法律规则，显然与本次海洋法会议的任务不符。会议期间，超过140个政府的代表参与了《公约》草案的磋商，③ 在海洋问题上，各与会国根据其地理位置、发展需求等因素提出了不同的主张，形成了不同的国家集团，以保护各自明确的利益。比如，阿拉伯集团基于自身狭窄的大陆架而反对200海里以外大陆架的权利，相反，宽大陆架国家则要求确保《公约》能允许它们行使200海里以外的大陆架权利；④ 内陆国家希望其在法律体系下能够获得进出海洋和获取生物资源的权利，而沿海国家则希望建立的法律制度允许其在管辖范围内管理和养护生物及矿物资源。因此，联合国第三次海洋法会议的磋商，牵涉了广泛的利益与错综复杂的相互作用，达成共识的任务之艰巨难以想象。尽管在某些议题上，各方可以通过讨论达成共识，但是在一些关乎国家核心利益的议题上，各方均不愿退步，而当时国际世界又急需一部新的海洋法。若在这些分歧严重的议题上耗费时间、精力，则新海洋法的制定将遥遥无期。因此，出于尽快确定海洋法规则的目的，谈判各方在这些议题上做出了一定的政治妥协；对那些无法达成政治妥协的议题，

---

① 迈伦·H. 诺德奎斯特主编《1982年〈联合国海洋法公约〉评注》第一卷，吕文正、毛彬、唐勇，等译，海洋出版社，2019。
② UNGA 3067（XXVIII）, Reservation Exclusively for Peaceful Purposes of the Sea - Bed and the Ocean Floor, and the Subsoil thereof, underlying the High Seas beyond the Limits of Present National Jurisdiction and Use of their Resources in the Interests of Mankind, and Convening of the Third United Nations Conference on the Law of the Sea, https://legal.un.org/diplomaticconferences/1973_los/docs/english/res/a_res_3067_xxviii.pdf, 访问日期：2024年1月23日。
③ 迈伦·H. 诺德奎斯特主编《1982年〈联合国海洋法公约〉评注》第一卷，吕文正、毛彬、唐勇，等译，海洋出版社，2019，第33页。
④ 迈伦·H. 诺德奎斯特主编《1982年〈联合国海洋法公约〉评注》第一卷，吕文正、毛彬、唐勇，等译，海洋出版社，2019，第38页、第44页。

谈判各方也出于尽快缔约之目的，而有意或无意地对这些议题避而不谈。但这种做法的不足也显而易见。由于缔约国对各个分歧的妥协程度不同，《公约》的某些规则存在较大的解释和适用空间，从而致使争议或冲突海洋法实践的产生。①

《公约》第 74 条关于相邻或相向国家之间"公平解决"专属经济区或大陆架划界争端的规定，就是上述问题的生动实例，参会各方在这一议题上也存在较大的分歧。分歧点在于划定大陆架和专属经济区的界限应该适用公平原则还是中间线或者等距离线方法，以及应以何种程度适用这种方法。一些国家，譬如罗马尼亚、法国、肯尼亚等，是支持公平原则划界集团的国家；而英国、意大利、日本、挪威等是支持以中间线或等距离原则划界的集团国家。② 由于各方就以何种方法作为基本方法不能达成普遍共识，因此海洋法会议主席在第十期会议期间提交了一份妥协文案。妥协文案并未直接在两方之间做出选择，而是将划界规则折中表述为以"公平解决"为目标。虽然这一妥协文本随后被纳入《公约》草案，并最终成为《公约》的正式文本，但是对于海洋划界实践而言，这一规定的表达存在模糊性，因此具有较大的解释空间。各国在划界实践中依然为以何种方法实现公平解决的目标而争执。自北海大陆架案起，海洋划界的司法实践便开始引入"公平原则"，提出"公平原则/相关情况规则"，并确立了其习惯国际法的地位。此后，海洋划界的实践在不同的阶段又发展出了"等距离/相关情况规则"③ "海洋划界三阶段方法"④。虽然目前"海洋划界三阶段方法"已被专属经济区和大陆架划

---

① 张海文：《〈联合国海洋法公约〉开放签署四十周年：回顾与展望》，《武大国际法评论》2022 年第 6 期，第 11 页。
② 迈伦·H.诺德奎斯特主编《1982 年〈联合国海洋法公约〉评注》第一卷，吕文正、毛彬、唐勇，等译，海洋出版社，2019，第 39-40 页。
③ 这一方法主要采取两步法，第一步先画一条临时等距离线。但由于每个具体案件均具有其特殊性，因此为了保证公平，第二步是根据具体案件的"相关情况"审查临时等距离线是否符合公平结果。若根据"相关情况"（如比例性、不侵占原则、岛屿等情况）临时等距离线造成了不公平的结果，那么就需要对其进行调整。这一方法在巴巴多斯诉特立尼达和多巴哥仲裁案、圭亚那诉苏里南仲裁案等案件中均有明确的适用。
④ 这一方法是从 2009 年之后开始使用。它以两步法为基础，在某种程度上可以认为是两步法的特殊变形。二者的区别在于，三阶段方法将北海大陆架案中引入的比例概念作为一个单独的步骤加以适用。

界所采用,但其能否保证得到"公平解决"的结果依然值得怀疑。由于公平是一个极具主观性和任意性的要素,所以在经过比例调整和移动后其可能大幅度偏离临时等距离线走向。这种大幅度的偏离意味着海洋划界的国际司法机构拥有了很大的自由裁量空间。而《公约》的初衷并未给予任何方法以偏向,因此目前的实践方法可能背离了《公约》的初衷。

三、一般规范与"海洋宪章"的内在关系

虽然《公约》在国际海洋法中发挥着核心作用,但是其并非国际海洋法的唯一子集。《公约》在序言中明确指出:"本公约未予规定的事项,应继续以一般国际法的规则和原则为准据。"因此,其与一般国际法规范并不是非A即B的矛盾关系,相反,两者之间还能够进行有效补充。尽管《公约》序言已确认了这一点,但对于何种规则和原则可以作为一般国际法却并没有明确的解释。国际社会上也存在将《公约》条文作为全部的海洋法规则,而限缩一般国际法适用空间的倾向。在国家实践层面,由于历史上我国对国际法包括国际海洋法的研究和运用起步较晚,我们惯用的思维模式一直是"凡涉外事务必须有充分的国际法依据",当我们对海洋法进行深入的研究之后会发现,要明确"缺乏"与"违反"是两个完全不同的概念。比如,在美国国务院2014年发布的关于中国南海断续线的专门报告中,指责中国在菲律宾提起的南海仲裁案中"缺乏"国际法依据,而非"违反"了哪些国际法规则。实际上,需要我们重点了解的是,"缺乏国际法依据"并不必然不可为。国际法的发源地是西方的法哲学和理念,其中包括"法无明文禁止皆可为""谁指控,谁举证"等。历史表明,国际法的"国际话语体系"绝非一成不变的。相反,它是不断发展变革的。因此,我们有必要扭转曾经对国际法解释和适用的错误思维模式和观念,要正确理解"没有国际法依据"并不必然等同于"违反国际法"。更进一步,我们应该探究哪些问题还没有形成具体的国际法依据或法律解释,而国际海洋法存在显著解释空间和执行挑战的国际法律规范体系。譬如,国际法院在1951年"英挪渔业案"中判决挪威关于划设直线基线的国内立法和实际做法是"没有违反国际法"的,肯定了"直线基线"的存在价值,这一创举正是对完善当下国际海洋法规则缺失的一种

突破。因此,正确厘清两者之间的内在关系,重视一般国际法规范并将其作为海洋领域适用的依据,将不仅有益于海洋法规则的动态化发展,也是维护中国海洋权益的有力工具。

一般国际法规则的界定可见于对国际法渊源的相关讨论。在《国际法院规约》(Statute of the International Court of Justice)第38条第1款中,一般国际法规范并没有被作为一类特定的法律渊源,却经常被使用。虽然一般国际法规范并没有明确的定义,但是学理上一般将其视为一个具有多重渊源的综合性概念,即一般国际法规范包含多种法律渊源。2006年联合国国际法委员会(以下简称国际法委员会)工作组发布了一份《碎片化的国际法:国际法的多样性和扩张正在加剧》(Fragmentation of International Law: Difficulties Arising From the Diversification and Expansion of International Law)的报告。该报告指出,社会各领域的专业化和部门自主性带来后现代国际法的功能性分隔。随着国际性法院、仲裁庭的扩张以及国际性规范的激增,国际法内部分化为无数亚领域,国际法碎片化进一步深化。碎片化既是国际法问题,也是国内法现象,其后果之一是产生相互冲突和相互抵触的规则、原则、制度实践。这这份报告中,国际法委员会认为,一般国际法是指习惯国际法和被文明国家所公认的一般法律原则,用于填补特别法体系的空缺,并未为相关法律的适用提供解释。[①] 国际法院原主席罗莎琳·希金斯的观点与此相同,其也认为一般国际法既包括经国家实践证明的习惯国际法,也包括被普遍接受的一般性原则。[②] 此外,也有学者指出目前一般国际法也与国际强行法存在重叠。国际法委员会在2019年的关于一般国际法强制性规范(强行法)的结论草案案文中明确了一般国际法强制性规范(强行法)是一般国际法规范。[③]

[①] 参见联合国国际法委员会:《国际法委员会第五十八届会议工作报告》第十二章"国际法不成体系问题:国际法多样化和扩展引起的困难",2006,第203-213页,https://legal.un.org/ilc/publications/yearbooks/chinese/ilc_2006_v2_p2.pdf,访问日期:2024年1月23日。

[②] Permanent Court of International Justice, The Case of the S. S. "Lotus", International Court of Justice, https://www.icj-cij.org/public/files/permanent-court-of-international-justice/serie_A/A_10/30_Lotus_Arret.pdf,访问日期:2024年1月23日。

[③] 参见联合国国际法委员会,A/74/10,第五章"一般国际法强行性规范(强行法)",https://legal.un.org/ilc/reports/2019/chinese/chp5.pdf,访问日期:2024年1月6日。

《公约》的缔结吸收了当时国际法领域，特别是海洋法领域已形成的国际习惯，比如航行自由原则、陆地决定海洋原则等。从这一点来看，一般国际法规范与《公约》有着明显的重叠部分。除了范畴的综合性外，一般国际法规范还具有的一个重要属性就是开放性。一方面，一般国际法会在国际法理论和实践发展的基础上不断发展；另一方面，一般国际法规范与其他国际法渊源之间也能通过法律解释和司法机构的判断来实现转化。因此，一般国际法规范与《公约》之间也并非非此即彼的关系。

首先，一般国际法规范能够作为解释《公约》的工具。一般国际法规范不仅能够为司法机构在解释与适用相关规则时提供依据，也能够作为推动海洋法规则随国际实践演进的依据。《维也纳条约法公约》（Vienna Convention on the Law of Treaties）第31条第3款（b）、（c）两项规定，条约解释应考虑"嗣后在条约适用方面确定各当事国对条约解释之协定之任何惯例"，以及"适用于当事国间关系之任何有关国际法规则"。国际法委员会在2006年的关于国际法不成体系问题的报告中认为（c）项规定要求将被解释规则置于相关国际法规则的体系背景中进行解释。[①] 而体系解释则强调将与被解释条款相关的"外部"国际法规则作为上下文的重要性，以更加客观、准确地解释相关规则。一般国际法规范包含的国际习惯、一般性原则以及强行法，具有广泛的范畴，因此在解释某一具体规则时，其能够作为规则的上下文发挥重要作用。一方面，《维也纳条约法公约》第53条规定，条约缔结时与一般国际法强制规律抵触的条约无效。因此，一般国际法能够成为检视《公约》有关规则是否符合国际法规范的标准。另一方面，当同一规则出现不同的条约解释结果时，一般国际法规范中所包含的从各类法律渊源中凝结而成的共性以及其所反映的国际社会共识，能够帮助规则解释主体时更好地理解相关规则所蕴含的目标和宗旨，从而确定最合适的法律解释。此外，《公约》解释还可能涉及嗣后惯例的演进解释。在这一过程中，这种新形成的嗣后惯例也可能被包含在一般国际法规范的范畴之中。在这种情况下，一般国际法的

[①] 参见联合国国际法委员会：《国际法委员会第五十八届会议工作报告》第十二章"国际法不成体系问题：国际法多样化和扩展引起的困难"，2006，第208-209页，https://legal.un.org/ilc/publications/yearbooks/chinese/ilc_2006_v2_p2.pdf，访问日期：2024年1月23日。

规范通过条约解释推动了《公约》规则的渐进式发展。

其次，一般国际法规范能够对《公约》起到补充适用的作用。《公约》并未穷尽所有国际海洋法规则，因此在《公约》规则未覆盖的领域，一般国际法规范将作为法律依据发挥补充作用。海洋法领域的司法实践先例充分印证了一般国际法规范的这一功能。在《公约》缔结之前，国际法院在1951年"英挪渔业案"中，将一般国际法适用于该特定案件之中，认可了挪威海岸线的直线基线。在北海大陆架划界案中，国际法院也确认了大陆架划界不得干涉航行自由、捕鱼自由等不仅是习惯国际法，也是一般海洋法规范。1999年的"'塞加号'案"中，国际海洋法法庭认为当事国不仅应履行《公约》规定的义务，也应履行一般国际法下的义务，并援引了一般国际法规范以论证"用尽当地补救办法"。当历史性权利在《公约》中难以找到明确的表达时，一般国际法规范亦能作为法律依据发挥重要作用。2022年的"尼加拉瓜诉哥伦比亚侵犯加勒比海主权及海洋空间案"中，薛捍勤法官认为当《公约》未能明确表达关于传统捕鱼权的规则时，一般国际法将作为管理传统捕鱼权的依据而持续适用。

再次，一般国际法规范也可从《公约》之中发展而来。如前所述，一般国际法规范的范围十分广泛，既可能是习惯国际法，又可能是一般法律原则，亦有可能是部分国际强行法的规范。《公约》在缔结时吸纳了一些国际法，尤其是国际海洋法领域的一些国际习惯，这是一个不争的事实。但同时，《公约》所承载的一些规则也因国家的反复实践与普遍接受而发展成为国际海洋法中的惯例。《公约》中的这些规则也因此带有了习惯法的性质，从而能够产生普遍的约束意义，以约束《公约》的非缔约国。《公约》所建构的专属经济区制度已经发展成为一项习惯国际法。[①] 一些规则在国际司法机构的司法实践中确认了其一般国际法规范的地位。比如，《公约》第91条规定的"船舶的国籍"，这一点已为国际海洋法法庭在"'塞加号'案"中所明确。[②]

[①] 张海文：《〈联合国海洋法公约〉开放签署四十周年：回顾与展望》，《武大国际法评论》2022年第6期，第7页。

[②] 张琪悦：《〈联合国海洋法公约〉序言中"一般国际法"的界定与适用》，《中国海商法研究》2023年第1期，第63页。

最后，值得注意的是，《公约》与一般国际法规范在适用上并无先后之分，而应平等适用。一般国际法规范包含《国际法院规约》第38条第1款中规定的多重法律渊源，即习惯国际法、一般法律原则、强行法规范等，其中除强制性规范外，其他各法律渊源的效力位阶均相同。同时，《公约》的部分规则也是习惯国际法的体现。虽有"特殊法优先于一般法"的法律适用顺序，但这并不意味着《公约》规则与一般国际法规范之间是冲突对立的。《公约》前言中虽然指出在《公约》未予规定的事项可诉诸一般国际法规则和原则，但《公约》前言的本意是两者补充适用，以实现《公约》能够解决一切海洋问题的初衷。

第三节 我国海洋法制的发展历程

在中国历史上，地缘政治导向大多是大陆性的。[1] 尽管有一些航海实践，但是由于明代的海禁政策，并没有对海洋继续进行探索，直到鸦片战争时被来自海上的侵略者用坚船利炮打开国门。[2] 新中国成立后，才真正开始了对涉海问题的立法和国家实践。

我国的涉海法律制度建设分为三个阶段：新中国涉海法律制度建设的起步时期（1949—1979年）、中国涉海法律体系建设的快速成长时期（1980—2012年）和中国涉海法律制度建设的完善时期（2013—2024年）。在第一个阶段，我国的涉海法律制度体现出反对强调片面的海洋自由、重视沿海国安全需求的特征。第二个阶段是我国海洋事业渐进发展、稳中求胜的重要时期，该时期我国发布了《全国海洋开发规划》《全国海洋经济发展规划纲要》等政策性文件和《中华人民共和国领海及毗连区法》（以下简称《领海及毗连

---

[1] 索尔·科恩：《地缘政治学：国际关系的地理学》（第2版），严春松译，上海社会科学院出版社，2011，第275-276页，转引自姚莹：《中国共产党海洋思想的国际法解读：发展历程、实践彰显与法治愿景》，《南海学刊》2022年第1期，第44-58页。

[2] 姚莹：《中国共产党海洋思想的国际法解读：发展历程、实践彰显与法治愿景》，《南海学刊》2022年第1期，第44-58页。

区法》),并根据国际法中规定的权利和义务表明了中国在国际海洋法领域的要求和主张,主要涉及海洋渔业、环境保护和海洋科技。在第三个阶段,确定了海洋强国战略是中国涉海实践的主线。我国的涉海法律制度建设在国家实践的基础上对过往的经验进行了总结,进而提出了海洋命运共同体的主张。①

2019年4月,习近平主席在集体会见出席中国人民解放军海军成立70周年多国海军活动外方代表团团长时指出,"我们人类居住的这个蓝色星球,不是被海洋分割成了各个孤岛,而是被海洋连结成了命运共同体,各国人民安危与共"。② 海洋命运共同体是人类命运共同体在海洋领域的延伸和体现,它既体现了构建人类命运共同体的政治、安全、经济、文化、生态等内涵,也反映出构建人类命运共同体在海洋领域的创新和发展。目前来说,构建海洋命运共同体主要包括三个方面:第一,构建海洋安全共同体是首要;第二,建设海洋发展共同体是基本;第三,打造海洋责任共同体是关键。③

一、新中国涉海法律制度建设的起步时期(1949—1979年)

新中国成立之初,我国的涉海法治几乎是空白。④ 但在这一阶段,有一个非常重要的立法性文件是1958年发布的《中华人民共和国政府关于领海的声明》。这一声明产生于《公约》缔结之前,因此其主要是以当时国际海洋法领域的习惯国际法以及1958年第一次海洋法会议所形成的4项日内瓦海洋法公约体系为参考。这一声明是中国"对外宣布海洋主权范围的纲领性文件"⑤,其规定了中国大陆及其沿海岛屿的领海采用直线基线划定,中国领海的宽度为12海里;一切外国飞机和军用船舶,未经中华人民共和国政府许

---

① 吴蔚:《中国涉海法律制度建设进程及全球海洋治理》,《亚太安全与海洋研究》2021年第6期,第55-68页。
② 习近平:《习近平谈治国理政》第三卷,外文出版社,2020,第463页。
③ 卢静:《全球海洋治理与构建海洋命运共同体》,《外交评论(外交学院学报)》2022年第1期,第1-21页、第165页。
④ 马得懿:《新中国涉海法治70年的发展、特点与应然取向》,《暨南学报(哲学社会科学版)》2019年第11期,第28页。
⑤ 大连海事大学海洋法治发展报告编写组:《中国海洋法治发展报告(2023)》,社会科学文献出版社,2023,第9页。

可，不得进入中国的领海及其上空。同时，任何外国船舶在中国领海航行，必须遵守中华人民共和国政府的有关法令。这标志着新中国领海制度的确立，对捍卫领海主权、维护中国领海区域内的海洋权益有重要意义。除此之外，这一阶段我国涉海法律形式还主要表现为行政法规和规章，但是这些法规、规章制度在立法层次上较低。① 并且当时的新中国正经历以美国为首的西方国家的海上封锁和禁运敌对政策，新中国通过与其他国家联合成立海运公司的方式以打破西方国家的遏制。因此，当时中国的海洋法治主要关注领海制度和海洋贸易运输、海洋渔业资源等领域，不断细化特定领域的涉海管理规章制度。② 比如，1952 年的《外籍轮船进出口管理暂行办法》、1955 年的《关于渤海、黄海及东海机轮拖网渔业禁渔区的命令》、1957 年的《中华人民共和国打捞沉船管理办法》以及 1964 年《外国籍非军用船舶通过琼州海峡管理规则》等。到了 20 世纪 70 年代，由于海洋石油勘探开发行业的兴起，船舶碰撞以及机油污染等环境事故频发，海洋法领域的"环境问题"成为关注焦点。1974 年，中国出台了第一个关于海洋环境污染防治、保护海洋环境的规范性文件——《中华人民共和国防止沿海水域污染暂行规定》。中国对这一议题的关注，也在 70 年代出台的其他法律中有所体现。比如，1978 年的《中华人民共和国宪法》明确规定了"国家保护环境和自然资源，防治污染和其他公害"；1979 年的《中华人民共和国环境保护法（试行）》中亦有关于海洋环境保护和污染防治的部分原则性规定。

二、中国涉海法律体系建设的快速成长时期（1980—2012 年）

20 世纪 80 年代，中国进入了改革开放的历史性阶段。在这一阶段，中国日益重视海洋法治的发展，并取得了长足进步。其间，中国的涉海法规体系逐渐完善，并带有《公约》的深刻烙印。这一时期中国涉海法律制度建设的成就主要表现在海洋主权和主权权益的保护、海洋生态环境保护、海洋资

---

① 马英杰、赵敬如：《中国海洋环境保护法制的历史发展与未来展望》，《贵州大学学报（社会科学版）》2019 年第 3 期，第 61-67 页。
② 马得懿：《新中国涉海法治 70 年的发展、特点与应然取向》，《暨南学报（哲学社会科学版）》2019 年第 11 期，第 29 页。

源开发利用、海洋管理等方面。

在海洋主权和主权权益保护方面，1992 年，中国正式颁布了《中华人民共和国领海及毗连区法》，标志着中国法治水平的显著提升①。该法共 17 条，以 1982 年《公约》为基准，确定了中国的领海边界，明确了南海诸岛以及钓鱼岛及其附属岛屿的主权归属。此外，该法也对中国领海和毗连区的宽度、外国非军用船舶在领海的无害通过权以及外国船舶在中国领海内进行科学研究的相关规则等进行了系统规定。外国船只在中国领海及毗连区的权利和义务、外国航空器和潜水器的通过等事项以及侵犯中国海洋权益的违法行为的惩治措施等，亦在该法中有了明确的规定。《领海及毗连区法》是中国行使领海主权和对毗连区的管制权，以及维护国家安全和海洋权益的重要国内法依据。1996 年，中国根据该法发布了《中华人民共和国领海基线的声明》，直接沿用《公约》中关于直线基线的规定，宣布了中国大陆领海的部分基线和西沙群岛的领海基线。② 1998 年，《中华人民共和国专属经济区和大陆架法》通过，明确了中国在领海之外的海洋区域所享有的主权权利，"是中国海洋权益扩展的重要标志"③。该法的颁布实施标志着"中国完成了对海洋主权及主权权利的布局，奠定了海洋法治发展的基石"④。其不仅规定了中国在专属经济区和大陆架上的主权权利以及管辖权，而且规定了中国对这两个区域内的渔业、矿产和其他自然资源享有调查、开发、养护和管理，以及涉海科学研究和环境保护等方面享有的权利。此外，在与邻国的专属经济区和大陆架划界问题上，该法提出要"在国际法的基础上按照公平原则以协议划定界限"。上述法律制度也成为中国有效实现海域管辖权的国内法律依据。2003 年，国家海洋局、民政部和解放军总参谋部联合发布了《无居民海岛保护与利用管理规定》（2003 年 7 月 1 日起施行），标志着中国

---

① 倪轩、赵恩波：《领海及毗连区法的知识》，海洋出版社，1993，第 6 页。
② 大连海事大学海洋法治发展报告编写组：《中国海洋法治发展报告（2023）》，社会科学文献出版社，2023，第 9 页。
③ 大连海事大学海洋法治发展报告编写组：《中国海洋法治发展报告（2023）》，社会科学文献出版社，2023，第 9 页。
④ 陈滨生：《〈中华人民共和国专属经济区和大陆架法〉生效的现实意义——兼谈我国与周边相关国家大陆架化解争端的解决方式》，《当代法学》2000 年第 3 期，第 30-32 页。

开始建立专门海岛制度。之后在总结《无居民海岛保护与利用管理规定》实施经验的基础上，全国人民代表大会常务委员会在 2009 年 12 月颁布了以保护海岛、维护国家海洋权益的《中华人民共和国海岛保护法》（以下简称《海岛保护法》）。该法填补了中国对海岛立法的空白，明确了国家对无居民海岛的所有权，并首次综合规定了海岛资源利用、管理和保护，为促进海岛开发利用、保护海岛生态提供了法律遵循。[1] 除此之外，《海岛保护法》还进一步完善了海岛保护规划的相关规定。其中关于海岛、低潮高地的概念界定也充分展现了中国海洋立法与《公约》及其他国际海洋法规则的契合。

在海洋生态环境保护方面，这一时期主要是形成了"以《中华人民共和国海洋环境保护法》（以下简称《海洋环境保护法》）为中心的海洋环境保护机制"[2]。1982 年，《海洋环境保护法》的出台，这不仅是改革开放以来中国涉海立法在海洋环境保护方面进入法治化轨道的重要里程碑，也是一种"中国关于海洋环境保护最早、最直接、最重要的法律"[3]。《海洋环境保护法》以保护和改善海洋环境、保护海洋资源、防治污染损害、维护生态平衡、保障人体健康为目标，主要针对海岸工程、海洋石油勘探开发、陆源污染物、船舶、倾倒废弃物五大污染源，对海洋环境的污染损害问题进行规制。就性质而言，该法更像是一部污染防治法，虽然其针对五大污染源制定的规则与处罚措施较为单薄，但在事实上建构了防治五类污染物的法律框架，对中国海洋环境保护体系的完善有重大意义。此后，中国也陆续制定了关于海洋环境方面的具体法规。比如，1983 年的《中华人民共和国防止船舶污染海域管理条例》、1983 年的《中华人民共和国海洋石油勘探开发环境保护管理条例》、1985 年的《中华人民共和国海洋倾废管理条例》、1989 年的《中华人民共和国防止拆船污染环境管理条例》、1990 年的《中华人民共和

---

[1] 大连海事大学海洋法治发展报告编写组：《中国海洋法治发展报告（2023）》，社会科学文献出版社，2023，第 9 页。
[2] 大连海事大学海洋法治发展报告编写组：《中国海洋法治发展报告（2023）》，社会科学文献出版社，2023，第 10 页。
[3] 贾宇：《改革开放 40 年中国海洋法治的发展》，《边界与海洋研究》2019 年第 4 期第 4 辑，第 5－33 页。

国防治陆源污染物污染损害海洋环境管理条例》和《中华人民共和国防治海岸工程建设项目污染损害海洋环境管理条例》等。1999 年 12 月 25 日，第九届全国人民代表大会常务委员会第十三次会议完成第一次系统性对 1982 年的《海洋环境保护法》的修订。此次修订的亮点是将对海洋环境污染损害的表述从"防止"修改为"防治"。这代表着中国的海洋环境保护"从片面海洋环境污染治理发展到兼顾海洋生态保护的进步"，也标志着"中国海洋生态环境保护法的法律制度框架基本建成"。[1]

在海洋资源开发利用方面，这一时期的立法始于 1982 年由国务院颁布的《中华人民共和国对外合作开采海洋石油资源条例》。该条例明确规定了参与合作开采海洋石油资源的外国企业受到中国政府的依法保护。同时，是中国首次以法律的形式明确宣布了中国对大陆架以及其他属于中华人民共和国管辖海域的石油资源的所有权。[2] 随后，为了加强渔业资源的保护、增殖、开发和合理利用，发展人工养殖，保障渔业生产者的合法权益，促进渔业生产的发展，适应社会主义建设和人民生活的需要，在 1986 年第六届全国人民代表大会常务委员会第十四次会议通过了《中华人民共和国渔业法》，并在 1987 年由农业部发布了《中华人民共和国渔业法实施细则》。这两部法律法规对我国主权和管辖权所涉及的海洋区域内的渔业资源的保护、增殖、开发、利用和管理进行了规定，扩大了中国在内水和领海之外的渔业管辖权。这一法律动态对中国海洋养殖事业的发展起到了鼓励、扶持作用。在 1986 年，《中华人民共和国矿产资源法》应运而生，其规定了中国对管辖海域内矿产资源的所有权，以及矿产资源的勘查和开采权。[3]

在海洋管理方面，1983 年，第六届全国人民代表大会常务委员会第二次会议通过了《中华人民共和国海上交通安全法》。该法对加强海上交通管理和保障船舶、设施和人民生命财产安全，以及维护国家海洋权益具有重要意义。该法还规定船舶、设施航行、停泊和作业，必须遵守中华人民共和国的

---

[1] 大连海事大学海洋法治发展报告编写组：《中国海洋法治发展报告（2023）》，社会科学文献出版社，2023，第 10 - 11 页。
[2] 贾宇：《改革开放 40 年中国海洋法治的发展》，《边界与海洋研究》2019 年第 4 期，第 5 - 33 页。
[3] 《中华人民共和国矿产资源法》第 2 条、第 3 条。

相关法律、行政法规和规章；外国籍非军用船舶，未经主管机关批准，不得进入中华人民共和国的内水和港口。但因人员病急、机件故障、遇难、避风等意外情况，未及获得批准，可以在进入的同时向主管机关紧急报告，并听从指挥。未经中华人民共和国政府批准，外国籍军用船舶不得进入中国的内水、港口和领海。① 1987 年，《中华人民共和国海关法》的颁布，不仅为海关的执法提供了法律依据，更在这一时期，强化了国家主权的制度象征。自 20 世纪八九十年代开始，中国的海洋开发活动进入长期使用大面积海域的阶段，亟须有效的海域管理制度。因此，1993 年财政部和国家海洋局联合印发了《国家海域使用管理暂行规定》，该规定提出了海域使用权制度和海域有偿使用制度。在此基础上，《中华人民共和国海域使用管理法》（以下简称《海域使用管理法》）诞生，并于 2002 年正式施行。《海域使用管理法》明确规定，"海域属于国家所有"，确立了海域所有权即海域使用权的概念。该法也从法律的角度首次界定了"海域""海域使用"② 的概念，并规定了各方在海域使用管理中的权利和义务，确立了三项基本制度——海洋功能区划制度、海域使用权制度和海域有偿使用制度。③ 此外，在港口管理的问题上，在吸收港口管理体制改革经验的基础上，第十届全国人民代表大会常务委员会第三次会议于 2003 年通过了《中华人民共和国港口法》（以下简称《港口法》），对港口的范围以及在港口内从事港口规划、建设、维护、经营、管理及其相关活动的行为进行了规定。该法"解决了港口管理部门行政权来源与具体如何实施的问题"，在法治的轨道上推动了中国港口的建设与发展，以及中国航运业的加速发展。2009 年，与之相呼应、补充的《港口经营管理规定》正式颁布实施，进一步完善了《港口法》，提升了港口经营的法治化水平。

除上述一系列海洋法制发展之外，这一时期中国的海洋法律在海商海事

---

① 《中华人民共和国海上交通安全法》第 10 条、第 11 条。
② 《中华人民共和国海域使用管理法》第 2 条规定，"海域"是指"中华人民共和国内水、领海的水面、水体、海床和底土"；"海域使用"是指"在中华人民共和国内水、领海持续使用特定海域三个月以上的排他性用海活动"。
③ 贾宇：《改革开放 40 年中国海洋法治的发展》，《边界与海洋研究》2019 年第 4 期，第 5–33 页。

方面也有重大进展。1993 年，作为中国涉海私法规范的《中华人民共和国海商法》（以下简称《海商法》）施行，为中国海运市场提供了行为准则，从法律层面为中国在国际贸易中的发展提供了保障。《海商法》是一部具有较强国际性的法律，因此其制定特别注重国际条约与国内法制的接轨。2000 年，中国唯一一部在《中华人民共和国民事诉讼法》基础上制定的调整专业诉讼的特别法，即《中华人民共和国海事诉讼特别程序法》施行。① 该法具有较强的针对性与专业性，其针对海商海事案件，制定了诸如海事强制令、船舶优先权催告程序等特殊规则。这一法律的颁布施行有助于更好地维护海事诉讼当事人的合法权益，促进了中国海事诉讼的改革与发展。

三、中国涉海法律制度建设的完善时期（2013—2024 年）

在经过中国涉海法律体系快速成长期后，中国的涉海法律制度建设进入修改完善阶段。在这一时期，除了少量新的法律法规的出台，主要是对前一时期所通过并施行的涉海法律进行修改，以全面提升中国海洋法治的发展水平。伴随着涉海立法、修法层面的发展，有关海事司法的规则也相继制定。

为规范和加强航道规划、建设、护养、保护，保障航道畅通和通航安全，促进水路运输发展，2014 年《中华人民共和国航道法》颁布并于 2015 年实施，后于 2016 年被修订完善。该法对科学、安全发展航道，保障海上航行畅通与安全起到了积极的促进作用。

2016 年 2 月 26 日，第十二届全国人民代表大会常务委员会第 26 次会议通过了《中华人民共和国深海海底区域资源勘探开发法》（以下简称《深海法》）。《深海法》是一部具有涉外因素的国内法，它规定了中国公民个人或组织在国际海底区域内从事相关活动时所需遵守的规则。该法在《公约》以及其他相关国际法规范的制度框架下，以人类共同继承财产为基本原则，对接国际海底区域开发利用的有关国际法规范，对立法宗旨、适用范围、从事深海海底区域资源勘探开发活动应遵循的原则、资源的勘探和开发、海洋环

---

① 大连海事大学海洋法治发展报告编写组：《中国海洋法治发展报告（2023）》，社会科学文献出版社，2023，第 15 页。

境保护、科学技术研究和资源调查、监督检查及法律责任与开发活动的涉税事项等作出了规定。《深海法》的制定充分体现了中国政府对"国际海底区域是人类共同继承财产"观点的认同，反映了中国维护国际海底区域秩序、为全人类利益和平利用区域资源、共享利益的决心与担当。中国在该领域的立法尝试，"为未来该领域法律制度的国际化积累了经验"。[1]

在海洋司法方面，基于国际争端解决的司法化趋势，利用海洋法作为外交博弈手段的能力在这一时期越发重要。在此背景下，中华人民共和国最高人民法院在2015—2016年发布了《最高人民法院关于海事法院受理案件范围的规定》《最高人民法院关于海事诉讼管辖问题的规定》《最高人民法院关于审理发生在我国管辖海域相关案件若干问题的规定（一）》《最高人民法院关于审理发生在我国管辖海域相关案件若干问题的规定（二）》等一系列关于海事的司法解释。这些司法解释明确了最高人民法院对管辖海域内发生的海事案件的管辖范围等问题，确认了人民法院在中国全部管辖海域内享有海事司法管辖权，保障了中国法院对所辖海域的司法管辖权，有利于落实中国根据《公约》和其他海洋法规范所享有的权利和应承担的义务，有助于落实中国的国内涉海法律法规，对于以司法手段维护中国海洋权益，推动海洋强国建设起到了正面作用。

在海洋管理方面，2021年出台了《中华人民共和国海警法》（以下简称《海警法》），以解决海洋执法分散的现实问题。这一立法调整是中国海警局职能强化的必然结果。[2]《海警法》第84条的核心在于明确中国海警机构的目的、组成、职能和任务。该法为中国海警机构开展海上维权执法提供了全面而明确的法律依据，是海警机构履行职责的规范，对中国海洋管理的完善亦有重要意义，有益于中国海洋权益法治化的维护。

这一时期也是中国涉海法律修改完善的重大时期。诞生于20世纪80年代的《海洋环境保护法》在这一时期经历了4次修改，分别是2013年、2016

---

[1] 大连海事大学海洋法治发展报告编写组：《中国海洋法治发展报告（2023）》，社会科学文献出版社，2023，第12页。
[2] 大连海事大学海洋法治发展报告编写组：《中国海洋法治发展报告（2023）》，社会科学文献出版社，2023，第14页。

年、2017年、2023年。修改后的《海洋环境保护法》增加了更多制度内容。在前三次修正中，重点调整了海洋污染物总量控制制度、海洋污染事故应急制度、船舶油污损害民事赔偿制度以及船舶油污保险制度、"三同时制度"以及环境影响评价制度等。① 2023年修订后的《海洋环境保护法》共九章142条，第七章在保留原法第八章的架构基础上，充分吸收了海事管理机构关于船舶及有关作业活动污染防治管理实践经验，转化了《压载水公约》《拆船公约》等国际公约中的有关要求，强化了船舶载运污染物监管内容，顺应绿色航运新需求。四次修改工作实现中国在海洋生态环境保护方面的重大的法治发展，对于适应国际社会新趋势、建设海洋强国都具有重要意义。

2021年，第十三届全国人民代表大会常务委员会第二十八次会议还对《中华人民共和国海上交通安全法》（以下简称《海上交通安全法》）进行了修订，将海上交通安全管理与维护海洋安全权益统筹结合。修订后的《海上交通安全法》增加了关于航运公司安全与防污染管理、船员在船工作权益保障等规定，并对船员管理、货物与乘客安全运输管理等原有规定进行了完善与充实。除此之外，该法修订后的突出特点之一在于其以专门的章节规定了法律责任，增加了对相关法律责任的追究，并将第116条作为兜底条款，规定"构成犯罪的，依法追究刑事责任"，实现了与《中华人民共和国刑法》的对接。

---

① 张海文：《〈中华人民共和国海洋环境保护法〉发展历程回顾及展望》，《环境与可持续发展》2020年第4期，第79-84页。

第二章　国际机构的职能

第一节　国际机构

一、国际法院及其职能

国际法院（International Court of Justice）的成立和发展可以追溯到国际联盟时期的常设国际法院（Permanent Court of International Justice，以下简称常设法院）。常设法院于1920年12月在荷兰海牙正式成立，是第一次世界大战后成立的国际联盟的主要机构之一。常设法院的成立标志着第一个具有永久性和普遍管辖权的国际法院的诞生。常设法院的职能包括解决国家之间的争端和提供法律意见。它是一个独立的机构，由15名来自各个国家并代表各个大洲的国际法专家组成。国家可以自愿将争端提交至常设法院进行解决，而常设法院的裁决对参与国家是具有法律约束力的。然而，在第二次世界大战期间，常设法院面临了一系列的挑战和限制。[①] 为了推动国际司法机构的发展，联合国成立后便于1945年召开了联合国会员国大会并通过了《联合国宪章》附件之一的《国际法院规约》，成立了国际法院，正式取代常设法院。新成立的国际法院于1946年正式启用，总部仍位于荷兰海牙。国际法院是联合国的主要司法机构，它继承了常设法院的相应职能，由15名在国际法领域享有盛誉的法律专家组成，任期9年，由联合国大会和安全理事会选举产生。这15名法官必须全部来自不同的国家（其中，联合国常任理事国五国各分得一个名额），且不得有两名属于同一国籍。法官不论国籍，其组成尽量能够代表世界各大文化及主要法系的多样性。

---

① 罗肇鸿、王怀宁主编《资本主义大辞典》，人民出版社，1995，第441页。

国际法院依据《国际法院规约》（以下简称《规约》）的规定开展工作，《规约》是《联合国宪章》（以下简称《宪章》）的一部分。国际法院根据参与国的意见以及联合国机构的请求，处理各种类型的争端，例如领土争端、条约解释、国家责任等。国际法院的职权主要有诉讼管辖权和咨询管辖权：诉讼管辖权即依据国际法解决各国向其提交的法律争端（争端解决职能）[1]、提供法律意见、解释国际法以及促进法律的发展；咨询管辖权即对获得正当授权的联合国机关和有关机构提交的法律问题发表咨询意见（咨询职能）。管辖权问题既关系到国际法院的职权，又是一个关系到当事国主权的十分重要的问题。国际法院在受理各种不同的争端事件时，首先必须确定对该案件是否具有管辖权。只有在当事国接受其管辖时国际法院才有权审理有关案件，国际法院不是凌驾于国家之上的司法机关，如果强迫主权国家违背自己的意志而无条件地承担司法解决的义务，从自愿接受管辖变为强制性质，实质上就是对国家主权的任意限制和否定。从1946年起，法院已做出141个判决[2]，所涉争端包括陆地边界、海洋划界、领土主权、禁止使用武力、违反国际人道法、禁止干涉别国内政、外交关系、人质事件、庇护权、国籍、监护、通行权和经济权利等。

国际法院除审理诉讼案件外，还具备咨询管辖权。《宪章》第96条[3]与《规约》第65条第1款[4]均赋予国际法院可就适格主体提交的法律问题发表咨询意见的权利。有权主体内部通过咨询申请决议而将申请递交国际法院后，国际法院并未自动获得该案的咨询管辖权，无论是国际组织还是国家提出异议，国际法院都需要在启动咨询程序之前，首先确定自己是否对案件具有咨询管辖权。国际法院在执行咨询职权时，应参照《规约》和《国际法院规

---

[1] 《国际法院规约》第二章（第34条至第37条）对国际法院的诉讼管辖权作了规定。国际法院管辖的案件范围主要包括三个方面：（1）各当事国提交的一切案件。此类案件的管辖称为自愿管辖……

[2] 参见联合国国际法院官网：https://www.icj-cij.org/index.php/list-of-all-cases，访问日期：2023年12月20日。

[3] 《联合国宪章》第96条规定：（1）大会或安理会对于任何法律问题得请国际法院发表咨询意见；（2）联合国其他机关及各种专门机关，对于其工作范围内之任何法律问题，得随时以大会之授权，请求国际法院发表咨询意见。

[4] 《国际法院规约》第65条第1款规定：法院对于任何法律问题如经任何团体由联合国宪章授权而请求或依照联合国宪章而请求时，得发表咨询意见。

则》（以下简称《规则》）中关于诉讼案件的规定。需要注意的是，国际法院行使咨询权，主要是因为其作为联合国的司法机关对法律问题提供权威性的参考意见，以帮助联合国机构更好地依照《宪章》进行活动。国际法院的咨询意见属于咨询的性质，不具有法律效力，但是国际法院对重大的法律问题的意见，在法律上并不是毫无意义的，有时对有关国际争端还产生重要的效果。[1] 尽管提请国际法院发表咨询意见的案件主体为联合国大会、安理会和经联合国大会授权的联合国专门机关及其他各种专门机关，但咨询意见本身并非直接解决争端，而仅是释明与指引，因而具有间接化解纷争的功效。

1946年以来，国际法院已经发表过28个咨询意见[2]，相关事项主要包括科索沃临时自治机构单方面宣布独立是否符合国际法、在被占领的巴勒斯坦领土修建隔离墙的法律后果、接纳一国为联合国会员的权限、执行联合国职务时所受损害的赔偿、西南非洲（纳米比亚）和西萨哈拉的国际地位、国际行政法庭的判决、联合国某些行动的经费、联合国总部协定的适用、人权特别报告员的地位以及威胁使用或使用核武器的合法性等。国际法院的咨询管辖权具有灵活性与先进性，其意图将法律问题从国际争端中剥离出来，以此排除有关国家的政治干扰，避免国家争端陷入司法僵局，同时在认定咨询管辖权和行使自由裁量权的过程中持较为开放的态度，偏向于从其作为联合国司法机构的职能出发肯定其对案件具有管辖权，从而扩大国际法院的国际影响力。但从咨询程序较低的利用率和屡受争议的事实中不难看出，国际社会对国际法院的咨询管辖权仍存在许多质疑和担忧，国际法院如果要充分发挥其咨询职能，就必须寻找一条平衡其司法职权和国家主权的路径进行改革。

总的来说，国际法院在其存在的八十多年间发挥着重要的作用，其不仅为国际社会提供了一个重要的争端解决机制，也为国际法的发展作出了贡献。它的成立和发展反映了国际社会对和平与正义的追求，以及国际法的重要性和发展。

---

[1] 王铁崖：《国际法》，法律出版社，2005，第597页。
[2] 参见联合国国际法院官网，https://www.icj-cij.org/sites/default/files/the-court-at-a-glance/the-court-at-a-glance-ch.pdf，访问日期：2023年12月20日。

二、国际海洋法法庭及其职能

（一）国际海洋法法庭的成立

在国际海洋法法庭（International Tribunal for the Law of the Sea，以下简称法庭）出现之前，关于海洋的争端如果通过国际司法方式解决，则一般会由国际法院进行处理。但是，1982年《公约》通过并开放给各国签字、批准和加入后，设立了特定的强制性管辖程序的全球性条约（当然，这是极为罕见的）。该强制性管辖程序首先明确了争端各方有权选择和平解决争端的方法，如采取谈判、调查、调停、调解、司法解决、诉诸区域机关等，但缔约国在采取其自行选择的和平方法（一般是政治方法）解决其争端失败后，有义务将争端交付有约束力裁判的强制解决程序。这种强制性体现在争端各方只要不能自行选择解决办法，争端的任何一方即可将争端提交至该程序，而无需争端各方再达成专门协议。适用这种强制程序的法律机构有4个：国际海洋法法庭、国际法院、仲裁法庭和特别仲裁法庭，它们处于并列地位，但将仲裁法庭作为备用。[1]

在第三次联合国海洋法会议期间（1973—1982年），美国等国家提出应建立一个新的国际海洋法法庭，作为海洋法争端解决机制的一部分。由于1946年的国际法院对海洋法范围内的争端有管辖权，所以许多国家反对设立该法庭，认为新法庭会与国际法院的职能产生重叠甚至冲突，从而削弱国际法院的作用。后来，在发展中国家的支持下，国际海洋法法庭得以建立。[2]其成立具有重要的学术价值与实践意义。首先，国际海洋法法庭的组成人员拥有专业的海洋科学技术背景，这使得其在处理涉及海洋法的复杂案件时，能够展现出更高的专业性。其次，鉴于"区域"内涉海活动引发的争议当事方具有多样性，不仅涵盖国家层面，还包括其他非国家主体，而国际法院的案件受理范围主要限定于国家作为当事方的情形，因此，现有国际司法机构

---

[1] 吴慧：《国际海洋法法庭研究》，海洋出版社，2002，第4页。
[2] 赵海峰、刘李明：《国际海洋法法庭——发展中的专业化国际法司法机构》，《人民司法》2005年第5期，第85-89页。

难以全面应对实际需求，同时，广大发展中国家不满于当时以西方为中心的国际法院，这也促进了国际海洋法法庭的建立。

因此，作为一个独立的国际司法机构，国际海洋法法庭虽然与国际法院有联系，但是是不同的机构。国际海洋法法庭作为一个整体，应确保其能代表世界各主要法系和实现公平的地区分配。经当事各方同意，国际海洋法法庭有权按照公平和善良的原则对案件做出裁决。国际海洋法法庭设立的海底争端分庭，在审理案件时还应适用国际海底管理局按照《公约》制定的规则、规章和程序；对关于勘探和开发国际海底区域的资源的活动的合同事项，也应适用该种合同的条款。国际海洋法法庭不仅对各缔约国开放，还对缔约国以外的实体（作为合同当事方的管理局或企业部、自然人和法人）开放。《公约》附件6中的《国际海洋法法庭规约》（以下简称《法庭规约》）对国际海洋法法庭的组成、职权、程序和分庭的设立等均作出了明确的规定。《法庭规约》第2条第1款规定："法庭应由独立法官21人组成……"这一点与国际法院相比，又前进了一步，即不仅强调法庭的法官须代表世界各主要法系，而且强调了公平的地区分配。因此国际海洋法法庭有更多来自发展中国家的法官，使其更具国际社会代表性。国际海洋法法庭的职责包括解决与《公约》有关的争端和提供法律意见，以及对涉及领土争端、渔业权益、海洋环境保护等方面的案件进行裁决。《公约》要求缔约国尊重法庭的裁决，并协助执行其裁决。当《公约》的缔约国之间发生争端时，它们可以选择将争端提交国际海洋法法庭进行裁决。国际海洋法法庭对提交的案件进行审理，并根据《公约》和国际法的规定做出裁决。裁决对提交案件的各方均具有法律约束力。

（二）国际海洋法法庭的职权

和国际法院一样，国际海洋法法庭的管辖权也分为诉讼管辖权和咨询管辖权。《公约》第十一部分第5节"争端的解决和咨询意见"、第十五部分"争端的解决"、附件6"法庭规约"（以下称为《法庭规约》），以及《国际海洋法法庭规则》（以下简称《法庭规则》），就国际海洋法法庭的诉讼管辖权和咨询管辖权问题作出了规定。《公约》及其相关条约、规则规定：法庭和海底争端分庭（以下简称海底分庭）都有提供咨询意见的职能。《公约》

规定了两种不同情形的咨询管辖权：第一种情形是法庭海底争端分庭应国际海底管理局大会或理事会的请求，享有对其活动范围内发生的法律问题发表咨询意见的管辖权；第二种情形是国际海洋法法庭本身在符合条件的情况下，享有对其他国际协定发表咨询意见的管辖权，前提是该国际协定本身已向国际海洋法法庭请求发表咨询意见作了专门规定，并且该请求与《公约》的目的有关。

《公约》最初的制度设计中，国际海洋法法庭主要的职能在于解决争端，强调它的诉讼管辖权，并没有赋予其咨询管辖权，更为准确地说是国际海洋法法庭本身没有咨询职能，承担咨询职能的是海底分庭。但是，这样的规定似乎有一些问题。因为咨询管辖权在很大程度上相当于是对诉讼管辖权的补充，在通过司法途径和平解决国际争端方面发挥着重要作用，而且在实践中需要对《公约》的一些规定进行解释，争端双方希望能够从国际海洋法法庭得到一些对他们争端的建议而又不愿诉诸司法途径，但国际海洋法法庭又没有相应的职权，便不能充分发挥作用。特别是国际法院成立后受理的26件咨询案件中所发表的咨询意见表现出来的较高权威性和广泛影响力，更使得赋予国际海洋法法庭咨询管辖权成为必要。因此，在1997年通过、2001年修订的《法庭规则》就有了第130～139条关于法庭咨询管辖权的相关规定。① 国际海洋法法庭的咨询管辖权的目的在于对《公约》及与其目的有关的国际协定的解释和适用等方面的法律问题发表指导性意见，起到律法服务的作用，这也是沿袭了国际法院的职能。

国际海洋法法庭的裁决和意见为国际社会提供了关于海洋法的解释和适用的指导。国际海洋法法庭的成立和运行为国际社会提供了一个专门解决海洋争端的司法机构，并为《公约》的有效实施和发展作出了贡献。

三、大陆架界限委员会及其职能

（一）大陆架界限委员会成立的法律依据

《公约》是迄今为止最为全面、完整，也最有实践性的海洋法典。其于

---

① 吴慧：《国际司法机构的咨询管辖权研究》，《东南大学学报（哲学社会科学版）》2013年第15期，第73-80，135页。

1994年生效，共分17个部分，连同9个附件共有446条。主要内容包括：领海和毗邻区、用于国际航行的海峡、群岛国、专属经济区、大陆架、岛屿制度、闭海或半闭海、内陆国出入海洋的权益和过境自由、国际海底以及海洋科学研究、海洋环境保护与安全、海洋技术的发展和转让等。① 截至2023年共有154个缔约国签署并批准了《公约》，有26国虽未批准但已签署该公约，② 因而其具有广泛的约束性。

《公约》第76条不仅对大陆架重新进行了定义，即认为大陆架是由陆架、陆坡和陆基的海底和海床构成的，但是深海洋底及其洋脊不是大陆架的组成部分，大陆架应当是沿海国领海之外的全部陆地领土的自然延伸。其还规定了大陆架的范围，即对于大陆架的外边缘距离领海基线不足200海里的窄大陆架国家，其大陆架的范围可以延伸到200海里。这就是所谓的内大陆架。而对于陆地领土在海水中的自然延伸超出200海里的宽大陆架国家，虽然其可以划定超过200海里的大陆架，但是其主张的大陆架范围不能超过350海里或不超过2500米等深线外100海里。这就规定了所谓的外大陆架。

关于大陆架，根据《公约》的规定，各沿海国和非沿海国均有相应的权利。从定义上看，大陆架即陆地板块在海水中的自然延伸。沿海国在大陆架上享有相同的勘探大陆架和开发自然资源等主权权利：（1）授权和管理在大陆架进行钻探的主权权利；（2）建造并授权和管理建造、操作和使用人工岛屿、设施以及结构的专属管辖权。从非沿海国的角度来看，非沿海国的船只可以不经沿海国的许可，自由地在大陆架上的水域里行驶，其飞行器也可以在水域的上空飞行。非沿海国可以在经沿海国同意的基础上，享有在大陆架上铺设海底管道或电缆的权利。③

然而在划定程序上，根据大陆架与领海基线的距离，200海里内和200海里外的大陆架，又有不同的规定。划定200海里内大陆架的外部界限属于

---

① 参见《联合国海洋法公约》，http：//www.un.org/zh/law/sea/los/，访问日期：2023年12月25日。
② 参见联合国与海洋，http：//www.un.org/zh/law/sea/statesparties.shtml，访问日期：2023年12月25日。
③ 参见《联合国海洋法公约》第77-81条，http：//www.un.org/zh/law/sea/los/article6.shtml，访问日期：2024年2月12日。

沿海国的主权行为。① 沿海国可以自己直接主张 200 海里内大陆架的界限。但是，沿海国不能直接划定 200 海里外大陆架的界限，而应当向联合国大陆架界限委员会（UN Commission on the Limits of the Continental Shelf，以下简称委员会）提交外大陆架划界申请案，只有在委员会作出认同其申请的建议，或者沿海国同意委员会建议的 200 海里外大陆架界限的情况下，才能划定大陆架的外部界限。从资源开发利用角度来看，《公约》规定，200 海里外大陆架开发的非生物资源并不全归沿海国自身所有，在开发一定年限后，应按照开采矿产资源的产值向国际海底管理局交纳费用和实物。而这些资源归全体国家共同享有，充分考虑到发展中国家的利益和需要，特别是其中最不发达的国家和内陆国的利益和需要后，平均分配给各国。②

沿海国如果想要享有在外大陆架上的主权权利，就应当符合《公约》的科学技术性规定。然而这在实践中具有一定的难度。首先，目前国际社会中可能缺乏对划定外大陆架界限所必须具备的地质、海洋数据，如沿海国坡脚的确切坐标、积岩的厚度等。其次，由于《公约》的许多规定相对较为模糊，例如对海底高地、洋脊的相关概念没有作出明确的技术方面的界定。这都要求应该有一个专门技术的机构，该机构既可以对《公约》的技术性要求进行进一步明确的解释，又可以对沿海国提交的地质、水文方面的数据进行核查和分析，以确定其真实性和是否符合公约要求的技术性条款。因而为了解决 200 海里以外大陆架划界的问题，根据《公约》第 76 条及附件 2 的相关规定成立了委员会。

（二）大陆架界限委员会的成员构成

委员会有 21 名委员，分别是地质学、地球物理学、水文学等方面的专家，这些委员由《公约》缔约国从其国民中提名，由联合国大会选举产生，任期为五年。③ 选举的过程中需要保证各地区的利益都得到公平的对待，即

---

① 刘楠来、周子亚、王可菊，等：《国际海洋法》，海洋出版社，1986，第 239 页。
② 参见《联合国海洋法公约》第 82 条，http：//www. un. org/zh/law/sea/los/article6. shtml，访问日期：2024 年 2 月 12 日。
③ 参见《联合国海洋法公约》第 76 条第 8 款，http：//www. un. org/zh/law/sea/los/article6. shtml，访问日期：2024 年 2 月 12 日。

在选举委员时各区域都应有委员。同时委员在履行委员会的职责时不代表国家，而是以专家个人身份履行职责，从而确保委员会的中立性。

（三）大陆架界限委员会的职能

从《公约》附件 2 第 2 条第 1 款可知，委员会主要具备以下三方面的职能：

第一，审议职能，即对于沿海国提交的外大陆架划界案申请，依照《公约》第 76 条，以及委员会编制的《大陆架界限委员会科学和技术准则》(*Scientific and Technical Guidelines of the Commission on the Limits of the Continental Shelf*，以下简称《准则》）进行审议。看其是否符合《公约》规定的外大陆架标准，即其是否证明了沿海国是宽大陆架国家，以及 200 海里以外的范围是其陆地领土在水下的自然延伸。并依照自身的审议结果对沿海国提出建议。如果委员会批准了沿海国的申请，则沿海国可在此基础上，公开对外主张外大陆架的主权权利。因而委员会的第一项职能就是审议沿海国递交的外大陆架划界案是否符合《公约》及《准则》规定的标准、其提供的数据是否真实、能否支持其外大陆架划界申请，并作出建议确定沿海国可主张的外大陆架界限。

第二，建议职能，即委员会在沿海国编制其外大陆架划界案的过程中，可以依据沿海国的请求，为沿海国提供科学和技术方面的建议，以帮助沿海国更准确地理解《公约》及《准则》规定的科学技术方面的要求，从而确定其外大陆架划界的范围，也确保其外大陆架划界案能够得到委员会更多的认同。

第三，解释职能，即委员会可以对《公约》及其附件涉及的外大陆架划界的术语进行解释。虽然此项职能并未明确规定在《公约》附件 2 的条文中，但是委员会为履行其上述两项职能制定了《准则》。根据《准则》第 1.3 段的规定，委员会希望在《准则》中对《公约》所涉及的技术用语和法律用语进行说明和解释。委员会的解释职能的意义在于：首先，《公约》是法律意义下的科学用语，其术语与专业的科学定义可能相去甚远；其次，《公约》中的术语可能存在多种可以接受的解释途径；再次，在召开第三届联合国海洋法会议时也许并未对所有科学技术术语作出准确的定义；最后，由于《公约》的部分条款过于复杂，各国可能在科学技术方面遇到不同的困难，因而难以对相关条款作出明确、统一的解释。① 因而委员会对《公约》涉及的科学、技术和法律术语的解释职能是其保证履行前两项明示职能——审议职能和建议职能的一项必要的职能。

委员会是对沿海国划定其外大陆架界限的科学审议机构。首先，其在确保沿海国最大限度地享有其外大陆架权利的同时，避免部分国家的过度划界即将国际海底区域也划归自己主权所有，保证了各个国家的平等利益。其次，通过独立的第三方审议沿海国申请的外大陆架范围，可以缓和各相邻国家之间的大陆架划界纷争。同时委员会有权力对《公约》第 76 条及其相关专有词汇进行解释，这不仅维护了沿海国及非沿海国的平等利益，减少了国际纷争，同时也使《公约》更加明确，对相关专业名词作出更规范化的官方解释，从而更有利于各国对《公约》的理解，也增强了《公约》的执行力。

第二节　职能冲突与司法能动

一、司法机构的管辖权"黑洞"

（一）定界与划界的法律规定

根据《公约》第 76 条的规定，沿海国的大陆架外部界限存在两种情形：其一，沿海国陆地领土延伸小于或者等于 200 海里，这种情况下其大陆架外部界限即为 200 海里；其二，此种情形较为复杂，即沿海国陆地领土延伸大于 200 海里，此时沿海国若要划定外大陆架的外部界限，就需要委员会的参与。

沿海国需要将证明大陆架确实延伸到 200 海里外以及确定外部界限的科

---

① 参见《大陆架界限委员会科学和技术准则》导言，http://daccess-dds-ny.un.org/doc/UNDOC/GEN/N99/171/07/IMG/N9917107.pdf?OpenElement，访问日期：2024 年 2 月 15 日。

学和技术数据提交给联合国秘书长。秘书长将收到划界案的事项通知委员会以及联合国成员国，并公布执行摘要。① 如果第三国向秘书长发出照会，表明与提交划界案的沿海国存在陆地或海洋争端，除非争端当事国事前表示同意，否则委员会不应审议该划界案。② 在不存在阻碍委员会审议划界案的情况下，划界案将被列入委员会下一届会议的议程。委员会将成立一个小组委员会专门负责审议划界案，小组委员会完成审议后，将提出的建议提交委员会进行表决。③ 委员会将作出的建议递交提出划界案的沿海国和秘书长，此时会出现两种情况：第一，沿海国同意委员会的建议，在此基础上划定外大陆架的外部界限，并按照《公约》第76条第9款的规定将永久标明其大陆架外部界限的海图和相关资料交由联合国秘书长存档，此时的外部界限具有确定性与拘束力；第二，沿海国不同意委员会的建议，依照《公约》附件2第8条的规定，在合理时间内向委员会提出订正的或新的划界案。④ 从这一规定可以看出，《公约》起草者意图增强委员会建议的实质拘束力。虽然委员会提出的建议在法律上并不具有拘束力，但是如果沿海国直接无视委员会的建议而确定外部界限，那么就违背了设立委员会的初衷，无法起到监督沿海国按照《公约》的规定确定大陆架界限的作用。因此，即使沿海国不同意委员会的建议，也需再次提交划界案，重新进行外部界限确定的程序。

理论上，委员会和国际司法机构之间的职能规范是清晰的，在"孟加拉国和缅甸孟加拉湾海洋划界案"中，国际海洋法法庭明确指出，《公约》第83条规定的大陆架划界与第76条规定的划定外部界限有明显区别。根据第76条的规定，委员会的职责是向沿海国提出关于划分大陆架的外部界限的建议，而解决海洋边界划界争端的职责，则委托给《公约》规定的争端解决程序。⑤ 但外大陆架范围的确立，可能既涉及外大陆架界限的划定，也存在争

---

① 参见《大陆架界限委员会议事规则》第50条。
② 参见《大陆架界限委员会议事规则》附件1第5条（a）款。
③ 参见《大陆架界限委员会议事规则》第51条。
④ 参见《大陆架界限委员会议事规则》第53条。
⑤ ITLOS, Dispute concerning delimitation of the maritime boundary between Bangladesh and Myanmar in the Bay of Bengal (Bangladesh/Myanmar), Judgment of 14 March 2012, para. 376.

议区域边界划定的矛盾，两者在一国可主张权利最大范围的确定上，既独立又相互联系。因此实践中，委员会和国际司法机构并无法如规定预想的那样，能够简单完美地互不妨碍和干涉，相反，两者可能互相构成阻碍①。争端国在尚未根据第76条第8款获得委员会建议的情况下，将200海里外大陆架划界问题提交国际争端解决机构，请求该机构划分国家间的外大陆架界限，就会引发关于定界与划界关系的讨论。

定界即确定200海里外大陆架的外部界限，被规定于《公约》第76条中。沿海国若要划定外大陆架外部界限，则需要将相关的情报与资料提交委员会，在委员会建议的基础上划定大陆架外部界限。定界是国家单方行为，定界的过程是一个主要涉及提交划界案的沿海国与委员会两方主体的进程。此处的划界指的是海岸相向或相邻国家间大陆架界限的划定，其被规定于《公约》第83条中。根据该条款，大陆架划界首先由相关国家进行协商，协商不成的，可以诉诸争端解决机构。划界是涉及两个或两个以上的国家，又因此处讨论的划界是指诉诸争端解决机构为国家划定界限，所以划界的程序是包括两个以上争端国与争端解决机构的多方程序。

实际上，定界与划界相互交织，是确定200海里外大陆架区域不可分割的两个方面。首先，定界与划界都是在确定一国外大陆架的确切权利范围，只不过定界确定的是沿海国与区域的界限，即向海界限，划界确定的是国家之间的界限，即横向界限。向海界限与横向界限结合在一起才能界定属于一国的外大陆架确切区域。其次，确定外大陆架外部界限的前提是沿海国有主张外大陆架的权利，也就是沿海国的陆地领土确实在水下延伸到了200海里之外。划界的前提是相邻国家权利存在重叠，也就是司法机构要在确定双方可以主张权利的外大陆架准确范围的前提下，划定各方的界限。② 因此，定界与划界都涉及对沿海国外大陆架权利基础的认定。最后，由于定界需要沿海国在委员会建议的基础上完成，委员会需要根据沿海国提交的信息在认定外大陆架权利基础的前提下确定外大陆架的范围，因此定界与划界的关系之

---

① 贾宇：《200海里外大陆架划界案的新问题》，《中国国际法年刊》2013年第1期，第30页。
② 黄瑶、廖雪霞：《论大陆架外部界限的确立与200海里以外大陆架划界的关系——以2012年尼加拉瓜诉哥伦比亚案为引子》，《当代法学》2013年第6期，第138页。

辩不只是定界与划界谁先谁后的问题，还涉及委员会与争端解决机构在确定外大陆架权利范围方面的职能关系问题。

关于定界与划界的观点，概括起来主要有三种：一种认为定界应在划界之前，在委员会认可有关沿海国提出的大陆架外部界限之前，关于外大陆架权利的重叠主张在技术意义上只是假设性的。国际司法机构在委员会给出定界建议前受理外大陆架划界争端，就是在假设事实的基础上对争端国的权利作出决定。从制度上讲，在没有委员会建议的情况下国际司法机构先行划界，相互冲突的裁决和委员会后来发布的建议确实可能会影响委员会的职能，使其失去权威性，并将其建议的作用降低为只具有声明的性质。[1] 第二种观点与第一种观点完全不同，该观点认为定界与划界是独立的程序，二者没有先后之分，各国在确立外大陆架界限时没有义务遵循某种路径。[2] 第三种观点对该问题持灵活的立场，认为司法机构原则上应当等待委员会的建议再进行划界，但是如果存在合适的情况，那么在缺乏委员会建议时，司法机构也是可以先行划界的，司法实践中发展出的"适当情况"公式可能有助于澄清划界与定界之间的关系。[3] 因此，对于能否在未确定外部界限前划界，应当考虑的是个案的程序和实体条件。[4]

定界与划界关系之辩既关系到委员会的职能行使，也关系到争端解决机构对外大陆架划界的管辖权问题。争端解决机构对于外大陆架划界事项肯定是具有管辖权的，问题在于是否应当行使这一管辖权。定界与划界的关系对司法机构行使外大陆架划界管辖权是否有影响没有一个统一的答案，需要综

---

[1] Sandrine W. De Herdt, "The Relationship Between the Delimitation of the Continental Shelf Beyond 200nm and the Delineation of Its Outer Limits," *Ocean Development & International Law*, Vol. 263, No. 51 (2020): 271 – 273.

[2] Bjarni Már Magnússon, "Is there a Temporal Relationship between the Delineation and the Delimitation of the Continental Shelf beyond 200 Nautical Miles?" *The International Journal of Marine and Coastal Law*, Vol. 465, No. 28 (2013): 482 – 483.

[3] Giovanny Vega–Barbosa, "The Admissibility of Outer Continental Shelf Delimitation Claims Before the ICJ Absent a Recommendation by the CLCS," *Ocean Development & International Law*, Vol. 103, No. 49 (2018): 111 – 112.

[4] 笔者认为定界是主张国的单边行为，通过《公约》的相关外部界限的规则条款主张该国可获得的国家管辖海域的最大面积；划界是国与国的双边行为，是在两国（或以上）海域权利重叠区进行权利分割的行为。

合考虑不同的情况。而定界与划界的关系在海岸相邻或相向的不同情况下的表现就属于应当予以考量的实际情况。

相较于沿海国海岸相邻的情况，海岸相向的情况下200海里外大陆架划界的难度更大、更复杂。因海岸关系不同产生的差异，海岸相向情况下沿海国的定界应在划界之前进行。当然，根据海岸相向的不同情况，国际司法机构先行划界的可能性也是不同的。在双方外大陆架区域重叠的情况下，定界必须优先。如果是一方的外大陆架区域与另一方的200海里大陆架区域重叠，应先等待委员会关于外部界限的建议。当对于双方权利是否重叠存在争议时，如果案件情况比较明确，双方对此争议不大，则国际司法机构可以先行作出判定。但这种情况也需要国际司法机构保证其对科学证据和资料评估的准确性，否则还是等待委员会的建议更为合适。因此，对定界与划界关系进行分情况讨论更有利于厘清委员会与争端解决机构各自的职能。海岸关系的不同情况也是争端解决机构在决定是否对划界事项行使管辖权时应予考量的一个实体因素。

（二）国际司法实践归纳梳理

在过往的司法实践中，出现了不少权利重叠海域，其划界存在争端时也需要划定大陆架外部界限的情况，不同案情下的司法裁判既有相通之处，也各有特点。按照时间顺序列出自国际海洋法法庭成立以来，既向委员会提交外大陆架提案，又在国际司法机构中进行划界裁判的案件中，涉及200海里外大陆架划界争端的具体案例，将各案相关案情和司法裁判整理如下（表1）。

表1　200海里外大陆架划界相关案情

案例	200海里外大陆架划界相关案情	司法裁判
1992年"加拿大/法国海洋边界仲裁案"（相向）	加拿大主张，法国声称的大陆架超出了应有范围。加拿大拒绝接受法国提出的大陆架外部界限，并指出法国本身尚未确认边界的确切位置，因此无法划定边界	仲裁庭裁定其对外大陆架划界没有管辖权。因为仲裁庭认为它的裁决将构成案件任意一方与整个国际社会之间的界限。此外，两国未就争议地区的地质和地貌条件是否符合《公约》第76条第4款的要求达成一致。证据的不充分也导致仲裁庭拒绝裁判

续表

案例	200海里外大陆架划界相关案情	司法裁判
2006年"巴巴多斯诉特立尼达和多巴哥共和国仲裁案"（相向）	本案争议的事项为外大陆架划界，但巴巴多斯认为请求仲裁庭作出裁决将从根本上影响委员会的职能	仲裁庭认定其对200海里外大陆架划界具有管辖权，因为《公约》并未区分内、外大陆架
2007年"尼加拉瓜诉洪都拉斯案"（相邻）	本案并未涉及外大陆架划界问题	国际法院解释其单一划界不损害第三国利益，并认为其可就大陆架的外边界和大陆架的划界作出以下声明：无论如何，这条分界线不能被解释为超过距离领海宽度基线量起200海里；对200海里外大陆架的任何诉求必须符合《公约》第76条的要求
2012年3月"孟加拉国和缅甸孟加拉湾海洋划界案"（相邻）	本案中，孟加拉国和缅甸均已向委员会提交划界案，但大陆架外部界限均尚未划定。且因双方依据规定，向委员会披露了争议的存在，委员会因此推迟了审议	国际海洋法法庭认为其具有管辖权，因为仅有一个大陆架，不存在内、外之分。法庭在考察以往司法实践的基础上指出：每个案件的程序及实际情况是国际司法机构判断其是否应该行使管辖权的决定因素。法庭主张，既然委员会就划界案决定推迟审议，若法庭也不对该区域进行管辖，那么争议就无法得到解决。为了避免这个结果的出现，最大限度实现《公约》的目的和宗旨，法庭认为其应当作出行动，而且其划界行为不构成对委员会的妨碍。法庭判定：延伸200海里内的单一划界线至第三国利益可能受到影响的位置为止

续表

案例	200 海里外大陆架划界相关案情	司法裁判
2012 年 11 月 "尼加拉瓜诉哥伦比亚领土和海洋争端案"（尼加拉瓜自然延伸，哥伦比亚距离原则）（相向）	尼加拉瓜为《公约》缔约国，哥伦比亚为非缔约国。尼加拉瓜向委员会提交了初步信息。 双方同意沿海国对大陆架拥有事实上和原始的权利。但是，尼加拉瓜和哥伦比亚不同意关于治理沿海国在距离测量领海宽度的基线 200 海里以外大陆架权利的规则的性质和内容。 哥伦比亚认为，尼加拉瓜声称的延伸至大陆边缘 200 海里以外的大陆架权利从未被承认或提交委员会。根据哥伦比亚的说法，其向法院提供的信息是基于尼加拉瓜向委员会提交的"初步信息"，该信息"非常不充分"，达不到可让委员会出具意见的程度。 尼加拉瓜并未要求法院就其大陆架外部界限的确切位置作出最终裁决。其建议，法院可以通过模糊描述来界定，比如"这条边界是根据《公约》第 76 条确定的尼加拉瓜大陆架边缘外缘与哥伦比亚 200 海里区域间的中线"，① 然后其在后期又基于委员会的建议建立了外部界限	国际法院指出，哥伦比亚不是《公约》的缔约国，因此，该案只适用习惯国际法。国际法院认为，《公约》第 76 条第 1 款规定的大陆架定义构成习惯国际法的一部分。在当前阶段，考虑到国际法院职责是审查其是否有权实施大陆架划界的行为，因此无须决定《公约》第 76 条的其他规定是否构成习惯国际法的一部分。 由于尼加拉瓜没有确定其大陆边界的延伸范围足以与哥伦比亚大陆架的 200 海里以外的权利重叠，从哥伦比亚大陆海岸来看，国际法院不但没有根据尼加拉瓜的要求划定它和哥伦比亚之间大陆架边界的立场，遑论采用其建议的一般公式。鉴于上述情况，国际法院无须处理缔约方提出的其他任何论点，包括划定涉及一方外大陆架的权利重叠区域是否会影响另一方 200 海里大陆架的权利的论点
2014 年 7 月 "孟加拉国和印度海洋划界仲裁案"（相邻）	两国均向委员会提交了外大陆架划界案，但委员会都推迟了审议，所以两国尚未依据《公约》第 76 条和附件 2 确定外大陆架界限	仲裁庭注意到关于 200 海里外大陆架划界的国际判例相当有限。 仲裁庭引用"孟加拉国和缅甸孟加拉湾海洋划界案"说明两国尚未确立外大陆架界限并不阻碍其对 200 海里外大陆架横向划界的管辖权

---

① Territorial and Maritime Dispute (Nicaragua v. Colombia), Judgment, I. C. J. Reports 2012, para. 128.

续表

案例	200海里外大陆架划界相关案情	司法裁判
2014年7月"孟加拉国和印度海洋划界仲裁案"（相邻）	两国都同意双方均拥有对200海里外大陆架的权利，且适用于200海里外大陆架划界的法律是《公约》第83条。孟加拉国认为采用直接延伸200海里内临时等距离线来划分200海里外大陆架的方法不能产生公平结果，需要考虑相关因素进行调整；印度反对，认为因只存在一个大陆架，所以200海里内、外大陆架界线应保持一致。双方都不认可对方建议的界线	仲裁庭认为只有一个大陆架，《公约》第76条，第77条第1、2款包含此层内涵，不存在内、外大陆架之分。在参照2012年"孟加拉国和缅甸孟加拉湾海洋划界案"的基础上认为其拥有对200海里外大陆架海洋界线的管辖权。 仲裁庭在考量2012年"孟加拉国和缅甸孟加拉湾海洋划界案"判决的基础上，得出结论：200海里外的等距离线需要调整以产生公平结果。 法庭在考察各方提出的建议界线后，均未予以认可，并说明应采用等距/相关情况的方法划定200海里内大陆架，仲裁庭将采用相同的方法划定200海里外大陆架，划定大陆架的适当方法保持不变后，划定了一条调整后的等距界线
2017年9月"加纳和科特迪瓦共和国关于在大西洋海洋划界争端案"（相邻）	在法庭诉讼过程中，科特迪瓦向委员会重新提交了修正案。修正之后，科特迪瓦与加纳两国200海里外大陆架区域出现了权利重叠部分。 双方同意特别分庭有权决定它们之间超过200海里的大陆架划界，也都承认彼此均存在超过200海里的大陆架，但对各自可主张权利的范围存在分歧。 加纳认为，特别分庭对超过200海里的任何划界都必须取决于委员会的调查结果，即科特迪瓦实际上确实拥有外大陆架权利。 关于划界的第一个问题是，在关于加纳与科特迪瓦之间海域划界的这些程序中，是否考虑了科特迪瓦对委员会提交的修正案。第二个问题是，在启动特别分庭诉讼程序前，委员会关于加纳大陆架超出200海里外的外部界限所	特别分庭确认并说明了两国均存在超过200海里的大陆架。特别分庭认为，虽然委员会尚未就科特迪瓦提交的划界案提出建议，但这并不妨碍特别分庭受理科特迪瓦提交的海洋划界案。 一方面，特别分庭引用了《法庭规则》第71条第1款，说明在书面程序结束后不得进一步提交文件，除非另一方或法庭同意。特别分庭认为此规则也适用于特别分庭的诉讼程序。基于科特迪瓦是在书面程序结束前援引提交修正案的事实，《法庭规则》第71条第1款不适用于本案。特别分庭也提到，何时、如何依照规定向委员会提交划界案由各国自主决定。由此可认为，科特迪瓦的修正案可以被援引。 另一方面，特别分庭重申：委员会和特别分庭的职能各不相同。就本案而言，委员会涉及超过200海里外大陆边划界，特别分庭决定其与邻国之间的划界，也即在横向范围内划界。虽然这些横向界线必定会与外部界限相交，但特别分庭指

续表

案例	200海里外大陆架划界相关案情	司法裁判
2017年9月"加纳和科特迪瓦共和国关于在大西洋海洋划界争端案"（相邻）	做建议的潜在相关性。加纳指出，本案"是第一起一方在国际法院或法庭受理之前已经收到委员会关于其外部界限建议的海洋划界案件"。它指出，"事实上，特别分庭以及任何其他国际司法机构，都必须尊重委员会关于划定国家管辖范围外部界限的决定"①	出，其决定不妨碍委员会的建议和依据《公约》第76条第8款的规定的后续行动。所以，特别分庭认为其没有必要处理双方提出的与委员会对加纳提出的建议有关的论点。特别分庭也强调说明只有一个大陆架，不存在内、外大陆架的区分。因此，就200海里外大陆架划界方法而言，特别分庭认为区分200海里以内及以外是不合适的。特别分庭判定：将领海、专属经济区和200海里内大陆架的划界线沿同一方向延伸，直到大陆架的外部界限
2023年4月"毛里求斯和马尔代夫大西洋划界案"（相对）	两国均向委员会提交了外大陆架划界案，但委员会都推迟了审议，所以两国尚未依据《公约》第76条和附件2确立外大陆架界限。任何一方都没有同意委员会审议另一方的意见	特别分庭认为，不应将200海里以外的大陆架部分视为和处理为沿海国的一个单独和不同的海域，从而引起两个不同的争端。②特别分庭认为，没有任何规则要求在启动划界程序之前提交划界案。所以其对200海里外大陆架划界是有管辖权的，但是由于马来西亚和毛里求斯双方的具体数据等科学证据存在重大不确定性，因此不予划定200海里外大陆架的界限

从以上国际司法机构的裁判发展来看，对于200海里外大陆架划界争端，司法机构首先考察的问题是其是否具有管辖权。涉及定界与划界关系的司法实践其实很早就出现了，对于这个问题，虽然在1992年的"加拿大/法国海洋边界仲裁案"中，仲裁法庭持否定态度，但随着国际司法理论的实践和发展，不难发现国际司法机构对此问题的观点的转变。2012年的"孟加拉国和

---

① Dispute concerning delimitation of the maritime boundary between Ghana and Côte d'Ivoire in the Atlantic Ocean (Ghana/Côte d'Ivoire), Judgment of 23 September 2017, paras. 498, 500-502, 513.

② ITLOS, Dispute concerning delimitation of the maritime boundary between Mauritius and Maldives in the Indian Ocean (Mauritius/Maldives), Judgment of 28 April 2023, para 340.

缅甸孟加拉湾海洋划界案"开了先河,在裁决中对定界与划界的关系、委员会与争端解决机构各自的职能关系作出了论断,实际上也为争端方划定了外大陆架界限。在此之后,司法实践对这一问题的看法渐趋一致,逐步确定了国际司法机构对外大陆架划界问题的管辖权,并且纷纷引用该案件中的论述作为依据。

首先,《公约》第十五部分第288条为其行使管辖权的一般性规定。《公约》对200海里外大陆架制度的特殊规定,并未排除一般性规则对此问题的适用。其次,国际司法界已普遍达成一致,即只存在一个大陆架,区分200海里内与200海里外大陆架仅是为了学术研究的方便,所以在《公约》第83条的规定下,各国如果不排除国际司法机构对争端的管辖,那么它们就当然地对200海里外大陆架划界享有管辖权。

在确认自身对200海里外大陆架划界争端具有管辖权后,国际司法机构会继续考察其是否有必要进行管辖。在"孟加拉国和缅甸孟加拉湾海洋划界案"中,国际海洋法法庭指出:国际法院或仲裁庭是否应该行使对200海里外大陆架划界的管辖权取决于每个案件的程序及实际情况。

从正面来说,司法机构实施管辖权的前提是,沿海国对超过200海里的大陆架享有主权且权利存在重叠,所以各国需事先提交相关证据来证明其拥有主张外大陆架划界的权利。基于此,结合以上梳理的典型案例分析可知,司法机构对实体因素的考察主要包括:

(1)科学情报的充分性。比如在1992年"加拿大/法国海洋边界仲裁案"中,因信息情报不足,仲裁庭排除了管辖权。同样地,在"尼加拉瓜诉哥伦比亚领土和海洋争端案"中,因尼加拉瓜提供的技术信息不足以证明其拥有外大陆架的权利基础,国际法院因此驳回了其划界请求。相反,在2012年"孟加拉国和缅甸孟加拉湾海洋划界案"中,孟加拉国和缅甸都提交了充足的材料来支撑它们各自的主张,基于这个原因,法庭在这方面没有遇到太大的阻碍。在2017年"加纳和科特迪瓦共和国关于在大西洋海洋划界争端案"中,因为科特迪瓦的地质、地貌情况与加纳相同,而加纳已经获得委员会的建议,所以相当于科特迪瓦提交的材料也足以证明其存在200海里外的大陆架,因此,特别分庭表示科特迪瓦对外大陆架的权利是毋庸置疑的。

（2）争议存在与否。在1992年"加拿大/法国海洋边界仲裁案"中，加拿大对法国提交的科学技术信息存有争议，从而影响了仲裁庭对管辖权的裁判，由于委员会协商一致通过的《大陆架界限委员会科学和技术准则》只是提供一个科学和技术的参考基础，① 各国仍然有各自的主导权，所以对于科学技术标准的认知存在差异，各国专家、一国不同的专家，在解释和适用这些信息和标准上都极有可能产生歧义。争议一方对科学证据质疑，会影响对对方外大陆架权利基础的认定，进而影响法院的判定。相反，在"孟加拉国和缅甸孟加拉湾海洋划界案"中，孟缅双方对提交的科学技术信息均没有异议，只是对"自然延伸"的概念存在分歧，需要法庭进行解释。法庭在综合考量各个因素，对相关法条的内在含义作出认定后，再结合无争议的科学技术信息，判定各国是否拥有200海里外大陆架的权利就相对容易了。

（3）地理状况。争端双方相邻或相向的地理状况会影响国际司法机构对管辖权的裁决，在海岸相向的情形下，根据《公约》的相关规定，如果双方认为其各自的大陆架都可延伸至200海里以外，则对自然延伸的阐释和判定就会比两个国家相邻的情形要复杂得多。2017年"加纳和科特迪瓦共和国关于在大西洋海洋划界争端案"中，特别分庭指出，相邻国家间的海洋划界应在横向范围内，但海岸相向国家的权利重叠部分的界线与外大陆架界限都在纵向范围内，所以划界难度更高。

国际海洋法法庭主要考察的程序因素包括：沿海国是否已履行《公约》第76条第8款规定的程序。在"加拿大/法国海洋边界仲裁案"中，因当事国未履行该程序，故仲裁庭排除了其管辖权；在2012年"尼加拉瓜诉哥伦比亚领土和海洋争端案"中，尽管哥伦比亚为《公约》非缔约国，但国际法院认为这并非排除尼加拉瓜履行既定义务的理由，所以，由于尼加拉瓜未提交完整划界案，不符合程序要求，国际法院也排除了其自身管辖权。而不论是2012年"孟加拉国和缅甸孟加拉湾海洋划界案"，还是2017年"加纳和科特迪瓦共和国关于在大西洋海洋划界争端案"，各当事国都依照规定充分履行了各自的义务，因此法庭均予以了管辖。

---

① 参见《大陆架界限委员会科学和技术准则》第7页。

从反面来说，如果法庭不进行管辖，那么不论是关于200海里外大陆架的划界，还是外部界限的确立都难以得到解决，从而有违《公约》的目的和宗旨。在"孟加拉国和缅甸孟加拉湾海洋划界案"中，因为孟加拉国的反对，委员会决定推迟审议。法庭注意到：根据记录，没有可以假定双方可以通过其他途径解决争端的基础，所以法庭认为：如果其也拒绝根据《公约》第83条为外大陆架划界，那么各方确立外大陆架边缘界限的问题可能会一直得不到解决。这不符合《公约》的目的和宗旨，各国也无法充分享受其对大陆架的权利。

二、司法机构的管辖权冲突

国际法院是负责解决国家之间争端的主要国际司法机构。尽管国际法院的职能较为通用，但它也可处理与海洋法相关的案件。根据国际海洋法法庭的受理范围，例如，如果存在两个国家之间的海洋边界争议，则其中一方可以向国际法院提交申请，请求裁决关于海洋边界的问题。国际海洋法法庭是专门处理海洋法争议的国际机构，它根据《公约》处理与海洋法相关的争议。《公约》确立了海洋权益、资源开发和环境保护等方面的规则，而国际海洋法法庭是负责解释和应用这些规则的机构。当国家之间存在《公约》的解释或适用问题时，他们可以向国际海洋法法庭寻求解决方案。因此，国际法院和国际海洋法法庭在处理海洋法争议方面都具有相应的职能。国家可以选择将海洋法争议提交其中任何一个机构来寻求公正和法律依据的解决。

在具体实务中，国际法院作为一个运行近八十年的国际司法机构，其审理案件众多，作出了许多解决国家间争议的判决，赢得了各个国家的信任，国家更倾向于将案件提交到国际法院。反观新设立的海洋专门机构——国际海洋法法庭，其已受理的32个案件中[①]，大多数为临时措施、立即释放等案件，国家间海洋划界案只有3件[②]，尤其是从"孟加拉国和缅甸孟加拉湾海

[①] 参见 List of Cases, https://www.itlos.org/en/main/cases/list-of-cases/，访问日期：2023年12月25日。

[②] 分别为第16号案（孟加拉国和缅甸孟加拉湾海洋划界争端案）、第23号案（加纳和科特迪瓦共和国关于在大西洋海洋划界争端）、第28号案（毛里求斯和马尔代夫印度洋海洋边界划界争端案）。

洋划界案"和"毛里求斯和马尔代夫海洋划界案"来看，国际海洋法法庭试图用一种新的方式增加案件的数量。法庭目前受理的国家间海洋划界案件数量较少，原因一方面在于各国对于以条约为基础的管辖权越来越缺乏热情，另一方面是发达国家不愿意作为原告起诉，对于案件的服从率变低。

面对这种情况，国际海洋法法庭采取了游说的方式，将案件从仲裁庭处转交到法庭的特别分庭。比如，在第 16 号孟加拉国和缅甸之间的划界案中，2009 年 10 月，孟加拉国把与缅甸的海域争端提交《公约》附件 7 规定下的仲裁法庭仲裁。缅甸提议通过法庭解决争端。孟加拉国同意了该提议，法庭于 2009 年 12 月正式受理此案。再如，在第 28 号案毛里求斯和马尔代夫的海洋划界案中，该案最初是在 2019 年 6 月 18 日毛里求斯依据《公约》附件 7 程序对马尔代夫在印度洋的海洋划界争端提起强制仲裁的。但是，2019 年 9 月 24 日，毛里求斯和马尔代夫决定将该划界争端提交法庭的特别分庭审理，该特别分庭由法庭的 7 名法官和当事国分别提名的专案法官共 9 人组成。因此，该案件就由原来的国际仲裁庭审理转变成法庭的特别分庭审理。产生这一转变的原因是两国在 2019 年 9 月 24 日达成了特别协定，而这一特别协定的达成与庭长的工作是分不开的。同样地，2017 年加纳和科特迪瓦之间的大西洋几内亚湾划界案，本来也是依据《公约》附件 7 程序提起的，但后来在庭长的游说下两国也达成了特别协定，改由法庭的特别分庭审理。① 可见，为了让法庭的特别分庭可以审理海洋划界的案件，法庭的庭长一直在努力。②

三、委员会与司法机构的实践冲突

经上文对司法实践的归纳总结，可见委员会与国际司法机构之间存在的一些问题。

（1）委员会与国际司法机构对《公约》第 76 条的解释不一致。

委员会在解释和适用第 76 条规定时，有前后顺序：沿海国向委员会提交

---

① Dispute concerning Delimitation of the Maritime Boundary between Ghana and Côte d'Ivoire in the Atlantic Ocean（Ghana/Côte d'Ivoire），Judgment of 23 September 2017，para. 3.
② 朱利江：《"毛里求斯与马尔代夫海洋划界案"初步反对意见判决的问题、技巧和影响》，《国际法研究》2021 年第 5 期，第 26 页。

划界案，在证明其拥有外大陆架的权利基础后，才可进一步适用《公约》第76条第4款的规定来进行具体划界。这一程序被委员会界定为"从属权利检验"，也即若一国能证明其海底陆块向大陆边外缘的自然延伸超过200海里，则其大陆架外部界限的划定可以适用《公约》第76条第4-7款的复杂公式和程序；反之，则适用距离原则，以200海里线为其外大陆架界限。此种情况下，沿海国无须提交资料，委员会也没有审议的必要，更不用提出任何建议。

简言之，委员会认为证明对大陆架的权利和第76条规定的大陆架外部界限的划定办法，是两个不同但又互为补充的问题。

在"孟加拉国和缅甸孟加拉湾海洋划界案"中，因为两国对"自然延伸"的概念理解不一致，于是国际海洋法法庭不得不就此作出解释。法庭认为，根据《公约》第76条第1款的规定，沿海国大陆架可否延伸到大陆边外缘取决于外缘的位置。但是，相关条文并未对"自然延伸"进行精确的解释。法庭指出，尽管自然延伸是作为支撑北海大陆架制度的一个基本概念而提出的，但它从未被界定过。因此，第76条第1款和第4款下的自然延伸概念与大陆边界概念密切相关，他们指的是同一地区。此外，《公约》第76条的主要目的和宗旨之一是精准确定大陆架的外部界限，界限之外便是"区域"。因此，法庭难以认可第76条第1款所述的自然延伸，构成沿海国主张的200海里外大陆架必须满足的单独的标准，也即第76条第1款并不能单独适用。基于此，法庭认为，应根据定义大陆架和大陆边的后续规定来理解《公约》第76条第1款中的自然延伸。因此，应参照大陆边外缘确定超过200海里的大陆架权利，这可以根据第76条第4款来确定；否则，既不符合第76条的内容也违背了其目的。出于以上原因，法庭否定了孟加拉国提出的因缅甸板块和印度板块存在重大地质中断而不能拥有200海里外大陆架的观点。

由此可见，法庭对《公约》第76条的理解与适用是将其看作一个整体，不能单独剥离其第1款规定中的"自然延伸"，也无先后适用顺序，其后的条款并非对第1款的补充，而是相等关系。

如此相较而言，委员会和法庭对沿海国外大陆架的权利基础审查以及认定标准和程序是不同的。委员会认为可以单独适用第 76 条第 1 款，而法庭则无法接受将"自然延伸"作为判定沿海国 200 海里外大陆架权利基础的单独标准。

（2）国际司法机构的划界行为对委员会职能发挥的影响。

大陆架外部界限的确立不同于外大陆架海洋争端划界。前者有关内容规定在《公约》第 76 条，而后者有关事项则规定在《公约》第 83 条。在第 76 条中有强调，它的内容规定不妨碍海洋划界争端的解决，且在《公约》附件 2 第 9 条得到进一步明确。从文义解释和系统解释的角度更确切地说，即不论是委员会履行其职务的行为，还是沿海国基于委员会的建议而确立的外大陆架界限，均不应影响另一国的权利。

在"孟加拉国和缅甸孟加拉湾海洋划界案"中，法庭在此基础上认为：由于委员会的职能不妨碍解决海岸相向或相邻国家间大陆架划界的问题，因此国际法院和法庭对包括大陆架在内的海洋边界划界实施管辖，也不妨碍委员会就与划定大陆架外部界限有关的事项行使其职能。这个观点实则是一个充分必要条件的逻辑悖论，即 A 不妨碍 B，并不必然等于 B 也不妨碍 A。

法庭还表示："《公约》或《议事规则》或其惯例中没有任何内容表明大陆架的划界妨碍了委员会履行其职能。"但事实上，根据《议事规则》第 46 条及附件一的规定，争端的存在会妨碍委员会正常职能的推进。

各沿海国确定最终具有相应效力的大陆架外部界限，必须在考量委员会建议的基础上，然而，委员会可能因为存在领土或海洋争端，遭到争端当事国的反对而根本不会进行实质审议，这样就导致一国的最外界限无法划定、海洋利益划分不清，从而导致问题得不到解决，违背了《公约》设立委员会的目的。法庭所述的其划界没有妨碍委员会履行职能的内在所指更多局限在：其划界结果而非整个划界行为。如在"加纳和科特迪瓦共和国关于在大西洋海洋划界案"中，特别分庭指出，其决定不妨碍委员会的建议和依据《公约》第 76 条第 8 款规定的后续行动。

首先，从现有的裁判结果来看，在具体的划界方法上，国际司法机构普遍采取的是模糊描述的方式，即对相向国家而言，类似于"两国 200 海里外大陆架边外缘的中线"；对相邻国家而言，在 2012 年"孟加拉国和缅甸孟加拉湾海洋划界案"中，法庭判定延伸 200 海里内的单一划界线至第三国利益可能受到影响的位置。在 2017 年"加纳和科特迪瓦共和国关于在大西洋海洋争端案"中，法庭判定："将 200 海里内的领海，专属经济区和大陆架的划界线沿同一方向延伸，直至达到大陆架的外部界限。"即使在"孟加拉国和印度海洋划界仲裁案"中，仲裁庭也没有采用简单的界线延伸方式，而是对其作出了相应调整，但最后也强调：临时等距离线的调整不得侵犯第三国的权利。① 这种模糊表述的判定结果是否如法庭所言，不会构成对委员会职能发挥的阻碍，或影响委员会的职能发挥？答案是否定的。此案中，印度主张应将 200 海里内大陆架界线延伸至 200 海里外大陆架，直至与法庭在"孟加拉国和缅甸孟加拉湾海洋划界案"中划定的界线相交。此观点遭到孟加拉国的反对，认为除了此界线忽略了其海岸相关情况，还提出若按此界线进行划界，会造成将印度未向委员会主张的外大陆架区域划归于它。印度反驳了此观点，认为提交划界案时存在误认，且已经在给联合国秘书长的照会中表示会再提交修正案。仲裁庭在最后裁决时，并未就此问题作出说明，只是概括性地强调了仲裁庭应设法改善临时等距离线对孟加拉国 200 海里内外区域的过度负面影响，但绝不能以不合理的方式侵犯印度在该区域的权利。其中存在的问题是，仲裁庭既未释明印度的权利基础和范围，也未能说明其调整后的界限将印度未主张的大陆架范围划归于它，即使当事国事后向委员会提交修正案，如若委员会审查结果与司法裁判相悖的话，则应如何处理。

其次，如果单独就一个案件的判决来看，表面上呈现出的互不干扰性比较明显，但当对多个案件及界线联合起来进行审视时，就会发现国际司法机构做出的裁判对委员会外大陆架划界的潜在影响。例如"孟加拉国和缅甸孟加拉湾海洋划界案"及"孟加拉国和印度海洋划界仲裁案"，2012 年，法庭就"孟加拉国和缅甸孟加拉湾海洋划界案"200 海里外大陆架划界问题作出了判决。"孟加拉国和缅甸孟加拉湾海洋划界案"的划界结果不会影响委员会的职能是因为它未给界线一个明确的终点，且只有两个相邻当事国，所以

---

① P. C. A. In the Matter of the Bay of Bengal Maritime Boundary Arbitration between the People's Republic of Bangladesh and the Republic of India, para. 477.

横向界线和纵向界线在两个维度内互不干扰。但随后在"孟加拉国和印度海洋划界仲裁案"的裁定调整后的界线终点是法庭在"孟加拉国和缅甸孟加拉湾海洋划界案"中确立的海洋边界的交点。① 这样一来,作为印度和缅甸中间国的孟加拉国的整个大陆架面积实则已经划定。对于委员会而言,其对各国划界案应是一案一审,但在司法机构的判决之下,其应先划定缅甸的外大陆架界限,则孟缅间海洋边界的终点、界线确定,再将仲裁庭划定的界线与其相交,则孟加拉国整个海洋权利范围已经确定,无须再审议孟加拉国提交的划界案。

同样,对于相向国家而言,一旦分界线被国际司法机构确定下来,距离小于400海里的沿海国就可能无法享受200海里距离原则所带来的优势。在加纳和科特迪瓦案中,虽然加纳认为任何其他国际司法机构都必须尊重委员会关于划定国家管辖范围外部界限的决定,但特别分庭未作出明确回应,只是认为其没有必要处理双方所提的与委员会建议有关的论点。假若如加纳所言,国际司法机构尊重其已经具有确定性和约束力的大陆架外部界限,那么对于距离小于400海里的两国的权利重叠区域划界争端,国际司法机构便不能实际发挥作用。

---

① P. C. A. In the Matter of the Bay of Bengal Maritime Boundary Arbitration between the People's Republic of Bangladesh and the Republic of India, para. 478.

第三章 沿海国划定海洋界限的理论

国家边界是一国主权的象征。其不仅指分隔一国领陆和他国领陆的陆地领土边界，还指分隔一国管辖区域和公域的管辖边界，如分隔一国管辖范围海域和公海域（公海和国际海底区域）的海洋边界，以及分隔一国领空和国际空域的空中边界。一般认为，在各类边界中，陆地领土边界是基础性边界，经相关国际法规则衍生出其他类型的边界。研究边界的起源，离不开对民族、民族国家和国家等概念的探讨。民族国家的产生终结了中世纪基督教文明时代国界模糊的状态，[①] 民族国家之间的战争多以签订边界条约结束。因此边界带有强权意志的痕迹，与民族国家的生命节奏相吻合。[②]

第一节 边界的类型与规范的匹配

一、从陆地走向海洋

国家之间常常在边界处产生联系，或摩擦冲突，因此边界问题不仅是国际关系学者，也是国际法学者的研究重点。国际法学者曾尝试从国际法的角度对边界的内涵和功能进行明确定义，如近代著名国际法学者拉萨·奥本海认为，"国家领土的疆界是地面上想象的界线"，这种想象的界线"分割着一个国家和另一个国家的领土，或一个国家的领土和未被占领的土地，或一个国家的领土和公海"。[③] 一般而言，边界是指国家在特定物理空间内划定的界限。现今所称的国家边界，专指威斯特伐利亚体系建立之后形成的民族国家

[①] 谢立忱：《当代中东国家边界与领土争端研究》，西北大学博士学位论文，2009，第14页。
[②] 多米尼克·德维尔潘：《另一个世界》，卢苏燕、刘芳译，中国人民大学出版社，2005，第293页。
[③] 劳特派特修订：《奥本海国际法》上卷，王铁崖、陈体强译，商务印书馆，1989，第57页。

边界。①

"民族"在本质上是由主观的意识形态所建构,其表达了一个群体的政治诉求。"民族"要求的是属于"自己"的独立领土和主权。因此,它必然是一个内部高度同质化、对外则强烈排斥的国家模式。② 民族国家既不同于民族,也不同于国家。民族国家、民族和国家是三个相互独立的概念。在英文中,这三者分别被称为"nation-state"、"nation"和"state"。当一个"民族"以追求独立自治、建立"国家"为政治目标时,就成为"民族国家"。现代民族国家通常被认为起源于 19 世纪和 20 世纪。这一时期通过资产阶级革命或民族独立运动,欧洲逐渐形成了以民族为主体的独立政治实体。当然,也有学者认为,1648 年的《威斯特伐利亚和约》的签订标志着现代主权国家体系的初步形成。③ 不同于封建社会强调的"王权"或"神权",民族国家强调的是"主权"。然而,国家的构成并不以民族为基础。国家可以不是由一个单一的民族组成,而是由多个民族在一个共同主体下组成。同理,一个民族可能是一个国家人口的主要的、长久的构件,也可能和其他民族共处于一个国家之中,或者分散于不同的数个国家之中。上述区分民族、民族国家、国家的概念的意义在于,基于民族国家和国家所形成的国家边界不仅仅是在一定土地之上的文化群体的社会界线,更多的是一条治权的物理界线。例如 1994 年开始修建的美国和墨西哥边境隔离墙,人为阻断了其两侧的原本有着天然联系的墨西哥人。④ 国家的共性在于,它是法律上的政治性组织,拥有要求公民对其顺从和忠诚的权力。1933 年的《蒙特维多国家权利义务公约》(Montevideo Convention on the Rights and Duties of States)中关于国家构成的四要素说法成为通识,即要成为国际法意义上的国家实体,必须具备以下四要素:固定的人口、确定的领土、政府,以及与其他国家交往的能力。既

---

① 周建新:《边界、边民与国家——跨国民族研究的三个面向》,《广西民族研究》2017 年第 3 期,第 2 页。
② 周传斌:《概念与范式——中国民族理论一百年》,民族出版社,2008,第 9 页。
③ 王立东:《国家海上利益论》,国防大学出版社,2007,第 17 页。
④ 周建新:《边界、边民与国家——跨国民族研究的三个面向》,《广西民族研究》,2017 年第 3 期,第 2 页。

定的国界即为领土，领土是对国家主权内涵最具诠释力的要素。人类历史上的战争大多是因领土和领土上的资源而爆发的。战争之后，战胜国和战败国之间多以协议的方式重新划分领土范围，继而产生新的领土边界。因此，国家资格虽并不绝对有赖于具有严格确定的疆界，① 但是领土边界的变迁往往关乎国运，确定的领土边界也是国家主权施行的前提。

边界是如何从陆地走向海洋的呢？这与人类对海洋的认知和征服息息相关。在古希腊和古罗马时代，海洋基本徘徊在"无主物"（不属于任何人，因而任何人都可以对其提出权利主张）和"共有物"（属于所有人，因而所有人都能使用，但不得占有）的概念之间。古代文明衰亡之后，国家的实践活动趋向于视海洋为"无主物"，开始对近海海域提出主权或管辖权。如9世纪，拜占庭提出对渔业和海盐的管辖权。到15世纪已普遍建立起检疫规则和检疫境域的制度。至于对深海的权利主张，则是视本国的航海力量提出的，如威尼斯对亚得里亚海、一些国家对波罗的海的权利主张。这一过程以1494年的《托尔德西里亚斯条约》为终点。该条约是西班牙和葡萄牙在教皇亚历山大六世的调解下签订的旨在瓜分欧洲之外的新世界的协议，将美洲古巴岛和伊斯帕尼奥拉岛连线中点的经线（也称"教皇子午线"）作为两国的势力分界线。

现行国际海洋边界制度的一大特点是规定了国家管辖海域的最大外部界限，具体为不超过12海里的领海、不超过24海里的毗连区、不超过200海里的专属经济区，以及不超过350海里或者2500米等深线外推100海里的大陆架。自1958年第一次联合国海洋法会议通过4个公约以来，海洋法领域的国际公约基本规定了比许多国家遵循的习惯法更宽的管辖界限，其主要目的是阻止国家管辖界限的无限制延伸。海洋不同于陆地，人类对于管辖海域和深远海域分别遵循着"闭海论"与"海洋自由"的思想。习惯国际法上的陆

---

① 关于确定的疆界对于在国家的法律上承认的重要性，1928年8月1日德国和波兰混合仲裁法庭在它判决的德意志大陆煤气公司诉波兰国家案中判称：国家资格并不绝对有赖于具有严格确定的疆界。参见劳特派特修订：《奥本海国际法》上卷，王铁崖、陈体强译，商务印书馆，1989，第57页。

地边界，无论是通过战争等武力方式，还是以谈判等和平方式确定，都不可避免地存在着极度的混乱，并有可能引起冲突。在海洋上，界限已不再是个别国家意志和单方面行动所能解决的问题。以《公约》为代表的海洋法体系对国际海洋划界制定了一个普遍适用的标准，提供了新的一致性，成为维护和平的有力工具。

二、边界的类型划分

按照所依据的标志，边界可以分为自然边界和人为边界。自然边界，也称天然边界，由水域、岩石或山脉、沙漠、森林等自然物构成。人为边界则是特意设置的标志，用于标明想象的界线所经之处。人为边界可以由标柱、石头、栅栏、墙垣、壕沟、道路、运河、水上浮标等构成。[①] 从严格意义上来说，自然边界也是人为确定的，一是因为自然边界一般也是由有关国家以协议形式明确规定的；二是因为有些自然边界也是人工建造的，如古罗马的界墙。

遇到有山脉的，以山脊作为边界，具有自然的防御和生态的分界特征。在历史上易守难攻，如喜马拉雅山、阿尔卑斯山脉、安第斯山脉等。比如，智利与阿根廷两国边界顺着南美洲最长的山脉——安第斯山脉延伸，最高峰阿空加瓜山（6960 米）位于阿根廷境内。法国与西班牙则是将从大西洋延伸至地中海的比利牛斯山脉视作两国传统分界线。瑞士与意大利的边界穿越阿尔卑斯山，马特洪峰等著名山峰也位于此处。在这类山脉两侧的气候、植被差异显著，它们不仅形成了地理屏障，也塑造了周边国家历史、经济和文化。

遇到河流的，往往以河流的中线或者航运的中线作为边界。因为，河流既是边界，也是航运通道和资源（如水源、渔业）分配的关键。但当河流改道或者干涸的时候，甚至冰川融化和降水引起河流流量不稳定时，会引起边界纠纷。因此，河流作为边界既有天然优势，也会带来复杂的管理问题。比如，美国与墨西哥之间约有 2000 千米的边界是格兰德河，由于河流改道和干旱的问题，两国曾多次发生边界争议问题。尼罗河在埃及与苏丹之间也形成

---

① 劳特派特修订：《奥本海国际法》上卷，王铁崖、陈体强译，商务印书馆，1989，第 58 页。

了天然边界，但两国边界争议地区（如哈拉伊卜三角区）不完全依赖河流的划分。还有，非洲第二长河刚果河的下游分隔了刚果民主共和国（金）与刚果共和国（布）。雅瓦里河作为亚马逊雨林中的一条重要河流，分隔了巴西和秘鲁，同时也是当地居民保护区的边界。多瑙河部分河段分隔着塞尔维亚和克罗地亚，但两国对部分河段边界存在着争议。还有以河流为界的河流有：格兰德河（美国与墨西哥之间），奥德河、尼斯河（德国与波兰之间），多瑙河（保加利亚与罗马尼亚之间），乌拉圭河、拉普拉塔河（阿根廷与乌拉圭之间）等。

当湖泊位于两国之间时，以其中心线或两岸陆上边界端点连成的直线为界。遇到海峡时，也有通航与不通航之分，定界方法与河流相同。此外，领海、领湾、领峡的边界根据1982年《公约》的规则确定，即领海最宽不得超过12海里；领湾湾口和领峡宽度不超过24海里（历史性海湾不受此限制）。举例来说，世界上的界湖包括苏必利尔湖、休伦湖、伊利湖和安大略湖（美国与加拿大之间）、的的喀喀湖（秘鲁与玻利维亚之间）、维多利亚湖（乌干达、肯尼亚、坦桑尼亚之间）、坦噶尼喀湖［坦桑尼亚、赞比亚、刚果（金）、布隆迪之间］、日内瓦湖（法国与瑞士之间）等。世界上著名的分界海峡包括朝鲜海峡（日本与韩国之间）、柔佛海峡（新加坡与马来西亚之间）、直布罗陀海峡（西班牙与摩洛哥之间）、英吉利海峡（英国与法国之间）等。

人为边界，则指不以自然地理特征而人为确定的国家边界，其囊括了天文边界、几何边界、人文边界、军事边界和地质地理边界等。

三、界限划定的范式

（一）葡、西二国瓜分世界之始末

欧洲对海洋萌生占领与控制的思想可以追溯至古代奴隶制社会中后期。当时社会生产力水平低下，人们对于海洋的利用仅限于交通和捕鱼，因此，海洋并未受到重视，各国对海洋的态度也不一致，"海洋共有论"占据统治地位。[1] 雅典作为当时的商业中心，非常欢迎国际商业交往，当地人民擅长

---

[1] 王献枢：《论海洋法原则的历史演变》，《中南政法学院学报》1989年第1期，第60–65页。

航海，因此高度赞成海洋自由。后来在地中海东方称霸的希腊－马其顿各王国则存在着统治海洋的思想，在希腊各城邦的同盟条款中写进了"统治海洋"等字句①；迦太基（今突尼斯附近）及意大利半岛上的其他国家，曾对地中海西部海域提出过排他主张②。而罗马人则把海洋视为"无主物""公有财产"，不属于任何人，任何人都可对其提出权利主张。罗马法物权篇中规定：海水属于所有人共有，由所有人共同使用。然而，作为国内法，这一规定只适用于本国。随着罗马帝国势力的扩张，出现了罗马统治者对海洋拥有控制权的理论。至公元前末期，罗马皇帝一直认为他们对海洋拥有"利用、占有、移交"之权。③ "海洋共有论"实际上意味着谁发现、谁先占，谁控制、谁利用，因此，逐渐形成海上强国争夺无主海洋的局面，④ 一些国家将与之相邻的海域置于自己的控制之下，并排斥其他国家的使用。

随着封建制度的建立，社会生产力的大幅提高，利用海洋的活动也有所增加，人类利用海洋的能力大大提升，君主对土地的拥有权开始扩展到海洋，一系列国家的君主宣布了对海洋某一部分的领有权。然而各国对于海洋权利的要求存在重叠，国家之间的纠纷和战争难以避免，从而出现了海洋霸权的争夺。如英国宣称自己是"四面八方的英国海之王"，试图在英吉利海峡、加来海峡和爱尔兰海等区域乃至大西洋的广大区域确立自己的主权。在欧洲北部，丹麦、瑞典和波兰争夺波罗的海的海上统治权，挪威对其至冰岛中间线以内的海域和其渔民活动的海域主张自己的主权。为了争夺制海权，海洋强国武力和法律手段并用。如13世纪末，威尼斯凭借武力对整个亚得里亚海宣布了它的主权，并通过惯例和条约牢固建立起对该海域的统治，因为它阻挡土耳其人入侵欧洲和消灭海盗的作用受到其他国家的承认。⑤ 海洋割据局面逐渐形成，打破了古代的"海洋共有论"。

为了使罗马法适应君主对海洋的要求，寺院法学家们对海洋做了"无主

---

① 罗钰如：《海洋法的形成和发展》，《百科知识》1989年第8期，第2页。
② 黄异：《海洋秩序与国际法》，（台北）学林文化事业有限，2000，第122页。
③ 刘泽荣：《领海法概论》，世界知识出版社，1965，第7页。
④ 孔令杰：《大国崛起视角下海洋法的形成与发展》，《武汉大学学报（哲学社会科学版）》2010年第1期，第44-48页。
⑤ 周子亚：《海洋法的形成和发展》，《吉林大学社会科学学报》1982年第3期，第35-41页。

物"解释。如意大利人阿佐（Azo Portius）主张，罗马皇帝有权对海洋的公有性质加以限制，可以通过罗马皇帝赐予的特权或者不间断的使用，将海洋的一部分据为己有。这种罗马皇帝对海域拥有主权和控制权的理论推动了海洋割据局面的形成并持续了几百年。[①] 但是总体而言，各国封建统治者对海洋控制权的要求体现的是君主权力的进一步扩展。此时的海洋仍是一个较为笼统的概念，尚未被划分为法律地位各不相同的区域。各国仅凭实力来支配海洋，并对其强行占有控制的地方行使主权，如通过要求外国船舶向旗帜致敬作为承认其主权的象征；对外国船舶征收通行费；控制乃至禁止外国船舶航行；等等。15世纪至16世纪，欧洲资本主义萌芽，随着航海事业逐渐由近海发展到远洋，地理大发现引发了海上强国瓜分海洋的强烈欲望。在15世纪末到16世纪中叶，实力最强、争夺最激烈的当属葡萄牙和西班牙。由于这两个国家的本土发展空间都颇为有限，自然资源相对匮乏，因此都希望通过开辟新航路扩张版图，拓展与东方国家的贸易联系并掠夺海外财富。

葡萄牙是最早探索从欧洲直达东方海上航线的国家，并且是最早确立海上霸权的国家之一。早在1415年，葡萄牙便占领了非洲西北端的休达城，并沿着非洲西海岸抵达佛得角群岛，随后继续向南拓展，进行奴隶贸易、寻找黄金和象牙。为了争夺殖民地和市场，西班牙不断挑战葡萄牙的海上霸权。1492年，哥伦布在西班牙王室的支持下发现新大陆，这引起了葡萄牙的不满和争夺。为了缓解两国之间的矛盾，罗马教皇亚历山大六世于1493年颁布了《训谕》（Inter Caetera），划定了初步的势力范围界限，将子午线以东的区域划归葡萄牙，以西的区域划归西班牙，并限制其他国家未经许可在这些区域进行航行或贸易。1494年，在罗马教皇的仲裁下，葡萄牙和西班牙签订了《托尔德西利亚斯条约》（Treaty of Tordesillas），在教皇子午线的基础上，将这条子午线向西移动约1700千米，重新明确了两国在大西洋及美洲等区域的势力范围。随后，麦哲伦船队的环球航行开辟了通往马鲁古群岛的新航线，这引发了葡萄牙和西班牙对该群岛归属的争议。1529年，双方通过签订《萨拉戈萨条约》，划定了两国在东半球的势力分界线，至此，葡萄牙和西班牙

---

① 华敬炘：《海洋法学教程》，中国海洋大学出版社，2009，第15页。

在当时完成了对全球海洋势力范围的划分。

此外，葡萄牙和西班牙开启了殖民时代后，它们企图禁止外国船舶航行至其主张主权的海洋区域，但是该区域范围过于广泛，因而引起了别国对这种权利的反对和挑战，催生了海洋自由思想。英国、法国和荷兰的探险家和商船队不顾葡萄牙和西班牙的禁令，依旧在印度洋和太平洋上航行，英国女王甚至授权德雷克船长劫掠西班牙的船只，并拒绝了西班牙大使的抗议。女王认为，一切国家的船舶都可以在太平洋上航行，海洋是向所有国家开放的，其本质上不受任何国家主权的管辖，因为出于自然和公共使用的考虑，海洋不允许被占有。这实际上是体现了海洋自由的观点。

（二）开放与管辖之争

17世纪初，欧洲资本主义商品经济的发展，促使早期的资本主义国家积极地提升远洋航海能力并加速海外殖民扩张，以争夺原料产地与货物输出地。在重商主义驱动下，各国以武力划分海洋势力范围，但海洋割据由此成为资本主义发展的阻碍。新兴资本主义国家为了争夺海上霸权，满足本国拓展资本主义经济的需求，开始寻找能够打破西班牙和葡萄牙等海洋强国对海洋的控制与垄断的新理论。而"圣卡塔琳娜"号事件则直接推动了海洋自由理论的产生。当时荷兰作为资本主义发展最快的国家，不断向葡萄牙发出挑战。1603年，荷兰专门从事海上贸易的"半官方"性质的东印度公司截获了葡萄牙船只"圣卡塔琳娜"号，并将其带到阿姆斯特丹，作为捕获物处理。格劳秀斯受托为该公司辩护，从法律上确认该行为的合法性。《捕获法》（*De Jure Praedae*）由此诞生，虽然未能出版，但该法第12章经修改后以《海洋自由论》为名单独发表。

格劳秀斯在《海洋自由论》中提出，海洋是自由的，不属于任何国家主权管辖的范围，任何国家都不能对其加以控制或占有，每个人都可以在海上进行自由航行和贸易。[①] 他将海洋的本质等同于共有物，从而排除了海洋成为公有物，即为特定国家所占有的可能性，同时也暗示了海洋不是无主之物，

---

① 马忠法：《〈海洋自由论〉与格劳秀斯国际法思想的起源和发展》，《比较法研究》2006年第4期，第132–142页。

不能通过先占而据为己有。在格劳秀斯看来，有两类事物不能成为私人财产：一类是不能被占有或者从未被占有的事物，如流水；另一类是其本性容许任何人使用它，而不允许其他人占有的事物，如海洋和空气。随后他又进行补充，即便海洋等不能成为私人财产的事物可以接受被占有，也只有在不妨碍共同使用时，才可以成为占有者的财产。也就是说，即便海洋可以被占有，这种占有也不是排他性的占有，其他国家同样有权利利用它。因此，格劳秀斯看重的是海洋的公益本性。[1]

但是该理论在当时受到了一些国家的反对，尤其是英国。当时英国宣称对邻近海海域拥有管辖权，主张领有不列颠海，并要求外国渔船缴纳税款并遵守其渔业法。1613年，苏格兰学者威廉·韦尔伍德（William Welwod）发表《海洋法概论》（Abridgement of all sea - Laws），主张邻接海岸的海域必须由沿海国管理，主要包括航行权和捕鱼权。1635年，英国学者赛尔登出版了《闭海论》一书，强烈反对格劳秀斯的海洋自由论，认为海洋应该以私人的方式被人类拥有，也可以通过权利或占有的方式被分隔开来，即赛尔登认为海洋是一种"无主物"，同土地一样可以成为私有的领地或财产，英国君主有权领有国土四周的海洋。值得注意的是，虽然赛尔登认为陆地和海洋都可以被所有权化，但他也将海洋分为临近陆地的部分和远离陆地的部分。赛尔登的"闭海论"成为长达一个多世纪内英国官方公认的原则。它虽然没有从根本上扼杀海洋自由论，但促使了区别领海与公海的理论开始形成。[2]

海洋自由原则的胜利，引发了一个重要的问题：海洋的任何部分是否都是自由的？沿海国对其近海部分是否有控制权？如果可以，那么沿海国的控制权在空间上可以扩及至什么范围？

为了解决这些问题，"海洋区域论"逐渐发展起来。该理论将海洋划分为法律地位不同的各个海域，并在不同海域内实行不同的制度。早在14世纪中叶，没有参加海上竞争的意大利便对沿海国的近海权利问题提出了初步的主张和理论。法学家巴托鲁斯（Bartolus de Saxoferrato）认为，沿海国对其近

---

[1] 尹亮：《宾刻舒克海权思想研究——宾刻舒克的领海主权论及其对格劳秀斯与塞尔登的批判》，华东师范大学硕士论文，2014。
[2] 屈广清、曲波主编《海洋法》，中国人民大学出版社，2017，第22页。

海有管辖权，并且这一管辖权可以达到 100 海里。其学生巴尔都斯（Baldus de Ubaldis）则主张国家之主是领土和接连海岸的海域之主。这种"邻接海域"理论，为领水概念的建立提供了早期理论依据。17 世纪初，意大利法学家真提利斯（Albericus Gentilis）在《西班牙辩护论》（*De Jure Belli Hispanorum*）中提出，国家对接连其海岸的海域拥有控制权，国家领土包括陆地和其邻接的一带海域在内，并把这一海域称为领水。领水概念的形成要求君主们放弃对大片海洋的权力，将其注意力集中在防止外国军舰靠近自己的海岸，以及在邻接海域中保有排他性的捕鱼权上。

至于控制权所及范围，1610 年，荷兰在同英国进行渔业谈判时提出"国王不得统治大炮射程距离之外的海域"。后来一些国家的法律和国际条约都提到了大炮射程这一规则。格劳秀斯基于真提利斯的理论和一些国家的实践，在《战争与和平法》（*De Jure Belli ac Pacis*）中提出，"如果一个人有一支舰队，能够控制这一部分海面，那么这一部分海面就是属于一个人的；如果在这一部分海面航行的人能被岸上的人所强迫，就像他们在岸上一样，那么这一部分海面就是属于一块土地的"，即"沿海国对邻近海域的控制权能拓展的距离范围，取决于海上的航行能力，如同对于在陆地上的人一样，能够从岸上加以强制而决定"。[1] 这一思想被后人称为有效统治原则。

1702 年，荷兰法学家宾刻舒克发表《海洋主权论》（*Mare Clausum*），指出陆地上的控制权终止于武器力量终止的地方。因此，沿海国控制的海域宽度可以大炮射程为限。大炮射程之外的海域则不在国家控制权之下，此片海域保有其无主物的地位。宾刻舒克并不认同格劳秀斯将海洋归于不允许被拥有的观点，而是同赛尔登一样，认为海洋与陆地一样可以被占有、为特定群体所用并成为其财产，只是需要特定的方式。在强调海洋可以被所有权私化的同时，他也对不同海域做了区别对待：对于沿岸海域，即后世所称的领海，其控制可以通过陆上武器完成；而对于公海，则必须通过不间断的舰队航行来保证其物质上和意图上的永久占有。事实上，在对领海和公海的不同对待之中，他已将"海洋自由"和"海洋封闭"的精神全部纳入。

---

[1] 刘泽荣：《领海法概论》，世界知识出版社，1965，第 18 页。

1782 年，西西里外交官加利亚尼（Ferdinando Galiani）为西西里加入武装中立联盟辩护，在宾刻舒克的"大炮射程说"的基础上，根据当时大炮的平均射程建议实行 3 海里的领水宽度，而无须等待中立国在其沿岸特定地点架设大炮。这一主张为英、美、法等国家所接受，但是仍有部分国家选择不同的宽度，比如瑞典和挪威就坚持 4 海里规则。在此后近两百年的历史中，领海宽度问题一直存在分歧，没有得到完全解决。即使后来大炮的射程大大增加，仍有部分海洋强国坚持"3 海里"原则，以便靠近他国的海岸、获取他国的近海资源，这促使别的国家为保卫自身安全和利益而主张更大的领海宽度。无论如何，领海制度的逐渐成形使得国际法中关于海洋自由原则的区域确立进入了决定性阶段。

（三）海域法律属性的明晰化

领海制度确立以后，为了满足防止走私、偷越国境以及卫生防疫等实际需要，一些国家对于邻接本国领海的部分公海海域主张一定的控制权，因此产生了毗连区制度。毗连区制度最早可以溯源至 18 世纪 30 年代，由英国最早采用。由于当时许多船舶在英国附近海域徘徊游弋，伺机从事走私活动，因此 1731 年英国颁布了《巡航法案》（Cruisers and Convoys Act），旨在加强海军对附近海域的控制力，打击走私、保障贸易垄断。后来，英国实行了 3 海里领海制度，不再主张在领海范围外执行该法律，但于 1876 年废除该法，另行制定了《统一海关法》，仅在领海范围内对外国船舶行使缉私检查权。此外，英国还于 1753 年制定检疫法令，规定从瘟疫区驶往英国的船舶进入距离海岸 4 里格以内的范围时，必须向其他船舶发出信号；1825 年英国又设立 6 海里的检疫区。[1]

其他国家也相继制定了一系列法律，在领海之外设立了宽度和管制内容不一的管制区，如 1738 年德国建立了 6 海里的关税水域；1760 年西班牙对离岸 6 海里范围内的运盐及烟草的船只行使检查权；1791 年法国划定 6 海里的海关监管区；美国在划定 3 海里领海后于 1799 年颁布相关法律，宣布在 12 海里的海域范围内对任何驶往美国港口的船舶行使登轮检查权，以制止和惩

---

[1] C. J. Colombos, *The International Law of the Sea* (London: Longmans, Green and Co Ltd. 1962).

治违反关税制度的行为。之后，1935 年美国颁布《反走私法》，并授权美国总统可以设立 50～100 海里的"海关执行区"。

由此可见，各国的专门管制区宽度差异很大，内容也不尽相同，即使在一国之内，不同时期的同一制度也会有所变化，名称上也多种多样，如海关区、关税区、卫生区、渔业区等。因为这些区域的共同特征是在领海之外并毗连领水，所以后来国际上将其统称为毗连区。但是，沿海国这种单方面决定设置毗连区、将特定的管制权扩大到领海以外区域的做法，引起了相关国家的反对。19 世纪下半叶，一些国家通过缔结双边或多边条约的形式相互承认这种做法，如墨西哥曾与多个国家分别签订条约，建立了关税区。[1]

事实上，关于能否在领海之外行使国家管辖权的问题，曾引发国际社会的激烈讨论。1923 年，法国法学家保罗·吉德尔（Paul Gidel）系统阐释了毗连区理论，认为毗连区是合理解决各国相互冲突的实践方法。[2] 当时部分国家在实践中开始出现类似毗连区管制的做法。1930 年，在国际海洋法编纂会议上，与会国对于领海宽度和与领海邻接的毗连区问题存在较大分歧，未能达成协议。但是，提交会议讨论的《海牙国际领水公约草案》第 5 条成为之后制定毗连区条款的基础。至此，尽管各国划定毗连区的目的、范围、性质在很长一段时间内未能统一，导致毗连区未被确立为国际习惯，但是毗连区的概念和相关实践已逐步被国际社会所接受。

与此同时，非洲各国也通过不同的行动推动专属经济区的概念正式问世。1972 年 6 月，非洲国家关于海洋法的区域研讨会在雅温得举行。参会的 16 个非洲国家通过了《雅温得宣言》，首次提出了在 12 海里以外建立国家经济区的主张，主张沿海国在这一区域享有以开发、控制生物资源、防治和管制污染等为目的的专属管辖权。同年 8 月，在海底委员会会议上，肯尼亚提出《关于专属经济区概念的条款草案》，进一步完善了专属经济区的概念，规定沿海国在这一区域内有权管理相关海洋科学研究，且专属经济区在任何情况下不应该超过从领海基线起 200 海里的范围。这一概念获得了发展中国家的

---

[1] 王铁崖：《中外旧约章汇编》第 1 卷，生活·读书·新知三联书店，1957，第 936 页。
[2] M. 阿库斯特：《现代国际法概论》，汪瑄、朱奇武、余叔通，等译，中国社会科学出版社，1981，第 206 页。

广泛认同和支持。面对这一情况，美国在国际和国内社会的双重压力下，态度也开始发生转变，从最初基于保护航行自由等国家利益的考虑而坚决反对专属经济区，转向接受专属经济区的概念，但是提出了以沿海国家在专属经济区航行和飞越自由为接受这一概念的条件之一。

事实上，各国对专属经济区的航行和飞越权存在着不同的认识，有的认为这种自由应该受制于沿海国权利的行使，有的把这种自由等同于公海自由。其中，美国便是坚持主张在专属经济区内保留公海自由的代表国家，而发展中国家则主张赋予这一区域领海的性质。究其原因，主要是因为发展中国家侧重于获得更多的海洋资源，而较少考虑海军或战略利益，所以专属经济区具有领海的性质满足了其相应的需求。相较于海洋资源利益，海洋大国更倾向于国家海洋战略利益，因此，其更加期待专属经济区具有公海自由的法律属性。在这一博弈的过程中，大多数国家最终一致赞成建立"自成一类"海域的专属经济区地位，以区别于公海和领海的法律制度。

从上覆水体而言，专属经济区之外即是公海。"公海"的概念产生于16世纪，到19世纪已获得普遍承认。公海自由原则既是整个公海制度的核心，也是根据长期惯例形成的一项国际法原则。雨果·格劳秀斯的海洋自由论奠定了公海自由原则的基础。但是，当时关于国家对海洋的某些部分享有主权的主张根深蒂固，并非公海自由的新原则所能取代的，因此，雨果·格劳秀斯的理论遭到普遍反对，只在航行自由这一方面取得了一定的进展。17世纪下半叶，所有国家的船舶都可以自由航行于公海。1651年，英国正式颁布《航海条例》，其主要目的在于削弱荷兰在航运及海上贸易领域的主导地位，此举直接导致了随后的两次英荷战争。1654年，双方签署《威斯敏斯特和约》，荷兰不得不接受其船只在穿越英吉利海峡时须向英国国旗行礼的条款。对此，法国表达了强烈的不满，并于1689年颁布法令，规定其他国家的船只在遭遇法国船只时，必须首先向法国国旗致敬，从而与英国展开了海上霸权的争夺。

进入18世纪，欧洲一些杰出的法学家重新提倡公海自由原则，但在论述中并未明确区分沿海国控制下的领海与不属于任何国家主权的公海。1793年，法国起草了《关于公海自由的宣言》（亦称《万国公法宣言》），明确宣称公海不属于任何单一国家,这一宣言反映了新兴资产阶级的普遍诉求,并表达了对英国海洋霸权主张的反对立场。而英国在完成资产阶级革命后,海上实力迅速发展,在 19 世纪初期即登上了西方列强"第一海上强国"的宝座。紧接着,英国放弃了"不列颠海"上向其国旗行礼的主张,这也意味着它放弃了对大片海域的主权,原因在于此时的英国已掌握海上优势,海洋自由原则对其争夺市场和殖民地更加有利。1821 年,俄国沙皇亚历山大一世颁布了一项法令,单方面宣布对北太平洋沿岸(主要为阿拉斯加)的广阔海域行使排他性管辖权。俄国有权禁止外国船舶进入其海岸线外约 110 海里的海域。英、美两国对此提出抗议。1825 年,英、俄两国在圣彼得堡订立条约,约定双方的人民在太平洋中的任何部分,无论是航行、捕鱼,还是在尚未被占领的部分的海岸登陆,以便和当地居民进行贸易活动,均不受扰乱和侵犯。由此,英国在条约上承认了公海自由原则。到了 19 世纪 20 年代,公海自由原则在理论和实践上得到各国的普遍承认,自此,海洋被划分为两个区域:领海和领海以外的公海区域。领海主权原则和公海自由原则这两项重要的制度开始并行于全球海域。

相比欧洲地区,美国建国时间较短,起初海洋实力远不如欧洲海洋强国。直到 20 世纪之后,美国的国家实力逐渐增强,在国际社会的影响力不断提高。当时科学技术迅猛发展,世界人口不断增长,人类对海洋自然资源的需求不断增加,海底资源的勘探开发也逐渐成为可能,加之现代军事的发展也凸显了海洋安全的重要性,因此,海洋开发利用的强度不断提升、规模持续扩大。

第二次世界大战期间,美国开始关注沿海国近岸海域的资源问题。作为一个工业发达的国家,充足而有保障的能源和原材料供应对其至关重要,尤其是石油和天然气。然而,美国国内的石油储量不断下降,新储量地的发现却进展缓慢,石油短缺问题日益严重,而中东石油的勘探和开采基本掌握在英国垄断集团的手中。美国石油公司虽然进入了中东,却始终无法摆脱英国的控制。得益于在第二次世界大战中快速发展的海洋勘察技术和先进的设备,美国逐渐认识到海洋蕴藏着丰富的资源,近岸的大陆架区域也富集着价值极高的石油、天然气等战略能源。由于不满足只开采 3 海里范围内的水下陆地延伸区的自然资源，于是，美国将目标转向未开发的近岸大陆架区域。与此同时，美国还意识到近海渔业资源是国家重要的经济利益来源，正在面临其他沿岸国过度捕鱼的威胁，所以美国开始考虑制定新的近海渔业政策。第二次世界大战后，美国所确立的海上霸权地位也令其具备了掌控国际海洋的话语权、构建国际海洋新规则的实力。

1945年年初，代理国务卿约瑟夫·C. 格鲁（Joseph C. Grew）和内政部长哈罗德·L. 伊克斯（Harold L. Ickes）联名向罗斯福总统递交备忘录，就大陆架问题设计了三项原则：大陆架及其自然资源管辖权原则、大陆架划界公平原则和大陆架上覆水域公海性质原则。之后作为补充，美国于同年4月中旬制定了一份"关于适当利用与开发大陆架海底和底土自然资源的解释性声明"，首次阐明了关于大陆架的政策内涵：大陆架是指沿海国陆地向海水下的自然延伸，因此，它自然地附属于沿海国。大陆架的海底和底土的自然资源是沿海国水下资源向海延伸的组成部分。随后，美国就此政策向多个国家征询意见，但是大部分国家均未表明态度，尤其是英国的态度非常谨慎。最终，美国政府以单方面发表声明的方式，于1945年9月28日发布"杜鲁门公告"，分别提出邻近美国海岸的大陆架上及海底海床的自然资源所有权问题，以及在毗连美国领海的公海区域建立渔业保护区。值得注意的是，前者第一次明确宣告了位于公海之下、邻接美国海岸的大陆架海底和底土的自然资源属于美国，受美国管辖和控制。"杜鲁门公告"为沿海国在近岸的大陆架区域和沿岸的渔业资源提出权利主张开创了先河，它所提出的大陆架概念推动了国际法和海底政治的发展，[1] 是现代海洋政治和海底政治的里程碑。尽管大陆架政策声明所提及的国际法依据只是美国一家之言，[2] 它属于一种单方面拓展海洋权利的主张，但是在国际法上却实现了法律概念的突破。在传统海洋法史中，只有长期进行历史性的捕鱼活动才能构成主张近岸海洋权利的合法依据，而"杜鲁门公告"创新性地将自然延伸原则和地理毗连原则作为主张大陆架权

---

[1] 曲升：《战后"蓝色圈地运动"的滥觞："杜鲁门公告"的单方面宣布及其影响》，《中国社会科学院研究生院学报》2020年第4期，第117–132页。

[2] 吴少杰、董大亮：《1945年美国〈杜鲁门公告〉探析》，《太平洋学报》2015年第9期，第98–106页。

利的法律依据。

这一宣告对传统海洋自由原则提出了巨大的挑战，同时引发了其他国家争先扩大海洋管辖权的浪潮，导致国家之间在海上划界方面的问题日益突出。比如，墨西哥总统在"杜鲁门公告"发布之后一个月就发表了声明，称墨西哥不可能"放弃对于两大洋连接其领土的大陆架部分的利用"，而是将大陆架与其上覆水域分开，即仅主张对大陆架资源的管辖权。1947年，智利总统发表声明，称将其国家主权权利扩展到距离海岸200海里的海域，要求对上述海域及其海底自然资源进行控制和管理，但不会限制这一海域的航行自由。之所以选择200海里，是因为秘鲁海流从未超过从海岸算起200海里的距离的东西方向浮动。智利的考量也是基于渔业资源的特殊经济利益。[1] 这一声明中还隐含了专属经济区的概念，首次提出了国家对区别于领海和公海的海域主张权利和管辖的要求。同年8月1日，秘鲁也宣布了类似的权利主张。这一系列的国家单方面宣告行为掀起了拉美国家捍卫200海里海洋权利的斗争。

1952年8月18日，智利、秘鲁和厄瓜多尔三国在智利首都圣地亚哥签署《关于领海与海洋管辖区的圣地亚哥宣言》（Declaración Sobre Zona Marítima/ Santiago Declaration on the Maritime Zone，以下简称《圣地亚哥宣言》），它宣布这三个国家对其邻接海岸延伸至不少于200海里的海域享有专属主权和管辖权，该权利涉及上述海域的海床和底土。后来，为了抵御美国渔船的不断侵扰，1954年12月4日，这三国又在秘鲁签订了补充协定，规定，"如果上述海域遭到武力侵犯，缔约国应采取行动保卫受侵犯的主权"。[2] 1956年3月28日，一些美洲国家通过了《关于大陆架和海洋水域的决议》。基于此，多米尼加共和国扩大其领海宽度至6海里，哥伦比亚、牙买加扩至12海里，巴拿马、阿根廷等扩至200海里。

1970年，智利、秘鲁、巴西、巴拿马、阿根廷、乌拉圭、厄瓜多尔、萨尔瓦多、尼加拉瓜9国签署了《蒙得维的亚海洋法宣言》，宣布签署国有权

---

[1] R. G. 波尔：《拉丁美洲国家在第三次海洋法会议上的作用和影响》，周忠海译，《国外法学》1980年第3期，第51-60页。

[2] 文驰：《拉丁美洲国家捍卫二百海里海洋权的斗争》，《拉丁美洲丛刊》1981年第1期，第44-47页。

根据本国的实际情况确定其领海主权和管辖权的范围，并重申了保卫 200 海里海洋权利的决心。同年 8 月，包括上述 9 国在内的 20 个国家共同发表了《拉丁美洲国家关于海洋法的宣言》，重申了各国有权确定本国领海范围的立场，宣布了海洋法的五项共同原则，并在沿海国的权利方面增加了保护海洋环境和管辖科学研究两项内容。1972 年 6 月 9 日，加勒比海沿岸 15 个国家签署了《圣多明各宣言》（*Santo Domingo Declaration*），正式提出建立承袭海的主张。该宣言指出，承袭海是邻接领海的、宽度与 12 海里领海合计不超过 200 海里的区域。在这个区域内，沿海国对其自然资源享有主权权利，所有国家的船舶和飞机均享有航行和飞越自由。

在 1973 年第三届联合国海洋法会议召开以前，绝大多数发展中国家都大大拓展了自己的领海宽度，不结盟国家、非洲统一组织和"七十七国集团"等发展中国家也通过行动支持拉美国家发起的捍卫 200 海里海洋权利、反抗超级大国海洋霸权的斗争。这一斗争所涉国家规模之大、持续时间之长，大大促进了拉美国家之间的合作，加强了亚、非国家的团结。其行动背后的意图是对抗海洋强国的海上侵略扩张，捍卫发展中国家的海洋主权和保护发展中国家的海洋资源。

从大陆架区域的海床和底土向海洋延展，便是国际海底区域，即公海海底区域。整个国际海底区域包含了世界海洋面积 60% 以上的海床、洋底和底土。人们在该区域的活动主要限于铺设海底电缆和管道。直到 20 世纪初，人们才开始注意有关公海的海底及其底土的法律地位，并在第二次世界大战后对此问题进行了讨论。但是囿于当时的科学技术发展水平，具有开发和利用实际价值的公海海床及其底土基本限于如今的大陆架范围内。

20 世纪 60 年代以后，随着科学技术迅猛发展，深海调查技术和装备不断改进，勘探和开发大陆架以外深海海底的锰结核、金属泥等多种金属结核和矿物资源也具有了技术上的可能性和经济上的吸引力，从而引起了各国对该区域的高度重视，具有极高开发价值、科研价值和军事价值的国际海底区域成为各国争夺的重点区域。在此背景下，部分海洋强国极力主张在深海海底实行海洋自由原则，企图利用自己掌握的技术和资金优势抢先开发海底资源。而第二次世界大战后独立的第三世界国家则认为这种"自由"会加大国家之间的贫富差距,因此主张对深海海底的勘探和开发进行国际机构的统一管制,通过对深海海底确立一项新的海洋国际法律制度予以规制,以造福全人类。

为了满足世界各国开发国际海底资源的需要,并协调各国在国际海底区域的利益,1967年马耳他常驻联合国代表帕多(Paulus Diaconus)大使在联合国大会第一委员会上提出,深海海底的丰富资源不属于任何国家所有,建议联合国宣布国家管辖范围以外的海床洋底及其资源是人类的共同继承财产,其开发和利用应仅限于造福全人类,并处于国际机构的管制下。他认为,"人类的共同继承财产"这一新的概念必须替代传统的海洋自由理念,并强烈反对海洋强国对深海海底资源的霸占。

广大发展中国家对"人类的共同继承财产"这一概念表示赞同,并推动第二十四届联合国大会于1969年通过了著名的"暂停"决议:在国际管理制度建立以前,所有国家及个人,均不得对各国管辖范围以外的海床洋底与下层土壤地区的资源进行任何开发活动。1970年,第二十五届联合国大会通过了《关于各国管辖范围以外海洋床底与下层土壤之原则宣言》,明确规定该区域的资源属于全人类共同继承的财产,不允许任何国家或者个人以任何方式据为己有。中国积极支持这一原则,反对超级大国凭借其经济、技术力量,推行霸权主义,将国际海底资源据为己有的行为。[①] 这一主张明显是为了保护发展中国家的利益,限制技术先进国家的开采活动。[②] 1982年,第三次联合国海洋法会议经过十年的艰辛谈判,通过了《公约》,明确规定了国际海底区域的概念、法律地位、开发制度、管理机构等内容,标志着国际海底区域制度以国际法的形式得到确认并初步建立。可以说,《公约》的产生是广大发展中国家经过不懈努力取得的重要成果,体现了世界各国对深海资源进行勘探和开发的需求。这一制度以人类共同继承财产原则为核心,是建构公正合理的海洋法新秩序的标志性成果,为世界各国的投资者和开发者勘探和开发深海资源提供了法律依据。[③]

[①] 陈慧青:《中国与〈海洋法公约〉:历史回顾与经验教训》,《武大国际法评论》2017年第3期,第115-128页。

[②] Bethill and Charles Douglas, "People's of china and the law of the sea," *International Lawyer* (ABA), No. 4 (1974): 724-751.

[③] 高维新:《海洋法教程》,对外经济贸易大学出版社,2009,第183-185页。

第二节 不同权益区的属性比较

一、领海：宽度之争与无害通过权

领海，也曾被称为沿岸水、海水带、领水等，这一概念萌芽于古罗马时期，当时罗马法的注释学家认为皇帝有权惩罚在海上犯罪的人，进而提出类似的概念。概念初步形成于中世纪，当时意大利的巴托鲁斯提出"邻接海域"概念，其学生巴尔都斯主张任何国家的君主对该国沿海一定范围内的海域都享有权利。17世纪初，真提利斯提出"领水"概念，其主张沿海海域是毗连海岸所属国的领土延续，对领海概念的确立具有决定性意义。1930年，海牙国际法编纂会议认为"领海"比"领水"更为恰当，因为领水有时被用来特指内水，有时又表示内水和领海。所以，在《领海及毗连区公约》和《公约》中，都将该领域称为领海。

17世纪时，雨果·格劳秀斯认为可以对海洋进行非排他性的占有，即可以行使不具有所有权性质的管辖权。18世纪，宾刻舒克在其著作《海洋领有论》(*De Dominio Maris*)中将海洋视为无主之物，可以对其进行占有并获得所有权，但必须保证物质上和意图上的持续占有。基于所有权理论，沿海国可以禁止外国船舶在其领海中从事任何活动，这与国际社会中普遍的国家实践不相符（当时沿海国一般仅禁止捕鱼、运送货物等特定活动），因此，后来又出现了多种关于领海权利性质的理论。部分学者主张领海主权说，认为沿海国在领海享有完全的主权，只是会受到外国船舶无害通过和国际法的其他限制；也有部分学者认为领海属于公海的一部分，沿海国在领海不享有主权，仅享有特定的权利。相比之下，领海主权说被多数法学家承认，许多国际条约也都正式承认领海属于国家领土的一部分，沿海国对其享有主权，如1894年国际法学会通过关于领海制度的规则，规定国家对领海享有主权；1919年的《巴黎航空管理公约》第一条规定，"缔约各国承认每一国家对其领土上的空间具有完全排他的主权",并指出"领土"包括与国土毗邻的领水。1930年,在海牙国际法编纂会议上达成了一致意见,即沿海国主权原则应当包括领海。自此,沿海国主权原则再未受到严峻挑战,领海属性之争尘埃落定。在1958年的《领海及毗连区公约》中,第一条便明确规定:"国家主权扩展于其陆地领土及其内水以外邻接其海岸的一带海域,称为领海"。此后,《公约》在《领海及毗连区公约》基础上,增添了群岛国的情况:"沿海国的主权及于其陆地领土及其内水以外邻接的一带海域,在群岛国的情形下则及于群岛水域以外邻接的一带海域,称为领海"。根据这一规定可知,领海具有以下特征。

首先,领海的位置是邻接陆地领土、内水或群岛水域。就地理上而言,只有沿海国才拥有领海,内陆国没有领海。其次,领海必须紧靠沿海国的内水并充分接近或紧接陆地领土。这里所说的邻接的内水是指领海基线向陆一面的水域,除了领海基线以内、由海湾和海峡等所形成的内水,还包括陆地上的内水。在内水中,外国船舶原则上非经允许不得入内,不享有无害通过的权利。此外,领海具有一定宽度。根据《公约》第4条的规定,领海的外部界限是一条其上每一点同基线最近点的距离等于领海宽度的线。因此,领海是一个沿着海岸的、连续的、等宽的海域带。根据《公约》第3条的规定,每一国家有权确定其领海的宽度,因此每个国家一般会根据本国经济、国防等确定其各自的领海宽度,多数国家采取的是12海里的标准。最后,领海受到国家主权的支配和管辖。根据《公约》的规定,这种主权及于领海的上空及其海床和底土,但是主权的行使受本公约和其他国际法规则的限制,如无害通过制度。根据《公约》第33条的规定,毗连区即毗连领海的区域,其宽度从测算领海宽度的基线量起,不得超过24海里。如果一个沿海国的领海宽度为12海里,则毗连区的24海里中有一半范围与领海发生重叠,因此领海之外12海里才是严格意义上的毗连区。

不同于沿海国对领海所享有的主权,沿海国在毗连区内仅可对下列事项进行必要的管制:防止在其领土或领海内违反其海关、财政、移民或卫生的法律和规章;惩治在其领土或领海内违反上述法律和规章的行为。因此,沿海国在毗连区内所行使的是一种有限的管辖权。通常情况下，国家不具有对毗连区的案件管辖权。

（一）宽度之争

国家围绕领海主权及相关权利主张的国际争议由来已久，尤其是关于领海宽度的划定问题，一直是争议焦点。领海宽度问题是关于领海基线向海洋一侧延伸的距离范围的问题，即沿海国主权从陆地向海洋延伸的问题。国家行使领海主权的空间范围，很大程度上取决于领海的宽度。因此，这也是领海制度实行的核心问题。

在16世纪和17世纪早期的理论和实践中，领海宽度的范围标准逐渐从模糊、多样向固定的距离改变。其中的代表性主张有：

（1）航程说。即将船舶航行单位时间内的距离作为最终可以圈定的领海宽度。该主张最早由意大利法学家巴尔都斯提出。他主张将沿海国对领海的管辖权延伸至海岸以外100海里或相当于两天行程的距离。[①] 后来的真提利斯和英国法学家普洛登（Edmund Plowden）等人也持有类似观点。

（2）视野说。即将目之所及的地平线作为领海的界限，一般距离可达14海里，最早为苏格兰所采用。1565年，西班牙国王菲利浦二世在其敕令中宣布，任何船只都不能进入他们在土地上能看见的界限以内，以伺机破坏他国或其盟国的船只。但这一方法受到观察者的位置、天气情况等条件的影响，无法固定领海界限。[②]

（3）有效统治说。代表人物为雨果·格劳秀斯，他认为沿海国对邻接海域的控制权所及范围，是由其对海上航行者的有效控制距离决定的。

（4）大炮射程说。即岸炮射程所及之处为领海的范围。荷兰法学家宾刻舒克对该理论作出了重要贡献，而最早使用该理论的是1610年荷兰和英国的渔业争端。然而这一暂时性原则，具有时代条件的限制，明显不适用于21世纪的武器现状。

[①] J. R. V. 普雷斯科特：《海洋政治地理》，邵津、王铁崖译，商务印书馆，1978，第28页。
[②] 屈广清、曲波主编《海洋法》，中国人民大学出版社，2017，第57–58页。

(5) 3海里说。即将领海宽度确定为3海里。这一主张建立在大炮射程说的基础上。其受到海上强国的坚定支持,但是反对之声也一直存在,故而没有成为国际法的普遍规则。

直到19世纪末期,国家可以主张的领海宽度依然没有明确的规定,这一问题的复杂性逐渐受到国际社会的关注,成为国际法编纂中的重要问题。1927年9月,国际联盟将领海宽度的划定纳入编纂会议拟议内容中,但是各国只支持规划统一的领海宽度,对于具体限定范围却意见不一。在1930年的海牙国际法编纂会议中,领海的宽度问题更是引发了激烈的争论。出于渔业利益和国家安全等方面的综合考虑,对于领海宽度能否超过3海里,与会各国意见不同且互不退让,最终未能达成任何协议,但是为领海宽度的测量方法和界定标准提供了重要参考。

第一次联合国海洋法会议对领海宽度的主张更加多样化,从"单独"3海里到"在合理范围内自由规定",显示了有关国家在立场上的显著分歧。彼时正值美苏"冷战",美国与西欧等国家联合反对苏联自行确定3～12海里领海宽度的提案,东欧与新独立的亚非拉国家则纷纷反对原殖民国家的政策,最后无一方获得三分之二的多数票。因此,会议对领海宽度没有作出明确的规定,只规定了不得超过12海里。在第二次联合国海洋法会议上,各国的提案集中于领海宽度附加渔区宽度的问题,形成了以沿岸利益为基础的联盟与以海洋利益为基础的联盟的对抗,即主张最大限度的海洋自由与重视邻接海域控制之间的对抗,6海里领海宽度附加6海里捕鱼区的提议以一票之差未被采纳,最终也未能达成任何协议。这两次会议都在一定程度上受到了海洋强国的操纵。美国设想的是利用海上渔区安排上的让步,甚至不惜损失一定的海上渔业利益,来换取其他国家对其3海里领海宽度主张的支持。[1] 然而其所主张的"3海里领海"始终未被国际社会广泛接受。反之,领海宽度呈现扩大化、多样化的趋势。[2] 直到第三次联合国海洋法会议才正式结束了这场领海宽度之争。此时,发展中国家内部分为两派:"承袭海派"主张

---

[1] 张郭:《领海宽度之争与美国海洋自由观论析》,《中国海洋大学学报(社会科学版)》2020年第2期,第10-18页。
[2] 华敬炘:《海洋法学教程》,中国海洋大学出版社,2009,第33-39页。

12海里领海和200海里专属经济区或"承袭海",代表国家有发布《圣多明各宣言》的15国以及多数非洲国家;"领海派"则主张200海里领海,沿海国可在该范围内实行不同的管辖制度,主张国家主要为拉美国家。由于二者的主张并没有实质性差别,所以经过"七十七国集团"的内部协调,双方的重点都放在争取200海里专属经济区权利上。中国代表团则提出,"沿海国有权根据自己国家的地理特点、经济发展和国家安全的需要,并照顾到邻国的正当利益以及国际航行的便利,合理地确定领海的宽度和范围",虽然未明确领海的具体宽度,但提出了确定领海宽度的原则。在多方博弈下,《公约》第3条规定出炉,"每一国家有权确定其领海的宽度,直至从按照本公约确定的基线量起不超过十二海里的界限为止"。就某种程度而言,《公约》代表了广大发展中国家的共同愿望和利益,体现了发达国家的部分性妥协。[1]

与此相关的较为著名的国家实践有2005年关于印度尼西亚与马来西亚在安巴拉特领海的争端。在此争端中,马来西亚将安巴拉特海域划为本国海上招标区,印度尼西亚获悉后认为其领土主权受到侵犯,而马来西亚总理则坚称马方拥有该海域的主权,两国由此产生海洋争端。印度尼西亚先后派出7艘战舰前往争议水域,而马来西亚则坚持抗议印度尼西亚海军入侵其领海区域,并增派巡逻艇等装备与其抗衡。在严重的军事对峙即将爆发之际,双方开始采取措施协商解决争端,但是由于两国谈判立场差距较大,两国争端短期内难以得到解决。[2] 另外,20世纪90年代,土耳其与希腊在爱琴海发生争端。原先两国均宣布领海宽度为6海里,《公约》颁布之后,希腊主张扩大到12海里,这一举措导致爱琴海绝大部分归入希腊的领海区域,影响了土耳其在爱琴海的各项权益,双方由此产生争端。对此,国际观察家认为,爱琴海西部岛屿距离希腊本土较近,尚可适用12海里领海原则,但是东部岛屿远离希腊本土而接近土耳其海岸,明显不能适用12海里领海原则,两国必须相互妥协才能解决争端。

---

[1] 邱文弦:《跨学科视域下大陆架划定法则之重塑:张力与制约》,《当代法学》2018年第5期,第99-111页。
[2] 李辉、张学刚:《印尼与马来西亚安巴拉特领海争端概况》,《国际资料信息》2005年第5期,第10-13,17页。

(二) 无害通过权

在无害通过权讨论中，最值得一提的是沿海国与其他国家的权力之争，即无害通过权的确立与发展。外国船舶在领海的无害通过权是随着领海法律地位的确立而确立的，其目的是平衡外国船舶的航行利益和沿海国的主权利益。早期没有公海与领海之分时，各国船舶可以在海洋上畅通无阻，这虽然有利于商业和航海事业的发展，但是对于沿海国的安全和近海利益却十分不利，如捕鱼权、抵抗海盗等。领海概念出现后，沿海国纷纷主张领海主权。但是，如果将之比照领土主权原则适用，便会导致外国船舶未经沿海国的许可不得进出其领海的结果，将不利于国际交通和贸易往来。因此，无害通过权应运而生，并受到国际法理论和实践的广泛支持，逐渐成为国际法的公认原则，最终在《公约》第17条中以成文法的形式予以确定。

早在17—18世纪，领海的"无害使用"概念便被许多学者主张和肯定。如格劳秀斯认为，沿海国不能妨碍"不带武器、没有损害意图的航行"；赛尔登认为，即使海洋被占有，也应该允许外国人"无害通过"；艾默里克·瓦尔特认为，应当允许没有任何嫌疑的船舶在领海的"无害使用"；亨利·惠顿认为，只要没对所有者带来损害及不合理状况，就应承认其他人员的"无害使用"。

正如美国耶赛普教授所言，无害通过权好像是在海洋自由与领海理论二者之间协调的结果；无害通过权作为一项公认的原则，即使没有权威论据的支持，也已在国际法上牢固地确立下来了。[①] 无害通过权的实质是国家相互给予的一种航行便利，以承认沿海国的领海主权为前提，同时又对其领海主权进行一定的限制。沿海国一方面有权规定使用领海的条件和船舶的通过制度，另一方面也具有承认和不阻碍外国船舶无害通过领海的义务。对外国船舶而言，这一项权利不是绝对的，其通过必须建立在无害及其他条件限制的

[①] P. C. Jessup, *The law of territorial waters and maritime jurisdiction: the nature and extent of civil and criminal jurisdiction in marginal seas as evidenced by decisions of national and international courts, statutes, treaties, state papers, text writers, and general principles of international law, with commentaries and a proposed code* (Kraus Reprint, 1927); L. Henkin, *International law: cases and materials* (Vol. 1) (West Publishing Company, 1980).

基础上。

根据《公约》第19条的规定，所谓"无害"，是指通过时不损害沿海国的和平、良好秩序或安全，且这种通过的进行须符合《公约》和其他国际法规则。该条款列举了12种非无害通过的情形，主要包括：

（a）对沿海国的主权、领土完整或政治独立进行任何武力威胁或使用武力，或以任何其他违反《联合国宪章》所体现的国际法原则的方式进行武力威胁或使用武力；

（b）以任何种类的武器进行任何操练或演习；

（c）任何目的在于搜集情报使沿海国的防务或安全受损害的行为；

（d）任何目的在于影响沿海国防务或安全的宣传行为；

（e）在船上起落或接载任何飞机；

（f）在船上发射、降落或接载任何军事装置；

（g）违反沿海国海关、财政、移民或卫生的法律和规章，上下任何商品、货币或人员；

（h）违反本公约规定的任何故意和严重的污染行为；

（i）任何捕鱼活动；

（j）进行研究或测量活动；

（k）任何目的在于干扰沿海国任何通讯系统或任何其他设施或设备的行为；

（l）与通过没有直接关系的任何其他活动。

根据《公约》第18条的规定，所谓"通过"是指由于特定的目的而通过一国领海的航行。这种目的既可以是穿过领海但不进入内水，又可以是为了停靠内水以外的泊船处或港口设施，以及驶往或驶出内水或停靠这种泊船处或港口。"通过"的要求之一是"连续不断地"，例外限于通常航行所附带发生的、由于不可抗力或遇难所必需的，为救助遇险或遭难的人员、船舶或飞机的目的等情况；要求之二是迅速进行，即以合理的路线和不低于经济航速的速度航行，速度过慢有侦查、勘探或窃取海洋资源的可能，过快则有逃避管辖等的嫌疑。

对于外国船舶通过的无害性认定标准与沿海国国内法律规章的关系，学术界存在"结合说"和"分离说"两种不同学说。"结合说"主张，外国船舶在通过领海时，只要实施了违反沿海国国内法的行为，就可将其通过视为对沿海国国内和平、良好秩序或安全的损害，即非无害行为。"分离说"认为，外国船舶的通过与是否违反沿海国国内法无关，而与是否损害沿海国的重要利益有关。因此，如果船舶在不损害沿海国重要利益的前提下，违反了该国的国内法，则并不否定其无害通过权，只追究其违法责任。可见，在对外国船舶通过领海的无害性认定标准上，《公约》的条款内容依据各种船舶的行为和状态兼采了以上两种学说。①

《公约》第21条、第22条和第25条规定了沿海国的有关权利，并就相关事项制定了关于无害通过领海的法律和规章，包括八种相关情况，譬如航行安全和海上交通管理、保护电缆和管道、养护海洋生物资源、合理进行海洋科学研究和水文测量等活动。在制定关于"航行安全及海上交通管理"的法律规章时，沿海国可以在必要时要求行使无害通过其领海权利的外国船舶使用其为管制船舶通过而指定或规定的海道和分道通航制，尤其是油轮、核动力船舶和载运核物质、材料或其他本质上危险或有毒的物质或材料的船舶。海道是沿海国为了海上交通安全而指定的海上航道，分道通航制是沿海国在船舶航行密集的水域内要求相向航行分开的航道，并在其间设置分隔带以防船舶碰撞及因此产生海洋环境污染，保障生命财产安全。

对于非无害的通过，沿海国可在领海内采取必要的措施加以预防，包括巡逻、监视等，存疑时可以通知对方并给予其澄清或纠正的机会。为保护国家安全，必要时沿海国可以在对外国船舶从形式上或事实上不加歧视的条件下，在其领海的特定区域内暂时停止外国船舶的无害通过。

此外，沿海国应公布的事项还包括其所指定的海道和分道通航制的海图、沿海国领海基线海图和地理坐标表、沿海国有关无害通过的法律规章，以及为确保国家安全而有必要暂时停止外国船舶的无害通过时，应将这种停止正式公布。关于适用于商船和商业目的的政府船舶的通过规则，《公约》第27条进行了具体的规定，沿海国可以且仅可在以下情形下，对通过领海的外国

---

① 金永明：《论领海无害通过制度》，《国际法研究》2016年第2期，第60-70页。

船舶行使刑事管辖权，以逮捕与该船舶通过期间船上所犯任何罪行有关的任何人或进行与该罪行有关的任何调查：

（a）罪行的后果及于沿海国；

（b）罪行属于扰乱当地安宁或领海的良好秩序的性质；

（c）经船长或船旗国外交代表或领事官员请求地方当局予以协助；或

（d）这些措施是取缔违法贩运麻醉药品或精神调理物质所必要的。

但对于驶离内水后通过领海的外国船舶，沿海国则有权基于逮捕或调查的目的采取法律授权的任何措施。根据《公约》第28条的规定，沿海国有权基于任何民事诉讼的目的，在外国船舶停泊于领海内或驶离内水后通过领海的情况下，或者涉及船舶本身在通过沿海国水域的航行中或为该航行的目标而承担的义务或负担的责任时，对其进行执行或加以逮捕。但是，沿海国不应为了对通过领海的外国船舶上的某人行使民事管辖权而停止其航行或改变其航向，也不应为了逮捕与该船舶通过期间船上所犯任何罪行有关的任何人或进行与该罪行有关的任何调查而对通过领海的外国船舶行使刑事管辖权，除非《公约》另有规定。

军舰和其他用于非商业目的的政府船舶的适用规则有所不同。

《公约》第29条规定："为本公约的目的，'军舰'是指属于一国武装部队、具备辨别军舰国籍的外部标志、由该国政府正式委任并名列相应的现役名册或类似名册的军官指挥和配备有服从正规武装部队纪律的船员的船舶。"作为国家武装部队的一部分，军舰是否具有无害通过权存在争议。在早期的国际法理论中，主流意见是不赋予军舰无害通过权。沿海国根据国家的主权原则，有权决定是否允许其经过本国领海。如霍尔认为，无害通过权不及于军舰，一国军舰通过领海的权利并非世界一般利益所要求的，这种特权仅利于个别国家，对于通过的水域所属国、第三国则常常是有害的，因此国家有权拒绝外国军舰进入领海。[1] 德国学者普芬道夫在《自然法与国际法》（De

---

[1] 周鲠生：《国际法》上册，商务印书馆，1976，第370页。

Jure Naturae et Gentium）中也指出，领水是沿海国守护海岸的屏障，容许军舰在未经准许或未保证不做出任何损害行为的情况下靠近海岸是危险的。在实践中，美国和苏联也支持这种理论。在 1930 年海牙国际法编纂会议上，美国代表米勒明确否认军舰的无害通过权，宣称沿海国有权要求军舰事先取得许可。但是英、德等国则主张军舰享有无害通过权。

第二次世界大战后，美国为了称霸海洋，转而主张军舰的无害通过权，而苏联仍然坚持外国军舰通过领海需要事先取得许可，并在其 1960 年颁布的边界法第 16 条规定了批准程序，要求外国军舰访问苏联领水时，须通过外交途径提前 30 日提出申请。20 世纪 70 年代以后，苏联同美国争夺海洋霸权，一改以往姿态，在第三次联合国海洋法会议上同美、英等海洋大国一起竭力反对发展中国家关于外国军舰通过领海前必须通知或者经过许可的立场。由于两大立场的对立，会议几经努力，都未能达成一致意见，因此《公约》对此问题并未作出明确规定。

英国学者奥肯耐尔认为，对《领海及毗连区公约》第 14 条可以进行三种不同的解释：一是所有船舶在没有相反规定的情况下，包括军舰；二是"所有船舶"仅指商船，如果军舰也享有无害通过权，则应清楚地加以规定；三是公约对此事项没有作出规定，因此这仍然是一个习惯法的问题。对该条文的解释同样适用于《公约》第 17 条。其中，支持第一种解释的学者认为，《公约》第 19 条已经列举了几乎所有可能威胁沿海国安全的行为，在有囊括性条款的前提下，单列军舰的无害通过已经没有必要。① 对于外国军舰无害通过领海的习惯国际法规则，有学者认为，沿海国可以允许外国军舰无害通过领海而不加特别要求，也可以规定须经事先通知或许可，或者设定其他条件。从国家实践和法律确信的角度来看，在军舰通过领海的问题上，目前还没有一致的国际实践，一般国际法规则中还没有承认或否认军舰的无害通过权的规则。② 但无论如何，外国军舰必须遵守沿海国关于无害通过的国内法律规章。这种观点的法律基础是《公约》第 30 条："如果任何军舰不遵守沿

---

① 褚艳阳：《外国军舰在领海的无害通过权》，《法制与社会》2012 年第 2 期，第 139 – 140 页。
② 葛淼：《论军舰的无害通过问题》，《中国海商法研究》2019 年第 2 期，第 25 – 33 页。

海国关于通过领海的法律和规章，而且不顾沿海国向其提出遵守法律和规章的任何要求，沿海国可要求该军舰立即离开领海。"事实上，这些观点的对立与分歧很大程度上是《公约》第17条的模糊性规定和第19条的列举性规定造成的。

一般来说，海洋大国大多强调"自由使用论"，以维护本国海军在世界上的有利地位，保障本国可自由投送军用武器、进行应急军事支援和情报收集活动等；而发展中国家多坚持"事先通知或同意论"，以保护本国的国防安全，并相应地扩大军事缓冲地带，减少来自海上的威胁。为消除这种对立并满足《公约》第309条的要求，依据《公约》第310条的规定，各国在签署、批准或加入《公约》时，可以对此作出解释性的声明或说明。综观各国做法，主要有以下五种：反对军舰享有领海无害通过权，如苏丹、罗马尼亚等；要求军舰通过领海时事先通知，如埃及、芬兰、瑞典等；要求军舰得到事先许可后才可以通过领海，如中国、伊朗、也门等；附条件允许军舰通过，如荷兰规定若同一国家同一时间内有3艘军舰要通过，则必须取得许可；赞成军舰享有无害通过权，如阿根廷、荷兰等。①

中国主张的领海无害通过只适用于商船，而不适用于军舰，军舰需要提前通知或事先获得批准才能无害通过沿岸国的领海。② 中国在1958年的《中华人民共和国政府关于领海的声明》中增加了外国军舰无害通过中国领海须事先获得批准的条款，并在1996年5月15日批准《公约》时，就军舰的领海无害通过问题发表声明，始终坚持这一主张。中国的这一立场也体现在国内立法中，1992年的《领海及毗连区法》作出了规定："外国军用船舶进入中华人民共和国领海，须经中华人民共和国政府批准。"

还有一种特殊的船舶即潜水艇，关于它的水下通过是否构成非无害的问题，《公约》第20条规定："在领海内，潜水艇和其他潜水器，须在海面上航行并展示其旗帜。"这一条款紧接于第19条被单列出来，而没有被列入非无害通过的12种情形中。对此，有国际学者认为，通过领海的潜水艇在水下

---

① 金永明：《论领海无害通过制度》，《国际法研究》2016年第2期，第60-70页。
② 王泽林：《外国军舰在俄罗斯北方海航道领海的无害通过：理论、实践与借鉴》，《中国海商法研究》2021年第3期，第21-32页。

航行或没有展示旗帜可能是非无害,但这不是因为它在潜行或没有展示旗帜,即二者不是因果关系。因此,《公约》将潜艇的通过作为单独的条款列出,是将潜艇的水下航行排除在非无害的12种情形之外,潜水艇只有实施了《公约》第19条所列的活动,其通过才是非无害的。这一结论导致的结果是,如果潜水艇在水下通过,那么只有当它的通过是非无害时,沿海国才可以根据《公约》第25条第1款的规定,采取必要的措施阻止其通过;但如果其通过是无害的,那么沿海国只能根据其国内法采取相应的措施,但不能阻碍其通过。但是,许多国家的实践并不支持上述结论。部分国家要求外国潜水艇在领海内应当航行于海面并展示其旗帜,对于潜水艇的无害通过权则采取与军舰相同的做法,有的则认为潜水艇包含于军舰之类别中。

由于对公约的有关条款解释不同,所以国家实践不一致的情况会持续下去。但实际上,以上在谈及潜水艇的水下通过问题时,有一个前提条件,即潜艇的存在和身份已被证明。否则,为了确定潜水艇的身份,沿海国可以采取任何合理措施使其浮出水面,甚至可以适当地使用武力,如发出要求其浮出水面证明身份的信号等,如果潜艇拒绝,则可以推定其通过是非无害的。①

此外,特殊船舶还包括核动力船舶、载有高度危险物质的船舶和私人武装商船。在《公约》针对核动力船舶作出规定前,部分国家认为核动力船舶与核废料本身就是对沿海国和平与秩序的威胁,否认此类船舶享有无害通过权。例如西班牙在1964年的立法中规定,核动力船舶不享有无害通过权。②《公约》第23条对此争议作出了明确规定,承认了核动力船舶的无害通过权。载有高度危险物质的船舶也同样被该条囊括,享有无害通过权。③ 私人武装商船是一种经私人武装警卫武装后的商船。为了抵御海盗袭击,越来越多的商船通过私人海上安全运输公司雇请私人武装警卫来保护自身安全。这类带有武装的私人商船是否具有无害通过权还没有确定答案。这种法律不确

---

① 李红云:《论领海无害通过制度中的两个问题》,《中外法学》1997年第2期,第65-68页。
② 张国斌:《无害通过制度研究》,华东政法大学博士论文,2015;姜皇池:《国际海洋法总论》,台湾学林文化事业有限公司,2001,第260页。
③ 《联合国海洋法公约》第23条:外国核动力船舶和载运核物质或其他本质上危险或有毒物质的船舶,在行使无害通过领海的权利时,应持有国际协定为这种船舶所规定的证书并遵守国际协定所规定的特别预防措施。

定的结果,以及考虑到一些国家确实已经开始通过立法来规制通过其领海的外国商船上的私人武装警卫,促使国际法在此方面应该得到相应的发展和补充。①

人工智能的发展与应用推动智能船舶成为国际海事界的新热点。从当前实践来看,主流观点认为无人船具有船舶的法律属性,属于现有法律法规调整的范围。② 同时,无人船也面临着超出领海无害通过制度传统适用范畴、通过领海的"无害性"法律审查困难、沿海国对无人船的刑事管辖权和民事管辖权难以落实的现实困境。因此,在智能船舶的发展计划中,在做好技术攻关的同时,还需系统梳理相关法律法规、完善相关规则和政策文件。③

关于领海无害通过的争议,多数与美国有关。在 1984 年尼加拉瓜境内针对该国的军事和准备军事活动案中,美国资助尼加拉瓜反政府武装组织,使其得以在该国几个重要港口布设水雷,以威胁航行安全。国际法院在该案中认为无害通过延伸至开往或驶出港口已被习惯国际法所确认。④ 同年,美国在黑海实施了一项"自由航行计划",与苏联立场严重对立,引发了 1984 年的美苏冲突。虽然当时美国的一艘驱逐舰"大卫"号在黑海的诺沃罗西斯克附近海面进行军事演习,受到苏联飞机的炮击,但是美国依旧多次在黑海进行演习。苏联认为,美国军舰违反了苏联有关领海制度的现行法律法规,而美国则认为,其行为只是行使无害通过权。1988 年,两艘美国军舰进入苏联沿克里米亚领海,并无视苏联的警告和立即离开的要求,因此,苏联出动了两艘护卫舰进行驱赶,事后双方的争议点仍是美国是否有无害通过权。1989 年 9 月 23 日,双方签署了《关于无害通过的国际法规则的联合的共同解释》,表明两国对无害通过的理解对国家实践的影响很大。此外,美国与中国也曾发生关于领海无害通过的争议。如在 2016 年 1 月 30 日美军驱逐舰闯

---

① 张国斌:《无害通过制度研究》,华东政法大学博士论文,2015。
② 郭萍、姜瑞:《无人船适用领海无害通过制度的困境及对策》,《武大国际法评论》2022 年第 1 期,第 41 - 57 页。
③ 参见工业和信息化部、交通运输部、国防科工局:《关于印发〈智能船舶发展行动计划(2019 - 2021 年)〉的通知》,http://www.gov.cn/xinwen/2018 - 12/30/content_5353550.htm,访问日期:2023 年 12 月 20 日。
④ 张晏瑲:《国际海洋法》,清华大学出版社,2015,第 109 - 111 页。

入西沙事件中,美国海军"威尔伯"号导弹驱逐舰在没有事先通报和得到许可的情况下,擅自进入中国西沙领海,严重损害了中国在西沙领海的主权和安全,以及海洋权益,受到中国的警告驱离。2018 年 9 月 30 日,中、美两国军舰在南海对峙。美国海军"迪凯特"号导弹驱逐舰在南海南薰礁附近水域,被中国海军"兰州"号驱逐舰拦截并迫使其改变航道,最终驶离有关海域。①

二、毗连区:被弱化的定界理论

(一) 被弱化的区划功能

毗连区是指毗连一国领海外缘一定范围内的海域。沿海国在此海域内对海关、财政、卫生、移民等事项享有立法及执法管辖权。此种海域相关国际实践发轫于 18 世纪,沿海国为防止走私与隔绝传染病,将国家管辖权延伸至领海外部界限向海一面的海域中。1736 年英国制定的《游弋法》(Hovering Act),是关于毗连区的最早立法,其确立了沿海国对在该国境外(外海)的船舶和船员的刑事管辖权。之所以有此立法,是因为当时有相当多船舶在英国外海游弋、徘徊,伺机从事走私行为,因而该法规定,英国将对离岸八里格(约 24 海里)内的海域船舶进行检查,倘若发现于此海域内载运违禁物品者,船货将被没收或科处罚金。此法直至 1876 年英国《海关综合法》(Customs Consolidation Act) 生效前方才废除。参与立法的斯托维尔(Lord Stowell) 勋爵在 1817 年的路易斯(Le Louis) 案中表示,当时英国是为了"各国便宜行事,而互相礼让"(the common courtesy of nations for their convenience),因为当时各国甚至不认为 3 海里领海宽度具有法律效力,比如西班牙规定有六海里"海税区"。

根据《公约》的规定,毗连区是沿海国主张的专属经济区的一部分。在沿海国不主张其专属经济区的情况下,毗连区是公海的一部分。目前,大约有 90 个国家主张了毗连区。毗连区的国家定界实践一度处于被各国忽视的境地。究其原因,一方面,或许是因为毗连区概念本身是功能性的,有别于沿

---

① 葛淼:《论军舰的无害通过问题》,《中国海商法研究》,2019 年第 2 期,第 25-33 页。

海国的主权或者资源性的主权权利，即使海岸相邻或相向国家之间出现重叠的毗连区，在两国达成协议的情况下，重叠区的存在并不会影响各自管辖权的行使。因此，定界也显得并不那么紧迫和必要；另一方面，在专属经济区概念未出现之前，毗连区所在海域为公海，而在该概念出现之后，毗连区才被囊括进专属经济区范围海域，因此，关于毗连区定界的议题完全可以归入专属经济区定界议题之下。第三次联合国海洋法会议期间，甚至出现了是否保留毗连区概念的争论。因为有代表认为，可能建立的专属经济区将使毗连区成为多余的和不必要的。但是大多数代表主张保留毗连区，其理由是：任何沿海国都不应在经济区内行使征收关税类的权力，而这类权力在一国毗连区的狭窄地带内是可以行使的。第三次联合国海洋法会议采纳了多数代表的意见，同意保留毗连区制度。

（二）相关立法会议

1. 第一次联合国海洋法会议

关于毗连区的定界问题，《领海及毗连区公约》第 24 条第 3 款规定，"如果两国海岸彼此相向或相邻，在彼此没有相反协议的情形下，两国中任何一国均无权将其毗连区延伸至一条其每一点都同测算两国中每一国领海宽度的基线上最近各点距离相等的中间线以外"，即重叠毗连区比照重叠领海进行定界，适用"中间线原则"。与同一公约中关于领海定界的第 12 条第 1 款相比，该条款并未提及"特殊情况"（special circumstance）。之所以将此用语省略，或许是因为彼时毗连区本质上仍是公海，赋予沿岸国管辖权的内容相当有限，纵使严格遵守中间线原则造成了不公平的结果，其对于相关国家的影响也非常有限。此外，在第一次联合国海洋法会议上，基于锡兰提出的建议，关于移民的规定被添加到沿海国可以在毗连区行使管辖权的事项中。

2. 第三次联合国海洋法会议

1974 年，在第三次联合国海洋法会议第二委员会第 31 次会议上，由 8 个东欧社会主义国家集团提交的一份关于毗连区条款草案中包含了关于海岸相向或相邻国家毗连区划界的内容，该条款基本重复了《领海及毗连区公约》的文本内容。对此，民主德国（东德）的代表解释说，载于《领海及毗连区公约》第 24 条关于定界的条款已经通过了实践的检验；相向或相邻国家间未签订协议的，应适用中间线原则。

然而，上述中间线原则在《公约》中即不复见。《公约》第 33 条第 1 款对毗连区进行定义，第 2 款将毗连区范围限定从测算领海宽度的基线量起不超过 24 海里，却对重叠毗连区如何定界未作明确规定。第一种解释是立法疏忽，但此解释的可能性微乎其微，因为起草者明知《领海及毗连区公约》载有毗连区划界规定，而《领海及毗连区公约》是《公约》的立法草本，几乎不可能在《公约》中仍予以忽略。事实上，在 1974 年所提草案的第 49 条即有与《领海及毗连区公约》相同的规定。第二种解释是起草者为避免将议题过度复杂化，而集中精力讨论诸多争议的专属经济区与大陆架划界问题。第三种解释是毗连区划界实属赘文，因为毗连区本质上是专属经济区，所以若能解决专属经济区划界问题，则毗连区划界问题就会迎刃而解。第四种解释是在会议中部分与会代表的见解，他们认为毗连区内的权利，重叠沿岸国也可以行使。

上述第三种解释或许可以作为《公约》未规定毗连区划界的原因，但该理由并不充分，因为如果相关沿岸国中，若有一方并未主张专属经济区，则有关毗连区划界的规定即会被需要。若是在具体个案中，确实有国家并未主张专属经济区，但却产生毗连区重叠之情形，将如何处理？第一种解决办法是类推适用《公约》第 15 条"有关领海定界规定"，或适用第 74 条或第 83 条"有关专属经济区或大陆架划界规定"。第二种解决办法是诉诸《领海及毗连区公约》第 24 条第 3 款，对同为该《领海及毗连区公约》缔约国的国家，依条约予以适用；对非同属该公约的沿岸国，则以习惯国际法予以适用，后一方法的缺陷是必须严格适用"中间线原则"，否则或许会产生不公平结果。第三种解决方法是由于《公约》并未规定，因而毗连区重叠的沿岸国可以同时在重叠毗连区中行使《公约》第 33 条所赋予的必要控制与管辖权。不过此种解决方法，可能会与《公约》第 33 条规定有所冲突，更重要的是如此解释，还将与《公约》第 303 条第 2 款有关控制在毗连区中发现的考古和历史文物的贩运权限冲突，此种权限显然超出第 33 条第 4 款的管辖权与控制权。

三、专属经济区：专属权利与剩余权利

专属经济区是在第三次联合国海洋法会议上确立的一项新制度。《公约》第 55 条规定："专属经济区是领海以外并邻接领海的一个区域，受本部分规定的特定法律制度的限制。在这个制度下，沿海国的权利和管辖权以及其他国家的权利和自由均受本公约有关规定的支配。"第 57 条规定："专属经济区从测算领海宽度的基线量起，不应超过二百海里。"关于专属经济区的法律地位问题，发展中国家和海洋大国曾发生过激烈的争议，在长期"领海论""公海论"和"专属管辖区论"的辩论下，最终"专属管辖区论"被广泛接受，沿海国在这一区域拥有主权和管辖权，因此应当具有独立的法律地位。

专属经济区这一概念源于拉丁美洲反对海洋霸权主义的 200 海里海洋权的斗争，"这一方面是自然发展的结果，因为拉美国家是最古老的发展中国家；另一方面是地理发展的结果，因为拉丁美洲集中了一批具有重大沿海利益的国家"。[①] 1946 年，阿根廷提出对"大陆外缘海"的主权主张，1947 年 6 月，智利"总统声明"中首次正式提出对邻近海岸的海域主张主权，即"智利政府确认并宣布，其国家主权扩展到邻接其海岸的海域，不论其深度如何"，"对所有包括在海岸和伸入海洋而距离智利大陆海岸为 200 海里的一条数学平行线之间的海域，实行保护和控制"。[②] 同年 8 月 1 日，秘鲁在 871 号总统令中作出了类似的宣告："国家将在邻接秘鲁海岸的海域内，对海岸和按地理线计算距离为 200 海里的一条假设平行线之间的区域，行使同样的控制权和管辖权。"[③]

1952 年，智利、厄瓜多尔和秘鲁在《圣地亚哥宣言》中正式赋予该海区"200 海里海洋区域"的名称，宣布各国对其沿海宽至 200 海里的海域拥有专属的主权和管辖权。该宣言推动了 200 海里海洋权主张的发展。第一、二次

---

① 巴里·布赞：《海底政治》，时富鑫译，生活·读书·新知三联书店，1981，第 332 页。
② UN Legislative Series. ST/LEG/SER. B/1, 1951: 1 – 7.
③ Kunz J L, "Continental Shelf and International Law: Confusion and Abuse," *American Journal of International Law*, Vol. 50, No. 4 (1956): 828 – 853.

联合国海洋法会议对 200 海里海洋权问题的回避,使拉美国家再次掀起主张 200 海里海洋权的运动。1965 年以后,厄瓜多尔、阿根廷、乌拉圭和巴西纷纷颁布法律或法令,主张 200 海里海洋权。① 1970 年 5 月 8 日,阿根廷、巴西、智利、秘鲁、厄瓜多尔、萨尔瓦多、尼加拉瓜、巴拿马和乌拉圭 9 国签署了《蒙得维的亚海洋法宣言》,确定了沿海国家有权划定"海洋主权或管辖权的范围"这一原则。1970 年 8 月 14 日,21 个拉美国家通过的《利马宣言》又重申了该原则。②

虽然拉美国家关于 200 海里海洋权的主张在名称和内容上不完全相同,在个别问题上甚至还可能有分歧,但在原则立场上是完全一致的。经过以上一系列国家的海洋权利运动,1972 年 6 月,15 个国家在圣多明各召开会议,通过了《圣多明各宣言》,宣言主张领海的最大范围为 12 海里;从领海基线量起最大不超过 200 海里的领海以外区域内,沿海国主权及于所有再生的、非再生的资源,超过 12 海里的这一区域被称为"承袭海"。这是首次在国际会议中提出"承袭海"概念。《圣多明各宣言》还规定:在这一区域内,沿海国不但对所有资源享有主权权利,而且有权采取措施预防海洋污染并对科学研究进行管制,但是所有国家的船舶与飞机享有航行和飞越自由。③ "承袭海"概念的提出为专属经济区制度的建立奠定了基础。

在拉美国家的前期铺垫下,1972 年 6 月 20—30 日,阿尔及利亚、喀麦隆、中非、贝宁、埃及、埃塞俄比亚、赤道几内亚、肯尼亚、毛里求斯、尼日利亚、坦桑尼亚等 17 个非洲国家在雅温得举行非洲国家海洋法问题区域讨论会。会议报告提出非洲国家有权在其领海以外"设立一个经济区"。在该区域内,出于开发和控制生物资源、防止和管制污染等目的,沿海国

---

① 魏敏主编《海洋法》,法律出版社,1987,第 120 页。
② 《利马宣言》(*Declaration of Lima*),认为利用毗邻其海岸的海域、海床和底土中自然资源的权利以及考虑地质学、地理学、生物学特点及合理利用资源的必要性后,依据合理标准确定其海洋主权和管辖权界限的权利是沿海国的固有权利。参见 Garcia Amador, "The Latin American Contribution to the Development of the Law of the Sea," *American Journal of International Law*, Vol. 68, No. 1 (1974): 33 – 50.
③ Nelson L D M, "The Patrimonial Sea," *International and Comparative Law Quarterly*, Vol. 22, No. 4 (1973): 668 – 686.

享有专属管辖权,但经济区的设立不应影响航行、飞越、铺设海底电缆和管道的自由。但是,该报告未提出经济区的界限和沿海国有科学研究的权利。

1972年8月,肯尼亚在雅温得会议建议的基础上,以条约草案的形式正式向负责第三次联合国海洋法会议筹备工作的联合国海底委员会提交了"关于专属经济区概念的条款草案",补充了"专属经济区的宽度最大不得超过从测算领海的基线量起200海里;经济区内的科学研究亦属沿海国的专属管辖范围"等内容,进一步解决了专属经济区的界限、沿海国对专属经济区的权利性质和范围等一系列问题。至此,一个独立、完整的专属经济区概念正式形成。广大发展中国家对拉美和非洲国家所提出的建立200海里国家管辖区的主张表示支持。

中国代表在联合国海底委员会第二届会议的发言中表示:中华人民共和国代表团于1973年3月出席联合国海底委员会第二小组委员会会议期间,通过正式发言阐明立场指出:"中国政府坚决支持许多中小国家代表团的意见,在第三次联合国海洋法会议上应该制订一个新的全面的海洋法公约。"[①] 1973年8月,南太平洋的斐济、汤加、瑙鲁等国在"南太平洋论坛"会议上决定在各自领土周围建立200海里经济区,以保护本地区的经济资源和利益。1973年9月9日,第四次不结盟国家首脑会议通过《关于海洋法问题的宣言》,明确表示支持建立200海里国家管辖区。中国代表团于1973年7月14日向联合国海底委员会提交《关于国家管辖范围内海域的工作文件》,其中包含了"专属经济区或专属渔区"的相关内容。

在广大发展中国家的努力下,"专属经济区"作为第三次联合国海洋法会议的中心议题之一,引起了广大发展中沿海国家与美、苏等海洋大国的激烈争论。起初,美、苏等国坚决反对200海里经济区的概念和主张,认为这是对公海的"分割"和"掠夺",仅承认沿海国对领海以外公海海域生物资源的优惠权利,后来迫于第三世界"承袭海派"国家的压力,接受了200海

---

① 杨泽伟:《中国与〈联合国海洋法公约〉40年:历程、影响与未来展望》,《当代法学》2022年第4期,第29－40页。

里专属经济区的概念，但为了削弱沿海国对专属经济区的权利和管辖，开始将重心转移到对专属经济区的性质限制和篡改上。美国于1974年8月8日在第三次联合国海洋法会议上提出的一项"关于经济区和大陆架一章的条款草案"中规定了为了保证充分利用经济区内的再生资源，沿海国应许可其他国家的国民捕获其本国国民没有充分利用的可捕捞的再生资源。这项草案只承认沿海国在经济区内享有捕鱼优先权，而非专属权，其最终将使拥有强大捕捞能力的海洋大国利益最大化。

另外，对于内陆国和地理不利国家是否有权参与开发与分享沿海国在专属经济区内的自然资源这一问题，在第三次联合国海洋法会议上也产生了激烈争论。其内容主要涉及内陆国的海洋航行和海洋资源的权利问题。内陆国和地理不利国家在专属经济区内的海洋资源权利关涉它们与专属经济区沿海国的相互关系及权利的分享。在1974年拉斯维加斯海洋法会议上，内陆国和地理不利国家要求平等参加沿海国经济区内的非生物资源的勘探和开发，建立"区域经济区"，行使"区域主权"，将该"区域经济区"内的资源作为"区域的共同继承财产"，为区域内各国所共有。但是这些主张遭到沿海国家的强烈反对。此后，在历次海洋法会议上，内陆国和地理不利国家始终反对沿海国对经济区的专属管辖权，直到"七十七国集团"内部多次协商和第三次联合国海洋法会议。1978年第七期会议设立了第6协商组，专门就此进行磋商，经过协商形成折中方案，在《公约》中正式确定了这类国家在专属经济区内的权利。

《公约》第五部分规定的专属经济区制度，基本上反映了第三世界沿海国家的要求和主张。但是，成员国对于一些条款也做了各自的妥协，如未明确规定专属经济区不属于公海、沿海国对专属经济区行使的是"专属管辖权"、将"与海洋自由有关的"其他海洋用途列为所有国家在沿海国经济区内的权利。此外，对于内陆国和地理不利国家的海洋权利问题，《公约》也做了折中的规定，在"公平基础上，通过双边、分区域或区域性协定，参与开发同一分区域或区域沿海国经济区内生物资源的适当剩余部分"，适当维护了这类国家在相邻的专属经济区内的利益。而整个专属经济区制度的设立，有利于沿海国有效管辖沿海地区的自然资源。一方面，有效遏制了一些海洋大国的渔船在邻近其他国家的海域滥肆捕捞的现象，为沿海国管理沿海渔业、采矿业以及一切有关自然资源的开发和利用提供了正式依据。另一方面，随着专属经济区的建立，其范围将扩及世界上海洋的1/3，国家管辖下的海域将达3700余万平方海里，而国际区域只剩6700余万平方海里，这一结果必然有利于海岸线长且面向大洋的国家以及位于大洋中的一些群岛国家。

《公约》用第五部分21项条款构建了整个专属经济区制度。其中，《公约》第55条对专属经济区的概念进行了明确定义："专属经济区是领海以外并邻接领海的一个区域，受本部分规定的特定法律制度的限制，在这个制度下，沿海国的权利和管辖权以及其他国家的权利和自由均受本公约有关规定的支配。"该定义的确立不仅标志着专属经济区制度正式以国际法形式确定，也是对专属经济区独立的法律地位进行的再一次肯定。随后，《公约》用第57条规定了专属经济区的范围："专属经济区从测算领海宽度的基线量起，不应超过二百海里。"事实上，由于许多国家的专属经济区与相邻或相向国家的专属经济区相连，所以实践中只能采用小于200里的专属经济区。专属经济区的定义和范围确立以后，沿海国的权利主张便有了基础。

《公约》第56条规定了沿海国在专属经济区内的权利和义务，其第1款对沿海国的下列主权权利和管辖权进行了正面规定，即沿海国在其专属经济区内有下列权利：勘探和开发、养护与管理海床上覆水域和海床及其底土的自然资源的主权权利，在该区内从事经济性开发和勘探的主权权利，以及对建造和使用人工岛屿、进行海洋科学研究和保护海洋环境的管辖权。第2款对沿海国权利进行限制，实则是提出了沿海国应当履行的义务，这些义务大致分为两个方面：其一是"沿海国在专属经济区内行使其权利和履行其义务时，应适当顾及其他国家的权利和义务"；其二是"应以符合本公约规定的方式行事"，沿海国应在国际法允许范围内，根据《公约》的规定行使其在专属经济区内的权利。以上对于沿海国在专属经济区的主权权利、管辖权和义务的规定是一种利益平衡的体现，包括沿海国自身的权利和义务的平衡、沿海国和其他国家之间利益的平衡，以及海洋大国和发展中国家主张的平衡。

需要注意的是,《公约》第 56 条第 3 款规定了该区域内海床和底土的权利参照大陆架制度的相关规定行使。专属经济区和大陆架在 200 海里内是重叠区,这涉及在 200 海里内的重叠区的制度选择问题。专属经济区制度中的权利主要是以勘探和开发、养护和管理为目的,对海床和底土上的自然资源(包括生物和非生物资源)行使主权权利;大陆架制度中的权利主要是"为勘探大陆架和开发其他非生物资源,以及属于定居种的生物"。因此,这两项制度中对资源的定义有所差别,后者主要是指依附于大陆架或者存在于大陆架内的资源。

此外,《公约》第 58 条还规定了其他国家的权利义务:"在专属经济区内,所有国家,不论为沿海国或内陆国,在本公约有关规定的限制下,享有第八十七条所指的航行和飞越的自由,铺设海底电缆和管道的自由,以及与这些自由有关的其他国际合法用途,诸如同船舶和飞机的操作及海底电缆和管道的使用有关的并符合本公约其他规定的那些用途。"① 需要注意的是,这种自由是一种"限制性自由",受到"本公约有关规定的限制"。② 这里所说的有关限制主要是指《公约》关于沿海国在专属经济区内的主权权利和管辖权的规定,需要顾及其他国家的权利且符合沿海国的法律和法规。

在实践中,各国已陆续开始重视对其专属经济区的刑事管辖权,通过行使该刑事管辖权,从而主张其专属经济区的权利。③ 从法理依据上来看,我国在专属经济区内对外国渔船的刑事管辖,能且只能依据保护管辖权。沿海国在其专属经济区内对外国商船行使逮捕、扣留等刑事管辖权,存在着广泛的国家实践。④

关于"海洋其他国际合法用途",《公约》中未明确规定。在实践中可以

---

① 《公约》第 87 条规定了公海自由,包括航行自由、飞越自由、铺设海底电缆和管道的自由,但受第六部分的限制;建造国际法所容许的人工岛屿和其他设施的自由,但受第六部分的限制;捕鱼自由,但受第二节规定条件的限制;科学研究的自由,但受第六和第十三部分的限制。这些自由应由所有国家行使,但须适当顾及其他国家行使公海自由的利益,并适当顾及本公约所规定的同"区域"内活动有关的权利。
② 杨显滨:《专属经济区航行自由论》,《法商研究》2017 年第 3 期,第 171 - 180 页。
③ 马光、孙梦怡:《论沿海国对其专属经济区内刑事案件的管辖》,《中国海洋大学学报(社会科学版)》2020 年第 5 期,第 30 - 39 页。
④ 李人达:《试述国家在其专属经济区的刑事管辖权》,《南海法学》2018 年第 2 期,第 106 - 112 页。

理解为：只要同航行自由、飞越自由、铺设海底电缆和管道的自由有关，且海洋用途不与公约的其他规定相抵触，即符合"其他国际合法用途"。外国军舰虽然有权在一国的专属经济区内自由航行，但是在通过专属经济区时能否进行操练、演习或武器试验等军事活动则是一个有争议的问题。考虑到《公约》关于海洋应只用于和平目的，各缔约国在根据《公约》行使其权利时不得对任何国家的领土完整或政治独立进行任何武力威胁或使用武力，以及应适当顾及其他国家利用海洋的权利等规定，这些军事活动可能是不符合《公约》关于"国际合法用途的"要求的。因此，可以理解为，外国军舰在通过一国的专属经济区时，是不能从事这些军事活动的。[①]

《公约》第 56 条还规定了沿海国对于专属经济区内的人工岛屿、设施和结构的建造和使用的专属管辖权。第 60 条针对人工岛屿、设施和结构进行了详细的规定：沿海国在专属经济区内应有专属权利建造并授权和管理建造、操作和使用人工岛屿、为勘探和开发及其他经济目的的设施和结构、可能干扰沿海国在区内行使权利的设施和结构，具体包括海关、财政、卫生、安全和移民规章方面的专属管辖权，以及在人工岛屿、设施和结构周围设置合理的安全地带的权利。第 60 条第 4~6 款对安全区进行了更为详细的规定，包括妥为通知义务、参照可适用的国际标准确定安全带范围、所有船舶对安全带的尊重义务等。《公约》第 61 条和第 62 条分别规定了对专属经济区内生物资源的养护和利用。从排列次序看，养护为先，利用次之，这一安排体现了沿海国对海洋资源的保护优先原则。合理养护、开发利用海洋生物资源，在保证资源被充分利用的同时不破坏海洋生物资源的可持续利用性，这不但关乎沿海国对专属经济区的主权权利、义务以及管辖权的行使，还影响着整个国际海洋领域生态环境的稳定和经济的发展。因此，有专家认为《公约》是"全面建立新的包括海洋生物资源养护制度在内的现代国际海洋法律秩序的框架性一揽子协议"。[②]

关于捕捞标准，《公约》第 61 条规定："沿海国应决定其专属经济区内

---

① 张湘兰、张芷凡：《论海洋自由与航行自由权利的边界》，《法学评论》2013 年第 2 期，第 76 - 81 页。
② 王建廷：《海洋生物资源养护国际法的新发展》，《当代法学》2010 年第 4 期，第 143 页。

生物资源的可捕量。"这里所说的可捕量,既指单个鱼种的可捕量,也指整个专属经济区内生物资源的总可捕量。为此,沿海国应当"考虑到与所捕捞鱼种有关联或依赖该鱼种而生存的鱼种所受的影响","通过正当的养护和管理措施,确保专属经济区内生物资源的维持不受过度开发的危害",并"在适当情形下和各主管国际组织为此目的进行合作"。在此基础上考虑"沿海渔民社区的经济需要和发展中国家的特殊要求在内的各种相关环境和经济因素的限制,使捕捞鱼种的数量维持在或恢复到能够生产最高持续产量的水平,并考虑到捕捞方式、种群的相互依存以及任何一般建议的国际最低标准"。第 62 条对生物资源的利用做了进一步小结,即沿海国对生物资源的利用要遵循最适度利用之目的来决定其捕捞专属经济区内生物资源的能力。在准许其他国家进入其专属经济区时,应考虑包括该区域的生物资源对有关沿海国的经济和其他国家利益的重要性等所有相关因素。在专属经济区内捕鱼的其他国家的国民应遵守沿海国的法律和规章中所制定的养护措施和其他条款和条件,沿海国有义务将养护和管理的法律和规章进行妥为通知。

另外,针对跨区的种群和特殊的生物资源,《公约》做了单独规定。第 63 条针对跨区种群,强调以跨区种群的保护为优先原则,各国依据各自的情况协商解决,以确保对这些种群的养护和发展。第 64 条针对高度洄游鱼种规定了国家间的合作原则,以确保"这种鱼种的养护和促进实现最适当利用这种鱼种的目标"。第 65 条规定沿海国和国际组织对海洋哺乳动物有权执行更为严格的禁止限制或管制,强调各国应共同致力于这种动物的养护、管理和研究。第 66 条规定了溯河产卵种群源自其河流的国家对该种群的主要利益和责任,包括制定适当的管理措施,以确保对该种群进行养护、协商解决捕捞等渔业活动、协议以执行相关法律规章、合作进行养护和管理等。第 67 条规定了沿海国对在其水域内度过大部分生命周期的降河产卵鱼种应有责任进行管理并应确保其出入。对于定居种生物,第 67 条作出排除性规定,适用大陆架相关制度。相应地,我国国内法对于生物资源也作出了规定。《中华人民共和国专属经济区和大陆架法》第 3 条规定,中国对于所有生物资源有进行勘查、开发、养护和管理的主权权利。① 因此中国对在专属经济区内发生的，与生物资源相关的各类活动均享有海事诉讼管辖权。②

由于内陆国属于一种特殊的、不具备主张海洋权利地理优势的国家，因此本节中所说的"地理不利国"包括《公约》中分列的内陆国家和地理不利国家。地理不利国家的问题在海洋法历史上一直占据重要地位。根据《公约》第69条和第70条的规定，地理不利国家"应有权在公平的基础上，参与开发同一分区域或区域的沿海国专属经济区的生物资源的适当剩余部分，同时考虑到所有有关国家的相关经济和地理情况"。但是这种参与的条款和方式应由有关国家通过双边、分区域或区域协定加以制定。为了避免对沿海国的渔民社区或渔业造成不利影响，以及考虑到地理不利国参与开发的程度和有关各国人民的营养需要，应当尽量减小其国民惯常在该专属经济区捕鱼的国家的经济失调及渔民社区所受的不利影响。这些内容不但体现了公平原则，还体现了可持续发展的理念。《公约》第72条规定，内陆国和地理不利国家为了便利行使开发专属经济区内生物资源的权利，可以"从第三国或国际组织取得技术或财政援助"，但"不应以租借或发给执照或成立联合企业，或以具有这种转让效果的任何其他方式，直接或间接转让给第三国或其国民"。

由于《公约》是各国在利益兼顾、相互妥协的前提下，谈判折中、协商一致的产物，因此它在扩大沿海国的管辖权和缩小公海自由的海域制度的调整过程中，留下了充足的空间，也就是所谓的"剩余权利问题"。③ 由于这一问题与专属经济区的地位确认密切相关，因此，在第三次联合国海洋法会议上，广大发展中国家和苏、美等海洋大国就此问题产生了严重的分歧。以"领海派"为代表的发展中国家主张剩余权利应属于沿海国，因为专属经济

---

① 《中华人民共和国专属经济区和大陆架法》第3条：中华人民共和国在专属经济区为勘查、开发、养护和管理海床上覆水域、海床及其底土的自然资源，以及进行其他经济性开发和勘查，如利用海水、海流和风力生产能等活动，行使主权权利。中华人民共和国对专属经济区的人工岛屿、设施和结构的建造、使用和海洋科学研究、海洋环境的保护和保全，行使管辖权。本法所称专属经济区的自然资源，包括生物资源和非生物资源。
② 侯初晨：《中国内国法下专属经济区海事诉讼管辖权的正当性分析》，《中国海商法研究》2019年第2期，第34–52页。
③ 剩余权利就是法律未加明文规定或禁止的权利。参见周忠海：《论海洋法中的剩余权利》，《政法论坛》2004年第5期，第175–187页。

区属于国家管辖区；苏美等海洋大国则认为专属经济区属于公海的一部分，强调剩余权利应该归属于国际社会。事实上，《公约》第 59 条并未正面回应这个问题只是做了折中，规定了解决关于专属经济区内权利和管辖权归属冲突的基础是："在本公约未将在专属经济区内的权利或管辖权归属于沿海国或其他国家而沿海国和任何其他一国或数国之间的利益发生冲突的情形下，这种冲突应在公平的基础上参照一切有关情况，考虑到所涉利益分别对有关各方和整个国际社会的重要性，加以解决。"如此规定事实上是将冲突和矛盾留给了后人，这也成为有关国家在平时海上军事行动中进行弹性解释和灵活利用的法律空白。①

四、大陆架：科学与法律的融合

大陆架的概念最初源于地理学定义的大陆架概念。1945 年之前，它还仅应用于地理学，随着大陆架的宝贵价值被沿海国进一步开发，这一概念便开始在法律层面上具有了另外一层重要的含义。从海洋地理学上看，大陆架是指从海岸开始、在海面之下向海延伸的一个地势平缓的区域。因此，大陆架一般都是连接大陆的浅海地带，自海岸线（一般取低潮线）起，向海洋面延伸，直到海底坡度显著增加的大陆架坡折处为止。全球大陆架总面积为 2710 万平方千米，约占海洋总面积的 7.5%。②

与海洋地理学所定义的大陆架概念不同，在海洋法层面上的"大陆架"并不单纯依靠地形变化来界定。《公约》第 76 条第 1 款明确规定了大陆架的定义："沿海国的大陆架包括其领海以外依其陆地领土的全部自然延伸，扩展到大陆边外缘的海底区域的海床和底土，如果从测算领海宽度的基线量起到大陆边的外缘的距离不到二百海里，则扩展到二百海里的距离。"这一规定明确了大陆架边界的概念、标准和定界方法，将地理学的大陆架概念作为定义国际法上大陆架的基础，其法律含义不但源于地理因素，而且通过自然延伸原则应用到了法律层面，又规定了 200 海里内外不同的大陆架权利配置

---

① 迟菲、王德侠：《专属经济区军事利用的法律规制》，《社会科学辑刊》2015 年第 4 期，第 69 – 73 页。
② 公衍芬：《大陆架地质和法律概念的异同探讨》，《海洋地质动态》2009 年第 9 期，第 19 – 23 页。

问题。这一规定不仅反映了大陆架的本质特征，也有利于解决关于大陆架重叠的争议。

"大陆架"这一术语最初作为地理学领域的专业用语，被用于指代近岸海底的资源开发区域。当前学术界普遍认同，该术语最早由英国地理学家休·罗伯特·米尔（Hugh Robert Mill）于1887年提出。至19世纪末期，西方地理学界通过广泛的研究，确认了大陆架作为陆地在水下的自然延伸的性质。进入20世纪初，基于这一理论，各国开始进行海洋权益的实践探索：1910年11月，葡萄牙政府宣称对水深不超过183米的海域拥有捕鱼管辖权；1925年，英国殖民当局以锡兰的名义颁布了《珍珠渔业法令》，以加强对近海资源的管控；1941年7月22日，委内瑞拉通过立法明确将大陆架纳入国家管辖范围，并规定渔业勘探与海床开发需由政府授权。这些实践促进了国际社会对大陆架价值的认识，并为大陆架制度的建立奠定了基础。第二次世界大战的爆发导致全世界对石油的需求量激增，进而加剧了各国对海底资源的争夺。1942年2月26日，英国和委内瑞拉签订了《帕里亚湾划界条约》（*Treaty of the Gulf of Paria*），将帕里亚湾内领海之外的海床分为两部分，以划分两国的石油开采权益。该条约虽未提及"大陆架"这一术语，但已被看作关于划分大陆架的第一个条约。[①]

20世纪初，各沿海国开始宣布对大陆架的控制权及主权，以开发和利用其上的定居鱼类。[②] 上述英国和委内瑞拉签定的双边条约虽然对大陆架制度的形成具有重要推动作用，但"杜鲁门公告"的发布才真正为大陆架制度出现在国际法视域下拉开了序幕，第一次明确提出美国对附近海域的大陆架资源享有所有权，成为大陆架方面实体法的起点。[③] 该公告宣布，"鉴于养护和审慎地利用其自然资源的紧迫性的关心，美国政府认为邻接美国海岸处于公海之下的大陆架底土和海床的自然资源归属于美国，并受其管

[①] Shigeru Oda. *The International Law of the Ocean Development: Basic Documents*, (Leidn: Sijthoff & Noordhoff, 1972), pp. 432-435.

[②] Tomas H. Heidar：《大陆架界限的法律问题》，载傅崐成，等编译《弗吉尼亚大学海洋法论文三十年精选集（1977—2007）》第三卷，厦门大学出版社，2010，第1208页。

[③] 国际法院在1969年北海大陆架案中将"杜鲁门公告"称为"为大陆架方面实体法的起点"，参见 Case Concerning the Continental Shelf (North Sea Continental Shelf Cases), Judgment of 20 February 1969. ICJ. Reports, p. 45.

"杜鲁门公告"中未提及"主权",仅提出对相应的资源拥有管辖权,用词谨慎。在公告中,还提及"在大陆架扩展到其他国家海岸的情况下,或者与邻国共大陆的情况下,其边界应由美国和有关国家按照公平原则决定。大陆架上覆水域作为公海性质与自由和无害航行的权利不受影响"。可以看出,该公告综合了当时不同国家的主张,以地理邻接原则为主,在国际法上用新的法律概念取代了邻接领海的公海海床和底土的法律地位,指出了对大陆架资源进行开发和建立公认的管辖权的必要性,并宣布实施这种管辖。

"杜鲁门公告"是大陆架在国际法领域演进的一个标志性开端,其虽然没有解决关于大陆架海床和底土的全部国际法问题,但是将地理学上的"自然延伸"属性进行了科学的法律转化,使沿海国对大陆架海床和底土的管辖权具备了合理的法理基础。公告一经宣布,立刻在国际社会引起强烈反响,并引发了一系列国家的效仿,这些国家以自然延伸为原则,以不同名称将沿海国的主权扩展到其沿海区域的海床和底土。各国不同的大陆架规则或宣言使"二战"之后的海洋秩序一度陷入混乱,这也为联合国正式确立大陆架相关制度创造了必要条件。最早有反应的是墨西哥。1945年10月29日,墨西哥发表关于大陆架的总统声明,对邻接其海岸线的整个大陆台或大陆架及其一切已知的或者未知的自然资源主张权利。随后,1946年10月11日,阿根廷也发布了总统令,宣布大陆架和陆缘海受其主权支配。一系列的沿海国对领海之外的大陆架和其上覆水域的单边主张使国际海洋秩序无比混乱,国际社会不得不重视关于大陆架统一制度的建立问题。因此,联合国责成国际法委员会对海洋法进行研究,国际法委员会在20世纪50年代多次召开会议对大陆架制度进行讨论研究。1951年,国际法委员会第三次会议提出了《大陆架公约》的预备草案,第一次采用了"可开发条款"。在这份草案中,关于沿海国对大陆架的权利被规定为"为了勘探和开发大陆架自然资源的目的""行使管制和管辖权",这与"杜鲁门公告"中的规定吻合。但是,草案在审

---

① Shigeru Oda, *The International Law of the Ocean Development: Basic Documents*, (London: Cambridge University Press, 1972), pp. 341-342.

议中出现了很大的分歧。因此，两年之后，国际法委员会第五次会议将这条"可开发条款"修改为"200米"的固定深度标准。第八次会议又通过了73条关于海洋法的条款草案，其中有63条关涉大陆架。1956年，国际法委员会将草案提交至联合国大会。

在1958年第一次联合国海洋法会议上，《大陆架公约》以57票赞成、3票反对、8票弃权顺利通过，于1964年6月10日正式生效。《大陆架公约》全文15条，最主要的是前三条。第一条规定了大陆架的术语和范围："本条款称'大陆架'者谓：（a）邻接海岸但在领海以外之海底区域之海床及底土，其上海水深度不逾二百公尺，或虽逾此限度而其上海水深度仍使该区域天然资源有开发之可能性者；（b）邻接岛屿海岸之类似海底区域之海床及底土。"第二条规定，为了探测大陆架及开发其天然资源，沿海国可以对大陆架行使主权权利。需要强调的是，这里指出了沿海国对大陆架享有的是主权权利。该权利性质的归属曾是会议上的一大争议点，主要围绕国家对大陆架享有的权利究竟应该属于主权权利还是专属管辖权。最终《大陆架公约》还是妥协于发展中国家所主张的"主权权利"观点。第三条规定："沿海国对大陆架之权利不影响其上海水为公海之法律地位，亦不影响海水上空之法律地位。"

《大陆架公约》第一次系统全面地对大陆架的定义，沿海国的权利、义务、责任以及大陆架的开发、管理和划界等问题进行了规定。虽然相较于《公约》，《大陆架公约》对大陆架的定义略显粗糙和僵化，但是其对于大陆架法律制度的形成具有举足轻重的作用。自《大陆架公约》生效后，截至1976年，短短18年缔约国就增加到54个。

此外，在1973年的第三次联合国海洋法会议上，与会者们又进一步针对大陆架制度中大陆架的范围展开了讨论。在经历9年的磋商后，《公约》最终于1982年12月通过。《公约》中关于大陆架制度的规定，相较于《大陆架公约》，既有继承也有发展。《公约》继承了1958年《大陆架公约》中沿海国对于大陆架权利和法律地位的规定。而《大陆架公约》对大陆架概念界定的不够明晰的缺点在《公约》中得到改进，第76条对于大陆架的定义中明确了200海里的界限，并吸收了1969年北海大陆架案中提出的"自然延伸"原则，将大陆架这一概念的起源特质、地理学基础融入法律概念，更为合理。

从"杜鲁门公告"到《大陆架公约》再到《公约》，大陆架制度的不断修正与完善，反映出该制度受到越来越多国家的关注。《公约》中关于大陆架制度的规定是各国用于解决大陆架纠纷的国际法依据，整个第六部分用10款细则明确了这一重要制度。大陆架制度的缘起是沿海国对大陆架管辖的期许。在1958年《大陆架公约》出现以前，大陆架本是隶属于公海海底的一个区域。但是，随着大陆架制度的逐渐完善，沿海国对大陆架享有的权利与义务开始明朗化。

《公约》第76条明确了大陆架的定义，其第1款规定："沿海国的大陆架包括其领海以外依其陆地领土的全部自然延伸，扩展到大陆边外缘的海底区域的海床和底土，如果从测算领海宽度的基线量起到大陆边的外缘的距离不到二百海里，则扩展到二百海里的距离"。根据第4~5款的规定，大陆架的自然宽度超过200海里，但是不足350海里（或2500米等深线向海100海里）时，自然意义上的大陆架和国际法上的大陆架完全重叠。自然意义上的大陆架超过350海里（或2500米等深线向海100海里），其法律上的大陆架也只能扩展到350海里（或2500米等深线向海100海里）。显然，《公约》对大陆架的界限规定是以地理学的概念为科学基础，一方面规定可以对大陆架进行法律性的扩展，以照顾陆架偏窄的国家；另一方面对200海里外的大陆边延伸距离和划定方法作了明文规定，以适当限制宽大陆架国家的利益。

《公约》第77~81条逐一规定了沿海国和其他国家对大陆架的权利和义务。其中，第77条规定了沿海国对大陆架享有的权利，总体可以概括为"沿海国为勘探大陆架和开发其自然资源的目的，对大陆架行使主权权利"，明确了权利的性质不是管辖权，而是主权权利。就国际法委员会来看，这些权利包括所有与开发大陆架有关的必要权利，包括制止和惩罚违法行为的管辖权。第2款对此进行了阐明，"如果沿海国不勘探大陆架或开发其自然资源，任何人未经沿海国明示同意，均不得从事这种活动"，即这种权利具有专属性。沿海国保留对他国开发和勘探大陆架资源的同意权，这是行使主权权利的体现。第3款是自然延伸原则的体现，反映了大陆架权利的自然属性，"沿海国对大陆架的权利并不取决于有效或象征的占领或任何明文公告"，即沿海国基于大陆架的自然延伸而当然享有对大陆架的主权权利,并不需要公告才能享有。这有别于专属经济区。第4款是对第1款中的"自然资源"的补充解释:"本部分所指的自然资源包括海床和底土的矿物和其他非生物资源,以及属于定居种的生物,即在可捕捞阶段海床上或海床下不能移动或其躯体须与海床或底土保持接触才能移动的生物。"这里排除了沿海国对非"自然"资源的主权权利,例如一些位于大陆架上的残骸。①

《公约》第79条规定了大陆架上海底电缆和管道的权利,这是所有国家共同享有的权利。沿海国权利的特殊性体现在为了勘探大陆架,开发自然资源,防止、减少和控制管道造成的污染,其有权采取合理措施,其他国家铺设管道的路线划定须经沿海国同意;沿海国有权对进入其领土或领海的电缆或管道订立条件,对"因勘探其大陆架或开发其资源或经营在其管辖下的人工岛屿、设施和结构而建造或使用的电缆和管道"拥有管辖权。而其他国家在行使自己对大陆架上海底电缆和管道的权利时,要符合《公约》的规定,经过沿海国同意,并"应适当顾及已经铺设的电缆和管道"。关于资源的开发设施,《公约》规定应撤除已被放弃或者不再使用的任何设施或者结构,以确保航行安全,并适当考虑捕鱼、海洋环境保护等因素,以及主管国际组织在这方面制定的一般国际标准,同时还应妥善公布尚未全部撤除的设施或者结构的深度、位置和大小。②

《公约》对沿海国关于200海里外大陆架的权利和200海里以内的大陆架权利的规定基本相同,同样拥有勘探、开发和建立设施的权利,以及允许铺设管道、电缆和保证航行自由的义务。但是,由于200海里外的大陆架和专属经济区不再重叠,其上覆水域属于公海,因此,沿海国虽然对外大陆架上的非生物资源的开发享有排他性权利,但要受到第82条第1款的约束,即沿海国关于外大陆架资源开发的缴付义务。该条款的价值体现在第4款:"费用或实物应通过管理局缴纳。管理局应根据公平分享的标准将其分配给本公约各缔约国,同时考虑到发展中国家的利益和需要,特别是其中最不发达的国

---

① 张晏瑲:《国际海洋法》,清华大学出版社,2015,第172页。
② 张晏瑲:《国际海洋法》,清华大学出版社,2015,第174页。

家和内陆国的利益和需要。"该条款虽然承认宽大陆架国家在 200 海里外大陆架的非生物资源的额外开发权利,但是必须兼顾其他国家的利益,以获得公平分享的结果。而对于生物资源的权利,则需要区分是否为定居种。对于定居种的捕获,沿海国依然享有专属权利,而对于非定居种则实施公海自由中的捕鱼自由制度。此外,《公约》第 80 条还规定了关于人工岛屿、设施和结构比照适用专属经济区的规定,第 81 条规定了"沿海国有授权和管理为一切目的在大陆架上进行钻探的专属权利",第 85 条规定了沿海国有权开凿隧道以开发底土,不论底土上水域的深度如何。随着海洋科技的不断进步,海洋工程也蓬勃发展。随之而来的是一些存在争议的法律问题。例如,在大陆架上进行钻探所需的海上钻井平台目前的法律地位并不明确。海上钻井平台可分为固定式平台与移动式平台两种。从现有的国家立法和实践来看,多数国家将移动式平台视为"船舶",将固定式平台视为"装置或其他设施",同时也存在"人工岛屿说""近岸设施说""混合说"等不同观点。当船旗国是外国的移动式钻井平台在沿海国大陆架从事海洋油气开发时,由于大多数国家将其视为船舶,因此导致沿海国无法对其行使管辖权。而由于《公约》的规定,船旗国也无法对其行使管辖权,这就造成沿海国与船旗国均陷入无法对该移动式钻井平台行使有效的管辖权的困境。[①]

五、国际海洋公域：自由与共享之纷争

(一) 公海

作为国际海域,公海不受国家主权管辖支配。《公海公约》第 1 条对公海的定义为,"不属于领海或一国内水域之海洋所有各部分",此时,公海的范围极广,仅排除了国家的领海和内水。随着专属经济区和大陆架制度的建立,国家可管辖的海域逐渐扩大。因此,公海的范围也随之被动地发生着变化。《公约》在公海部分进行了一般规定:"本部分的规定适用于不包括在国家的专属经济区、领海或内水或群岛国的群岛水域内的全部海域。"因此,如今的公海是指各国内水、领海、群岛水域和专属经济区以外不受任何国家

---

① 白龙：《海上钻井平台的国际法研究》，上海交通大学博士学位论文，2020。

主权管辖和支配的全部海域。公海对所有国家开放，所有国家均可平等地使用，任何国家不得将公海的任何部分置于其主权之下，也不得对公海本身行使管辖权。

相应地，公海之下大部分区域为国际海底区域（以下简称区域），即"国家管辖范围以外的海床和洋底及其底土"。它紧临沿海国的大陆架，上覆水体属于公海的性质，占全球海洋面积的 65% 以上。1970 年，联合国大会通过了《关于各国管辖范围以外海床洋底及其底土的原则宣言》，将国际海底区域的资源列为全人类共同继承的财产。任何国家或个人不得以任何方式对其任何部分主张或行使主权权利，或将其据为己有，所有关于勘探和开发该区域资源的活动均将受国际海底区域开发制度的管制。《公约》第 136 条规定，"'区域'及其资源是人类的共同继承财产"。进入 21 世纪后，国家管辖范围外区域海洋遗传资源逐渐受到各国的普遍关注。这类资源可以划归为人类共同遗产的范畴。关于存在于"区域"和公海水体的海洋遗传资源的法律地位问题，发展中国家与发达国家存在根本分歧，包括中国在内的发展中国家坚持适用人类共同遗产原则，而发达国家则认为遗传资源与自然资源不同。2018 年 9 月，国家管辖范围以外区域海洋生物多样性（Biodiversity Beyond National Jurisdiction，BBNJ）国际协定谈判政府间大会第一次会议在联合国总部召开，此举意味着国际社会就这一问题开始了新一轮博弈。国家管辖范围外的区域海洋遗传资源能否适用人类共同遗产原则，这一问题无疑面临着很大的不确定性。①

1. 雨果·格劳秀斯之海洋自由论

早在公元 2 世纪初，《罗马法典》中就阐述了海洋的法律定义。海洋的自由利用和自由航行原则是当时海洋自由的反映。《罗登海事法》（*Rhodian Maritime Law*）规定国家可以基于正当的商业活动利用海洋。在罗马时代，这种管辖权更偏向于"治安权"。② 13 世纪，威尼斯建立了对亚得里亚海的"占领权"，以征收贡品，并在特殊情况下保护船舶通行。现代国际法建立之

---

① 许皓：《人类共同遗产原则的新发展与中国启示》，《学习与实践》2021 年第 6 期，第 35 – 43 页。
② Bowen L. Florsheim, "Territorial Seas – 3000 Year Old Question," *Journal of Air Law and Commerce*, 1970: 76.

前，英国、瑞典、丹麦、挪威等国纷纷对海洋主张主权。1494 年，西班牙和葡萄牙展开了对世界海洋的瓜分。16 世纪以前，海洋都被当成无主物，可以为一些国家单方面宣布独占。而在 16 世纪，荷兰与几个国家结盟以对抗丹麦和挪威，由此引发了其他国家对主权主张的激烈争论。17 世纪，荷兰法学家雨果·格劳秀斯在《海洋自由论》中反对葡萄牙的扩张，主张"海洋自由"，即海洋是不能被占有的，不受任何国家的主权管辖和控制。海洋应该对所有人开放，任何国家都能在海洋上自由地航行和贸易。可以说，雨果·格劳秀斯的"海洋自由论"是公海自由原则的基础，但其并非公海自由原则的来源，因为当时并不存在"公海"与"领海"的区别，雨果·格劳秀斯所主张的"自由"的对象是全部海洋。

在"海洋自由论"和"海洋封闭论"的大辩论中，沿海国纷纷要求制定航行自由的国际制度。19 世纪初，雨果·格劳秀斯的主张逐渐被承认，公海自由原则也随之建立。随着领海概念、船旗国管辖说的产生和发展，1930 年在国际法编纂会议上将公海定义为"包括各国领海以外的所有海域"，在沿海国领海范围内违反法律和规章的船舶，沿海国可以行使紧追权，从其领海开始不间断地紧追到公海，直至进入第三国领海时终止。

2.《公海公约》之公海自由

所谓公海自由，就是公海并不被任何一个国家的管辖和支配，对任何人、任何国家都是开放的。在《奥本海国际法》（*Oppenheim's International Law*）中"公海自由"被定义为一种永远不属于任何国家主权选择的国际法规则，即公海不在任何国家主权之下，任何国家既没有占领、取得公海一部分的权利，也没有在公海任何部分行使立法、行政、管辖或稽查的权利。[①] 随着公海自由概念的进一步发展，1958 年，第一次联合国海洋法会议上通过了两项关于公海制度的公约，即《公海公约》和《公海渔业和生物资源养护公约》。其中，《公海公约》对公海进行了明确定义，将公海的范围规定为除领海或内水以外的所有海洋区域。它所确立的法律制度建立在领海和公海两个

---

① 詹宁斯、瓦茨修订：《奥本海国际法》第一卷第二分册，王铁崖，等译，中国大百科出版社，1998，第 101 页。

海域概念之上，在专属经济区和群岛水域概念产生之前，公海制度所规制的范围相对较大。公海自由在《公海公约》第 2 条中体现为航行自由、捕鱼自由、铺设海底电缆和管道自由和公海上空飞行自由"四大自由"。公海自由源于海洋自由，这种自由并非不受限制的，而是受到普遍管辖权和船旗国管辖的限制，任何一国在享有公海自由权的同时不应当对沿岸国的合法权益以及海洋公共秩序造成损害。

在 1982 年第三次联合国海洋法会议上，专属经济区制度的确立和群岛水域制度的产生进一步扩大了国家管辖的海域范围，公海制度被迫做出调整，无论是含义还是内容都发生了改变。一方面，从定义上来说，"领海以外就是公海"明显不再符合海域划分的要求，尤其是专属经济区制度的建立使公海的定义和性质成为第三次联合国海洋法会议的一大争议点。大部分国家在承认专属经济区制度的基础上，认为其属于国家管辖的海域，不再符合公海的性质，因此将专属经济区排除在公海之外，《非正式单一协商案文》便体现了这一观点。[①] 在后续的讨论中，该观点也得到认同，斐济、印度尼西亚等群岛国家为了保证群岛国在特殊地理环境下的权利，提出将公海定义为"不属于一国领海或内水，如为群岛国则不属于其群岛水域的一切海域"。因此，"公海"的范围进一步缩小，在原有基础上被迫排除了沿海国的专属经济区和群岛国的群岛水域。另一方面，关于公海自由论，由于《公约》中增加了专属经济区和大陆架制度，部分大陆架制度的上覆水域适用的是公海制度，广大发展中国家认为应当对公海制度进行适当的调整，因此，《公约》第 87 条将原有的"四大自由"增加至"六大自由"，即航行自由、飞越自由、铺设海底电缆和管道的自由、建造国际法所容许的人工岛屿和其他设施的自由、捕鱼自由、科学研究的自由。可以说，国际法所容许的人工岛屿等设施的建造和科学研究自由是基于整个国际法的发展趋势和各个国家对公海资源的需求特意增设的，但是也对除了航行和飞越自由以外的自由进行了限制，铺设海底电缆和管道自由、建造人工岛屿等设施自由、科学研究自由都

---

① 《非正式单一协商案文》第 73 条规定："本公约所用'公海'一词是指不包括在一国的专属经济区、领海和内水，或一个群岛国的群岛水域内的全部海域。"广大发展中国家支持此观点。

受《公约》第六部分大陆架制度的约束，捕鱼自由受公海制度规定的条件限制，科学研究自由还受到《公约》关于海洋科研部分的制度限制。行使这些自由权利时，必须顾及其他国家行使公海自由权的利益，适当考虑在国际海底区域内活动的权利。

(二) 国际海底区域

受人类科学技术的限制，国际海底区域的法律制度成形较晚。在水深超过 2000 米的深海海底资源被人类发现之前，海底资源一直没有受到各国的重视。随着海洋勘探技术的发展，国际海洋考察日渐兴起，各国发现深海海底蕴藏着大量的钛、镍、钴、锰等矿藏，无论是从各国的资源需求，还是从海底区域的科考价值而言，国际海底区域都成为各国关注的重点，这也为国际海底区域制度的建立和发展提供了充足的动力。

1967 年 8 月，马耳他常驻联合国代表团向联合国秘书长提交了一份备忘录，在备忘录中提出"海床和洋底是全人类共同继承的财产"。[1] 1970 年，第 25 届联合国大会通过了《关于各国管辖范围以外海洋床底与下层土壤之原则宣言》，"充实并发展了马耳他建议"，将国际海底区域的资源归入全人类共同继承的财产范围内。[2] 任何国家或个人不得以任何方式对其任何部分主张或行使主权权利，将其据为己有，所有关于勘探和开发该区域资源的活动均将受国际海底区域开发制度的管制。

1973 年，在第三次联合国海洋法会议上，关于深海海底区域及其资源的问题得到广泛讨论，最终在 1982 年《公约》中建立了国际海底区域的法律制度，包括第十一部分"区域"、附件三"探矿、勘探和开发的基本条件"和附件四"企业部章程"。1994 年，联合国大会通过了《关于执行 1982 年 12 月 10 日〈联合国海洋法公约〉第十一部分的协定》(以下简称《执行协定》)，对《公约》第十一部分的内容做了实质性的修改和补充，该《执行协定》与第十一部分内容共同作为单一文书解释适用。[3] 同时，根据《公约》

---

[1] Arvid Pardo, Malta's Representative to the United Nations (22nd Session), 17 August 1967, A/6695.
[2] UN General Assembly Resolution 2749 (XXV), 17 December 1970.
[3] 张丹：《关于国际海底区域法律制度的研究——以保留区及平行开发制为中心》，《太平洋学报》2014 年第 3 期，第 11 - 18 页。

第 137 条第 2 款的规定，"对'区域'内资源的一切权利属于全人类，由管理局代表全人类行使"，以及第 156 条的规定设立管理局，即成立国际海底管理局，执行"区域"管理的任务。

根据《公约》对国际海底资源的勘探开发制度规定，资源权利的行使是"由管理局代表全人类行使"。因此，《公约》第 156 条规定设立了国际海底管理局（以下简称管理局）。管理局是缔约国"组织和控制'区域'内的活动，特别是管理'区域'资源的组织"。管理局下设大会、理事会、秘书处和企业部四个机构，前三者是管理局的主要机关，企业部是根据"平行开发制""直接进行'区域'"内活动以及从事运输、加工和销售从'区域'回收的矿物的管理局机关"。作为管理局唯一由其所有成员组成的机关，大会相当于管理局的最高机关，其他主要机关向大会负责。理事会是管理局的执行机关，主要负责制定管理局职权范围内所有事项或问题应遵循的具体政策。理事会下设经济规划委员会以及法律和技术委员会。其采取实质性问题的三级表决制，这一制度在国际机构表决制度中被认为是独一无二的。秘书处由秘书长和其他工作人员组成，秘书长也是管理局的行政首长，其须在大会和理事会以及任何附属机关的一切会议上，以该身份执行职务。[①] 企业部不是管理局的主要机关，其分管勘探和开发活动事宜，内设董事会负责其业务的指导。

（三）制度的文本分析

《公约》中关于公海制度的规定在第七部分，自第 86 条至第 120 条共 35 条，分为两节。第一节是公海制度的一般性规定：自第 86 条至第 115 条，主要规定了公海的定义和范围、公海自由、船舶国籍、公海权利、公海管辖、公海限制等。第二节是公海生物资源的养护和管理规定：自第 116 条至第 120 条，包括资源养护和环境养护。

第一，航行自由，它是公海自由中最基本的一项权利，主要指"一切国家的船舶，不论军舰，还是商船，均有在公海任何部分完全无阻碍地航行的

---

① 参见《联合国海洋法公约》第 166 条第 1 款和第 3 款。

自由"。① 该航行制度只适用于公海、专属经济区和大陆架海域，每个国家均享有在上述区域无障碍地行驶悬挂其旗帜的船舶，包括商船、军用船舶、公务船舶以及潜水艇等的权利。任何国家的船舶都可以悬挂其旗帜在公海中自由航行，但是该船舶必须在一国进行登记并悬挂该国国旗，且只能悬挂一国旗帜，否则会被视为无国籍船舶。船旗国应与悬挂该国国旗的船舶有真正的联系，并向有权悬挂其国旗的船舶发放相关权利文件。② 任何国家不得对在公海上合法航行的别国船舶加以阻碍。对于在公海上造成其他国家公民、船舶、设施或者环境损害的船舶，船旗国应与有关国家合作调查，还应责成船长根据情况履行救助义务。

第二，飞越自由。在《公海公约》第 2 条第 1 款中，"飞越自由"被表述为"公海上空飞行的自由"。《公约》承认了这一规定，也就是公海的自由应不仅是海面上的，还应包括其上空的自由，实际飞越时应当遵循航空法中的规则规定。

第三，铺设海底电缆和管道自由，但受到第六部分大陆架制度的限制。所有国家都有权在公海铺设海底电缆和管道。沿海国除行使保护和管理的义务之外，不得阻碍海底电缆或管道的铺设或者维持，包括其正常使用和维修。铺设海底电缆和管道时，"各国应适当顾及已经铺设的电缆和管道。特别是，修理现有电缆或管道的可能性不应受妨碍"，如使他国的电缆或管道受到损害，则应承担赔偿责任。但现有海底电缆损害赔偿的法律框架存在一个根本问题，这一问题可以说来自作为该制度基础的专属船旗国管辖原则。虽然船旗国有明确的、直接的义务将海底电缆损害纳入刑事犯罪，但实际上很少实现，或者存在立法过时、无效的问题。现实情况是，船旗国承担海底电缆损害责任的动力很小，除非损害会对其造成影响。③

---

① 国际海洋航行制度主要包括过境通行制度、无害通过制度、群岛海域通过制度和自由航行制度。其中自由航行制度是限制最少的，任何国家的船舶和航空器都享有航行和飞越的自由，该航行制度只适用于公海、专属经济区和大陆架海域，每个国家均享有在上述区域无障碍地行驶悬挂其旗帜的船舶的权利。船舶在这里指包含商船、军用船舶、公务船舶以及潜水艇等在内的多种航行器。
② 张湘兰、张芷凡：《论海洋自由与航行自由权利的边界》，《法学评论》2013 年第 2 期，第 76 - 81 页。
③ Zoe Scanlon, "Addressing the Pitfalls of Exclusive Flag State Jurisdiction: Improving the Legal Regime for the Protection of Submarine Cables," *Journal of Maritime Law and Commerce*, No. 3 (2017): 317 - 347.

第四，建造国际法所容许的人工岛屿和其他设施的自由，但受到大陆架有关规定的限制。根据大陆架制度第 80 条的规定，关于人工岛屿、设施和结构比照第 60 条专属经济区的规定。因此，依据《公约》第 60 条的规定，各国有权在公海建造符合国际法规则的人工岛屿或设施，包括不得设置在对使用国际航行必经的公认海道可能有干扰的地方，以及设置物应符合有关国际标准等。建造这种设施必须妥为通知，必要时可在周围设置合理的安全带，以保证航行和设施的安全。这种人工设施不具有自然岛屿的地位，但可以在其周围划定宽度不超过 500 米的安全地带。

第五，捕鱼自由，但其受公海生物资源的养护和管理规定条件的限制。作为公海自由的另一主要内容，捕鱼自由在公海制度尚未确立前就存在已久。所谓捕鱼自由，即任何国家都有权在公海上捕鱼，但是为了保护公海渔业资源不受滥捕滥捞的破坏，1958 年还通过了《公海捕鱼及养护生物资源公约》，对各国公民在公海上的捕鱼权利和义务进行了规定，其中包括条约义务、沿海国利益和养护生物资源的义务。公海捕鱼权是在其上覆水体上行使的权利，捕鱼区域与沿海国的专属经济区相邻，因此，在涉及临界鱼群的捕捞时应当与沿海国进行协商，遵守协议规定。另外，根据《公约》第七部分第二节关于生物资源的养护和管理规定，在公海行使捕鱼权应当遵守该规定。只有各国互相尊重、通力合作，才能在保护渔业资源的基础上更加合理地行使公海捕鱼权。

第六，科学研究的自由，但受大陆架制度和海洋科学研究制度的限制。这一自由是《公约》新增的内容，对科学研究自由的主要原则有：专以和平为目的而进行；以符合《公约》规定的科学方法和工具实施；避免不当干扰符合《公约》规定的其他海洋正当合法用途；遵守《公约》制定的一切规章，包括保护和保全海洋环境的规章；不应构成对海洋环境任何部分或者资源的任何权利主张的法律依据。

公海作为全人类共同继承的财产，不属于任何国家的领土组成部分，所有国家都可以和平、平等地使用，但不得对其进行占领或主张所有权和管辖权。但是，公海的自由并非绝对的自由，其并非处在无法律的状态中。为规范公海自由权利的行使，维护公海秩序，必须对公海自由加以一定限制，这种限制体现在管辖权上,包括"对公海上的船舶、人和货物的管辖"。①

第一,船旗国管辖。所谓船旗国即船舶的国籍国,船旗国管辖是公海管辖的主要原则。这种管辖权和船舶悬挂的国旗国籍相关,《公约》第 91 条和第 92 条对船舶国籍和地位的规定提供了船舶受船旗国管辖的依据,② 而第 94 条也规定了船旗国管辖的义务:"每个国家应对悬挂该国旗帜的船舶有效地行使行政、技术及社会事项上的管辖和控制。"当然,军舰和由一国所有或经营并专用于政府非商业性服务的船舶有不受船旗国以外任何国家管辖的完全豁免权。当在公海上发生船舶碰撞和其他事项时,按照《公约》第 97 条第 1 款的规定:"遇有船舶在公海上碰撞或任何其他航行事故涉及船长或任何其他为船舶服务的人员的刑事或纪律责任时,对此种人员的任何刑事诉讼或纪律程序,仅可向船旗国或此种人员所属国的司法或行政当局提出。"另外需要注意的是,在处理事故时,"船旗国当局以外的任何当局,即使作为一种调查措施,也不应命令逮捕或扣留船舶"。③ 这是船旗国管辖权的体现。但这种制度存在缺陷,例如《公约》第 91 条中"国家和船舶之间必须有真正联系"的模糊性,导致了便利旗(flag of convenience)的出现,因为国家和船东公司之间无法建立明确的联系;④"船舶"定义的不明确,也使海上钻井平台的法律属性存在争议;产生"非国家实体"(non-state entities)在国际社会中能否享有平等待遇的问题;等等。⑤

第二,普遍管辖。公海上的普遍管辖权主要是为了维护正常的法律秩序,对于发生在公海上的特定国际罪行或违反国际法的行为,各国有权进行管辖。这类罪行或者不法行为主要包括海盗行为、未经许可的广播、贩卖奴隶的行为和非法贩卖麻醉药品或者精神调理物质的行为。海盗是人类的公敌,各国均有权拿捕海盗、扣押海盗船舶或飞机及其上财物,交付本国法院审判处理,

---

① 王铁崖:《国际法》,法律出版社,1995,第 208 页。
② 根据《联合国海洋法公约》第 92 条第 1 款的规定:"船舶航行应仅悬挂一国的旗帜,而且除国际条约或本公约明文规定的例外情形外,在公海上应受该国的专属管辖。"
③ 《联合国海洋法公约》第 97 条第 3 款。
④ O'Connell, supra note 22, at 760.
⑤ Qi Jiancuo, Zhang Pengfei, "Enforcement Failures and Remedies: Review on State Jurisdiction over Ships at Sea," *Journal of East Asia and International Law*, No. 1 (2021): 1–28.

但扣押行为"只可由军舰、军用飞机或其他有清楚标志可以识别的为政府服务并经授权扣押的船舶或飞机实施"。① 未经许可的广播是指,除遇难呼号的播送外"船舶或设施违反国际规章在公海上播送旨在使公众收听或收看的无线电传音或电视广播"。② 所有国家均有权对从事非法广播播放的人进行制止。根据《公约》第109条第3款的规定,有管辖权的国家可以逮捕非法广播的人和船舶并扣押广播器材。此外,贩卖奴隶是严重违反国际法和人道主义精神的行为,"各国应当采取措施,防止和惩罚准予悬挂该国旗帜的船舶贩运奴隶,并防止为此目的而非法使用其旗帜。在任何船舶上避难的任何奴隶,不论该船悬挂何国旗帜,均当然获得自由"。③ 非法贩卖麻醉药品或者精神调理物质也是违反国际法的行为,各国应当通力合作,制止这种贩运行为。

另外,公海的权利除公海自由的六大权利之外,主要是登临权和紧追权。这两种权利实际上是国家管辖权的体现,一般是由军舰或者经过国家授权的公务船舶在公海上代表国家行使管辖权。登临权是指靠近和登上被合理地认为犯有国际罪行或其他违反国际法行为嫌疑的商船进行检查的权利。根据《公约》第110条的规定,军舰行使登临权需要满足非条约授权干涉行为、非享有完全豁免权的外国船舶,且要具有合理根据认为满足五种行为的嫌疑,方可行使登临权。五种嫌疑行为是指:海盗行为、奴隶贩卖、未经许可的广播、船舶没有国籍、或该船虽悬挂外国旗帜或拒不展示其旗帜,而事实上却与该军舰属同一国籍。此外,军舰还有对登临船行使检查证件和搜索的权利,若该嫌疑无根据则需要对其损失进行赔偿。紧追权是指沿海国主管当局有充分理由认为外国船舶违反该国法律和规章时,可对该外国船舶进行紧追。行使紧追权必须满足两大要素,其一是必须从国家管辖水域开始,其二是这一追逐未曾中断才可以继续持续进行。④ 如果外国船舶违反沿海国在专属经济区内或大陆架上,包括大陆架上设施周围的安全地带内的法律和规章,紧追权可以比照适用。行使紧追权后可以在公海上逮捕被紧追的船舶,并押送到

---

① 《联合国海洋法公约》第105-107条。
② 《联合国海洋法公约》第109条第2款。
③ 《联合国海洋法公约》第99条。
④ 《联合国海洋法公约》第111条第1款。

该国海港。如果无正当理由行使紧追权,在领海以外命令外国船舶停驶或进行逮捕,由此造成的任何损失或损害应予以赔偿。

此外,1982年《公约》在第11部分详述了整个国际海底区域制度,自第133条至第191条,分为五节,共59条,主要对适用于"区域"的原则、"区域"内资源的开发、国际海底管理局的机构及其职能等作了详细的规定。另外,还包括附件三"探矿、勘探和开发的基本条件"、附件四"企业部章程"以及《执行协定》。"区域"及其资源属于全人类共同继承的财产这一原则源于1970年的《关于各国管辖范围以外海床洋底及其底土的原则宣言》。《公约》第136条对该原则进行了重申,肯定了其在国际海底区域制度中的基本原则地位。

通常认为,人类共同继承财产原则的要素主要包括禁止据为己有、国际管理、利益分享、和平目的和代际公平等。《公约》第137条规定:"任何国家不应对'区域'的任何部分或其资源主张或行使主权或主权权利,任何国家或自然人或法人,也不应将'区域'或其资源的任何部分据为己有。任何这种主权和主权权利的主张或行使,或这种据为己有的行为,均应不予承认。对'区域'内资源的一切权利属于全人类,由管理局代表全人类行使。"

虽然人类共同继承财产原则在《公约》尚未确立前就已经成为国际共识,但是在具体操作规则上依旧存在不同的见解,对"区域"及其资源的开发利用的权利和方法一直是争议焦点,由此三种开发制度被提出:平行开发制、国际注册制和国际执照制。① 此外,《公约》还对沿海国的权利和合法利益、海洋科学研究、技术转让、海洋环境的保护以及考古和历史文物等做了指导性原则的规定,并对发展中国家参加"区域"内活动另做了特别规定。国际海底资源的勘探和开发一直以来都是发展中国家和发达国家的争议问题之一。发展中国家主张应当由国际海底管理局代表全人类进行开发,因此应当建立一个国际机构,由该机构直接对海底及其资源进行开发,这就是所谓的"单一开发制"。发达国家则主张海底开发实行"执照制度",它是指国际海底区域的开发需要大量资金和技术,应当由具有相应实力和技术的国家、

---

① 张丹、贾宇:《中国的大洋事业》,五洲传播出版社,2014.

国营企业或者私企进行，即成立一个管理登记、收费和颁发执照的国际机构，负责颁发开发许可证，具体的勘探和开发活动则由国家或私人企业进行。①两种观点争执不下，最后在《公约》153条达成妥协，即"平行开发制"。

根据《公约》第153条第1款的规定，"区域"内的活动应按照《公约》有关规定和国际海底管理局制定的规则、规章和程序，由国际海底管理局代表全人类予以安排、进行和控制。一方面，由国际海底管理局的开发机构企业部直接从事勘探和开发；另一方面，"由缔约国或国营企业，或在缔约国担保下的具有缔约国国籍或由这类国家或其国民有效控制的自然人或法人"等与国际海底管理局协作进行。作为代价，缔约国或其企业须向国际海底管理局提供资金、转让技术和分享利益，同时在勘探和开发矿区的过程中，"放弃"部分勘探成熟和确定具有经济价值的矿区，将其交给国际海底管理局。② 具体做法是勘探一片海底区域后，开发申请者要向国际海底管理局提供两处具有同等价值的矿址，由国际海底管理局选择其中一块作为保留区，以待自己直接开发；另一块由申请者开发，每年交纳固定的开采费。申请者所取得利润的部分提成和国际海底管理局开发取得的利润最终分配给全体《公约》的成员国。平行开发制度既是坚持国际海底区域资源为人类共同继承财产的一项制度，也是在第三次联合国海洋法会议上第三世界国家同海洋大国相互妥协的产物，还是最终实现单一开发制度的一项过渡性制度。

第三节　界限概念的难点分析

一、大陆边与《公约》第76条的互动关系

从地理学上说，地球的固体表面可以分为三个单元：领土、大陆边和洋中脊两侧的深海海底。根据《公约》的规定，任何一个陆块（大陆或岛屿）

---

① 高之国：《论国际海底制度的几个问题》，《中国政法大学学报》1984年第1期，第70–80页。
② 周勇：《国际海底"人类共同继承财产"原则的困境与原因》，《国际论坛》2012年第1期，第8页。

周边都存在一个法律意义上的大陆边。不同的地壳类型，如洋壳或者陆壳，对这一概念并没有影响，也无须考虑深层的地质特征或者不同地质背景下形成的边缘特点。根据第76条的规定，确定大陆边一般由以下要素组成：

（1）法定的大陆边包括海床和海岸线向外延伸的海底区域的底土。

（2）这些海底区域的范围是由自然延伸这一参考标准确定的。

（3）海底自然延伸是从沿海国的陆地领土或陆块向海延伸开始的。

（4）它延伸至大陆边缘的外侧，在地貌形态学上，由陆架、陆坡和陆基组成。

（5）在洋脊或者深海洋底区域，不存在大陆边这一概念。

大陆坡坡脚连线是用于确定法律性质的大陆边的外部边缘的基准线。它具有典型的地貌特征，可以通过地貌形态对水深和相关的地质数据进行数学分析，用于确定大陆坡基部梯度变化最大点进而确定坡脚点。此外，除了通过坡脚点确定大陆架的一般规则之外，第76条4（b）包含了一个相对于一般准则的例外即相反证据法则。这一准则用来补充一般条款而非与之矛盾。它是通过沉积物分布寻找陆坡基部大陆坡坡脚点的位置。法定大陆边的外部边缘是基于基准线并参照以下两个规则中的任意一个进一步确定的：

（1）以距离大陆坡脚的距离不超过60海里的各定点为基准线划定界限；

（2）以最外各定点为基准线划定界限，其上每一点沉积物厚度与该点到大陆坡脚最短距离之比最小为1%。

如果兼用这两条公式线，那么其外部包络线就被称作"潜在的大陆架权利最大延伸"，它既决定了法律定义下的大陆边的外部边缘，也是沿海国主张外大陆架延伸的基础。这一可操作性标准只适用于200海里外的大陆架区域，因为它主要用于确定超出200海里界限的大陆架延伸范围。当然，对于超出的部分，它同样适用。

事实上，如果要沿海国家对大陆边的定义以及沿海国从陆块向外至深海洋底的自然延伸这一特点达成一致，那么这种规则是有必要的。此外，大陆坡坡脚是第76条提及的大陆边的重要特点，它是大陆边向外延伸和自然延伸的重要参考标准，确定了大陆坡坡脚才能进行下一步工作。如果不考虑这一点,或者很随意地确定,那么这一条款将成为不同地质解释的牺牲品。按照《公约》第 76 条,任何地质解释必须参考这条基准线的地貌自然属性。同时,在一般规则中加入其他可取代的参考标准,扩展其概念也是必要的,比如洋壳与陆壳的过渡带。① 从地质学家的角度来说,他们会将第 76 条看作一种科学真相的缩影,不仅包括一些科学数据,还包括一些不断演化的科学概念。随着科学的进步,在掌握了更多的数据和地质解释方法之后,他们会对大陆边自然属性的理解以及对第 76 条的解释产生更多不同的观点和争议。这正是自然科学与社会科学研究之间的间隙与差异的缩影和魅力所在,如何在这种间隙下保持法律的稳定性与实践的适度张力,是需要持续进行研究的。

二、大陆架的法律属性

《公约》第六章明确了法律大陆架的概念、区域范围、定界条件以及沿海国的权利和义务,其中第 76 条用 10 款法则定义了法定大陆架。《公约》第 76 条所定义的法定大陆架,既是一个科学与法律、政治的结合体,也是不同政治利益集团妥协的产物。② 具体来说,第 1~3 款是通过地形特征明确何为法定大陆架,将其与地理大陆架进行了区分;第 4~6 款阐述了法定大陆架的划定方法和限制条件,旨在体现《公约》精神,维护人类共同的海洋财富,防止权利过度延伸;第 7~9 款对外部界限的条件及定界主张的提交进行了细节性补充;第 10 款则明确了沿海国大陆架权利主张和邻国之间的海域定界之间虽关联密切,但仍属于两个独立的法律程序。因此,从对条款的解读中不难看出,第 1~3 款是对法定大陆架的定性描述,即自然延伸和大陆边概念对大陆架的定义具有重要意义。关于这一点,虽然有当事国认为"自然延伸"只是一个未被《公约》明确定义的空泛概念,如在 2012 年孟加拉与缅甸的海域划界判决中,法庭提出,"关于自然延伸,在 76 条之后的条款中并没有明确解释……北海大陆架划界案中定义大陆架制度的时候被

---

① Steinar Thor Gudlaugsson. Natural Prolongation and the Concept of the Continental Margin for the Purposes of Article 76, 27th Annual Conference. Virginia School of Law: 61 – 90.
② 方银霞、周建平:《〈联合国海洋法公约〉大陆架的法理和应用条件》,《中国海洋法学评论》2006 年第 1 期,第 84 页。

引用以后，它没有被明确的定义过"①，但如果因此认为作为首要条款的概念与之后的内容无任何联系，则应视为"过度解释，偏离合理范围"。正如高之国法官在"孟缅划界案—反对意见"第 85 款中所述"按照这一解释，判决将偏离合理轨道。正如《公约》的精神当然是保护全人类共同的财富"，②但全人类共同的财富在《公约》中也没有被明确定义。同时，从对第 76 条的解读可以看出，法定的大陆架既赋予了沿海国向外延伸海域的主张权利，也是划定外部界限的唯一方法。

在《公约》第 76 条中，沿海国家大陆架的确定一般通过以下方式：首先，沿海国陆地领土自然延伸至大陆边最外部是确定的基础。其次，通过一般标准和可操作的标准确定大陆边的概念。根据一般标准，大陆边只是一个地貌单元，它位于陆地和深洋洋底之间，具有一定自然属性；根据可操作标准，它并不完全是地貌上陆基附近非常模糊的外部边界概念，而是大陆边外部边缘附近更准确的定位。用来划定外部界限的基准线即大陆坡坡脚连线是全球海域中非常重要的地貌特征。作为一般标准，这一基准线是通过对陆坡基部坡度变化最大点进行连线确定的。而相反证据则是另外一种定位的方法。最后，按照自然延伸和大陆边的定义，大陆架应该可以明确确定。根据三者的关系，可以看出大陆边这一概念包括大陆架所覆盖的区域：①大陆边的部分区域，从海岸线到领海的最外部区域不属于大陆架；②从领海的外部界限向海上延伸 200 海里，大陆架不仅包括大陆边，还包括并不属于大陆边而是深洋洋底一部分的 200 海里界限内的海底区域；③超出 200 海里的大陆边延伸部分，按照第 76 条第 5 款和第 6 款的规定，仍受到最大范围的约束。

三、自然延伸的双重属性

（一）延伸权利的科学属性

大陆架的权利问题是大陆架定界与争端解决程序中最根本的问题。以美

---

① ITLOS, Dispute concerning delimitation of the maritime boundary between Bangladesh and Myanmar in the Bay of Bengal, Judgment, 2012, para. 432.
② Separate Opinion of Judge Gao, Dispute concerning delimitation of the maritime boundary between Bangladesh and Myanmar in the Bay of Bengal, Judgment, 2012, para. 78.

国总统杜鲁门为代表的集团认为，大陆架权利是基于这片海床和底土与陆地领土毗连的地理事实产生的。更为主流的观点是，这类权利的基础是大陆架，即沿海国家陆地领土的自然延伸。这种延伸决定了沿海国对大陆架资源的主权权利，而陆地领土决定了大陆架的存在。对自然延伸概念的法律效力的定位是确定法定大陆架概念和大陆边外缘以及明确专属经济区的海床和底土与大陆架区域的定界衡量标准的前提条件。在明确了自然延伸对法定大陆边和大陆架主张的重要意义之后，仍有一个问题需要解决，即对这里的自然延伸应作何解释，它与地貌延伸的关系如何？毫无疑问，自然延伸首先应该是地貌延伸，这也是学者们的主流观点。那么，它是否还应包括相应的地质属性？

笔者认为，不能将自然延伸作为独立或半独立标准与大陆边定义分离。如果简单地认为自然延伸就是地貌延伸，那么无论是法理分析还是案例分析都将产生矛盾。从法条来看，第76条第3款的"没入水中的延伸部分"是从地貌上支持第1款的"自然延伸"，而"不包括深洋洋底及其洋脊，也不包括其底土"和第6款中的"大陆边自然构成部分的海台、海隆、海峰、暗滩和坡尖等"均涉及典型的地质概念。强行将地质概念从第1款中抽离是不合适的。另外，在扩展大陆架权利的过程中，自然延伸被距离沿海国领海基线向海的200海里线分成两个部分，从起算线（一般为低潮线）至200海里线的区域体现为地貌扩展，超过200海里的区域则需要根据从属权利进行检验，包括地貌与地质两方面的要素，在实际的检验过程中会因不同地质背景而变得复杂。只有在完成从属权利检验之后，才能结合法定大陆边区域和第4～6款的可操作规则进行外部界限的划定。这一权利主张过程和相关影响要素会对相向邻国间的权利主张重叠区域划界产生重大影响。

由于各沿海国地理背景的复杂性以及《公约》第76条的可操作性条款的笼统措辞，只有充分探究自然延伸的两种属性，确定了延伸的起算线和终止界线才能确定最终的法定大陆边和大陆架，进而完成权利主张过程和应对可能面对的海域划界问题。根据《公约》第76条的规定，大陆边的确定既是一种向外延伸划界的权利，也是划定大陆架外部界限的方法之一。由于另一种针对窄大陆边缘的沿海国家200海里距离的方法在法律适用上的弹性空间极为有限，因此，大陆架的延伸特性受到广泛的关注和讨论。虽然在《准则》中，对解读和适用"自然延伸"概念提出了重要的指导意见，但仍存在一些重要的解释难点。

（二）"自然延伸"的法律效力

自然延伸的概念和大陆边的确定在《公约》第76条确定大陆架的定义中起到了很重要的作用。大陆边外部边界的自然延伸是大陆架法律定义的基础。更准确地说，陆地领土或者陆块的水下自然延伸是沿海国划定200海里外大陆架的一个重要参考标准，而大陆边的外部边界是用来确定其外部界限的（包括200海里的限制和《公约》中规定的向海最大距离限制）。[①] 将大陆坡基部变动最大点确定为陆坡脚的一般标准，是第76条的基本规则。如果这一规则不是建立在地貌基础上而是建立在地质基础之上，即用最好的地质证据确定大陆边的外部边界，那么很可能会出现极大的争议，从而推迟对海域划界案的审议。当然，陆坡脚的边缘地貌形态和角度不是第76条的唯一基础，建立在大量数据和标准基础上的其他方法，也是值得考虑的，但是并不一定会超越现在的第76条。所以，另立条约可能也是毫无意义的。

这种大陆架的定义既具有许多优势，也存在许多缺陷。它的定义易于理解且非常简单，并没有产生过多的争议。而基于该定义衍生的特征都极易识别且方便测量（比如，距离、坡脚和2500米等深线），而并不需要复杂的数据和解释。比如，地壳的性质、深部地壳的地质属性等，均没有提及。这一定义可以应用于海洋中的各种环境，因为它并不需要特定的环境；即便是小岛也可以像大型陆地一样拥有大陆架。这一定义具有实际性，因为从某种程度上说，它事实上是可操作的。它不需要过多的细节调查，对于较小沿海国的资源勘探也未提出过多要求。因此，它既不会因为科学技术的进步而发生很大变化，也不会因为得到的数据量的多少而发生明显的变化，这一点是毫无疑问的。当然，这并没有降低对第76条的理解难度，它有一定的复杂性且在一些概念上模棱两可，需要作出一些具体解释。笔者在此仅强调，海洋法

---

① Philip A S and Olav E, *Characteristics of Continental Margins*, Part 4 in Continental Shelf Limits of the Scientific and Legal Interface (London: Oxford University Press, 2000), p. 52.

中这一标志性的条款具有许多优点，却很容易在争论焦点里被人为弱化甚至忽略。

根据大陆边外部边缘的可操作性来确定：沿海国地貌上的自然延伸包括位于公式线所生成的外部包络线之内；并且如果部分坡脚点超过主要包络线，那么这一延伸路径就是从沿海国海岸线向海连续不间断的延伸，即使没有穿过部分大陆坡坡脚点也是可以被接受的。

这一限定与 200 海里外的区域无关，相反证据法则可以提供大陆坡坡脚点。这一连续的要求表现为"延伸"，即从陆地到大陆边外部边缘的水下领土或陆块的自然延伸是没有被隔断的。相反证据法是针对一些复杂案例中如何在陆坡基部确定大陆坡坡脚点而特别提出的。如果运用这一从属权利证明沿海国的海底陆块向大陆边外部边缘的自然延伸超过了 200 海里距离的标准，那么可以运用《公约》第 76 条第 4 款进行外部界限的划定；如果沿海国陆地领土向大陆边外缘的全部自然延伸不到 200 海里，则以 200 海里为界限进行划定。因此，只有先确定了划定扩张大陆架外部界限的权利，才能进一步分析在对具有可操作性质的大陆边进行划定的过程中，自然延伸在形态学上是否具有除固有属性外的其他典型特征。后一个问题非常重要，因为如果自然延伸具备除地貌延伸特征以外的其他特征，那么它可能会对 200 海里外大陆架外部界限的确定产生影响。在制定这一从属权利检验的过程中，对于这一问题，委员会已给出否定答案，因此有理由相信，自然延伸的概念是建立在对地貌形态解释的基础之上的。认真阅读指南后可知，委员会并没有给出任何关于自然延伸的地质概念解释，仅对地貌延伸进行了固有解释。

第四节 特殊要素在定界中的地位

一、特殊自然地物的类型

（一）水上地物特征

《公约》第 121 条是有关岛屿是否存在主张权利的法律条款。由于其也是专属经济区制度的固有组成部分，因此可以认为此条款对非公约缔约国的国家在该制度方面具有约束力。虽然可能有一些国家未遵守该条款规定的情况，但很难找到广泛的国家实践，更遑论必要的法律理论，其影响力能够压倒性地盖过《公约》第三次谈判和对其广泛遵守相结合的一般国际法。《公约》包含一条关于珊瑚礁的规则："位于环礁上的岛屿或具有岸礁的岛屿，测量领海宽度的基线系珊瑚礁向海端地低水位线，如沿海国官方认可的海图上的适当标记所示"①，由于这一规则允许测量不同海岸带向海距离的基线位于核心岛屿海岸线向海的位置，因而可能对依据基线得出的划界产生影响。②但事实上，"第三方法庭常常会由于其较小的面积而忽视或严重低估了小岛屿的作用"，即使它们不属于《公约》第121条第3款的（岩石）特征。③如法院在北海大陆架案中认为，划界应"忽略会产生不成比例的扭曲作用的小岛、岩石和次海岸投射的存在"④，类似情况和观点还出现在英法仲裁案⑤、突尼斯—利比亚案⑥、利比亚—马其他案⑦、缅因湾案和几内亚—几内亚比绍案⑧的裁决中。"自《公约》缔结以来，没有任何国际法庭明确依据第121条第3款的规定来影响国际海洋划界的结果"，"当岩石位于由其他地物特征产生的区域内，反对岩石在这种情况下产生作用的观点就更加有力了"。⑨当海域超出国家的管辖范围时，将这些岩石作为沿海国管辖的基础，将会缩小公共空间。这种做法将直接与《公约》第121条第3款的目的相冲突，即保护公域不受基于除高潮时露出水面之外、几乎没有意义的次要特征的国有化的影响。

---

① LOS Convention, Art 6.
② J. I. Charney, "Rocks that cannot sustain human habitation," *American Journal of International Law*, Vol. 93, No. 4 (1999): 863–878.
③ 《联合国海洋法公约》第121条第（3）款所规定的岩礁系属面积上最小的一类，几乎对划界没有影响。
④ I. C. J. Report of Judgments, advisory opinions and orders, North Sea Continental Shelf cases, 1969.
⑤ Anglo/French arb.
⑥ Tunisia/Libya case, 1982 ICJ REP.
⑦ Libya/Malta case, 1985 ICJ REP.
⑧ Gulf of Maine case, 1984 ICJ REP.
⑨ J. I. Charney, "Rocks that cannot sustain human habitation," *American Journal of International Law*, Vol. 93, No. 4 (1999): 863–878.

在黑海划界案（Romania v. Ukraine）中，乌克兰没有对法院的管辖权提出异议，但双方对该管辖权范围的意见不一。针对罗马尼亚提出的边界要求，其中包括蛇岛（Serpent Island）领海外部界限的弧线，乌克兰辩称，法院的管辖权仅限于第4条（h）段所述的专属经济区和大陆架这两个区域的划界，任何领海划界，包括部分由蛇岛领海外部界限组成的边界，都不在法院的管辖范围内。法院同意，它没有划定当事方领海的管辖权，但它有管辖权划定包含领海外部界限的边界。此案中，双方的边界位置均利用等距离法确定。然而，它们在两个方面有所不同：它们的起点和对蛇岛海岸基点的影响。罗马尼亚认为，法院的划界应从该岛以东的蛇岛领海外部界限的一点开始，由此，罗马尼亚遵循双方大陆海岸之间的等距离线，但未赋予蛇岛上的基点以任何效力。乌克兰辩称，法院的划界应从2003年《乌克兰和罗马尼亚国家边界及边界问题合作与互助条约》商定的蛇岛以西的终点开始，边界应为罗马尼亚大陆海岸和蛇岛海岸之间的等距离线。法院同意了乌克兰的观点，但基本上采用了罗马尼亚的"仅限大陆"的划界方法。法院对该临时等距离线做了两次小幅调整，以适应《乌克兰和罗马尼亚国家边界及边界问题合作与互助条约》的起点和蛇岛12海里的领海，但除此之外，法院的边界仍遵循临时等距离线原则。事实上，蛇岛上的基点在划界中没有被赋予任何效力并不奇怪，法院遵循了一种普遍做法，即部分或全部不考虑岛屿或低潮高地等小型地物特征的影响，尤其是距离大陆海岸较远的地物特征。然而，这种对地物特征部分或全部不予考虑的做法通常发生在划界的第二阶段，即法院调整临时等距离线以实现公平结果时。因此，法院在初步构建临时等距离线之前就排除了蛇岛。法院采取该做法可能是为了避免根据《公约》第121条规定判定蛇岛地位问题，否则将会对黑海以外的领土和划界争端都有所影响。①

（二）水下地物特征

在岛屿、低潮高地、人工岛屿以及大陆架等领域，国际条约和国际习惯

---

① John Lathrop and Coalter G. Lathrop, "Maritime Delimitation in the Black Sea (Romania v. Ukraine)," *American Journal of International Law*, Vol. 103, (2009): 507.

已有所规定。然而，在国际海洋法体系中，关于水上地物与大陆架底土和海床之间的水下地物的管辖规范，尚存部分空白。部分沿海国家依据1958年《大陆架公约》或1982年《公约》，对淹没的地理地物特征提出主权或管辖权要求。《公约》第76条对大陆架的定义中涉及几种海底地形概念，包括深海洋脊（oceanic ridges of the deep ocean floor）、海底山脊（submarine ridges）和海底高地（submarine elevations），这些地形通常被视为大陆架边缘的自然组成部分。当海底山脊或海底高地位于沿海国陆地领土的自然延伸范围内时，沿海国可依据规定确立对其的权利。但值得注意的是，海洋中存在多种类型的水下地物，《公约》仅明确提及上述三种，且对相关概念的界定不够清晰。

此外，《公约》第76条所述的地理特征主要与沿海国对200海里以外大陆架的权利主张相关联。在实际操作中面临的问题是，沿海国如何对像岛屿、大陆架等其他明确地理特征那样，合法有效地对水下的地理地物特征提出权利声索。国际法院在相关案例裁决中曾强调，沿岸地区与水下地物之间的地理相关性是"沿海国合法所有权的重要基础"，并认为"该国领土的海岸形态和位置是决定其对附近水下权利主张的关键因素"。[1] 因此，沿海国若要对水下的地理特征主张权利，通常需要以陆地或岛屿的海岸作为依据，证明其与水下地物存在自然的地理和地质联系。[2]

二、人工造物的定界依据

人工岛和构筑物（Artificial Islands and Structures, A. I. S.）已经被应用于各种目的。有学者提出了人工岛和构筑物作为气候变化和海平面上升适应措施的潜在组成部分的使用设想，认为其可以提供三个方面的帮助：①用于土地保护/开垦；②作为人类栖息地；③作为主权标记。就相关人工岛和构筑物

---

[1] "the coast of the territory of the state is the decisive factor for title to submarine areas adjacent to it", Continental Shelf (Tunisia/Libya), 24 February 1982, ICJ Reports 1982, 18, paras. 73 – 74.
[2] Z. Keyuan, "How Coastal States Claim Maritime Geographic Features: Legal Clarity or Conundrum?" *Chinese Journal of International Law*, Vol. 11, No. 4 (2012): 749 – 765.

对基线和海洋定界的影响来说，所有与海岸线直接相连并被视为将陆地领土的连续性投射到海洋空间的海洋区域都已建立，以保障沿海国的权利。这些区域从基线向海一端绘制，向陆地的空间则构成内水区域。无疑，人工岛和构筑物在《公约》体系下不具备海域权利，因为它们不具备天然岛屿的地位。① 这个概念的引入在很大程度上是为了降低滥用人工岛和构筑物的可能性，并防止为了扩大沿海国海域而被大肆建造。但同时也规定，各国有权利在人工岛和构筑物（无论其位置如何）周围划定安全区②，以确保通航安全。此外，《公约》第12条规定，锚地（roadstead）③ 即使全部或者部分在沿海国领海外部界限之外，同样视作领海处理。可见，锚地是海洋空间而非建筑。④

除了在《公约》其他地方所规定的，用于测量领海宽度的正常基线⑤都是沿海国官方承认的大比例尺图表所标记的低水位线。《公约》第6条、第9条、第10条、第13条分别对珊瑚礁、河口、港湾、低潮高地进行了规定，这些自然沿海地物都是正常基线的一部分；而人工构筑物只在《公约》第11条⑥中有所提及，即为了领海的分界，作为内部海港系统一部分的最外部永久海港工程将被视为海岸的一部分，近岸设施和人工岛屿不应被视为永久海港工程。由此产生了对于"港口""永久"和"海港工程"的正确定义。《公约》对组成海岸线的由人工填海而来的土地和为对抗腐蚀而对海岸线进行人为保护的相关议题保持缄默。相关学者讨论了可以用作海洋划界基点的

---

① UNCLOS, Art. 60, para. 8, "Artificial islands, installations and structures do not possess the status of islands. They have no territorial sea of their own, and their presence does not affect the delimitation of the territorial sea, the exclusive economic zone or the continental shelf".
② UNCLOS, Art. 60, paras. 4 – 7.
③ UNCLOS, Art. 21, para. b, "The coastal State may adopt laws and regulations, in conformity with the provisions of this Convention and other rules of international law, relating to innocent passage through the territorial sea".
④ UNCLOS, Art. 47, para. 7, "For the purpose of computing the ratio of water to land under paragraph 1, land areas may include waters lying within the fringing reefs of islands and atolls…"
⑤ 《联合国海洋法公约》第五条：除本公约另有规定外，测算领海宽度的正常基线是沿海国官方承认的大比例尺海图所标明的沿岸低潮线。
⑥ UNCLOS, Art. 11, "Ports /For the purpose of delimiting the territorial sea, the outermost permanent harbour works which form an integral part of the harbour system are regarded as forming part of the coast. Off – shore installations and artificial islands shall not be considered as permanent harbour works."

人造构筑物。① 关于"永久"一词，学者认为，尽管实际并不绝对且大部分工程也不会一成不变，但毫无疑问的是，通常一项海港工程在被设计和建造之初，就是希望能长期使用。此外，一些浮动海港并不能被称为永久海港，例如可移动的浮动码头、沉箱和浮筒。例如，第二次世界大战协约国入侵法国期间所用的桑葚港就是短期性的建筑物，一些在海港工程建造期间的暂时性建筑物也同样不能被视为领海基线的一部分。此外，海港的水域必须是内陆一侧的，因此需要将构筑物划分成离岸和海岸上的，一个离岸的港口大概率会被视作"设施"而非"海港工程"，以此维护一条正常的基线。传统港口通常具有坚实的码头、港湾岸壁、防波堤和防浪堤，这些基础设施足以让传统港口顺理成章地成为《公约》第 11 条所定义的正常基线的组成部分。由于传统港口被视为港湾系统的内在部分，即便是散落的防波堤或者防浪堤也可以构成海港的内在部分，从而成为正常基线的合法部分。有成千上万的国家在实践中将其作为国家正常领海基线的合法部分。领海基点取决于这些领海基线，进而从这些基点出发合法计算海域界线。例如同时拥有港湾岸壁、连接海岸的坚实码头和独立防波堤的英国南海岸肯特的多佛港口（Dover Harbor）。又如同样位于英国南部海岸的普利茅斯港（Plymouth Harbor），这个天然海港满足"海港"提供船只保护、泊处和集装箱港口设施的定义条件。普利茅斯港防波堤虽孤立于海港的沿岸，但仍是海港的内在部分，因而也是领海基线的合法部分；再如卡塔尔的拉斯拉凡港（Ra's Laffān Port），此港将卡塔尔的领海界线生生向海延伸了 4.5 海里。②

在海域划界过程中，其他类型的港口设施所造成的影响相对较小。然而，那些能够从海岸线向海方向显著延伸的单一实体突堤式港口设施，若依据《公约》第 11 条被认定为合法的港口工程，可能会对海域界限的划定产生显著影响。以位于海湾地区的沙特阿拉伯拉斯坦努拉石油码头（Ra's Tannūrah

---

① C. Carleton, *Problems Relating To Non – Natural And Man – Made Basepoints Under UNCLOS*. Selected Contemporary Issues in the Law of the Sea, 2011.
② C. Carleton, *Problems Relating To Non – Natural And Man – Made Basepoints Under UNCLOS*. Selected Contemporary Issues in the Law of the Sea, 2011.

oil terminal）为例，该码头的两座实体突堤向海延伸约 0.75 英里。英国的政策主张，对于离岸一定距离且不属于港口基础设施组成部分的港口设施，不应纳入《公约》第 11 条所界定的"港口"范畴。此类设施包括系船墩，即使多个系船墩相互连接形成系泊设施，并通过管道或缆索与海岸相连，亦不在"港口"定义之内。以拉斯坦努拉地区为例，距离大陆约 1.5～2.25 海里的海洋岛群码头即属此类。根据《公约》规定，该类设施符合第 60 条对海上设施的定义，并在必要调整后适用第 80 条的相关规定。其他用于船只海上装货的设施如单点系泊、系留塔、经过特殊改装的油船或生产船所系泊的水下炮塔，这些都将被考虑作为离岸设施而非海港设施，因而根据《公约》第 60 条第 5 款不产生领海或者安全区外的其他任何区域。此外，还有"桩结构的单码头"，许多港口设施是由桩结构的单一码头组成的，并通过一条人行道或者马路连接两端，大多数用于储存铁矿石或者烃类产品的单一货品，许多国家的实践表明这类构筑物通常被视作《公约》第 11 条下的海港设施并由此组成正常基线的合法部分。这些为航船和货物装载提供设施装备便利的构筑物，即使许多在体型上相对较小，却也存在许多离岸相当一段距离的例子。有一个较为极端的例子，沙特阿拉伯朱阿马码头（Juaymah Terminal）附近的朱阿马液化石油气站，该码头离岸约 4 海里，但仍被视为合法的海港设施并作为领海基线一部分。①

《公约》第 11 条将最外侧的永久性海港工程纳入正常基线的一部分，因此不同国家之间对该类设施可以合法作为正常基线的一部分并无异议。费解之处实则来自一些也被称为"海港工程"、被用作基点并将一国海域空间向海扩展好几海里的其他类型的建造物。具有代表性的实例便是单独建造或由无数任水流穿涌其间的支墩所组成的长指码头（long‑finger Pier），也正因其被用作船只装卸货物和上下客，从多数国家实践可获知该类码头能被用作领海基点的唯一异议来自美国——此类由支墩组成的码头不可被用作领海基点。②

---

① C. Carleton, *Problems Relating To Non‑Natural And Man‑Made Basepoints Under UNCLOS*. Selected Contemporary Issues in the Law of the Sea, 2011.
② C. Carleton, *Problems Relating To Non‑Natural And Man‑Made Basepoints Under UNCLOS*. Selected Contemporary Issues in the Law of the Sea, 2011.

除了海港工程，其他组成海岸部分、为免海岸受侵蚀而建的人工建造物，如防波堤（groynes）、堤坝（dykes）、海堤（seawalls）、导流堤（training walls）等，可被接纳为正常基线的一部分，如若需要，将其作为领海基点的国家实践也是可以接受的。另外，娱乐码头（the pleasure pier）较具有争议性，英国所持观点是，鉴于这些设施随时待命用于船只上下客，因而可以被视为"海港工程"从而成为正常基线的合法部分而被用作领海基点。同样地，如果这些码头仍是由支墩建构而成，则美国依旧不予认同。①

将复垦土地（reclaimed land）视作"海岸"的情况较为不明朗，相应的国家实践作证也较为罕有。由于大多数复垦土地位于国家领海基线向陆一侧的遮蔽水域，因而属内水。而在领海基线向海一侧进行大量填埋复垦活动的例子多见于远东地区。此外，荷兰也有大面积的复垦土地，知名的有被视作荷兰领海基线而未遭国际社会指摘的荷兰角（the Hook of Holand）。如果该实践案例被其他国家等如新加坡吸取移植，那么就会出现将这些区域视作正常海岸并相应地拓展其海域范围而被接受的情况。② 无疑，人工岛屿和离岸设施并不能产生除《公约》第60条第5款项下的安全区以外的任何海域空间，此外这类构造物在海域定界中无足轻重也是毋庸置疑的。③

在海洋定界过程中，将传统海港设施视作正常基线的一部分有大量实践案例可强化作证，但鲜有法学理论可以参考。克里斯·卡尔顿（Chris Carleton）认为，公正地讲，在罗马尼亚和乌克兰案之前（Romania v. Ukraine），这些设施将与其他被接受的领海基点一起被用于构建中间线/等距离线，进而由相关国家考虑由此能否产生公平的结果，或者考虑在不能产生公平结果的情况下如何调整该中间线/等距离线从而使结果公平。然而，从罗马尼亚与乌克兰一案的审决结果来看，某些特征或可能被认为"不适宜"而被忽略，因而"等距离线"的构建不再一目了然。该程序自然不会产生一条中间线/等

---

① C. Carleton, *Problems Relating To Non – Natural And Man – Made Basepoints Under UNCLOS*. Selected Contemporary Issues in the Law of the Sea, 2011.
② C. Carleton, *Problems Relating To Non – Natural And Man – Made Basepoints Under UNCLOS*. Selected Contemporary Issues in the Law of the Sea, 2011.
③ C. Carleton, *Problems Relating To Non – Natural And Man – Made Basepoints Under UNCLOS*. Selected Contemporary Issues in the Law of the Sea, 2011.

距离线,而是从一开始划出的就是一条调整过的线。国际法院在该案中不仅驳回了以苏利纳堤坝(Sulina Dykes)——一个不被视为海港设施部分的人造地物作为向海一端的领海基点,还驳回了以蛇岛(Serpent Island)及其周围作为领海基点的请求。但国际法院此举并不等同于拒绝接受这些地物作为能够产生完整海域的合法领海基点,亦即这类地物仅仅是在定界过程中被拒绝适用。①

哪怕是假定某国确将复垦土地视作正常基线不可分割的一部分,并用这些区域形成海域空间,将这类人工建造物作为正常基线一部分的国家实践也较为模糊。在马来西亚与新加坡土地复垦案(Malaysia v. Singapore Land Reclamation Case)的处理结果出来后,利用此类地物进行定界仍属模糊和缺少法理依据的情形,如果将填海造陆土地作为合法领海基点是可被接纳的,那么相应地,在其他任何正常地理海岸线事务中也该如此处理。又如,如果填海造陆造成相对海岸线之间的失衡,那么这种情况需要一定形式的调整。②概言之,假如人工结构是被接纳作为合法领海基点的,其便有权产生海域空间,并在定界中起作用。③

综上,人工岛和构筑物虽然不一定能进行海域主张,但它们或许能够影响基线的绘制。相关学者认为能够影响基线绘制的人工岛或构筑物可分为四类进行讨论:一是在其上"建造了永久高于海平面的灯塔或类似设施"的低潮高地④,其中,"类似设施"经联合国海洋事务和海洋法办公室⑤确认,包括:(a)有灯塔相关功能的,在固定位置给予航海者危险警告和协助的;(b)看起来像灯塔,但不具备任何导航等类似功能的塔或建筑。二是永久性海港工程⑥,当沿岸建造的永久性人造建筑是海港工程的一部分时,或可作

---

① C. Carleton, *Problems Relating To Non – Natural And Man – Made Basepoints Under UNCLOS.* Selected Contemporary Issues in the Law of the Sea, 2011.
② C. Carleton, *Problems Relating To Non – Natural And Man – Made Basepoints Under UNCLOS.* Selected Contemporary Issues in the Law of the Sea, 2011.
③ C. Carleton, *Problems Relating To Non – Natural And Man – Made Basepoints Under UNCLOS.* Selected Contemporary Issues in the Law of the Sea, 2011.
④ UNCLOS, Art. 7, para 4.
⑤ Office for Ocean Affairs and the Law of the Sea, op. cit., p. 25.
⑥ UNCLOS Art. 11.

为海域基线一部分,但离岸设施和人工岛屿不能被视作海港工程的一部分。三是土地保护技术,这类技术或是为了防止岛屿区域的完全淹没(灭失),或是为了防止岛屿地位的改变(比如缩小成《公约》第 121 条第 3 款的岩石),但仅限于完全为了保留用于海洋定界的基线的意图而部署的技术。四是位于环礁(atolls)上的岛屿和有岸礁(fringing reefs)的岛屿。[1] 虽然环礁和岸礁都是天然形成的,但可以对它们应用土地保护技术,防止其流失或创造新的土地。鉴于测量领海宽度的基线是岩礁向海的低水位线[2],土地的流失不仅会带来环境的损害,更会影响海域的空间。位于基线向陆一侧的区域被吸收为内水,只要不扩张基线,沿海国便有权根据意愿对其进行管理。[3]

三、特定地理区域的考量

除了特殊自然地物与人工造物之外,特定地理区域如极地等也会被纳入考量范围。根据产生原因,特定地理区域可以分为两类,一类是人为因素形成的,另一类是自然因素形成的。第一类的典型代表是划界协议等历史原因确定的地理区域,第二类的典型代表就是极地,随着气候等自然因素的变化,这类特定地理区域在定界中的不确定性也在不断增大。

在黑海划界案中,罗马尼亚辩称,由于黑海的封闭性,加之该地区已有的划界协议,本案的划界不应与其他沿海国以前在同一海域使用的方法大相径庭[4]。法院则认为,这一观点与该案使用的方法无关;关于同一海域的其他划界协定,法院在审议罗马尼亚和乌克兰之间的单一海洋划界的终点时将予以考虑。[5] 特立尼达和多巴哥就向北调整临时等距离线提出四个论点:一是"加勒比区"和"大西洋区"之间的区别,前者的特点是相对,后者的特

---

[1] T. Grigoris, B. Tilemachos, and R. Makis, "Artificial Islands and Structures as a Means of Safeguarding State Sovereignty Against Sea Level Rise. A Law of the Sea Perspective," *SSRN Electronic Journal* (2010), doi: 10.2139/ssrn.1714416.
[2] UNCLOS, Art. 6.
[3] UNCLOS, Art. 47, para 7.
[4] 2009 Romania/Ukraine case, 2009 ICJ Reports, para. 169.
[5] 2009 Romania/Ukraine case, 2009 ICJ Reports, paras. 177 – 78.

点是相邻①；二是相关海岸及其投影；三是相称性；四是区域考虑。仲裁庭没有就"加勒比区"和"大西洋区"之间的区别达成一致，而是认为《公约》适用的法律在任何情况下都是相同的，即第 74 条和第 83 条不区分相对海岸和相邻海岸。因此，没有理由从区分相对海岸和相邻海岸的角度来处理划界过程，以及按"双区域"的论点对每一个海岸适用不同的标准。② 这一观点肯定了在相对海岸和相邻海岸的情况下使用纠正/公平方法，该方法首先适用于格陵兰岛－扬马延案中的相对海岸情况，而后适用于卡塔尔－巴林案和随后的喀麦隆－尼日利亚案中的相邻海岸情况。③ 在尼加拉瓜－洪都拉斯案中，洪都拉斯主张边界应以实际占有权原则为基础，对此，法院承认，在某些情况下，如在与历史海湾和领海有关的情况下，该原则可能在海洋划界中发挥作用④。然而，没有任何证据证明西班牙在殖民时代将其海洋管辖权划分至洪都拉斯和尼加拉瓜省份之间，或在领海范围内，法院因此不得不驳回洪都拉斯的主张。⑤

就极地的海洋定界而言，关于《公约》某些条款的确切适用仍然存有歧义，1982 年《公约》甚至没有涉及如冰岸定界问题。目前，一些国家实践通过国际司法和第三方裁决进行增强，逐渐建立起相关记录，并可能有助于《公约》条款的解释，甚至是执行。⑥ 此外，全球海洋秩序一直面临着新的变化，例言之，北极地区在气候变化背景下逐渐消失的冰，正逐渐开辟出一条欧亚大陆和北美之间的新航线。⑦ 扇形原则⑧被应用于极地，该原则由一位加

---

① 2006 Barbados/Trinidad and Tobago Award, PCA Awards Series, Vol. V (2007), para. 308.
② 2006 Barbados/Trinidad and Tobago Award, PCA Awards Series, Vol. V (2007), para. 315.
③ Aasen P. J., "The Law of Maritime Delimitation and the Russian – Norwegian Maritime Boundary Dispute," Fridtjof Nansen Institute Report 2/2010.
④ 2007 Nicaragua/Honduras case, 2007 ICJ Reports; 46 ILM (2007), para. 232.
⑤ 2007 Nicaragua/Honduras case, 2007 ICJ Reports; 46 ILM (2007), para. 234.
⑥ L. M. Alexander, "Baseline Delimitations and Maritime Boundaries", *Va. j. intl L*, Vol. 23, No. 4 (1983): 503 – 536.
⑦ Y. E. Acikgonul and E. R. Lucas, "Developments in Maritime Delimitation Law over the Last Decade: Emerging Principles in Modern Case Law", *The Canadian Yearbook of International Law/Annuaire canadien de droit international*, Vol. 57, (2020): 1 – 67.
⑧ 指该国的领土范围可达以东西两端界线为腰、以基点为中心、以该毗邻国的东西海岸线为底而构成的扇形空间。

拿大议员帕斯夫尔·普瓦里耶（Pascal Poirier）于 1907 年在声称对加拿大北部所有的地理特征拥有主权时首次援引，他主张，"通往北极两线之间的土地，应该也确实属于领土在其之上的国家"[①]。实际上，加拿大和俄罗斯两国已经公开或默示将这一理论与它们各自的北极领土主张联系起来。同样地，南极领土的 7 个声索国也将这一理论作为他们的主张依据之一。[②]

北冰洋的很大一部分位于加拿大、丹麦/格陵兰、挪威、俄罗斯联邦和美国 5 个沿海国 200 海里界限之外。而所有北冰洋沿岸国都有 200 海里以外的大陆架，并根据《公约》第 76 条的实质性规定参与确定该大陆架的外部界限。在孟加拉国和缅甸案[③]（Bangladesh v. Myanmar）中，海洋法法庭在 2012 年 3 月 14 日的判决中做出结论，200 海里以内和 200 海里以外大陆架的划界方法没有区别。[④] 尽管北极周边国家对外大陆架的主张只是北极事务的一方面，但它反映了北极政治局势的复杂性。[⑤] 到目前为止，由于没有证据证明任何国家的大陆架根据《公约》延伸至北极，因此北极及其周边地区不属于任何特定国家，被视为国际领土，而冰封的北冰洋是国际水域，接受国际海底管理局的监督和管理[⑥]。然而，如果北极周边国家对其外部大陆架的主张获得支持，那么北极的国际海底海床面积将大幅减少。例言之，如果俄罗斯延长其大陆架外部界限的主张被证明是合理的，则俄罗斯将获得其北部海岸线和北极之间三角形区域的权利，"该区域从科拉半岛（the Kola Peninsula）

---

① Suzanne Lalonde and Ronald S. Macdonald, *Danat Pharand: The Arctic Scholar*, (London: Cambridge University Press, 2016), p. 10.
② Z. Keyuan, "How Coastal States Claim Maritime Geographic Features: Legal Clarity or Conundrum?" *Chinese Journal of International Law*, Vol. 11, No. 4 (2012): 749 – 765.
③ Dispute concerning delimitation of the maritime boundary between Bangladesh and Myanmar in the Bay of Bengal (Bangladesh/Myanmar).
④ A. G. O. Elferink, "5 The Delimitation of the Continental Shelf Beyond 200 Nautical Miles in the Arctic Ocean: Recent Developments, Applicable Law and Possible Outcomes," *Challenges of the Changing Arctic*, 2016.
⑤ G. Jing, "Uncertain Factors in the Delimitation of the Outer Continental Shelf and Its International Practice in the Arctic", *China Oceans Law Review*, No. 1 (2010): 101.
⑥ Tian Xingchun. "The Crazy Tussle in the Global Northern End: Flag Inserting Arouses Different Responses", http://world.people.com.cn/GB/89881/97034/6073364.html, 访问日期：2023 年 12 月 15 日。

延伸到楚科奇自治区（the Chukchi Autonomous Region），面积达12万平方千米，相当于意大利、德国和法国的总和。此外，它将与丹麦的格陵兰岛、加拿大的水下管辖区接壤，甚至可能与美国接壤，从而获得相当于100亿吨的油气储量"①。

两极的地形、地貌特征，以南设得兰群岛（South Shetland Islands）为例，不同无冰区（ice-free area）改变地形的介质不一，但总体上，由于其岩石类型、结构和剥蚀过程相似，造就了四种较为常见的地形、地貌类型：一是表层和台面，也即南设得兰群岛近地面和海洋的基础地物。二是（侵蚀或沉积的）冰川地貌，该地物有时是由冰缘作用（periglacial processes）塑造而成的。三是"冗余滩"（the "residual beaches"），虽并不显要但在一些地区很重要的（地形地貌）特征。四是未受干扰的系列凸起海滩，是海岸避风区的特征。② 其中，与大陆物理相连的冰架也是重要的南极海岸地物，南极的一些海岸线实际上是冰架的外缘。南极沿岸的固冰和浮冰又为认定一条传统低潮线增大了复杂性。在任何南极半岛附近水域的大陆架主张案例中，即阿根廷、智利和英国所属的重叠主张海域，存在相关争议是不可避免的。可是，像澳大利亚这类主张国，其对于"澳大利亚南极洲领地"（AAT）主张不受重叠领域的约束，这就造成一个有趣的困境，因为它（澳大利亚）不希望自己的行为，被视为能够使那些拒绝承认南极领土主张合法性，而不提出主张的国家的立场合法化。同时它还要注意不激怒其他条约缔约国，如在过往一直对所谓的基线"过度主张"保持警惕的美国。可以假设美国将"密切评估"任何基线主张，因而，南极基线除了是南极海洋主张，还可能升级成新的、需要处理法律和政治敏感性的南极主权争端。③

在不使用低水位线的情况下，《公约》允许一系列可以用于绘制基线的

---

① "The Fighting of the Eight Countries around the Arctic: Russia Does Not Hesitate in Taking Extreme Measures at the Critical Moment," http://sanmen.zjol.com.cn/news/2009/206380.shtml, 访问日期：2023年10月20日。
② John B. and Sugden D. E., "Raised marine features and phases of glaciation in the South Shetland Islands," *British Antarctic Survey Bulletin*, VoL. 31, (1971): 45-111.
③ Rothwell D. R., "Antarctic Baselines: Felxing the Law for Ice-Covered Coastlines, Law, Environmental Science," in *The Law of the Sea and Polar Maritime Delimitation and Jurisdiction*, (Hague: Martinus Nijhoff Publishers, 2001).

其他情况，如《公约》第 6 条的岸礁①、第 7 条的直线基线②、第 9 条的河口③、第 10 条的海湾④、第 11 条的港口⑤、第 12 条的锚地⑥、第 13 条的低潮高地⑦。国际上似乎对南极洲位于陆上的、与主陆间没有海水相隔的冰可以被视为陆地的观点有所共识。目前少有公法学家试图争辩陆上的冰原不受主张的影响。国际实践中也没有任何迹象表明，国际法在考虑海平面以下的陆上冰，应该被视为与平均海拔低于海平面且远离海洋的陆地特征有任何不同。这表明，如果采用接地线作为领海基线，将会得到国际社会的支持。此外，有学者认为，使用冰架来指示领海边缘不会与《条约》产生冲突。《公约》第 4 条禁止提出新的主张或者扩大现有主张；第 5 条规定，在不使用任何其他方法的情况下，可以将低水位线作为领海基线的适当点。而《公约》中也没有任何内容明确要求不可以在设定领海基线时使用冰架。有学者认为，哪怕冰架随着时间变迁会坍缩，但这类缓慢的进程不应成为妨碍它们被用作基点的理由。《公约》第 7 条明确规定，受波动和变化影响的海岸可以被考虑作为基线，因为任何海岸，无论其如何被认为具有永久性，都会发生变化。但显而易见的是，《公约》在解决永久冰的问题上尚显乏力，由于冰雪覆盖的地区常处于远离大多数人类活动的区域，这类海岸中有一部分位于南极，所以与《公约》具有管辖权的海洋活动交集有限。尽管在国际实践中使用冰的外缘（作为基线）的倾向已显而易见，但该问题最后将如何进行处理和定夺仍有待观察。⑧

---

① Fringing reefs（Article 6）.
② Straight baselines（Article 7）.
③ Mouths of Rivers（Article 9）.
④ Bays（Article 10）.
⑤ Ports（Article 11）.
⑥ Roadsteads（Article 12）.
⑦ Low – tide elevations（Article 13）.
⑧ S. B. Kaye, "Territorial Sea Baselines along Ice – Covered Coasts: International Practice and Limits of the Law of the Sea," *Ocean Development & International Law*, Vol. 35, No. 1(2004): 75 – 102.

第四章 全球海洋边界划分理论

第一节 全球大陆架外部界限主张梳理

不难发现，各国管辖海域内的领海、毗连区以及专属经济区的外部界限划定宽度标准大致统一。不考虑与邻国之间的重叠争端问题，可以主张的宽度分别是距离领海基线的12海里、24海里和200海里。只有大陆架制度与众不同，它囊括了诸多地理、地质学概念，而且《公约》第76条没有确定其外部界限的宽度。因此，各国关于大陆架制度中关键要素的解读和大陆架外部界限主张的实践日趋多样化，委员会也应运而生。委员会的职责在于审议沿海国提交的200海里以外大陆架外部界限划界案，并按照《公约》第76条和1980年8月29日第三次联合国海洋法会议通过的谅解声明的要求提出建议。同时，依照相关沿海国的请求，在编制委员会给出的建议时提供科学和技术方面的咨询意见。

一、沿海国划界主张及委员会建议

《公约》第76条规定，沿海国的大陆架是其领海以外陆地领土的全部自然延伸，包括扩展到大陆边外缘的海床和底土，如果从领海基线量起到大陆边外缘的距离小于200海里，则扩展到200海里；沿海国大陆架不应延伸至第4～6款所规定的界限以外；大陆边包括沿海国陆块没入水中的自然延伸，由陆架、陆坡和陆基的海床及底土构成，不包括深洋洋底及其洋脊和底土。《公约》第76条定义的是一个法律概念的大陆架。按其规定，沿海国依据各自地形、地质条件，可将大陆架外部界限最远延伸到距领海基线350海里，或者更远。《公约》第77条和第82条还规定沿海国为勘探大陆架和开发其自然资源对大陆架行使主权权利，这一权利

"是专属性的"。

《公约》附件二第4条规定，如果沿海国按照第76条的规定划定200海里以外大陆架外部界限，应将该界限的详细材料连同支撑的科学和技术资料尽早提交委员会，并且沿海国的200海里以外大陆架外部界限划界案应在《公约》对该国生效后10年内提出。俄罗斯联邦政府于2001年12月向联合国秘书长和委员会提交了俄罗斯200海里以外大陆架划界案，这也是委员会审议的第一个申请案。对该申请案的审议表明，《公约》的实施已经进入一个新的历史时期，也推动了外大陆架的申请工作。众多沿海国和岛屿国都在积极准备自己的200海里以外的大陆架划界案，向联合国秘书长和委员会提出自己的大陆架主张。

截至2024年6月8日，委员会共收到93个国家和地区的大陆架外部界限正式划界案和11个修正划界案（表2）以及48个划界案的初步信息（表3）。目前已完成对俄罗斯、巴西、爱尔兰、新西兰、澳大利亚、挪威、英法爱西四国联合划界案、墨西哥、法国、英国、巴巴多斯、印度尼西亚、日本、菲律宾、毛里求斯和塞舌尔联合划界案、苏里南、法国安的列斯群岛和凯尔盖朗群岛、加纳、丹麦法罗群岛、巴基斯坦、阿根廷、冰岛22个划界案和俄罗斯鄂霍次克海、巴巴多斯等5个修订划界案的审议。

关于非公约缔约国是否可以单方面划定200海里以外的大陆架外部界限的问题，第三次联合国海洋大会的首席代表许通关（Tommy Koh）在会议上的发言中表示，"非本公约缔约国不能援引第76条的利益"。[①] 事实上，附件二第4条规定的时限为《公约》生效后10年。这一规定似乎排除了非公约缔约国提交的可能性。正如2012年"尼加拉瓜诉哥伦比亚领土和海事争端案"中，专案法官科特（Cot）认为，很难将第76条第8款视为习惯法，因为该条款规定了一种非公约缔约国无法使用的具体程序。[②] 然而在实际情况

[①] UNCLOS III, Official Records, Vol. XVIII, A/CONF. 62/SR. 193, p. 136, para. 48.
[②] Declaration of Judge ad hoc Cot in the Nicaragua/Colombia case, ICJ Reports 2012, p. 771, para. 19. 鲁滨逊（Robinson）法官也表达了这一观点，参见 Declaration of Judge Robinson in the 2016 Nicaragua/Colombia case (Preliminary Objection), pp. 211–212, para. 11.

中，委员会是否会考虑一个非公约缔约国提交的关于大陆架外部界限的资料，似乎是有争议的。[1] 同时还必须指出，第 76 条关于收入分配的规定与第 82 条是相联系的。没有承担收入分配义务的国家对 200 海里以外的大陆架提出的主张是不应被审议的。因此，有理由认为，非公约缔约国单方面确定的大陆架外部界限缺乏合法性，因为它们不是通过一项国际认可的程序确定的。[2]

虽然美国至今还没有批准《公约》，但其十分重视外大陆架问题。美国政府开展大陆架调查计划已经十余年，直到 2014 年仍在进行野外调查工作。美国新罕布什尔大学沿海和大洋测绘中心/联合水文中心（CCOM/JHC）受美国国会委托，开展了美国潜在 200 海里以外大陆架的相关研究，并在 2002 年向美国国会提交的研究报告中提出美国存在潜在 200 海里以外大陆架区块共有 8 个，分别位于大西洋、太平洋、北冰洋和墨西哥湾海域。因此，为了开发位于 200 海里以外大陆架丰富的油气、海底金属矿产和天然气水合物资源，美国政府正积极推动美国国会早日批准《公约》。2023 年 12 月 19 日，美国国务院发布了《扩展美国大陆架外部界限的公告》，其中声明了其主张的 200 海里以外大陆架外部界限。北极和白令海是美国此次提出主权要求的主要大陆架区域，在此区域内，美国单方面将面积多达 100 万平方千米的大陆架划为己有，这遭到了俄罗斯、中国等国的一致反对。

表 2　大陆架界限委员会已收到的划界案

序号	国家/地区	划界案类型	提交日期	委员会完成审议日期
1	俄罗斯	全部	2001 年 12 月 20 日	2002 年 6 月 27 日
1a	俄罗斯－鄂霍次克海	修订案	2013 年 2 月 28 日	2014 年 3 月 11 日
1b	俄罗斯－北冰洋	修订案	2015 年 8 月 10 日	2023 年 2 月 6 日
1c	俄罗斯－北冰洋欧亚盆地东南部	修订案	2023 年 2 月 14 日	2023 年 8 月 8 日

---

[1] B. M. Magnússon, "Can the United States Establish the Outer Limits of Its Extended Continental Shelf under International Law?" *ODIL*, Vol. 48（2017）：p. 11.

[2] ITLOS Reports, Dispute Concerning Delimitation of the Maritime Boundary between Bangladesh and Myanmar in the Bay of Bengal, Judgment, 2012, pp. 106－107, para. 407.

续表

序号	国家/地区	划界案类型	提交日期	委员会完成审议日期
1d	俄罗斯 – 北冰洋 Gakkel 海脊地区	修订案	2023年10月30日	推迟审议
2	巴西	全部	2004年5月17日	2007年4月4日
2a	巴西 – 南部	修订案	2015年4月10日	2019年3月8日
2b	巴西 – 巴西赤道边缘	修订案	2017年9月8日	正在审议
2c	巴西 – 巴西东方和子午线边缘	修订案	2018年12月7日	推迟审议
3	澳大利亚	全部	2004年11月15日	2008年4月9日
4	爱尔兰 – 豪猪深海平原	部分	2005年5月25日	2007年4月5日
5	新西兰	全部	2006年4月19日	2008年8月22日
6	英法西爱四国联合 – 凯尔特海和比斯开湾	联合	2006年5月19日	2009年3月24日
7	挪威 – 东北大西洋和北极	部分	2006年11月27日	2009年3月27日
8	法国 – 法属圭亚那和新喀里多尼亚岛	部分	2007年5月22日	2009年9月2日
9	墨西哥 – 墨西哥湾西部	部分	2007年12月13日	2009年3月31日
10	巴巴多斯	全部	2008年5月8日	2010年4月15日
10a	巴巴多斯修订案	修订案	2011年6月25日	2012年4月13日
11	英国 – 阿森松岛	部分	2008年5月9日	2010年4月15日
12	印度尼西亚 – 西北苏门答腊岛	部分	2008年6月16日	2011年3月28日
13	日本	部分	2008年11月12日	2012年4月19日
14	毛里求斯和塞舌尔 – 马斯高原地区	联合	2008年12月1日	2011年3月30日
15	苏里南	全部	2008年12月5日	2011年3月30日
16	缅甸	全部	2008年12月10日	推迟审议
17	法国 – 安的列斯群岛和凯尔盖朗群岛	部分	2009年2月5日	2012年4月19日
18	也门 – 索科特拉岛东南	部分	2009年3月20日	推迟审议
19	英国 – 哈顿罗科尔	部分	2009年3月31日	推迟审议

续表

序号	国家/地区	划界案类型	提交日期	委员会完成审议日期
20	爱尔兰-哈顿罗科尔	部分	2009年3月31日	推迟审议
21	乌拉圭	全部	2009年4月7日	2016年8月19日
22	菲利宾-本海姆	部分	2009年4月8日	2012年4月12日
23	库克群岛-马尼西基高原	部分	2009年4月16日	2016年8月19日
23a	库克群岛-马尼西基高原	修订案	2021年12月3日	正在审议
24	斐济	部分	2009年4月20日	推迟审议
25	阿根廷	全部	2009年4月21日	2016年3月11日
25a	阿根廷	部分修订案	2016年10月28日	2017年3月17日
26	加纳	全部	2009年4月28日	2014年9月5日
27	冰岛-海神盆地地区和雷克雅未克脊的西部和南部	部分	2009年4月29日	2016年3月10日
27a	冰岛-雷克雅未克脊西部、南部和东南部	修订案	2021年3月31日	正在审议
28	丹麦-法罗群岛北部	部分	2009年4月29日	2014年3月11日
29	巴基斯坦	全部	2009年4月30日	2015年3月13日
30	挪威-布维岛和毛德皇后地	部分	2009年5月4日	2019年2月8日
31	南非	部分	2009年5月5日	正在审议
32	密克罗尼西亚、巴布亚新几内亚和所罗门联合-翁通瓜哇高原	联合	2009年5月5日	2017年3月17日
33	马来西亚和越南-中国南海南部	联合	2009年5月6日	推迟审议
34	法国和南非-克罗泽群岛和爱德华王子群岛	联合	2009年5月6日	2023年3月7日
35	肯尼亚	全部	2009年5月6日	正在审议
36	毛里求斯-罗德里格斯岛	部分	2009年5月6日	正在审议
37	越南-北部	部分	2009年5月7日	推迟审议
38	尼日利亚	全部	2009年5月7日	2023年8月11日

续表

序号	国家/地区	划界案类型	提交日期	委员会完成审议日期
39	塞舌尔－北部高原	部分	2009年5月7日	2018年8月27日
40	法国－留尼汪岛、圣保罗和阿姆斯特丹群岛	部分	2009年5月8日	2020年3月4日
41	帕劳群岛	全部	2009年5月8日	已正式提交待审
42	科特迪瓦	全部	2009年5月8日	2020年2月5日
43	斯里兰卡	全部	2009年5月8日	已正式提交待审
44	葡萄牙	全部	2009年5月11日	已正式提交待审
45	英国－福克兰群岛、南乔治亚和南桑威奇群岛	部分	2009年5月11日	已正式提交待审
46	汤加	部分	2009年5月11日	2019年8月2日
47	西班牙－加利西亚	部分	2009年5月11日	已正式提交待审
48	印度	部分	2009年5月11日	已正式提交待审
49	特立尼达和多巴哥	全部	2009年5月12日	已正式提交待审
50	纳米比亚	全部	2009年5月12日	已正式提交待审
51	古巴	部分	2009年6月1日	已正式提交待审
52	莫桑比克	全部	2010年7月7日	已正式提交待审
53	马尔代夫	全部	2010年7月26日	已正式提交待审
54	丹麦－法罗南部	部分	2010年12月2日	已正式提交待审
55	马达加斯加	全部	2011年2月25日	已正式提交待审
56	孟加拉	全部	2011年4月29日	已正式提交待审
57	圭亚那	全部	2011年9月6日	已正式提交待审
58	墨西哥－墨西哥湾东部	部分	2011年12月19日	已正式提交待审
59	坦桑尼亚	全部	2012年1月18日	已正式提交待审
60	加蓬	全部	2012年4月10日	已正式提交待审
61	丹麦－格陵兰岛南部	部分	2012年6月14日	已正式提交待审
62	图瓦卢、法国和新西兰	全部	2012年11月7日	已正式提交待审
63	中国	部分	2012年11月14日	已正式提交待审

续表

序号	国家/地区	划界案类型	提交日期	委员会完成审议日期
64	基里巴特	全部	2012年12月24日	已正式提交待审
65	韩国	部分	2012年11月26日	已正式提交待审
66	尼加拉瓜	全部	2013年1月24日	已正式提交待审
67	密克罗西亚	部分	2013年8月30日	已正式提交待审
68	丹麦-格陵兰岛东北部	部分	2013年11月26日	已正式提交待审
69	安哥拉	全部	2013年12月6日	已正式提交待审
70	加拿大	部分	2013年12月6日	已正式提交待审
71	巴哈马	部分	2014年2月6日	已正式提交待审
72	法国-圣皮埃尔和密克隆岛	部分	2014年4月16日	已正式提交待审
73	汤加	全部	2014年4月23日	已正式提交待审
74	索马里	全部	2014年7月21日	已正式提交待审
75	西非7国	联合	2014年9月25日	已正式提交待审
76	丹麦-格陵兰岛北部	部分	2014年11月15日	已正式提交待审
77	西班牙-加那利群岛	部分	2014年12月17日	已正式提交待审
78	也门	全部	2017年10月26日	已正式提交待审
79	法国-波利尼西亚群岛	部分	2018年4月6日	已正式提交待审
80	贝宁和多哥	全部	2018年9月21日	已正式提交待审
81	利比里亚	全部	2018年10月23日	已正式提交待审
82	毛里求斯-查戈群岛南部区域	部分	2019年3月26日	已正式提交待审
83	印度尼西亚-巴布亚岛北部	部分	2019年4月11日	已正式提交待审
84	加拿大-北冰洋区域	部分	2019年5月23日	已正式提交待审
85	马来西亚-中国南海区域	部分	2019年12月12日	已正式提交待审
86	哥斯达黎加和厄瓜多尔联合划界案-巴拿马盆地	部分	2020年12月16日	已正式提交待审
87	智利-复活节岛东大陆架	部分	2020年12月21日	已正式提交待审
88	印度尼西亚-苏门答腊西南	部分	2020年12月28日	已正式提交待审
89	智利-智利南极领土西大陆架	部分	2022年2月28日	已正式提交待审

续表

序号	国家/地区	划界案类型	提交日期	委员会完成审议日期
90	厄瓜多尔－卡耐基山脉南部	部分	2022年3月1日	已正式提交待审
91	毛里求斯－北查戈斯群岛	部分	2022年4月12日	已正式提交待审
92	密克罗尼西亚联邦－雅浦以北	部分	2022年4月22日	已正式提交待审
93	印度尼西亚－爪哇南部和努沙登加拉省南部	部分	2022年8月11日	已正式提交待审

表3 已经提交划界初步信息的国家/地区一览

序号	国家/地区	提交日期	备注
1	安哥拉	2009年5月12日	
2	巴哈马	2009年5月12日	
3	贝宁	2009年5月12日	
4	贝宁和多哥	2009年4月2日	联合划界案
5	文莱	2009年5月12日	
6	喀麦隆	2009年5月11日	
7	佛得角	2009年5月7日	
8	智利	2009年5月8日	
9	中国	2009年5月11日	
10	科摩罗	2009年6月2日	
11	刚果	2009年5月12日	
12	哥斯达黎加	2009年5月11日	
13	古巴	2009年5月12日	
14	刚果民主共和国	2009年5月11日	
15	赤道几内亚	2009年5月14日	
16	斐济	2009年4月21日	
17	斐济和所罗门群岛	2009年4月21日	联合划界案

续表

序号	国家/地区	提交日期	备注
18	斐济、所罗门群岛和瓦努阿图	2009年4月21日	联合划界案
19	法国/法属波利尼西亚、瓦利斯和富图纳群岛	2009年5月8日	联合划界案
20	法国/圣皮埃尔和密克隆岛	2009年5月8日	联合划界案
21	加蓬	2009年5月12日	
22	甘比亚	2009年5月4日	
23	几内亚	2009年5月11日	
24	几内亚比绍	2009年5月8日	
25	圭亚那	2009年5月12日	
26	毛里塔尼亚	2009年5月11日	
27	毛里求斯	2009年5月6日	
28	墨西哥	2009年5月6日	
29	密克罗尼西亚联邦	2009年5月5日	
30	莫桑比克	2009年5月11日	
31	新西兰/托克劳群岛	2009年5月11日	联合划界案
32	阿曼	2009年4月15日	
33	巴布亚新几内亚	2009年5月5日	
34	韩国	2009年5月11日	
35	圣多美和普林西比	2009年5月13日	联合划界案
36	塞内加尔	2009年5月12日	
37	塞舌尔	2009年5月8日	
38	塞拉利昂	2009年5月12日	
39	所罗门群岛	2009年5月5日	
40	索马里	2009年4月14日	
41	西班牙/加那利群岛	2009年5月11日	联合划界案
42	多哥	2009年5月8日	
43	坦桑尼亚	2009年5月7日	
44	瓦努阿图	2009年8月10日	

续表

序号	国家/地区	提交日期	备注
45	尼加拉瓜	2010 年 4 月 7 日	
46	加拿大	2013 年 12 月 6 日	
47	摩洛哥	2015 年 8 月 3 日	
48	厄瓜多尔	2021 年 9 月 20 日	

二、第 76 条规则张力及与第 83 条的关联性

大陆架外部界限的确定方法集中体现在《公约》第 76 条中。该条的 10 项条款详细解释了沿海国向委员会提交的 200 海里以外大陆架外部界限的最终确定方法。对《公约》第 76 条相关条款的分析有助于我们进一步了解划界的原则和方法，下面将针对每项细则逐一进行分析。

第 76 条第 1 款、第 3 款规定了大陆架定义的要素，具体内容如下：

> 1. 沿海国的大陆架包括其领海以外依其陆地领土的全部自然延伸，扩展到大陆边外缘的海底区域的海床和底土，如果从测算领海宽度的基线量起到大陆边的外缘的距离不到二百海里，则扩展到二百海里的距离。
>
> ……
>
> 3. 大陆边包括沿海国陆块没入水中的延伸部分，由陆架、陆坡和陆基的海床和底土构成，它不包括深洋洋底及其洋脊，也不包括其底土。

这两个条款除了定义了什么是地理学上的大陆边，还重申了大陆架的法律概念及其与自然延伸的客观事实联系。自然延伸必须位于"陆架、陆坡和陆基"之内，也就是地理学上的大陆边内，否则不受沿海国主权约束。

第 76 条第 2 款规定了划定大陆边外缘的两条公式线和两条限制线，沿海国扩展 200 海里以外大陆架不能超过第 4~6 款所划定的界限。这一规定仅适用于大陆架超过 200 海里的情况，即用 4 条线基本确定了 200 海里以外大陆架区域可以主张的最大面积。两条公式线的具体操作规则体现在第 76 条第 4 款中：①如沿海国的大陆边从领海基线量起超过 200 海里，其大陆边外缘的划定由以下两种方式之一确定：一是按照《公约》第 76 条第 7 款的规定，

以最外定点为准划定界线，且每一定点上沉积岩厚度至少为从该点至大陆坡脚最短距离的1%；二是按照《公约》第76条第7款的规定，以最外定点为准划定界线，且各定点离大陆坡脚的距离不超过60海里。②在没有相反证明的情形下，大陆坡脚应定为大陆坡坡底坡度变动最大之点。

第4款（b）项所规定的是各沿海国如何寻找并确定整个划定过程中最为关键的大陆坡脚。沿海国可以在其大陆架的某些位置适用条款4（a）中的任何一种方法，以使其主张最大化。这和国际法中的大陆架理论是一致的，也就是说，不管沿海国先前有没有进行过主张，大陆架均属于该沿海国，不受其他国家的主权约束，最终只受相邻或相向国家间界限划分的影响。确定大陆坡坡脚的基本法则是通过大陆坡底部梯度变化最大的点来确定。当在陆坡底部有多个复杂的梯度变化很大的点，难以确定坡脚点时，可采用"相反证据"的方法确定大陆坡坡脚。

第4款（a）项则提出了界定200海里以外大陆架的两条公式线。其中（a）项（i）提出的沉积物厚度公式也被称为"爱尔兰公式"①，是以陆基上最外缘的定点划定界线，且每一定点上沉积岩厚度至少为从该点至大陆坡脚最短距离的1%。因此，如果适用该公式，则在离大陆坡脚 X 海里的地方，其沉积物的厚度一定是 $0.01X$。该公式的目的是确保沿海国的主权能扩展至大陆基主要部分，在那里有可能富集着重要的碳氢化合物资源。②《公约》第76条未提及的、在上述标准之外的情况，包含在"关于使用一种特定方法划定大陆边外缘的谅解声明"中，主要针对孟加拉湾部分区域的特殊情况。

第4款（a）项（ii）提出的公式，也被称为"海登堡公式"③，该公式提出大陆边的外缘是以离大陆坡脚不超过60海里的各定点的连线确定的。两个公式可以兼用，它们的外部包络线决定了大陆架权利的最大范围。

第5款具体阐述了两条限制线（也称为包络线）规则：如按照《公约》第4款（a）项的方法划定大陆架外部界线的最外缘定点，不应超过领海基

---

① 该公式最初由爱尔兰代表团中的地质学家 P. R. 加德纳（P. R. Gardiner）提出，所以也被称为"爱尔兰公式"。
② 王铁崖：《中华法学大辞典·国际法学卷》，中国检察出版社，1996，第8页。
③ 该公式由美国地质学家 H. D. 海登堡（H. D. Hedberg）提出，故以"海登堡公式"命名。

线 350 海里或连接 2500 米等深线外 100 海里。

事实上，关于 2500 米等深线的划定，在实践中存在两种情况：当等深线比较简单时，2500 米等深线可以直接确定；当等深线复杂或有多条等深线时——例如沿大陆边缘的断层、褶皱和仰冲作用可产生多个 2500 米等深线，除非有相反证据，否则，委员会建议使用从领海基线算起的第一条 2500 米等深线作为参考等深线。

除了上述的一般规则，第 76 条第 6 款还提及了特殊的海底地形可能导致的权利主张差异。虽然第 5 款规定在海底洋脊上的大陆架外部界限不应超过从领海基线量起 350 海里，但作为大陆边自然构成部分的海台、海隆、海峰、暗滩和坡尖等海底高地可突破这一限制。本款和第 3 款联合起来，规定了不同类型的脊状物会产生不同的大陆架延伸范围的限制，即：

（1）若一海底地形被判定为深洋洋脊，则最远可划至 200 海里；

（2）若一海底地形被判定为海底洋脊，则最远可划至 350 海里；

（3）若一海底地形被判定为海底高地，则最远可划至 2500 米等深线外 100 海里。

但很明显，《公约》没有进一步利用细则对脊状物的三种概念的差异给出明确的界定，从而造成了各沿海国在解释和运用这些概念进行划定操作时出现了很大的模糊性。在这类地形存在的区域，相关国家的大陆边外缘主张存在着极大的弹性空间和灰色面积。

第 76 条第 7 款详细规定了外部界限的连接线方式。若沿海国拥有 200 海里以外大陆架，则应连接各定点划出长度均不超过 60 海里的若干直线，划定其大陆架的外部界限。与《公约》中关于领海基线的连接性规定相比，外部界限的连接线被限制为长度不超过 60 海里。这一条款有助于降低定义的复杂性，提出了沿海国在计划进行大陆边研究时可能要予以考虑的最低标准，同时还控制了大陆架的外部界限不会过分偏离大陆（或岛屿）陆地的一般方向。在不过度严格遵循大陆架构造中某些特征和主张 200 海里外大陆架面积之间，这一条款起到了有效的平衡作用。

第 76 条第 8 款确定了委员会建议的法律效力。若沿海国拥有 200 海里以外大陆架，其资料信息应由沿海国提交给委员会。委员会将就划定大陆架外部界限的事项向沿海国提出建议，沿海国在这些建议的基础上划定的大陆架界限应有确定性和拘束力。在《公约》制定过程中，考虑到第 76 条的复杂性和运用各条款的连贯性，以及沿海国对主权权利的敏感性，会议磋商者们决定成立一个具有建议能力的委员会，以避免对大陆架外部界限的确定卷入强制性的、带有拘束力的第三方争端中，这也是《公约》也是大陆架制度的一个显著特征。由纯粹的科学家组成的委员会对划界案进行审议、咨询和建议有效避免了国际法律与政治的影响，对国际社会来说是可以接受的。其职责不是划定各沿海国大陆架的外部界限，而是根据《公约》附件 2 的规定，审议沿海国在大陆架外部界限划界案中的主张是否是该国陆地领土的自然延伸，是否存在陆地领土和海洋划界争端，以及是否满足《公约》和委员会《准则》的技术要求，并在完成该划界案审议后提出建议。《公约》第 76 条第 8 款明确规定，沿海国在委员会建议的基础上划定的大陆架界限应有确定性和拘束力。因此，只有经过委员会审议，且沿海国在接受委员会建议的基础上确定的大陆架外部界限才是合法的固定界限。如果委员会不同意沿海国所提交的大陆架外部界限，则沿海国可以根据其建议提交修正划界案。从理论上来说，这个提交与审议程序是可以无限循环的。

第 76 条第 9 款和第 10 款规定了一些其他事项。其中，第 9 款规定，沿海国应将永久标明其大陆架外部界限的海图和信息交存于联合国秘书长，且秘书长应将这些信息妥为通知。第 10 款说明第 76 条的规定不妨害海岸相向或相邻国家间大陆架界限划定的问题。这表明大陆架外部界限的划定与相邻国家之间重叠区域的划界并无明确的次序关系，从积极意义上讲，这是为了避免单一咨询与双边审判之间的审判权黑洞的形成。

根据上述条款的规定，为了决定是否适用第 76 条以及如何应用，委员会便要求沿海国在一定的精度和技术参数范围内去识别其海岸线和海岸外的构造特征。要求提交的资料有：

（1）领海基线；

（2）从领海基线量起的 200 海里界限；

（3）大陆坡脚（大陆坡坡底坡度变动最大之点）；

（4）沉积岩厚度与到大陆坡脚的距离比率等于 0.01 的各定点；

（5）大陆坡脚向海侧 60 海里处的各定点；

（6）从领海基线量起 350 海里界限的位置；

（7）2500 米等深线位置；

（8）2500 米等深线量外 100 海里界限的位置；

（9）考虑相邻和相向国家的大陆架界限。

沿海国可以在符合第 76 条规定的基础上，选择对其最为有利的组合处理方式。具体而言，从基线量起若大陆架外缘不超过从领海基线量起 200 海里，则扩展到 200 海里；若大陆架外缘超过 200 海里，则沿海国可根据下面 2 条确定其大陆架的外部界限（结果取并集）：

（1）大陆坡脚向海一侧，距离不超过 60 海里；

（2）大陆架符合沉积岩厚度检验，也就是说，某点沉积岩的厚度至少为该点至大陆坡脚距离的 1%。

按照上述方式划定的大陆架外部界限不应超过（结果取并集）：

（1）从领海基线量起 350 海里；

（2）2500 米等深线外 100 海里。

一国的大陆架外部界限应由连接各定点、长度各不超过 60 海里的若干直线组成。若沿海国根据委员会的建议确定了其大陆架外部界限，则根据《公约》第 84 条的规定，其有义务在足以确定这些线的位置的一种或几种比例尺的海图上标出其大陆架的外部界限和分界线。在适当情形下，可以列出各点的地理坐标并注明大陆基准点的表来代替这种外部界限或分界线。最后，沿海国必须将这种海图或地理坐标表以适当的方式公布，并交存给联合国秘书长和国际海底管理局秘书长。

《公约》第 76 条"大陆架的定义"第 10 款明确指出，"本条的规定不妨害海岸相向或相邻国家间大陆架界限划定的问题"；第 83 条"海岸相向或相邻国家间大陆架界限的划定"第 1 款明确指出，"海岸相向或相邻国家间大陆架的界限，应在国际法院规约第三十八条所指国际法的基础上以协议划定，以便得到公平解决"。据此，可以说，当下的法律规范对于大陆架外部界限的划定与重叠区域的划界的关系没有明确的指向，委员会和国际法院的审议（或审判）职能从表面上看是两个完全独立、互不干涉的领域。而更多学者认为，根据1969年《维也纳条约法公约》第62条"基本的情势变迁"的原则，国家之间的边界一旦确定，便不会受到其他因素的干扰，比如国家单方面主张的管辖海域面积变化、海平面上升导致的领海基线后撤等。虽然从现行文本看确实如此，但我们不能忽略的是海洋边界条约取决于国家的合意，它所遵循的基本原则是"公平结果"。一旦沿海国对国家管辖海域提出新的要求，或领海基线发生了不可逆转的变动，那么公平合意的基础就会被迫发生动摇，国家之间是否还会遵守之前的边界协议也将不得而知。毕竟，重新协商并调整已有的国家边界没有违反现有的国际法规范，譬如，2009年瑞士和意大利因为全球气候变暖、冰川融化而重新划定了阿尔卑斯山脉区域的两国边界线。①

第二节 不同区域的划界现状——以地理坐标为标准

全球海洋的划界工作尚未完成，已经划定的海洋边界不足一半。海洋边界一般是由一系列界线组成的，从领海基线向海方向起分别是领海、毗连区、专属经济区和大陆架。国家之间的条约既是海洋划界的主要载体，也是海洋划界在国际法上的渊源所在。本章主要介绍与讨论国家之间的条约中所规定的划界内容与方法，以及世界各个主要海洋区域的具体案例。

一、大西洋区域

大西洋整体呈"S"形，以赤道为界被划分成北大西洋和南大西洋。其北以冰岛—法罗岛海丘和威维尔—汤姆森海岭与北冰洋分界，南临南极洲并与太平洋、印度洋南部水域相连通；西南以通过南美洲最南端合恩角的经线与太平洋分界，东南以通过南非厄加勒斯角的经线与印度洋分界；西部以南、北美洲之间的巴拿马运河与太平洋沟通，东部经欧洲和非洲之间的直布罗陀

---

① Michael Marshall, "Climate changes Europe's borders and the world's", https://www.newscientist.com/article/dn16854-climate-changes-europes-borders-and-the-worlds，最后访问日期：2024年1月25日。

海峡以地中海，以及亚洲和非洲之间的苏伊士运河与印度洋的附属海红海相连通。此外，大西洋还有数个附属海，其中较大的有地中海、加勒比海、北海、波罗的海、墨西哥湾等。

大西洋南部岸线平直，内海、海湾较少；北部岸线曲折，沿岸岛屿众多，海湾、内海、边缘海较多。岛屿和群岛主要分布于大陆边缘，多为大陆岛，开阔洋面上的岛屿很少。主要的岛屿和群岛有大不列颠岛、爱尔兰岛、冰岛、纽芬兰岛、古巴岛、伊斯帕尼奥拉岛及加勒比海、地中海中的许多群岛，格陵兰岛也有一小部分位于大西洋上。

二、地中海、黑海和加勒比海区域

（一）地中海

地中海位于欧洲大陆以南、非洲大陆以北、亚洲大陆以西，是世界上最大的海。整个地中海被19个国家的领土包围，如欧洲的法国、意大利、西班牙等国家，以及非洲的埃及、利比亚、突尼斯、阿尔及利亚等国家，还有西亚的黎巴嫩、以色列、叙利亚等国家，以及塞浦路斯和马耳他两个岛国。地中海划界缺乏协议主要有三个原因：一是地中海很多区域非常深，难以到达，没有经济吸引力；二是地中海区域岛屿数量过多，划界困难；三是南斯拉夫解体带来的政治性因素使地中海海洋划界日益艰难，产生了新的国家是否应承继之前的双边协定的法律问题。

地中海区域至少需要30多个协议才能将海洋边界划定，而其数量还完全没有达到要求。① 按照东经19°经线将地中海划分为东地中海与西地中海。东地中海有且仅有一条确定的海上边界，即1960年划定的第一条海上边界。该边界由塞浦路斯与英国划定。西地中海区域在意大利的积极倡导之下，一共划定了10条边界。1968年至1992年，意大利分别与南斯拉夫、法国、西班牙、突尼斯、希腊和阿尔巴尼亚等国家通过条约方式划定了海洋边界。其中，意大利与南斯拉夫的海洋划界是以中间线来划定的，这弱化了亚得里亚

---

① Umberto Leanza, "The Delimitation of the Continental Shelf of the Mediterranean Sea," *International Journal of Marine and Coastal Law 8*, No. 3 (1993): 373-396.

海（the Adriatic）中心海域附近南斯拉夫所属岛屿的权利主张。意大利与法国之间的海洋划界仅涉及科西嘉岛（Corsica Island）与撒丁岛（Sardinia Island）。意大利与突尼斯的海洋划界，采用了等距离方法，意大利同意减少对西西里海峡中心区域意大利岛屿的权利主张。在 1974 年意大利和西班牙关于西地中海的协定中，中间线被明确作为一个原则，确立了撒丁岛和巴利阿里群岛大陆架的边界。意大利和希腊于 1977 年签署的关于爱奥尼亚海（the Ionian Sea）的协定明确提到了中间线，考虑到各自海岸线的形状，两国大陆架的划分大致遵循这条线，由于海岸线的凹凸互补，因此只需要进行小幅调整。利比亚和突尼斯、利比亚和马耳他之间存在 2 条海洋边界，只不过这 2 条海洋边界分别是由国际法院在 1982 年突尼斯与利比亚大陆架划界案[①]和 1985 年利比亚与马耳他大陆架划界案中划定的。1986 年，利比亚与马耳他关于大陆架划界的协定适用了双方 1976 年签订的特别协定，并执行了国际法院 1985 年对利比亚—马耳他案的判决。国际法院采用的是等距离方法和比例检验方法。根据判决，协定针对位于马耳他南部的部分地区，划定了马耳他岛与利比亚海岸之间，以及从拉斯阿吉迪尔（Ras Ajdir）到拉斯扎鲁克（Ras Zarrouk）的利比亚海岸的区域。1984 年，法国与摩纳哥签订海洋划界协议[②]。1986 年，意大利和法国签订了另一项协议，划定了科西嘉岛和撒丁岛之间的博尼法西奥海峡（the Strait of Bonifacio）的海洋区域，尽管它只明确提到领海，但这显然也适用于大陆架。1992 年，意大利和阿尔巴尼亚达成了位于亚得里亚海（the Adriatic）和洛尼亚盆地（the Ionian Basins）相对海岸线之间的大陆架的划界协定，其中再次采用了等距离划界方法。1999 年，克罗地亚与波黑达成海洋划界协议。

在地中海为数不多的传统划界中（其中许多是由意大利制定的），大多数是基于等距离或中间线的标准，并考虑到岛屿的存在或对海岸线的弯曲进行修改。在不考虑地理环境的情况下，这些协议大多是在 20 世纪 60 年代和 70 年代签署的，也就是在 1982 年《蒙特哥湾公约》（Montego Bay Convention）缔

---

① 1988 年两国达成的划界协议基本与判决一致。
② 法国和摩纳哥就各自的海洋主权区域达成协议，于 1984 年 2 月 16 日签署，1985 年 8 月 22 日生效。

结之前。在至少两项关于地中海划界的协定中（直接涉及意大利的协定中），等距离的标准只部分适用：其中意大利与前南斯拉夫的协定略有偏离，与突尼斯1971年的协定则偏离较大。意大利已经签署了四项主要以等距离为基础，但也考虑到偏离该线的特殊情况的完全划界协定。大多数其他沿海国尚未达成完整的协议。但是，在地中海缔结的一些条约中，划界大陆架的缔约国之一的不利条件已得到政治或经济利益的补偿，达成了贸易或渔业协议或和解。

此外，地中海蕴藏的丰富的油气资源也成为影响各国海洋划界协议的重要因素。2022年10月11日，以色列与黎巴嫩宣布达成两国关于地中海东部海域的划界协议。以色列和黎巴嫩尚无外交关系，迄今仍未解除敌对状态。此前两国均声称对地中海东部大约860平方千米的水域拥有主权，希望开发海底蕴藏的丰富的石油和天然气资源。以色列总理办公室表示，该协议为"历史性成果"，其既能维护以色列的安全和北部边境的稳定，又能获取经济收益；黎巴嫩总统奥恩则称，该协议满足了黎方需求并保护了本国权益。虽然目前两国并未公布协议全文，但据外媒报道，以、黎海上边界将大致依照黎方提出的"边界线23"（Line 23）来划分；争议海域内的卡里什气田将划归以色列，卡纳气田的大部分区域将划归黎巴嫩，但黎方需向以方支付部分天然气收益。

（二）黑海

黑海通过土耳其海峡与地中海相连。流入黑海的重要河流有多瑙河和第聂伯河。沿黑海岸的国家有土耳其、保加利亚、罗马尼亚、乌克兰、俄罗斯和格鲁吉亚。其中，北岸为乌克兰，东北岸为俄罗斯，格鲁吉亚在其东岸，土耳其在其南岸，保加利亚、罗马尼亚在其西岸。

黑海的海洋划界受苏联解体的影响较大。1987年，苏联与土耳其划定了一条穿过黑海东半部的海洋边界。1994年，乌克兰和土耳其延长了1987年的这条海洋边界，将其作为专属经济区与大陆架边界。1997年，格鲁吉亚和土耳其又将此边界向东延长4海里作为两国专属经济区与大陆架的边界。乌克兰与罗马尼亚之间的海洋边界由国际法院在2009年黑海划界案中确定[①]。

---

① 张卫彬：《公平原则及相关情况规则探讨——兼析中国东海大陆架划界基本主张》，《当代亚太》2010年第1期，第148－162页。

按照该判决，双方存在争议的海域大约80%的部分归属于罗马尼亚，同时界定蛇岛为礁石而非岛屿，不享有大陆架和专属经济区①。该案中，法院适用公平原则进行判案，明确提出了划界"三段论"，这反映了公平原则及相关情况规则成为全新的一般习惯法。②

（三）加勒比海

加勒比海的海洋地理分布较为复杂，其和地中海一样被大陆海岸包围，并且被岛屿分成更小的区域。加勒比海大陆架的最宽处位于洪都拉斯莫斯基托海岸、委内瑞拉东海岸和古巴南部海岸。

英国与委内瑞拉划定了加勒比海的第一条海洋边界，该边界穿过帕里亚湾，位于委内瑞拉和特立尼达之间。20世纪70年代，古巴、墨西哥和美国划定了海上边界，这些边界都是用等距离/中间线方法划定的。1976年至1982年，加勒比海着手划定12条海上边界。其中，哥伦比亚和委内瑞拉未能划定其共同边界。在加勒比海的25个划界中③，有12个划界是以等距离/中间线方法划定的，还有7个是以公平概念（the concept of equity）为法律基础，剩余的6个划界协定在不同区段使用了等距离/中间线方法或者公平概念。例如，在多米尼加和法国之间的协定中，从地理上来说，多米尼加位于法属瓜德罗普岛和马提尼克岛之间，和上述两个岛屿之间的等距离线将其限制在很小的海域范围内。两国最终采用了综合等距离/中间线方法和公平概念的方式。三个岛屿附近先使用等距离方法，再从三个岛屿向东画出公平界线，以便多米尼加拥有一条延伸至200海里的狭长海域与海底区域。哥伦比亚和牙买加之间、开曼群岛和洪都拉斯之间协定的边界包括特定的区域，在此区域内，哥、牙双方享有一定的经济权利。只有巴拿马已经完全明确了其在加勒比海的海洋权利主张。

---

① Maritime Delimitation in the Black Sea (Romania v. Ukraine). International Court of Justice, February 3, 2009, accessible at http://www.icj-cij.org, 访问日期：2024年10月20日。
② 张卫彬：《海域划界规则的新发展——罗马尼亚诉乌克兰黑海划界案评析》，《武大国际法评论》2010年第2期，第408-428页。
③ Guilliaume Guez, "International Court of Justice: Maritime Delimitation in the Caribbean Sea and the Pacific Ocean (Costa Rica v. Nicaragua)," *International Journal of Marine and Coastal Law 33*, No. 4 (2018): 827-835.

加勒比海划界的典型特点是远洋岛屿或者群岛并不多，仅有四种类型。例如，属于委内瑞拉但位于母国 200 海里专属经济区之外的阿韦斯岛（Aves Island），该岛位于加勒比海东北部，距离多米尼加国不到 150 海里，有可能对多米加国的海洋权益主张造成封锁效应。但是目前并未影响委内瑞拉与多米尼加之间关于该片海域的划界谈判，虽然有些时候会在等距离/中间线方法项下作出一定的让步。委内瑞拉和荷兰就紧临委内瑞拉的帕拉瓜纳半岛的阿鲁巴岛、库拉索岛和博内尔岛划定了令各方满意的边界。

三、波罗的海与红海区域

（一）波罗的海

波罗的海的北部海岸地势崎岖，完全有别于充满溺谷和低缓平滑、柔软沉积物的南部海岸。波罗的海北部为拥有众多小岛的芬兰和瑞典，南部为德国东部和波兰，这种区别源于该地区的地质情况与冰川消融的结合。覆盖波罗的海北部大部分区域的巨大冰盖的移动，导致斯堪的纳维亚半岛在过去的一万年内呈现出不断上升的趋势，而波罗的海南部则有下沉的迹象。

一些学者将波罗的海视为海洋界限划分的典范区域，因为波罗的海区域确实拥有丰富的海洋界限划分历史。例如，芬兰与瑞典于 1972 年确定的阿兰群岛（Åland Islands）西侧大陆架界限，其划分依据涵盖了 1809 年瑞典与俄罗斯签订的《哈米纳和约》（*Hamina Peace Treaty*）以及 1921 年关于该岛非军事化和中立化条约所确立的界限。《哈米纳和约》明确了当时瑞典与俄罗斯（当时芬兰属于俄罗斯帝国的一部分）的领土界限，为后续的海洋界限划分奠定了历史基础。挪威与瑞典之间的领海界限亦具有悠久的历史。自 1661 年起，两国便对领海边界存在争议，直至 1909 年通过仲裁裁决最终确定了该领海界限。更重要的是，这一边界首先将垂直于海岸线的一般走向作为一种划界方法。此外，1932 年 1 月 30 日，丹麦和瑞典划定了一条穿过厄勒海峡、延伸 63 海里的领海界线。值得注意的是，在丹麦海峡，作为沿海国的丹麦、德国和瑞典同意选择不将各自的领海向外延伸 12 海里，从而留出一条专属经济区通道，避免了几条用于国际航行的海峡受到过境通行的限制。现代以来，海洋划界是在社会主义国家之间开始进行的。20 世纪 70 年代起，西方国家和社会主义国家之间签署了大量的相关协议。这些合作协议的达成主要是由于波罗的海面积小且半封闭、海水深度较浅、海岸人口高度密集和沿岸国之间高度的工业化等。按照划定时间排列，波罗的海的海洋边界已经在下列国家之间划定：丹麦和德国（1965 年、1988 年）、芬兰和苏联（1965 年、1967 年、1980 年、1985 年）、芬兰和瑞典（1972 年、1995 年）、丹麦和瑞典（1984 年）、波兰和苏联（1985 年）、瑞典和苏联（1988 年）、德国和波兰（1989 年、1990 年）、波兰和瑞典（1989 年）。苏联解体和波罗的海的沿岸国家作为独立国家的重新出现，导致这一区域产生了新的海洋边界。其中大多数海洋边界均是在 20 世纪 90 年代后期划定的[1]，包括爱沙尼亚和拉脱维亚（1996 年）[2]、爱沙尼亚和芬兰（1996 年）[3]、立陶宛和俄罗斯（1997 年）、爱沙尼亚和瑞典（1998 年）、拉脱维亚和立陶宛（1999 年）。

此外，波罗的海中一些关键性的三接点是通过以下国家间的协议确定的：波兰、瑞典和苏联（1989 年）、爱沙尼亚、拉脱维亚和瑞典（1997 年）、爱沙尼亚、芬兰和瑞典（2001 年）。针对波罗的海的三接点处理方式非常特别：相关国家在尚未延伸至潜在三接点时便停止划界，而将其坐标留给相关第三方协议解决。这是一种非常具有代表性的方式，随后也成为世界范围内国家实践的通用方法。

（二）红海

红海是半闭海，其位于非洲和阿拉伯半岛之间，被吉布提、埃及、厄立特里亚、以色列、约旦、沙特阿拉伯、苏丹和也门等国家包围。红海是复杂的非洲和阿拉伯半岛陆壳断裂带的一部分，该断裂带向北穿过亚喀巴谷（Wadi Aqaba）、死海、约旦裂谷，向南通过东非大裂谷。由于深度与线性构

---

[1] Erik Franckx, "Two New Maritime Boundary Delimitation Agreements in the Eastern Baltic Sea," *International Journal of Marine and Coastal Law 12*, No. 3 (1997): 365 – 376, https://heinonline.org/HOL/P?h = hein.journals/ljmc12&i = 395，访问日期：2023 年 12 月 25 日。

[2] 爱沙尼亚共和国和拉脱维亚共和国关于里加湾、埃尔贝海峡和波罗的海海洋划界的协定，1996 年 7 月 12 日订立，该协定于 1996 年 10 月 10 日生效。

[3] 爱沙尼亚共和国和芬兰共和国关于芬兰湾和北波罗的海海域边界的协定，于 1996 年 10 月 18 日订立，1997 年 1 月 7 日生效。

造，红海成为一个相对狭长的带状水域，其南部的最宽处仅为 165 海里，故而相向或相邻国家之间的海洋划界将是无法避免的。从形态上而言，红海几乎沿着一条直线延伸了约 1040 海里，自位于其北端的更为狭窄的两个附属海湾——亚喀巴湾和苏伊士湾向南，向东南方至曼德海峡（Bab Al - Mandeb）。红海海岸线凹点较少，但是小岛和珊瑚礁星罗棋布，尤其是在红海南部，在这里与海岸线相接的是深浅不一的珊瑚礁密布的大陆架。红海北部邻接海岸的大陆架较窄，但是中央海槽与南部相比宽且浅。这些珊瑚礁是沿海各国的重要资源，有助于维持和恢复地区渔业，为沿岸提供天然的保护，是具有科研和教育价值的重要遗传资源，并具有发展休闲和旅游产业的潜力。红海中部与大陆海岸之间有若干岛屿，主要由位于北部属于埃及的埃尔阿卡韦因岛（El Akhawein Island）和也门的扎巴尔阿尔泰尔岛（Jabal Al - Tayr Island）、祖拜尔岛群（Zubayr Island Group）和哈尼什岛群（Hanish Island Group）组成。此外，红海沿海部分还有两组较大的群岛，即西边厄立特里亚海岸外的达赫拉克群岛（Dahlak Archipelago）和东边沙特阿拉伯与也门海岸外的费拉桑群岛（Farasan Group）。

红海蕴藏着重要的海洋资源，尤其是红海北部的碳氢化合物，位于被埃及领土所环绕的苏伊士湾附近。20 世纪 60 年代，红海海槽中轴深槽的中段发现了若干彼此独立的海渊，其中积存着 30～60 英尺厚的浓缩热卤水和含金属的沉积物，其中富集铜、锰、锌、铁、银等金属矿物，将来可以进行商业性开发。红海的生物资源也是由其独特的地理环境决定的。由于红海大体封闭且高温少雨，没有大型河流注入，因此成为一个"浓缩池"。由于蒸发量很大，海水具有高温、高盐的特点，因此亚丁湾和印度洋海水携带着营养物质流入以补充蒸发失水。这一因素导致红海南部浮游植物生产力较之北部更高，这意味着南部水域的生产力更高，大幅超过其他水域。除了以色列与沙特阿拉伯之外，其他红海沿岸国家的渔业仍然主要依赖传统的手工捕鱼，而非商业化作业。考虑到沿海人口的不断增加，以及发展中沿海国家政府颁布捕鱼许可证的举措和出口创收的需要，有限的渔业资源所承受的压力和沿海国之间为获取这些资源的竞争未来预计将更加显著，特别是在沿海国家之间缺少全面的海洋边界划定的情况下。

红海连接着通向北方地中海至苏伊士运河和红海南端的曼德海峡，是具有重大战略意义的国际航行水道。它从根本上使在苏伊士运河上往来于西方的欧洲、北美洲和东方的南亚、东南亚之间的船舶节省了大量的时间、缩短了距离。因此，这一航线和南部红海（包括到达曼德海峡的通路）对英国来说极其重要，特别是在苏伊士运河开通后。随着海湾石油的开发，这一航道的重要性进一步增加。目前，红海内的海洋划界尚未完全开展，在可能划出的 13 条边界里只有 3 条已经被确定，包括 1996 年以色列与约旦通过谈判确定的协议、1996 年沙特阿拉伯与也门通过双边谈判确定的协议以及 1999 年厄立特里亚与也门通过国际仲裁庭裁决确定的边界[1]。在红海区域，影响海洋划界的因素主要包括沿海领土和岛屿的领土主权争议、对直线基线过度的或模糊的主张、岛屿的存在以及海上资源的争夺。当然，地区紧张的政局也严重影响了边界争端的解决。

红海的第一条已定海洋边界是以色列与约旦之间的海洋边界。1994 年 10 月 26 日，以色列与约旦缔结了和平条约，该条约第 3 条规定两国应当通过谈判解决海洋边界的划界问题，尔后两国达成一项海洋边界协定。尽管超出了上述和约规定的期限（9 个月），但是两国仍然于 1996 年 1 月 18 日签署了一项划界协定。红海的第二条已定海洋边界是厄立特里亚和也门之间的海洋边界。1995 年年底，两国对分布在其相向大陆海岸间中部的几个岛屿，特别是哈尼什岛群的主权争端升级。武装冲突后，经法国牵头调解，两国于 1996 年 10 月签订了协议，将争端提交给具有拘束力的仲裁。值得注意的是，在分界线的北段和南段，需要划分双方专属经济区和大陆架主张处，仲裁庭裁定双方相向大陆海岸间的中间线将产生公平的界线。仲裁庭将相关岛屿赋予了划界全效力，这一点并不常见。红海的第三条已定海洋边界是沙特阿拉伯与也门在 2000 年 6 月 12 日缔结的全面划界条约的一项成果。这一条约规制了两国的全部陆地边界，并解决了旷日持久的领土争端。在该条约的附件三中，还划定了两国在红海中的海洋边界。一般认为，划定这条海洋边界是陆地边

---

[1] Nuno Sérgio Marques Antunes, "The 1999 Eritrea – Yemen Maritime Delimitation Award and the Development of International Law," *International and Comparative Law Quarterly*, Vol. 50 (2001): 299 – 344.

界的附带问题，但因海岸上陆地边界核心附近存在岛屿而使问题复杂化，特别是也门之前一直主张对沙特阿拉伯费拉桑岛群拥有主权。最终的划界协议将费拉桑岛群及其周围大部分岛屿划给了沙特阿拉伯，将若干小岛划给了也门，从而解决了两国的海上主权争端。

四、非洲地区

目前，非洲大陆的海上边界争端非常多。如果不通过谈判或其他外交方式来解决这些问题，将会危及非洲大陆在短期和长期实施海洋政策和战略。根据大卫·安德森（David Anderson）[①]的说法，"在目前确定的 400 多个边界中，全世界共有 180 个边界得到了认可"。对非洲来说，只有大约 30% 的边界是划定的，这自然加剧了寻求控制非洲大陆自然资源的国家之间的紧张关系，进而引发海上边界的领土争端。非洲国家划界情况不佳的一个重要原因是，在没有邻国入侵或出现自然资源危机时，对非洲沿海国家来说，海洋划界并不是最优选项。

非洲联盟将 2017 年年底定为所有非洲国家划定边界的最后期限，尽管非洲大陆海域划界争端的解决遵循《公约》的规定和国际法院的裁决，但是实际上大多数海洋边界的划分仍很糟糕，在 80 万千米的大陆边界中，只有 30% 的边界得到划定。[②] 这表明，非洲国家划界的重大的争议和压力仍然存在，并未能在 2017 年完成所有国家的划界。

然而非洲似乎正在面临这样的现实：没有适当划定的海洋边界会对和平共处和贸易造成威胁，进而影响非洲的人口和经济。因此，非洲国家采取了若干措施来处理海洋划界问题：1964 年 7 月在埃及开罗举行的非洲统一组织（OAU）第一届政府常会通过了在非洲实现独立时尊重现有边界的原则[③]；1986 年 7 月在埃塞俄比亚的亚的斯亚贝巴举行的非洲统一组织（现为非盟）部长理事会第 44 届常会以及非洲联盟和平与安全理事会，通过了谈判解决边

[①] 曾任国际海洋法法庭法官。
[②] Oluoch F., "East Africa Yet to Resolve Border Dispute Ahead of Deadline. The East African, 2017," http://www.theeastafrican.co.ke, 访问日期：2023 年 12 月 25 日。
[③] 参见 Article 4 (b) of the Constitutive Act of the African Union (AU)。

界争端的原则；2002年7月在南非德班举行的国家元首和政府首脑会议，规定了尚未进行的非洲边界的划界；2007年1月在亚的斯亚贝巴举行的第八届非洲联盟国家元首和政府首脑会议通过了关于鼓励委员会继续努力从结构上预防冲突的宣言，特别是通过了非洲联盟边界计划（AUBP）。该计划涉及建立其成员国的海洋边界，包括大陆架的外部界限[①]。

截至1990年，非洲地区共有33个划界协议，生效的有5个，分别是：喀麦隆—尼日利亚（1975年6月1日）；冈比亚—塞内加尔（1976年8月27日，2个边界）；几内亚—几内亚比绍（1985年2月14日）；几内亚比绍—塞尔加尔（1960年4月26日关于大陆架的协议）；毛里塔尼亚—摩洛哥（1976年11月10日）[②]。

五、印度洋区域

地理上的印度洋区域是指从非洲延伸至阿拉伯半岛东海岸，从霍尔木兹海峡至新加坡海峡的亚洲南海岸，远至托雷斯海峡的印度尼西亚群岛南海岸和澳大利亚北海岸及西海岸的整个区域。构成印度洋南部边界的是一条不规则的岛链，自属于南非的爱德华王子群岛至法属凯尔盖朗群岛和澳大利亚赫德及麦克唐纳群岛，故而，印度洋包括亚丁湾、阿曼湾、阿拉伯海、安达曼海、帝汶海和阿拉弗拉海、孟加拉湾、马六甲海峡与新加坡海峡。以印度南段科摩林角（Cap Comorin）的东经77°35′线为界，印度洋被分为东、西两部分。东部印度洋包括一些群岛，例如安达曼群岛、尼科巴群岛、印度尼西亚群岛，还包括斯里兰卡的主要岛屿和海峡。西部印度洋海岸整体平缓，包括主要岛屿马达加斯加岛和该岛以西、以北和以东的众多小岛，以及印度以西查戈斯—拉克代夫海台（Chagos – Laccadive Plateau）分布的马尔代夫、拉克代夫和查戈斯群岛。西部印度洋南部还包括亚南极群岛（Sub – Antarctic Islands）。

---

① Diarrah A., "An Overview of the African Union Border Programme," In African Union Commission, *Delimitation and Demarcationof Boundariesin Africa（General Issuesand CaseStudies）*. Ethiopia：African Union Programme,（2013）：8.

② Limits in the seas, No. 108.

印度洋东、西两部分之间的地理差异明显，海洋划界的历史也截然不同。在东部印度洋，自1969年印度尼西亚和马来西亚在马六甲海峡划定其大陆架边界以来，整个帝汶海和安达曼海、新加坡海峡、印度和斯里兰卡之间便都有海洋边界协定，共计二十多项，仅有几处边界尚未确定，包括印度尼西亚和东帝汶之间的边界、孟加拉和印度及缅甸之间的边界。在西部印度洋，从1976年肯尼亚和坦桑尼亚确定两国间的海洋边界至2004年阿曼和也门确定的一段海洋边界，总共划定了7条边界。两部分的协定数量之所以有如此大的差异，主要原因在于西部印度洋复杂的政治问题，也门、索马里和莫桑比克面临内战，南非地位特殊，毛里求斯和英国及法国之间存在着相互冲突的领土主张，莫桑比克海峡内部存在若干法属小岛，科摩罗群岛内部也存在着未决问题。

　　1971年至1989年，印度洋共划定了19条海洋边界，而在之后的15年间仅划定了7条新的边界。1997年，在帝汶海的临时划界被证明不切实际。因此，2002年，东帝汶要求与澳大利亚、印度尼西亚展开新的谈判。虽然东帝汶目前依旧敦促澳大利亚尽早划定一条边界以取代"共同石油开发区"，但没有迹象表明这是可期的现实。有报告称，东帝汶对其飞地欧库西东北的巴特克岛（Pulau Batek）提出领土要求，这一情况恐怕不利于任何未来的谈判。例如印度和巴基斯坦等邻国，历年来一直缺少解决海洋边界问题通常所必需的高度政治互信。其他国家，如印度尼西亚、马尔代夫和斯里兰卡等，因其已经完成了对自己最重要边界的划定，所以并不把划定剩余边界视为优先事项。某些国家具有严重的国内问题和存在局限性的地理状况，例如索马里，与邻国进行海洋划界的能力十分有限。其他政治稳定、地理有利的国家，如南非，其关注焦点已经进入大片无争议的海域和海底，与邻国划定精确的边界也不会给其渔业和采矿业带来重大机遇。但是西部印度洋的领土争端将会为该地区的海洋划界蒙上阴影。

六、极地区域

（一）丹麦和加拿大之间的区域划界

　　丹麦的格陵兰岛和加拿大的北极群岛的海岸相向。1973年12月17日，两国签订了《关于划分格陵兰和加拿大之间大陆架的协定》（Agreement Concerning the Delimitation of the Continental Shelf between Greenland and Canada），划分了格陵兰岛和北冰洋各岛屿之间的大陆架边界。这条海上边界线是"通过相互协议而决定和调整的一条中间线"。① 汉斯岛的主权归属争议对两国间的海域划界产生了影响，加、丹两国的海上边界至此被分成两段，分别位于汉斯岛的两端。而汉斯岛未被赋予划界效力。②

（二）冰岛和挪威的区域划界

冰岛与挪威存在大陆架划界争端，两国于20世纪下半叶订立《挪威与冰岛关于渔业和大陆架问题的协议》（Agreement between Norway and Iceland Concerning Fisheries and the Continental Shelf），内容载明：在确定大陆架界限时要考虑特殊情况。由于两国无法就冰岛提出的依自然延伸而享有200海里外大陆架权利主张达成一致，遂向调解委员会申请解决建议。该委员会认为扬马延脊不构成任何一方的自然延伸，应在公平原则之下，做出等距离线并考虑有关情况加以调整。在随后的《补充协议》中，两国采用了公平原则，并考虑了冰岛对渔业的依附情况。③

冰岛和挪威在1981年10月22日签订《关于冰岛和扬马延岛之间的大陆架协定》（Agreement between Iceland and Jan Mayen Concerning the Continental Shelf），规定双方在冰岛与扬马延岛之间海域的大陆架界线与专属经济区界线为同一条线，并同意对分界线附近石油资源的勘探和开发进行合作。协定划定了一个矩形的共同开发区。在该区域内，冰、挪两国将分担石油勘探开发费用，也允许国家或非国家实体的石油公司参与。专属经济区界线为冰岛200海里线，该线将上述矩形区域一分为二：北区稍大，面积约为33000平方千米；南区稍小，面积约为13000平方千米。挪威和冰岛分别在北区和南区进行相关管理。在北区，冰岛持有石油经营25%的股份；在南区，挪威持

---

① 参见http：//www.un.org/Depts/los/LEGISLATIONTREATIES/PDFFILES/TREATIES.DNK－CAN1973CS.pdf，访问日期：2023年12月25日。
② 北极问题研究编写组：《北极问题研究》，海洋出版社，2011，第37－45页。
③ 张楚旻：《北极地区外大陆架划界法律原则适用问题研究》，大连海洋大学硕士研究生学位论文，2023，第8－17页。

有石油经营 25% 的股份；该协定于 1982 年 6 月 2 日生效。

(三) 美国和苏联在白令海和楚科奇海域的划界

俄、美在 1867 年签署转让阿拉斯加协议时①，并未明确白令海和楚科奇海的主权归属。但美国在开发阿拉斯加时，逐步将周边海域纳入其势力范围。1983 年，美、苏开始就白令海的海洋划界进行谈判，并于 1990 年 6 月 1 日在华盛顿签署了关于白令海和楚科奇海的划界协议。该协议确定美、苏在白令海和楚科奇海专属经济区的界限为距苏联海岸约 150 海里、距美国海岸约 250 海里处，美、苏两国所得海域面积之比为 7∶3。作为补偿，美国向苏联提供渔业和海洋资源配额。美国国会在 1990 年 9 月 16 日全票通过了该协议。但当时的苏联和现在的俄罗斯却一直没有批准。苏联/俄罗斯认为美俄之间应以中间线划分两国的海域界限，该划界协议使俄罗斯在白令海峡和楚科奇海失去了约 237 万平方千米的海域。划界协议签署以后，美、俄在此海域因渔业问题纠纷不断。一方面，美国已经批准了协议，开始按照条款对海上界线实施控制，不允许俄罗斯船只进入美国一侧的海域；另一方面，由于俄罗斯并未批准这一协议，美国又拒绝向俄罗斯提供渔业和海洋资源配额补偿。②

(四) 丹麦和挪威关于格陵兰岛和扬马延岛的区域划界

国际法院在 1993 年 6 月 14 日以 14∶1 对丹麦和挪威关于格陵兰岛与扬马延岛的大陆架及渔区的划界作出判决，对此区域的大陆架和渔区划定了界线。根据国际法院对本案的事实概述和诉讼回顾，丹麦于 1988 年 8 月 16 日提出诉讼，要求国际法院对在格陵兰岛与扬马延岛之间的水域按国际法划出丹麦与挪威的渔区及大陆架的单一界线。丹麦认为，应从格陵兰岛的基线量起 200 海里的距离划出渔区与大陆架的分界线；挪威则主张以中间线为界。国际法院在划出一条临时的等距离线后认为，该线应当作出有利于丹麦的调整，因为两国领土岸线长度悬殊，已构成特殊情况。据此，界线应定在中间线和从东格陵兰海岸起算的 200 海里线与冰岛主张的 200 海里线相交处之间。挪威和丹麦于 1995 年 12 月 18 日在奥斯陆签署协定，就渔区分界线和大陆架边

---

① Convention ceding Alaska between Russia and the United States, 134 Consolidated Treaty Series 331.
② 北极问题研究编写组：《北极问题研究》，海洋出版社，2011，第 3-9 页。

界达成协议，确定了双方在格陵兰岛和扬马延岛之间的大陆架及渔区分界线。协定还就日后可能出现的跨界资源开发等问题作了规定。①

（五）俄罗斯与挪威关于巴伦支海域的划界

俄罗斯与挪威一直在巴伦支海存在划界争议，争议区为从俄罗斯新地岛到挪威斯匹次卑尔根岛之间约17.5万平方千米的海域。俄罗斯坚持按照扇形原则划界，挪威则坚持按中间线划界。1978年，苏联与挪威把双方争议区定性为临时"灰色海域"，由两国共管该区域的渔业和交通。1989年，苏联开始在"灰色海域"中间线的苏联一侧进行钻探。2007年4月，俄、挪两国在奥斯陆发表《关于巴伦支海和北冰洋海洋划界与合作的联合声明》（*Joint Statement on the Delimitation of the Maritime Areas in the Barents Sea and the Arctic Ocean and on Cooperation*）。2010年4月27日，挪、俄两国就巴伦支海划界问题达成协议。2010年9月15日，两国总统签署了《挪威王国和俄罗斯联邦关于巴伦支海和北冰洋海洋划界与合作条约》（*Treaty between the Kingdom of Norway and the Russian Federation on the Delimitation of the Maritime Areas in the Barents Sea and the Arctic Ocean and on Cooperation*）。依据该条约，该海域的西侧归挪威，东侧属俄罗斯。在油气合作领域，两国同意在油气资源跨越海上分界线时，实施有效和负责任的油气资源管理。②

（六）美国与加拿大关于波弗特海域的划界

美、加两国围绕波弗特海海域划界问题长期僵持不下，争议主要集中在海域分界线的走向上。加拿大主张将1825年沙俄与英国约定的西经141°线延长至北极点，作为美、加在北冰洋上的海洋边界。美国主张适用等距离线划界。而等距离线与西经141°线形成的争议区恰恰是波弗特海大陆架石油、天然气资源的富集区。③

（七）挪威与瑞典关于格里斯巴丹那等区域的划界

挪威和瑞典均意图把资源丰富的格里斯巴丹那等区域归属自己国家，以

---

① 北极问题研究编写组：《北极问题研究》，海洋出版社，2011，第11-20页。
② 北极问题研究编写组：《北极问题研究》，海洋出版社，2011，第10-20页。
③ 北极问题研究编写组：《北极问题研究》，海洋出版社，2011，第33-39页。

谋求更多的海洋生物资源。为了尽早解决海洋争端，两国向仲裁庭诉请解决特定点至领海线的边界。①挪威请求仲裁庭按照等距离原则进行大陆架划界，同时考虑到了露出水表的岛礁等。瑞典与挪威采用的是划界原则一致，但其主要考虑因素是供人生活的岛礁。最后仲裁庭分两部分做出了裁决，第一部分采用等距离原则并考虑到双方订立有关边界条约时的具体情况，即礁石群在条约订立时还在水底，故肯定了瑞典的诉讼请求；第二部分边界的划分要追溯到1658年的法律及原则，最终在此部分划界中否定了等距离原则，采用了垂直线方法，并对其加以修正，最终确定了海洋边界线。

（八）南极区域的划界

由于《南极条约》（Antarctic Treaty）以及"南极条约体系"的存在，南极大陆目前不存在为国际社会所承认的领土主权，即无法从南极大陆出发划定海洋区域。即使南极领土主张国（英国、澳大利亚、新西兰、法国、挪威、阿根廷和智利）大多都颁布了国内法，并依据《公约》主张所谓各自的"南极领地"从陆地一侧向海洋的"领海""专属经济区""大陆架"等海洋区域，但是这些主张在南极领土主张国之外，均不被承认。英国"1908年7月21日福克兰群岛属地任命状（Letters Patent）"（简称1908年任命状）规定，位于南大西洋南纬50°、西经20°至西经80°的南乔治亚岛（South Georgia）、南奥克尼（South Orkneys）、南设得兰群岛（South Shetlands）、桑威奇群岛（Sandwich Islands）、格雷厄姆地（Graham Land）构成了福克兰群岛属地。②澳大利亚和新西兰分别继承了英国在东南极和俄罗斯领地的南极领土主权主张。法国南极领土主权主张主要是阿德利地（Adélie Land）。法国在1938年4月1日总统令（Presidential Decree）中第一条规定，法国对南纬60°以南、东经136°至东经142°之间的所有岛屿和陆地享有主权。③

---

① 参见 http：//www. haguejusticeportal. net/Docs/PCA/Grisbadarna% 20Convention% 20English% 20PCA% 20PDF. pdf，访问日期：2023 年 12 月 22 日。
② British and Foreign State Papers (1907 – 1908), Vol. 101 (London, 1912), pp. 76 – 77.
③ Article 1 of Decree defining the limits of Adélie Land, 1 April 1938, Item BB – FR – 31, Antarctic Documents Database, https：//sparc. utas. edu. au/uploads/r/antarctic – documents – database/a/f/f/afff8770a046d95dd9928e94cb526c1aa052b2faafd98fdeacb3e9e6777f5e2/d990078b – 593f – 4150 – 9ec2 – 9f15878ff4b4 – AU – ATADD – 1 – BB – FR – 31. pdf?token = 251bf95818ebf781ee4efae0 cb7876def299 1165c05b5fc5b1336daed9022862，访问日期：2024 年 3 月 10 日。

1928年1月23日挪威皇室令对布韦岛（Bouvet Island）首次正式提出主权主张。① 随后，挪威"1939年1月14日皇室声明"（简称挪威1939年声明）规定，挪威对西起福克兰群岛属地边界（科茨地）、东至澳大利亚南极属地（东经45°）南极大陆海岸及附近海域享有主权。② 阿根廷的南极领土主权主张是阿根廷南极扇形区（Argentina Antarctic Sector，AAS），即南纬60°以南、西经25°至西经74°之间的扇形区域。③ 1940年11月6日智利第1747号法令（简称智利第1747号法令）规定，根据1906年关于领土划界的声明以及1939年9月7日第1541号法令已经根据地理、历史、司法和外交先例确定的智利南极领土（Chilean Antarctic territory），西经53°至西经90°所有已知或者未知的陆地（lands）、岛屿（islands）、岛礁（islets）、岩礁（reefs of rocks）、冰川（glaciers）、浮冰（pack-ice）及其领水（territorial waters），组成了智利南极（Chilean Antarctic）或者智利南极领土（Chilean Antarctic territory）。④

南极地区存在的真正问题为从南纬60°以北的陆地、岛屿向南进行专属经济区、大陆架、外大陆架划界，这一做法将会直接侵入1959年《南极条约》规定的"南极条约区域"（Antarctic Treaty Area，ATA）。除了挪威，6个南极领土主张国均向委员会提出过外大陆架划界申请。例如，2004年11月15日，澳大利亚根据《公约》第76条第8款的规定，⑤ 通过联合国秘书长向委员会提出外大陆架申请。⑥ 2005年4月4日至22日，委员会在纽约第

---

① Declarations Concerning Antarctic Territories. Norway: Bouvet Island, International Law Studies, Vol.46, 1948–1949, International Law Documents, U.S. Naval War College, 1950, https://digital-commons. usnwc. edu/cgi/viewcontent. cgi?article=2096&context=ils, 访问日期：2024年3月10日。

② Royal proclamation defining the area of Norwegian sovereignty in Antarctica, 14 January 1939, Item BB-NO-35, Antarctic Documents Database, https://sparc. utas. edu. au/index. php/royal-proclamation-defining-the-area-of-norwegian-sovereignty-in-antarctica, 访问日期：2024年3月10日。

③ Antarctica, Foreign Policy, Ministry of Foreign Affairs of Argentina, https://cancilleria. gob. ar/en/foreign-policy/antarctica, 访问日期：2023年3月10日。

④ Argentine and Chilean Territorial Claims in the Antarctic (1946) 4:32 Polar Record: 412-417, at 416.

⑤ 《联合国海洋法公约》第76条第8款规定："从测算领海宽度的基线量起二百海里以外大陆架界限的情报应由沿海国提交根据附件二在公平地区代表制基础上成立的大陆架界限委员会。委员会应就有关划定大陆架外部界限的事项向沿海国提出建议，沿海国在这些建议的基础上划定的大陆架界限应有确定性和拘束力。"

⑥ 参见 http://www. un. org/Depts/los/clcs_new/submissions_files/submission_aus. htm, latest access time: 2018/11/30, 访问日期：2024年9月3日。

十五届会议上着手审议该项申请。2008年4月9日，委员会通过"关于澳大利亚2004年11月15日200海里外大陆架申请的建议"，并根据《公约》附件二第6条第3款①的规定呈递沿岸国与联合国秘书长。② 在第二十次会议上，委员会通过了关于澳大利亚2004年11月15日申请的总结专家建议。

根据《公约》第76条第1款的规定，澳大利亚拥有的大陆架包括其领海以外依其陆地领土的全部自然延伸，并扩展到大陆边外缘的海底区域的海床和底土，但以第4款至第6款所规定的界限为限，如果从领海基线量起到大陆边的外缘的距离不到200海里，则扩展到200海里的距离。③

其中，可能涉及南极地区的外大陆架地区包括：

（1）澳大利亚南极领地（Australian Antarctic Territory）。

澳大利亚南极领地包括位于东经45°至东经136°，以及东经142°至东经160°的南极大陆与岸外岛屿。④ 此地区的大陆边是南极洲、大印度和澳大利亚在白垩纪解体时所形成的，是澳大利亚南极领地陆块没入水中的延伸部分。⑤

（2）凯尔盖朗深海高原地区（Heard/MacDonald Islands）。

1982年《澳大利亚政府和法兰西共和国政府海洋划界协定》（*Agreement between the Government of Australia and the Government of the French Republic Concerning the Maritime Delimitation*）划定了赫德岛和麦克唐纳群岛（Heard and McDonald Islands）（澳大利亚）与凯尔盖朗群岛（Îles Kerguelen）（法

---

① 《联合国海洋法公约》附件二第6条第3款规定："委员会的建议应以书面递交提出划界案的沿海国和联合国秘书长。"
② 参见http：//www.un.org/Depts/los/clcs_new/submissions_files/submission_aus.htm，访问日期：2024年9月3日。
③ Executive Summary of the Continental Shelf Submission by Australia, AUS－DOC－ES, at 4, http：//www.un.org/Depts/los/clcs_new/submissions_files/aus04/Documents/aus_doc_es_web_delivery.pdf，访问日期：2023年9月10日。
④ Executive Summary of the Continental Shelf Submission by Australia, AUS－DOC－ES, at.11, http：//www.un.org/Depts/los/clcs_new/submissions_files/aus04/Documents/aus_doc_es_web_delivery.pdf，访问日期：2023年9月10日。
⑤ Executive Summary of the Continental Shelf Submission by Australia, AUS－DOC－ES, at.11, http：//www.un.org/Depts/los/clcs_new/submissions_files/aus04/Documents/aus_doc_es_web_delivery.pdf，访问日期：2023年9月10日。

国）之间的大陆架和专属经济区界限。①

澳大利亚在照会中表示："澳大利亚重视南纬60°以南地区的情况，以及《南极条约》（包括其第四条）规定的南极洲所具有的特别的法律和政治地位，并注意到南极洲存在大陆架界限尚待划定的区域。对于南极洲的大陆架界限问题，有关国家既可以选择向委员会提交资料，待日后审议，也可以选择提交不包括此类大陆架地区的部分划界案。虽有《公约》附件2第4条有关10年期限的规定及其后第11届《公约》缔约国会议就该条的适用问题所作的决定，但此类大陆架地区的划界案可在以后提出。澳大利亚选择第一种方式，请求委员会根据其规则暂不审议本划界案中有关附属于南极洲的大陆架的资料。"② 由此可知，虽然澳大利亚主动申请对南极海域外大陆架不予审理，但是其并未放弃过对南极大陆的领土主张；同时，该划界申请中涉及的赫德岛（Heard Island）和麦克唐纳群岛（McDonald Island）外大陆架也确实在"南极条约区域"范围之内。③ 新西兰④、挪威⑤也提出了类似的申请与主张。

在澳大利亚提交主张之后，联合国秘书长共收到来自美国、俄罗斯、日本、东帝汶、法国、荷兰、德国和印度8个国家的反照会，除了法国和东帝汶外，其余6个国家都对澳大利亚提出的南极领地地区大陆架主张表示高度关注，既不承认任何国家在南极地区的领土主张，也反对任何国家通过对南极领土的主权要求进而对南极洲大陆附近海域海底及底土提出主权要求。但是，对于澳大利亚南部岛屿的大陆架延伸至南纬60°以南的问题却都没有

---

① Executive Summary of the Continental Shelf Submission by Australia, AUS – DOC – ES, at. 41, http://www.un.org/Depts/los/clcs_new/submissions_files/aus04/Documents/aus_doc_es_web_delivery.pdf, 访问日期：2023年9月10日。
② Executive Summary of the Continental Shelf Submission by Australia, AUS – DOC – ES, at 41, http://www.un.org/Depts/los/clcs_new/submissions_files/aus04/Documents/aus_doc_es_web_delivery.pdf, 访问日期：2023年9月10日。
③ 吴宁铂：《澳大利亚南极外大陆架划界案评析》，《太平洋学报》2015年第7期，第13-20页。
④ 参见 http://www.un.org/Depts/los/clcs_new/submissions_files/nzl06/nzl_doc_es_attachment.pdf, 访问日期：2023年9月10日。
⑤ Executive summary of the Continental Shelf Submission of Norway in respect of Bouvetøya and Dronning Maud Land, p. 6, available at http://www.un.org/Depts/los/clcs_new/submissions_files/nor30_09/nor2009_executivesummary.pdf, 访问日期：2023年9月10日。

提及。除澳大利亚之外的其余 6 个南极领土要求国都没有提出任何反对意见。因为这些国家与澳大利亚是利益同盟国，一旦澳大利亚的南极大陆架主张得到承认，那么对这些国家来说，也存在拥有南极大陆架的主权权利的可能性。

委员会对澳大利亚划界案中除南极领地外地区的大陆架划界进行了审议。从其审议建议来看，委员会基本同意凯尔盖朗深海高原（Kerguelen Plateau）地区和麦夸里海岭（Macquarie Ridge）地区大陆架延伸至南纬60°以南。但作为一个由地质学家、地球物理学家和水文学家等组成的科学团队，委员会仅能给予各国大陆架划界科学和技术指导。至于凯尔盖朗深海高原地区大陆架延伸至南极洲 200 海里线，委员会则表明了"其建议不妨害与其他条约有关的事项"的不作为态度，也就是说澳大利亚划界案审议的结果与南极条约是否抵触以及如何解决，不是委员会考虑的问题。因此，单凭委员会的审议来解决南极大陆架划界问题是不现实的，一个国家的岛屿或大陆的大陆架是否可以延伸至南纬60°以南，这已不单是科学问题，更是法律和政治问题，需要从南极条约体系和《公约》法理上寻求突破。而对澳大利亚来说，凯尔盖朗深海高原地区和麦夸里海岭地区南纬60°以南的大陆架延伸，其政治意义要远远大于经济意义。

（3）挪威大陆架外部界限划定主张（南极区域）。

挪威于 2009 年 5 月 4 日向委员会提交有关南极洲的毛德皇后地地区的部分划界案，也请求不予审议有关毛德皇后地（Dronning Maud Land）的大陆架划界案。随后，联合国秘书长共收到美国、俄罗斯、印度、荷兰和日本 5 个国家的反应照会。上述五国均明确表示不承认挪威在南极的陆地领土主权及对南极大陆周边海域海床及底土的主权权利，同时支持挪威请求委员会不审议南极地区大陆架划界的做法。毛德皇后地与澳大利亚和英国在南极所主张的领土相邻。澳大利亚和英国已表示对挪威主张的毛德皇后地大陆架外部界限不持反对意见，只是这部分大陆架划界案不能妨害挪威与澳、英两国之间的最终大陆架划界。这再一次说明，在共同利益驱使下，南极主权要求国在南极大陆架问题上都持相同或相似的观点和立场。

(4) 英国大陆架外部界限划定主张（南极区域）。

截至 2025 年 4 月，英国共向委员会提交了 3 项部分划界案[①]，均未涉及南极地区。但是，在 2009 年 5 月 11 日提交的有关福克兰群岛（Falkland Islands）及南乔治亚和南桑德韦奇群岛（South Georgia and South Sandwich Island）大陆架外部界限主张与澳大利亚在凯尔盖朗深海高原地区和麦夸里海岭地区所主张的大陆架有相似之处，其主张的大陆架范围均延伸至应适用南极条约体系的南极地区。

此外，英国外交部于 2007 年 10 月 26 日宣布，准备向联合国提交对南极地区部分海床拥有主权的动议。由于英国和阿根廷、智利在南极地区的领土主张相互重叠，所以遭到了俄罗斯的批评以及阿根廷和智利的强烈反对。阿根廷外交部表示，如果英国政府向委员会提交领土要求，阿根廷也将采取类似做法。智利外交部也发表声明，保留在南极海床问题上的"权利"，并指出其他国家"不应影响智利在南极领土和海域的权利"。

(5) 智利有关大陆架外部界限的初步信息（南极区域划定主张）。

2009 年 5 月，智利向委员会提交了有关大陆架外部界限的初步信息。在这份文件中，智利对南极大陆西经 90°至西经 53°的地区提出了主权要求。但考虑到"南极条约体系"中有关冻结南极领土的规定，再加上该地区附近海域的海底地形非常复杂，智利尚未对南极大陆架提出任何主张，但保留向委员会提交部分划界案或有关南极大陆大陆架划界主张并请求暂不审议的权利。[②]

2020 年 12 月 21 日智利向委员会提交了关于复活节岛东大陆架划界案，2022 年 2 月 28 日又提交了关于智利南极领土的大陆架划界案。2022 年 4 月

[①] 英国提交的三项主张分别为：①2006 年 5 月 19 日：英国与法国、爱尔兰、西班牙联合提交了关于凯尔特海和比斯开湾部分区域的大陆架划界案。该区域涉及四国各自领海基线起 200 海里以外的大陆架部分，且这部分大陆架不存在争议。四国认为委员会对其审议不会影响四国与其他国家间大陆架界限的划定。②2009 年 3 月 31 日：英国提交了关于哈顿－罗科尔地区（Hatton-Rockall Area）的部分划界案，向委员会提供了从领海基线量起 200 海里以外大陆架界限的信息。③2009 年 5 月 11 日：英国提交了有关福克兰群岛及南乔治亚和南桑德韦奇群岛大陆架外部界限的主张，声称南乔治亚和南桑德韦奇群岛的大陆架延伸至南纬 60°以南地区。

[②] 朱瑛、薛桂芳：《大陆架划界对南极条约体系的挑战》，《中国海洋大学学报（社会科学版）》2012 年第 1 期，第 9 – 15 页。

22 日委员会收到了来自大不列颠及北爱尔兰联合王国的外交照会，建议其不审议该划界案。

就目前而言，虽然这些南极领土主张国试图从"南极条约区域"之外冲击南极条约体系，以求维护、扩大自身的主权及管辖权，但是在"南极条约体系"存续期间，仍然保持了相对的克制。委员会也没有体现出破坏"南极条约体系"的意图。总体来说，在"南极条约体系"项下，南大洋外大陆架问题尚在可控范围之内。

第三节 划界规范的实践难点——以相关要素为标准

外大陆架划定作为有别于海域划界的一类单边界限划定，其从审议机构、申请依据到处理模式都有自己的特点。其中，审议机构是专门成立的委员会，申请依据更多偏向地质、地貌等自然科学因素，在审议中也会尽量避开国际政治因素，存在主权争议的区域一概搁置直至争端当事国出现新的情况和变化。外大陆架划界主张也存在多种提交模式，下面对涉及重叠区、岛屿、洋脊规则等多个因素的典型案例展开分析。

一、重叠区域的国家单边划定障碍

从目前关于外大陆架划界的国家实践来看，对于重叠区域的外大陆架划界问题，基本有以下三种处理模式：①分别提交，但互不反对；②针对重叠区域联合提交；③重叠区域存在主权争端，各自提交。

第一种模式的国家实践以挪威部分划界案和冰岛部分划界案为例。2006 年 11 月 27 日，挪威向委员会提交了其 200 海里以外大陆架划界案。该案属于部分划界案，涉及东北大西洋和北冰洋的 3 个海域：巴伦支海的卢浦洞、北冰洋的西南森海盆和挪威海的香蕉洞。在海域主张方面，挪威与冰岛、丹麦、俄罗斯在这些区域均存在权利主张重叠的情况。但在挪威与三国磋商之后，三国均表示不反对委员会审议该划界案并据此提出建议，只是要求委员会的审议和建议不妨碍今后任何划界工作。①

挪威提交的部分划界案涉及的三个区域均审议通过，但是其中在巴伦支海卢浦洞的最终外部界限需通过与俄罗斯划界来确定，北冰洋的西南森海盆区以及挪威海的香蕉洞区均需通过与他国划界来确定最终的外部界线。2010年9月，挪威与俄罗斯签订了关于划分巴伦支海大陆架的协议，最终确定了两国在巴伦支海的大陆架划界。② 在巴伦支海大陆架划界问题上，俄罗斯坚持"扇形原则"，挪威坚持等距离原则。虽二者主张不同，但均致力于划界的妥善解决。历经三次协商，最终在2010年的协议中确定了边界线，并在同年的共同声明中宣称将案涉区域进行等面积划分。从最终边界图上看，划界线大致是一条穿过挪威的斯瓦尔巴德群岛和俄罗斯的法兰士约瑟夫地群岛的中间线。③

冰岛于2009年4月29日向委员会提交了海神盆地（Aegir）和雷克雅未克洋脊（Reykjanes）西部与南部区的部分划界案。④ 其中，丹麦于2009年6月15日、2013年1月17日分别提交了反应照会；挪威于2009年7月7日提交了反应照会。两国均表示不反对委员会审议该划界案并提出建议。委员会在第31届会议上任命了由日本委员浦部（Urabe）为主席，法国、丹麦、阿根廷、巴西和肯尼亚的6名委员组成小组委员会。如此多西方委员进入一个小组委员会，反映了他们的关注程度和势在必得。小组委员会在第34届会议上向委员会提交了冰岛划界案的建议草案。委员会在第34、35、37、38和40届会议的全会上进行了详细审议。由于案情复杂、涉及科学和法律方面的重大原则问题，委员会内部意见分歧严重，辩论激烈，历时3年5届全会的审议，最终于2016年3月10日通过了建议，完成了委员会20年来最困难的划界案审议。

---

① 参见2006年11月27日挪威向大陆架界限委员会提交的划界案，http: //101.96.8.165/www.un.org/depts/los/clcs_new/submissions_files/nor06/nor_exec_sum.pdf，访问日期：2023年10月6日。
② 参见2009年3月27日委员会公布的挪威划界案建议摘要，http: //www.un.org/depts/los/clcs_new/submissions_files/nor06/nor_rec_summ.pdf，访问日期：2023年10月6日。
③ 丘君、张海文：《世界海洋政治边界欧洲分册》，海洋出版社，2014。
④ 参见2009年4月29日冰岛向大陆架界限委员会提交的划界案，http: //www.un.org/depts/los/clcs_new/submissions_files/isl27_09/isl2009executivesummary.pdf，访问日期：2023年10月6日。

2016年3月10日，委员会公布了关于冰岛划界案的建议摘要。① 对于海神盆地区的大陆坡脚点全部审议通过，而涉及雷克雅未克洋脊则提出相关建议：小组委员会原则上同意冰岛划界案应用的科学技术证据和划界主张，只对大陆坡脚位置进行了部分调整，并认为"V"形区只延伸到海湾断裂带（bight fracture ione）处，大陆坡脚不应超过该处。大多数委员不接受冰岛划界案将雷克雅未克洋脊作为冰岛大陆的自然组成部分（即海底高地）的主张。认为洋中脊海底扩张形成的雷克雅未克洋脊和冰岛热点是两个不同的地质系统，是热点和扩张脊相互作用的产物，冰岛热点在6200万年以前与北大西洋中脊碰撞以后对雷克雅未克洋脊有强烈的影响和改造作用。但是，大量科学证据显示，冰岛热点对雷克雅未克洋脊的作用和影响范围远没有划界案所主张的那么深远。2016年3月11日下午，委员会以协商一致的方式通过了针对冰岛划界案的建议，认定冰岛雷克雅未克脊是北大西洋中脊的一部分，不是冰岛大陆地块的自然组成部分，只能作为"海底洋脊"处理，且其延伸距离不应超过350海里。

整个冰岛划界案建议在委员会层面的审议历时3年，经过5届全会才得以完成，创下委员会审议划界案进程之最。冰岛划界案审议的完成将对后续划界案的审议有重要指导作用，对国际海底区域的多金属硫化物矿区圈矿有重要启示意义。

第二种模式的国家实践以英法西爱四国联合划界案和毛里求斯—塞舌尔联合划界案为例。2006年5月19日，法国、爱尔兰、西班牙和英国向委员会提交了凯尔特海和比斯开湾区域的联合划界案。4个沿海国发表声明，表示就该划界案所述的大陆架区域而言，它们与其他国家之间不存在争端，也没有其他任何国家对这一划界案提出过反应照会，因此委员会对该案进行了审议。委员会对该案的外部界限进行了适当修正，四国接受了这一修订方案，因此，在2009年3月24日，委员会协商一致通过了四国联合划界案的审议建议。

---

① 参见2016年3月10日委员会公布的冰岛划界案建议摘要，http://101.96.8.165/www.un.org/depts/los/clcs_new/submissions_files/isl27_09/2016_03_10_sc_isl.pdf，访问日期：2023年10月6日。

此外，毛里求斯和塞舌尔在 2008 年 12 月 1 日向大委员会提交了马斯克林海底高原区的联合划界案。① 该划界案也是一个部分划界案，两国均表示既不影响他们之间的海洋划界，也不妨碍其他国家之间的划界。委员会对毛里求斯和塞舌尔联合划界案进行了审议，对其中的 5 个大陆坡坡脚点的位置提出了修改意见，各点均审议通过。两国接受了委员会的意见并进行了修改。2011 年 3 月 30 日，委员会公布了审议建议，通过了毛里求斯和塞舌尔联合的外大陆架界限。②

第三种模式的国家实践以阿根廷与英国在福克兰群岛（马尔维纳斯群岛）的划界案为例。阿根廷于 2009 年 4 月 21 日向委员会提交了 200 海里以外大陆架划界案。该划界案是一个完整的划界案，涉及阿根廷本土、马尔维纳斯群岛和南极地区。③ 阿根廷划界案执行摘要公布后，收到了来自英国、美国、俄罗斯、印度、荷兰及日本 6 个国家的反应照会。英国声明其对福克兰、南乔治亚、南三维治岛及其周围海域拥有主权并反对阿根廷的南极大陆架主张，其他 5 国均反对阿根廷建立南极领土大陆架。2012 年 8 月 8 日，阿根廷又向委员会提交了反应照会，重申其对马尔维纳斯群岛的主权。据此，委员会决定不审议划界案中存在争端的区域以及涉及南极的大陆架主张。2016 年 5 月 25 日，在委员会对阿根廷划界案进行审议并提出建议后，智利也提交了反应照会，表示阿根廷的申请及委员会的建议不能损害智利对南极相关区域的主权及延伸大陆架的权利。

根据议事规则和各国提交的反应照会，委员会审议了阿根廷划界案中的拉普拉塔河克拉通（Río de la Plata Craton）和火地岛（Tierra del Fuego），并于 2016 年 3 月 11 日公布了建议。对于拉普拉塔河克拉通，委员会对阿根廷

---

① 参见 2008 年 12 月 1 日毛里求斯和塞舌尔向大陆架界限委员会提交的联合划界案，http：//101.96.8.164/www.un.org/depts/los/clcs_new/submissions_files/musc08/sms_es_doc.pdf，访问日期：2023 年 10 月 6 日。
② 参见 2011 年 3 月 30 日委员会公布的毛里求斯和塞舌尔联合划界案建议摘要，http：//101.96.8.164/www.un.org/depts/los/clcs_new/submissions_files/musc08/sms08_summary_recommendations.pdf，访问日期：2023 年 10 月 6 日。
③ 参见 2009 年 4 月 21 日阿根廷向大陆架界限委员会提交的划界案，http：//www.un.org/Depts/los/clcs_new/submissions_files/submission_arg_25_2009.htm，访问日期：2023 年 10 月 6 日。

提交的大陆坡脚点提出修改意见，去掉了两个不符合要求的点，增加 1 个坡脚点，并对该坡脚点进行修订后审议通过了该区的大陆坡脚点。最终审议通过的两个区域内共计 12 个大陆坡脚点以及由此建立的大陆架外部界限。①

二、岛屿区域的权益主张的张力呈现

在沿海国所提交的外大陆架划界案中，许多都涉及岛屿。与岛屿有关的大陆架外部界限划定主张都具有地质构造类型多样、地形地貌复杂等特征，因此在《公约》第 76 条和委员会《准则》应用方面存在较大的空间和模糊性。对委员会而言，与岛屿有关的大陆架外部界限主张的审议是一个不小的挑战。

（一）法属圭亚那和新喀里多尼亚岛划定案

2007 年 5 月 22 日，法国向委员会提交了关于圭亚那和新喀里多尼亚岛区域的划界案。划界案所载的资料和数据表明，该案分为两个独立区域：法属圭亚那区域和新喀里多尼亚岛区域。在这里重点分析新喀里多尼亚岛区域。新喀里多尼亚岛区域的外大陆架主张分为两个：一个位于其东南部，另一个位于其西南部。在东南部区域，其西部的大陆架延伸受澳大利亚专属经济区的限制，并且在 200 海里以外区域，法国、澳大利亚和新西兰的大陆架存在潜在重叠区。在西南部区域，大陆架延伸受法国和澳大利亚在 1982 年 1 月 4 日海域划界协定的限制，因为这一协定的全部区域都在大陆架外部界限范围内。划界案提交后，委员会收到了瓦努阿图 2007 年 7 月 11 日照会、新西兰 2007 年 8 月 15 日照会、苏里南 2007 年 8 月 17 日照会。其中，与新喀里多尼亚区域有关的是瓦努阿图和新西兰的照会。瓦努阿图在照会中强调，其对法国在马修岛和亨特岛以及法国提交的划界案存在争议，在法属划界案中，新喀里多尼亚岛东南部的一个区域可能会对瓦努阿图南部领土马修岛和亨特岛产生影响。新西兰在照会中表示，其与法国在三王海岭区域可能会有一个潜

---

① 参见 2016 年 3 月 11 日委员会公布的阿根廷划界案建议摘要，http：//101.96.8.164/www.un.org/depts/los/clcs_new/submissions_files/arg25_09/2016_03_11_COM_SUMREC_ARG.pdf，访问日期：2023 年 10 月 6 日。

在的未解决的海洋边界,但不反对委员会审议该案并作出建议。在瓦努阿图就马修岛和亨特岛提出异议后,法国要求委员会不审议其划界案中有关新喀里多尼亚大陆架的部分。同时强调,不应当把法国的这一请求理解为承认瓦努阿图的立场,而且,就新喀里多尼亚大陆架的西南部而言,不存在任何争端,因此委员会就该部分内容进行了审议。

2009年9月2日,委员会以协商一致的方式通过了对该划界案的审议建议。就法属新喀里多尼亚大陆架的西南部提出了相关建议,同意这一区域的200海里以外大陆架由法国200海里界限和法国与澳大利亚海上协定边界包围区域构成。

(二)巴巴多斯划界案

2008年5月8日,巴巴多斯向委员会提交了外大陆架划界案,并在2011年7月25日递交了经修正后的划界案。

2008年的划界案所主张的外大陆架区域由南部和北部两部分组成。巴巴多斯指出,其南部区域与圭亚那和苏里南存在外大陆架的潜在权利重叠区,北部区域与法国存在外大陆架的潜在权利重叠区,但以上三国都已经同意不反对委员会审议该划界案。同时在2006年依据《公约》附件7成立的常设仲裁庭已经裁决划定了巴巴多斯与特立尼达和多巴哥之间的海洋权利区域。因此特立尼达和多巴哥在2008年8月11日的反应照会中表示,"200海里外大陆架将有一些与某些邻国的潜在权利重叠区域,包括巴巴多斯。在不妨害这一立场的前提下,特立尼达和多巴哥将不反对巴巴多斯划界案"。委内瑞拉在2008年9月9日的反应照会中表示,"委内瑞拉对巴巴多斯划界案中的南部区域的大陆架享有权利,委员会的行动不应妨害委内瑞拉和其邻国在大西洋的划界事宜"。而且,"委内瑞拉政府保留其根据国际法所享有的一切权利,包括今后针对巴巴多斯划界案提出反对和评论的权利"。

2010年4月15日,委员会以协商一致的方式通过了对2008年划界案的审议建议。但在该建议中,没有认可GP12点的位置。而自2010年4月15日收到委员会建议后,巴巴多斯就立即要求委员会就划界案中GP12点的问题做出澄清。随后,委员会建议巴巴多斯提交一份修订划界案以解决这一问题。

巴巴多斯因此于 2011 年 7 月 25 日针对此前未被认可的部分提交了修正划界案。关于 2011 年修正案，委员会暂未收到任何照会，并于 2012 年 4 月 13 日以协商一致的方式通过了对 2011 年修正案的审议建议。

三、脊状物区的界限划定的解释难度

近 20 年来，在洋中脊地区发现了大量具有重要经济价值的热液硫化物矿床和生物基因资源，因此这一区域成为沿海国大陆架争夺的一个焦点。部分沿海国利用第 76 条中的洋脊条款可以大大扩展 200 海里以外大陆架的外部界限，因而，脊状物区域问题逐渐成为外大陆架划界中的一个热点问题。①

由于《公约》第 76 条术语缺乏精确性（海底高地、海底洋脊和深洋洋脊呈现出定义的不确定性）以及委员会《准则》的措辞不够具体，各沿海国需要自己评估在划界案中所援引的涉及脊状物的规则是否合理。因涉及巨大的经济利益，部分沿海国为最大限度地争取和扩展大陆架范围，使本国的海洋权益最大化，对脊状物规则的运用呈扩大化解释的趋势，甚至超出了整个《公约》体系的底线。大陆架外部界限是沿海国具有主权管辖权的最外部边界，也是国家管辖区域与国际海底的分界线，因此，国际海底区域的确定最终取决于沿海国的大陆架外部界限的划定，即大陆架的外部界限是确定国际海底区域大小的关键。由于《公约》第 136 条明确指出"区域"及其资源是人类的共同继承财产，可以说，大陆架在脊状物区域的不同扩展类型既会影响到人类的共同继承财产，也会影响中国的深海资源权益。

（一）《公约》中的脊状物规则

"（洋）脊"一词本来是自然科学上的概念，是海底地貌方面的术语，表示一种狭长延伸的海底地形特征。②但在《公约》中，出于对大陆架"自然延伸"问题的限制，定义了不同脊状物的类型和法律地位，分别出现在第 76

---

① 李金蓉、XIE Hongyue：《外大陆架划界中涉及洋脊问题的典型案例研究》，《中国海洋法学评论》2017 年第 2 期，第 150 – 192 页。
② "洋脊"是自然科学中的地理术语，但在《公约》中出现了"海底高地""海底洋脊"和"深洋洋脊"三种狭长延伸的海底地形特征，因此本书将这三类统称为"脊状物"。

条第 3 款与第 6 款中。根据《公约》的规定，不同的"脊"有着不同的大陆架主张范围，也就是说其已经与一国拥有主权权利的海洋政治边界相联系。从这个意义上来看，《公约》中的"脊"一词已经具有了特定的法律属性。可以说，《公约》第 76 条所出现的"深洋洋脊""海底洋脊"和"海底高地"三种不同类型的"脊"，虽然来源于自然科学，但是一旦成为《公约》的一部分，对其解释和适用就应遵循条约的国际法原则。在这些区域主张大陆架外部界限时，沿海国和委员会都需要重点考虑脊状物带来的不同法律地位及权限。

如前所述，《公约》第 76 条第 3 款明确规定，沿海国的大陆边不包括深洋洋底及其洋脊和底土。这表明，深洋洋脊不能作为大陆架扩展至 200 海里以外权利的延伸基础。第 76 条第 6 款是对第 5 款关于海底洋脊问题适用的限制。该款规定，尽管第 5 款规定在海底洋脊上的大陆架外部界限不应超过从领海基线量起 350 海里，即沿海国在分布有海底洋脊的区域不能采用 2500 米向海 100 海里的深度限制线的标准来扩展大陆架外部界限，但是这一限制不适用于"作为大陆边自然构成部分的海台、海隆、海峰、暗滩和坡尖等海底高地"。虽然第 6 款没有直接定义"海底洋脊"的法律概念，但它显然是把"海底洋脊"同"大陆边自然构成部分的海底高地"二者进行了法律属性的区分。这种区别性限定，以及第 3 款对"深洋洋脊"的规定，体现了《公约》的目的，即可以把海底洋脊描述为沿海国陆地领土的水下自然延伸的一部分，但并非大陆边的自然构成部分。《公约》把这些狭长的脊状物分为两类：一是起源于大陆边、向深海海底区域延伸的洋脊；二是不与大陆连接的、支撑岛链的海底洋脊。可以看出，这两类脊状物是根据地质来源进行区分的。但需要指出的是，第 6 款所列举的海底高地，从整体形态上偏向于狭长的海底地形，因此也被列为脊状物的一种。海底高地包括海台、海隆、海峰、暗滩和坡尖等，但《公约》只是举例说明，并没有穷尽其内容。而且这些命名多反映的是地形形态，而不是其地质来源或构成。因为指导海底地形命名的原则之一是地形的名称，即只描述其地形形态，而且许多地理实体早在识别出其地质特征之前就已经被命名了，例如洋脊、海隆、海山等名称既可以命名一些深洋洋底的海底地形，也可命名为大陆边一部分的其他地形。

而大陆边和深洋洋底在地质来源和构成方面有着很大的不同，这一事实使以海底地形特征为基础的大陆架的扩展变得更加复杂。然而，不论对一个地理实体如何命名——洋脊、高原、海隆或其他名称，如果能够体现是大陆边的水下自然延伸，就可以依据一般大陆边缘进行大陆架外部界限的主张。同时，委员会的《准则》也指出，"海底高地"与"海底洋脊"或"深洋洋脊"三者不应根据出版的地图和海图及其他相关文献所采用的地理名称来加以区分。

因此，当沿海国的大陆架划界问题涉及"脊"时，可能会因为其类型是属于"深洋洋脊""海底洋脊"还是"海底高地"产生争论，进而就会因依据何种标准来限制大陆架的延伸范围而产生争议，因为这三者的最大外部界限在不同的规定限制下产生的权利主张区域面积的差距不容小觑。综合第76条第3款和第6款的规定，可以看出：若判定为深洋洋脊，则不是大陆边缘的构成部分，其大陆架外部界限不应超过200海里；若判定为海底洋脊，则大陆架外部界限不应超过350海里；若明确判定为是大陆边缘自然构成部分的海底高地，则其大陆架外部界限可采用2500米等深线量起100海里的限制线，即①深洋洋脊（第76条第3款），最远可划至200海里；②海底洋脊（第76条第6款），最远可划至350海里；③海底高地（第76条第6款），最远可划至2500米等深线向海100海里。

（二）脊状物区域的典型实践

在委员会已经完成审议的外大陆架划界案中，日本利用《公约》第76条的洋脊规则申请了冲之鸟礁（Okinotori Shina Rocks）、小笠原岛（Okinotori Island）东侧等7个海区，主张面积约为74.7万平方千米，相当日本国土面积两倍的外大陆架面积。英国、冰岛等岛屿国家也利用"脊"规则主张其大陆架可扩展到其领海基线350海里处甚至更远，比如冰岛在南部雷克雅未克洋脊（Reykjanes Ridge）区域主张的外大陆架面积延伸了约700海里。这些利用"脊"划界的案例值得委员会和各国认真研究和追踪。在此，通过对沿海国的主张和委员会建议的研究，探讨"脊"规则的适用原则和实践边界。

1. 英国大陆架外部界限主张

英国于 2009 年 5 月 9 日向委员会提交了阿森松岛（Ascension Island）地区的外大陆架划界案。[①] 阿森松岛是位于南大西洋（South Atlantic Ocean）的英国海外领地，全境包括一座主岛以及若干附属礁岩。阿森松岛位于中大西洋海岭（Mid-Atlantic Ridge）中，属于火山岛。整个主岛的面积约为 88 平方千米，人口有 1100 余人。阿森松岛有悠久的历史和经济活动，根据《公约》第 121 条的规定，该岛屿应该拥有专属经济区和大陆架。

该划界案是一个位于大洋中脊地区的划界案，其试图将位于大西洋中脊的阿森松岛的大陆架范围扩展到 350 海里。英国政府向委员会提交的申请主张中，认为阿森松岛的大陆坡脚位于大西洋中脊边缘与深海盆的边界，利用坡脚线向海 60 海里的公式线和 350 海里的限制线可以将其大陆架的外部界限扩展到 350 海里。[②]

委员会最终完全否定了对阿森松岛划界案之大陆架延伸主张，分组委员们一致认为：大西洋中脊是大西洋深洋洋底的一部分，阿森松岛的大陆坡脚只能划到该岛所在海山坡底的坡度变动最大处，而不是洋中脊的基部，因此阿森松岛大陆架扩展距离不应超过 200 海里。[③] 在该划界案中，英国试图通过一系列地质证据证明阿森松岛应当具有 200 海里外大陆架，但被委员会以缺乏地形地貌延续性为由否定了。有学者认为这意味着"脊"规则在适用中对自然延伸的考量通常更偏向地貌方法。[④] 这一建议也体现出委员会的建议具有特殊示范作用，对遏制沿海国家肆意解释"脊"规则进而过度扩张大陆

[①] 参见 2008 年 5 月 9 日英国向大陆架界限委员会提交的划界案，http://101.96.8.165/www.un.org/depts/los/clcs_new/submissions_files/gbr08/ascension_executive_summary.pdf，访问日期：2024 年 5 月 20 日。

[②] 参见 2010 年 4 月 15 日委员会公布的英国阿森松岛建议摘要，http://101.96.8.165/www.un.org/depts/los/clcs_new/submissions_files/gbr08/gbr_asc_isl_rec_summ.pdf，访问日期：2024 年 5 月 20 日。

[③] 参见 2010 年 4 月 15 日委员会公布的英国阿森松岛建议摘要，http://101.96.8.165/www.un.org/depts/los/clcs_new/submissions_files/gbr08/gbr_asc_isl_rec_summ.pdf，访问日期：2024 年 5 月 20 日。

[④] 丁铎、林杞：《200 海里以外大陆架外部界限划定中的自然延伸原则——兼评孟加拉湾海洋划界案》，《国际法研究》2018 年第 1 期，第 16-30 页。

架的意图和维护全人类共同继承财产具有重要的历史意义。

2. 日本大陆架外部界限主张

2008年11月12日，日本向委员会提交了划界案。① 该划界案是委员会收到的最为复杂的划界案之一，涉及7个区域。日本提交的整个主张材料的电子数据量高达1000GB。在划界案中，日本主张200海里以外大陆架面积约74.7×10^4平方千米，几乎是日本陆地面积的两倍。更为重要的是，这些主张区域不仅蕴藏着丰富的油气、矿物资源，而且是中国向东和东南方向深入太平洋、美国向西进入东亚以及俄罗斯南下的必经之路。如果日本主张获得通过，不仅会影响这几个大国的海洋战略布局，亦将大大拓宽日本自身的防御范围。② 具体来说，日本划界案主张区域涉及日本主要岛屿以南和东南的7个海区，包括九州南部—帕劳海脊区（Southern Kyushu-Palau Ridge，KPR）、南硫磺岛区（Minanmi-Io To Island region，MIT）、南鸟岛区（Minami-Tori Shima Island region，MTS）、茂木海隆区（Mogi Seamount region，MGS）、小笠原海台区（Ogasawara Plateau region，OGP）、冲大东海岭南部区（Southern Oki-Daito Ridge region，ODR）和四国海盆区（Shikoku Basin region，SKB）。其中小笠原海台区与南鸟岛区两块区域重叠。

根据联合国网站公布的委员会建议摘要，③ 日本划界案的7个区块中，完全以冲之鸟礁为基点主张了KPR区，鉴于冲之鸟礁的法律地位问题，委员会决定搁置不采取行动；对于位于深海海盆的MGS区和MTS区，委员会认为其大陆架不超过200海里；对于MIT、OGP、ODR、SKB 4个区块，委员会做了不同程度的修改才得以审议通过。最终日本划界案被认可的总面积约为29.2×10^4平方千米，约占日本主张总面积的39%。

日本对这7块区域的主张基本都涉及了"脊"规则的运用，主要是申请

---

① 参见2008年11月12日日本向大陆架界限委员会提交的划界案，http://101.96.8.165/www.un.org/depts/los/clcs_new/submissions_files/jpn08/jpn_execsummary.pdf，访问日期：2024年10月15日。
② 方银霞、唐勇、付洁：《日本划界案大陆架界限委员会建议摘要解读》，《中国海洋法学评论》2013年第2期，第108-109页。
③ 参见2012年4月19日委员会公布的日本划界案建议摘要，http://www.un.org/Depts/los/clcs_new/submissions_files/jpn08/com_sumrec_jpn_fin.pdf，访问日期：2024年10月15日。

区域内九州南部—帕劳洋脊、茂木海隆、小笠原海台以及南鸟岛所在水下隆起的洋脊类型认定，进而才能明确该区块大陆架延伸的最大范围。其中，九州南部—帕劳洋脊是根据冲之鸟礁来主张其大陆架，而冲之鸟礁因为岛屿属性问题被委员会搁置而暂不讨论；四国海盆区内的大陆架范围涉及伊豆—小笠原岛弧、九州南部—帕劳洋脊、冲大东海岭等的类型认定。因此，下面将主要讨论 MIT、MTS、MGS、OGP、ODR 和 SKB 内的洋脊适用。

硫磺岛区地处伊豆—小笠原岛弧和马里亚纳岛弧连接处，其东部区域内分布有几个与海底突起和海山链有关的雁式洋脊，包括大寒海山和南硫磺岛隆起。日本认为，该区的大陆边缘包括伊豆—小笠原和马里亚纳岛弧以及附近海底隆起，它们是南硫磺岛陆地领土的水下延伸，涵盖南硫磺岛隆起和西马里亚纳海岭西部陆坡，是南硫磺岛所在大陆边缘自然组成部分的海底高地。

对于这一主张，委员会认为南硫磺岛隆起是西马里亚纳海岭弧后扩张发育而成的。它由其西南端的大正海山内陆坡突起和位于帕里西维拉海盆弧后海底扩张过程中沿转换断层发育两部分组成。大正海山的隆起之间的鞍状区水深只高出邻近海底 200 米，从地形上看是不连续的，并且在隆起外坡东南分布有几个孤立的高出海底 200～300 米的海丘，这些海丘的地形特征是弧后扩张的典型特征，因而它们更可能是帕里西维拉海盆洋壳的一部分。因此，委员会认为像硫磺岛区这样具有复杂地质特征、水深变化大、与邻近海域差异大的非传统大陆边缘，仅从地形上不足以判断其是否为大正海山的水下自然延伸。而且，从目前提交的地质和地球物理数据来看，从南硫磺岛隆起向海到大正海山的地壳逐渐变薄，并出现典型弧后扩张洋壳现象，不但无法支持自然延伸的主张，反而有力地说明了南硫磺岛隆起外坡是深海盆的一部分，而非岛弧陆坡的一部分。因此，南硫磺岛隆起不是海底高地，而是海底洋脊，这一区域的大陆架外部界限不能超过 350 海里的距离限制线。

南鸟岛区位于西北太平洋深海平原，这一区域水深 5700～6200 米。南鸟岛是这一区域唯一的陆地领土。日本主张认为，该区域的大陆边缘包括一大片海底隆起区，是南鸟岛陆块的大陆架自然延伸，应当依据这片海底的海山群来确定南鸟岛区的大陆坡脚。但是，日本在该区域所提交的大陆坡脚点都没有得到委员会的同意。因为这些坡脚是基于海山群确定的，这些水下海山之间的区域是深海盆的一部分。基于地貌、地质和地球物理证据，委员会认为，南鸟岛与附近的海山群之间不存在地貌连续性，其水下延伸不应扩展至周围的海山，大陆坡脚应该位于南鸟岛海山本身坡梯度变化最大处，所以，其大陆架延伸不能超过200海里，这一建议与对阿森松岛划界案的建议一致。同时，委员会关于南鸟岛的大陆架延伸不能超过200海里的决定为西太平洋地区类似地质地貌特征的大陆架延伸主张的审定确立了一个新标准。

茂木海隆区位于菲律宾海和西北太平洋之间。该区域由伊豆—小笠原岛弧和西北太平洋海盆两部分组成。东部的西北太平洋海盆水深5000～6200米，是洋中脊的海底扩张作用形成的深洋底，其主体为深海平原，零星分布着海山和海丘。茂木洋脊位于海沟处，西侧延伸至伊豆—小笠原岛弧陆坡，高出海沟底约800米。日本认为，茂木海隆区的大陆边缘包括伊豆—小笠原岛弧和茂木海山，它们是硫磺岛海岭上以八丈岛为代表的陆地领土水下自然延伸。日本根据地形、测深数据和地质、地球物理资料指出，茂木洋脊是陆坡的一部分，其鞍状区已经与伊豆—小笠原西侧外弧陆坡的下部相连。

委员会认为，海沟东侧的太平洋深海盆、陆坡和海沟底部以及零星的深海海丘、洋脊、断裂带和海山等都是深海海底的典型特征，且鞍状区深度已经大大超过茂木洋脊东部斜坡带基部，没有足够的证据证明茂木洋脊和伊豆—小笠原岛弧在地形上是连续的。因此，该区域的任何大陆坡脚点都应该在伊豆—小笠原海沟内，而不在属于深海底一部分的茂木洋脊周围，而相应的坡脚点外扩60海里包络线也未超出其200海里线，这表明该区域无200海里以外大陆架。

小笠原海台区域包括伊豆—小笠原岛弧东翼、小笠原海台和上田洋脊。日本认为：（1）该区既是小笠原群岛和南硫磺岛陆地领土的水下自然延伸，也是伊豆—小笠原群岛所在大陆边缘自然组成部分的海底高地；（2）该区是一个复杂的、由多个海山组成的复合型海底高地形，由西部海台区、东部洋脊区和东南部海山区组成。西部的小笠原海台区正处于马里亚纳海沟和伊豆—小笠原海沟连接处，东部洋脊区水深与西侧海台区接近，海台区和洋脊区在2500～3500米水深处的地形上是连续的，东南部是相对独立的海山群。

委员会基于地形特征，认为海台和脊状物区域是连续的。但同时指出，由于板块运动和俯冲作用，西侧海台区已经连接至伊豆—小笠原岛弧，符合第 76 条规定的海底高地特征，适用 2500 米外 100 海里的深度限制线。而东部洋脊区位于太平洋深海海底，是在大洋环境下形成的，与深海海底特征一致，因而它不是海底高地，而是海底洋脊，只能适用 350 海里的距离限制线。东南部的海山群没有出露成岛，还是典型深海海底的一部分，属于深洋洋脊，因此该区域没有 200 海里以外大陆架。①

冲大东洋脊南部区域位于菲律宾海西北，由北部的冲大东海岭和冲大东隆起以及南部的菲律宾海盆组成。冲大东岛为该区域的陆地领土。日本指出，这一区域的大陆边缘包括冲大东海岭和冲大东隆起，它们共同构成了以冲大东岛为代表的整个陆块的大陆架自然延伸。

由于在冲大东隆起南段和冲大东隆起主体之间有个较深的鞍状区，因此，委员会认为，虽然沿鞍状区有 200 米隆起，显示出微弱的地形连续性，但仅依据地形数据不能确认冲大东隆起南段是日本陆地领土的水下自然延伸，还需要补充地球物理、地质数据来证明地质的连续性。随后，日本提交了补充材料，但委员会认为，日本提供的重磁场和地质数据并没有反映出该区的冲大东隆起和冲大东隆起南段之间的地质连续性，反而显示出两者是不连续的。因而，日本在该区域的大陆架的自然延伸不应该包括冲大东隆起南段。

3. 脊状物之北极实践

北冰洋面积约为 1300×10^4 平方千米，其周边围绕着俄罗斯、美国、加拿大、丹麦（管辖格陵兰）、冰岛和挪威 6 个国家。北冰洋不仅资源丰富，而且战略地位极为重要，拥有巨大的资源、军事和航道价值。与南极拥有《南极公约》不同，北极没有相应的约束文件，② 因而北极各国都以各种方式扩大本国在北极的管辖范围，以获得更多政治、经济、军事利益。③ 北极地区的海洋划界问题主要包括沿海国管辖海域之间的划界（主要是环北极国家）

---

① 参见 2012 年 4 月 19 日委员会公布的日本划界案建议摘要，http://www.un.org/Depts/los/clcs_new/submissions_files/jpn08/com_sumrec_jpn_fin.pdf，访问日期：2023 年 12 月 20 日。
② 李学杰、姚永坚，等：《北冰洋大陆架划界现状》，《极地研究》2014 年第 3 期，第 388-397 页。
③ 黄勤怡：《北极地区 200 海里外大陆架争端的法律探析》，《法制与社会》2014 年第 10 期，第 74-76 页。

和沿海国管辖海域与国际海底区域之间的划界。① 下文将对更为严峻的划界实践进行进一步的阐述。

《公约》第57条规定,从领海基线量起的200海里以内为沿海国专属经济区。这一规定成为某些国家向200海里以外的海洋提出大陆架主权要求的有利依据。② 除了美国之外,北冰洋沿海国都已批准加入《公约》,而且各沿海国均着手加快开展北极地区的科研调查,根据《公约》建立的大陆架制度,为划定本国大陆架外部界限做好了充分准备,以最大限度地扩展本国的大陆架范围,以确保本国海洋利益的最大化。目前俄罗斯、挪威、丹麦、冰岛、加拿大均利用脊状物的特征,向委员会提交了关于北极地区200海里以外大陆架划界案,因此本节对北极大陆架划界的前景分析主要针对以上5国展开。需要注意的是,美国虽未加入《公约》,但其绝不可能放弃北极地区大陆架的主权权利。

俄罗斯历来主张包括北极在内的半个北冰洋既是西伯利亚的自然延伸,也是北极地区争夺战的重要国家。俄罗斯政府在2001年12月20日向委员会提交了俄罗斯200海里以外大陆架划界案。俄方的划界主张涉及中央北冰洋、巴伦支海和鄂霍次克海200海里以外的大陆架外部界限,其主张罗蒙诺索夫海脊和门捷列夫海脊是俄罗斯北部大陆边缘的自然组成部分——海底高地,认为包括北极点在内的120×10^4平方千米的海底是俄罗斯大陆架的自然延伸。③ 由于数据支撑不足,其在这些海域主张的大陆架外部界限均未通过。④ 委员会建议保留巴伦支海的大陆架延伸,并提交了关于中央北冰洋的修正案。⑤

依据《议事规则》第48条的规定,秘书长在收到俄方划界主张之后,向联合国全体成员国发出照会,公布该划界案的划界主张,也就是200海里

---

① 北极问题研究编写组:《北极问题研究》,海洋出版社,2011,第9-12页。
② 黄勤怡:《北极地区200海里外大陆架争端的法律探析》,《法制与社会》2014年第10期,第75页。
③ 朱瑛:《北极地区大陆架划界的科学与法律问题研究》,中国海洋大学博士学位论文,2012,第55-57页。
④ 黄勤怡:《北极地区200海里外大陆架争端的法律探析》,《法制与社会》2014年第10期,第73-76页。
⑤ 李学杰、姚永坚,等:《北冰洋大陆架划界现状》,《极地研究》2014年第3期,第388-397页。

外的大陆架外部界限的具体坐标和范围。在公布后的短短 3 个月内，加拿大、丹麦、日本、挪威和美国就先后向委员会递交了关于俄罗斯 200 海里以外大陆架划界案的反应照会。

加拿大表示，在俄罗斯提供更充分的数据之前不对该案作任何评价（不等于默许），同时提请委员会关注两国的海上争议，以免对该案的建议妨害加、俄两国之间大陆架界限的划定。① 需要说明的是，加、俄之间的大陆架划界问题主要涉及罗蒙诺索夫海脊和阿尔法—门捷列夫海脊，这两个海脊一端位于加拿大、丹麦近岸，另一端连接俄罗斯近岸。

丹麦与加拿大的态度基本一致，即在没有更充分的数据之前，不对俄方划定主张提出具体意见，但对俄罗斯 200 海里外大陆架延伸与其所属的格陵兰岛大陆架主张重叠问题持保留态度。当时由于丹麦还未被批准加入《公约》②，所以不受《公约》规定的 10 年期限限制。丹麦政府也明确表示，已经着手大陆架外部界限相关数据的收集准备工作，以期尽快向委员会提交申请，维护国家的海洋权益。③

日本保留就俄方主张提出进一步意见的权利。由于日、俄之间一直存在着北方四岛主权归属争议，因此，日本更关注俄案中涉及的北方四岛的基点及其周边海域划界问题。俄罗斯将基点标在尚存争议的北方四岛上，并单方面在北海道和四岛近海水域划定大陆架和专属经济区外部界限。因此，日本有理由认为这一划定主张至少存在程序性问题。④ 这与本节讨论问题无关，在此便不做进一步阐述。

---

① 参见 2002 年 1 月 18 日加拿大政府就 2001 年 12 月 20 日俄罗斯联邦向大陆架界限委员会提交的划界案给联合国秘书长的普通照会，http：//www. un. org/Depts/los/clcs_new/submissions_files/rus01/CLCS_01_2001_LOS__CANtext. pdf，访问日期：2024 年 3 月 8 日。
② 丹麦于 2004 年批准加入《公约》。
③ 参见 2002 年 2 月 4 日丹麦政府就 2001 年 12 月 20 日俄罗斯联邦向大陆架界限委员会提交的划界案给联合国秘书长的普通照会，http：//www. un. org/Depts/los/clcs_new/submissions_files/rus01/CLCS_01_2001_LOS__DNKtext. pdf，访问日期：2024 年 3 月 8 日。
④ 参见 2002 年 2 月 25 日日本常驻联合国代表就 2001 年 12 月 20 日俄罗斯联邦向大陆架界限委员会提交的划界案给联合国秘书长的普通照会：缔约国会议第十二届会议，http：//www. un. org/Depts/los/clcs_new/submissions_files/rus01/CLCS_01_2001_LOS__JPNtext. pdf，访问日期：2023 年 3 月 8 日。

挪威则提请委员会注意，挪、俄在巴伦支海大陆架划界问题上存在争议，俄划界案中标注的西部界限的基点坐标，不能妨害挪、俄两国在该区域界限的划定。① 而俄方提交的测深和地震数据都表明，巴伦支海相当大一部分的浅水区在距两国领海基线 200～350 海里。俄罗斯针对挪威反应照会也明确表态，即划界案所确定的大陆架外部界限对挪、俄之间的巴伦支海海域划界谈判没有任何影响。挪、俄两国关于巴伦支海海域进行过多轮大陆架划界谈判，直到 2007 年 6 月，两国才签订了《俄罗斯与挪威关于划分巴伦支海大陆架的协议》。2010 年 9 月，两国签订最终协议，将两国在巴伦支海存在争议的约 17.5×10^4 平方千米的海域基本平分，并加强在巴伦支海油气资源开采的合作。

虽然美国至今还没有批准加入《公约》，但其从未放弃过对海洋霸权的争夺。美国在其照会中表明俄方的划定主张存在极大缺陷，并依据科学和法律证据从 5 个方面来反驳俄罗斯对北极的主张，对其数据来源、分析和划界基础、结果都予以否定，主要观点②如下：

（1）领海基线的划定不符合《公约》的规定，在不合适的区域采用了直线基线的划定方式。领海基线可能会对大陆架外部界限的确定造成一定的影响，此外它将北方航道划入内水也是美国提出质疑的主要原因；

（2）美、苏两国在 1990 年签订了《1990 年美苏关于在白令海峡和楚科奇海确定边界的协定》，划定了两国在白令海峡及楚科奇海的边界，其中涵盖大陆架分界线等内容。尽管俄罗斯在其划界案中引用该协定中的海洋边界，但俄方至今尚未正式承认该协定的法律地位；

（3）执行摘要中缺乏 2500 米等深线和大陆坡坡脚数据；

（4）美国反对俄罗斯关于罗蒙诺索夫海脊和门捷列夫海脊的主张，认为罗蒙诺索夫海脊是北冰洋盆地中的独立构造，并不是俄罗斯或其他国家的大

---

① 参见 2002 年 2 月 28 日挪威政府就 2001 年 12 月 20 日俄罗斯联邦向大陆架界限委员会提交的划界案给联合国秘书长的普通照会，http：//www. un. org/Depts/los/clcs_new/submissions_files/rus01/CLCS_01_2001_LOS__NORtext. pdf，访问日期：2024 年 3 月 8 日。
② 参见 2002 年 3 月 20 日美国常驻联合国代表就 2001 年 12 月 20 日俄罗斯联邦向大陆架界限委员会提交的划界案给联合国秘书长的普通照会，http：//www. un. org/Depts/los/clcs_new/submissions_files/rus01/CLCS_01_2001_LOS__USA t. pdf，访问日期：2024 年 3 月 8 日。

陆边的自然组成部分，门捷列夫海脊的成因与冰岛—法罗群岛相似，是由岩浆经热点作用形成的一个单一、连续的地质特征，不属于任何国家大陆架的一部分。具体证据如下：

从地貌特征来看，门捷列夫海脊地形崎岖，两侧的坡度小、较平缓，而与大陆有亲缘关系的脊状物应呈现地形平坦、两侧坡度较大的特征。现代航空磁测数据显示，门捷列夫海脊既未穿过俄罗斯大陆边缘地带，也没有出现在东西伯利亚海的大陆架附近，这表明门捷列夫海脊不是俄罗斯水下陆块的自然延伸。加拿大的地震数据也表明，门捷列夫海脊东部地区基岩的地震反射速度与冰岛—法罗群岛和太平洋中部的马尼希基群岛所测得的结果很接近，并且基岩直接被一层薄沉积层覆盖，通过钻孔分析发现，这些沉积物为远洋沉积物，而不是在大陆架上常见的沉积颗粒物质。在俄方主张中所提到的门捷列夫海脊的基岩样品仅有两块标本，其成分均为玄武岩。样品中的卵石是来源于加拿大西北部的第四纪沉积物，经冰山搬运而分布在美亚海盆。因此，两块标本无法代表门捷列夫海脊的基岩。①

基于上述主张与照会信息，委员会对俄罗斯划界案各区块给出了具体建议：①北冰洋：俄罗斯虽将中北冰洋的罗蒙诺索夫海脊、楚科奇海台、阿尔法海脊和门捷列夫海脊都认定为大陆边组成部分的海底高地，但提供的证据不够充分，建议俄罗斯补充更具说服力的支撑材料；②巴伦支海：建议俄罗斯尽快完成与挪威之间海上界线的划定；③白令海：建议俄罗斯尽快完成与美国之间海上界线的划定；④鄂霍茨克海：由于俄罗斯认为该区块毋庸置疑地属于俄罗斯地理上和地质上的大陆架，并未根据《公约》第76条的规定提交相关资料，而且其南边还涉及与日本关于北方四岛的争议问题，因此建议俄罗斯提交第76条规定的两个公式线和两个限制线的确定情况，以及鄂霍茨克海北部的部分划界案，这样也可避开该区南边与日本的争端问题。

此外，委员会关于巴伦支海和白令海区域对俄罗斯联邦还提出了如下建议：与挪威签署的巴伦支海海洋界限划定协定以及与美国签署的白令海海洋

---

① 朱瑛：《北极地区大陆架划界的科学与法律问题研究》，中国海洋大学博士学位论文，2012，第7-13页。

界限划定协定一旦生效，即向委员会提供界限的海图和坐标后，这些界限将分别是俄罗斯在巴伦支海和白令海的 200 海里以外大陆架的外部界限；至于中北冰洋，建议俄罗斯联邦提交关于该地区的扩展大陆架划界修订案。因而俄方划界主张因证据不充分而未获通过。①

随后，俄罗斯又分别于 2014 年 3 月 11 日、2015 年 8 月 3 日提交了修订案。其中，2014 年的修订案涉及鄂霍次克海区域，本节不予展开阐述，而是重点讨论 2015 年针对北极区域再次提交的修订案。

根据委员会的审议建议以及《准则》的要求，俄罗斯提交了新增加的调查数据，对其新提交的大陆架外部界限进行了说明。在该修订案中，俄罗斯指出根据《公约》第 76 条的规定，北冰洋中央部分的海床和底土是俄罗斯陆地领土的自然延伸。俄罗斯认为，属于北冰洋中央复杂海底高地组成部分的罗蒙诺索夫海脊、门捷列夫—阿尔法海隆、楚科奇海底高原以及将它们分隔开的波德沃德尼科夫和楚科奇海盆是大陆边缘自然组成部分的海底高地，不受 350 海里距离标准的限制。②

在与邻国的海洋争端方面，俄罗斯提出，在阿蒙森海盆、罗蒙诺索夫海脊、马卡洛夫和波德沃德尼科夫海盆区，其与丹麦存在海域划界争端；在马卡洛夫和门捷列夫海脊与加拿大存在海域划界争端。俄罗斯已经与挪威于 2010 年 9 月 15 日签署了关于巴伦支海和北冰洋地区的海洋划界协议。1990 年 6 月 1 日苏联和美国签署了划定楚科奇海、白令海、北冰洋和太平洋之间领海、专属经济区和大陆架的条约，不但美国批准了该条约，而且俄罗斯从条约签署之日到现在也一直在实践中。同时，虽然俄罗斯与丹麦、加拿大在北极地区申请的外大陆架存在重叠，但其已与这两个国家分别达成一致协议，不反对委员会审议该划界案，只要求在委员会审议期间不得损害其他国家的权利，也不能损害俄罗斯与这两国之间的大陆架重叠区的划界。

---

① 参见联合国大会第五十七届会议，http：//www.un.org/chinese/ga/57/docs/docs.htm，访问日期：2024 年 9 月 28 日。
② 参见 2015 年 8 月 3 日俄罗斯联邦向大陆架界限委员会提交的修订划界案，http：//www.un.org/Depts/los/clcs_new/submissions_files/rus01_rev15/2015_08_03_Exec_Summary_English.pdf，访问日期：2024 年 9 月 28 日。

委员会对俄罗斯第一次提交的划定审议建议指出了俄罗斯提交的科学数据不足以证明罗蒙诺索夫海脊和门捷列夫—阿尔法海隆是海底高地。针对委员会这一建议，俄罗斯在罗蒙诺索夫海脊和门捷列夫—阿尔法海隆地区进行了深入的地质调查，提交了新的地质和地球物理数据，从而证明了罗蒙诺索夫海脊、门捷列夫—阿尔法海隆、楚科奇海底高原是欧亚大陆大陆边的自然延伸。因此，根据俄罗斯与挪威、苏联与美国签署的条约以及《公约》第76条的规定，俄罗斯在北极地区的大陆架外部界限将由从西到东以下七个部分组成：

第一部分并不是其在北极的大陆架外部界限，而是俄罗斯与挪威在巴伦支海和北冰洋的双边海域界线；第二部分是依据公式线确定的大陆架外部界限修订线，距领海基线不超过350海里；第三部分是俄罗斯的200海里专属经济区线；第四部分仍是由公式线确定的大陆架外部界限的修订线，这一界限也证明了罗蒙诺索夫海脊是欧亚大陆边的自然延伸，符合距离限制标准和深度限制标准；第五部分位于阿蒙森海盆中央，其也是由公式线确定的，且符合深度限制标准；第六部分修订线位于阿蒙森海盆和马卡洛夫海盆的极地区域，由公式线确定且符合深度限制标准，该线的最终确定还有待与丹麦和加拿大谈判商议；第七部分修订线是沿着俄罗斯在北极地区的扇形线，根据扇形原则确定，与苏联和美国在1990年签署的条约的线一致。

随后，联合国秘书长收到丹麦、美国和加拿大三国关于俄罗斯北极修订划界案的反应照会。丹麦、美国和加拿大的态度基本相同：均不反对大陆架界限委员会审议该划界案并提出建议，但是委员会的建议不能妨害丹麦大陆架外部界限主张的审议，美国大陆架外部界限的建立、加拿大未来有可能的大陆架外部界限主张的考虑以及两国之间大陆架界限的最终确定。[1] 目前，

---

[1] 参见2015年10月7日丹麦常驻联合国代表就2015年8月3日俄罗斯联邦向大陆架界限委员会提交的修订划界案给联合国秘书长的普通照会，http://www.un.org/Depts/los/clcs_new/submissions_files/rus01_rev15/2015_10_07_DNK_NV_UN_001_15-00785.pdf；2015年10月30日美国常驻联合国代表就2015年8月3日俄罗斯联邦向大陆架界限委员会提交的修订划界案给联合国秘书长的普通照会，http://www.un.org/Depts/los/clcs_new/submissions_files/rus01_rev15/2015_11_02_US_NV_RUS_001_en.pdf；2015年11月30日加拿大常驻联合国代表就2015年8月3日俄罗斯联邦向大陆架界限委员会提交的修订划界案给联合国秘书长的普通照会，http://www.un.org/Depts/los/clcs_new/submissions_files/rus01_rev15/2015_30_11_CAN_NV_en.pdf，访问日期：2024年9月28日。

委员会已对该划界案审议完毕,并给出了建议,其基于俄罗斯提交的数据资料,认可罗蒙诺索夫海脊、门捷列夫—阿尔法海隆和波德沃德尼科夫海盆是大陆边缘自然组成部分的海底高地,可以适用2500米外100海里的深度限制线。

委员会注意到从东西伯利亚大陆架至罗蒙诺索夫海脊的地震剖面显示大陆基底上的沉积盖层具有连续性,且罗蒙诺索夫海脊的大陆地壳起源与东西伯利亚大陆架具有共同的沉积史,因此得出结论,罗蒙诺索夫海脊在地质上与东西伯利亚大陆边缘连续,是其不可分割的一部分。关于罗蒙诺索夫海脊和欧亚大陆架之间是否存在转换断层或走滑断层,委员会认为,国际文献中的解释可能存在差异。但是,在审议了提交的资料中的地震证据和有关资料后委员会认为,这种断层的存在对从欧亚大陆架到罗蒙诺索夫海脊的边缘的水下延伸和地质连续性没有任何影响。

根据地震资料中可以追踪到的连续沉积盖层,可以表明自晚白垩世以来,罗蒙诺索夫海脊、门捷列夫—阿尔法海隆和波德沃德尼科夫海盆经历了共同的沉积过程。其中,门捷列夫—阿尔法海隆的岩浆活动进一步佐证了该结论。根据地震证据和古生物重建,北楚科奇盆地和波德沃德尼科夫盆地在2.6亿多年的时间里一直向北推进,委员会认为,波德沃德尼科夫盆地在形态上与罗蒙诺索夫海脊和门捷列夫—阿尔法海隆相连,是一个单独的海底高地,附属于东西伯利亚大陆架。

丹麦分别于2012年6月14日、2013年11月26日和2014年12月15日提交了关于格陵兰地区的部分外大陆架划界案,分别涉及格陵兰北部、格陵兰东北部以及格陵兰南部。其中格陵兰南部区域主要位于大西洋地区,在此不予讲述。下面将重点介绍前两个区域的外部界限主张问题。

丹麦于2013年11月26日提交了关于格陵兰东北部区域大陆架外部界限划界案,划界区域位于巴伦支海。① 根据丹麦的划界案描述,格陵兰的东北大陆边缘是被动大陆边缘,从地形地貌和地质上来说,东格陵兰海脊是格陵

---

① 参见2013年11月26日丹麦向大陆架界限委员会提交的划界案,http://www.un.org/Depts/los/clcs_new/submissions_files/dnk68_13/DNK2013_ES.pdf,访问日期:2023年10月15日。

兰东北部大陆边缘的一部分,此区域的大陆架外部界限全部是由海登堡公式线确立的,外部界限线西端是格陵兰的 200 海里线,东端是挪威(斯瓦尔巴特)的 200 海里线。这一划界区域与挪威 2006 年 11 月 27 日提交的外大陆架区域存在重叠。丹麦和挪威均表示不反对委员会审议这一区域的划界案并提出建议,但是委员会的建议不能妨害两国之间大陆架界限的最终确定。

目前只有挪威针对丹麦的这一划界案提交了反应照会。① 挪威表示,丹麦与挪威在格陵兰海 200 海里以外大陆架区域存在潜在的重叠。根据《公约》附件 1 第 5(a)条的规定,其与丹麦在格陵兰海 200 海里以外大陆架区域可能存在未决的海洋划界问题。但在 2006 年 2 月 20 日,挪威、丹麦包括格陵兰签署了关于格陵兰和斯瓦尔巴德群岛地区的大陆架和渔业划界协议,该协议于 2006 年 6 月 2 日生效。根据协议的规定,两国在该地区的外部界限将最终通过双边协议决定。根据这一谅解备忘录,挪威不反对委员会审议这一区域的划界案并提出建议,但建议不得损害挪威与丹麦(格陵兰)在这一地区的大陆架划界。

一年后,丹麦于 2014 年 12 月 15 日提交了关于格陵兰北部区域大陆架外部界限划界案,该主张区域位于北极地区并穿越了北极极点。② 丹麦认为,格陵兰北部大陆边是一个联合区域,该联合区的地质演化导致包括罗蒙诺索夫海脊、加克尔海脊、阿尔法—门捷列夫海脊和楚科奇边界区在内的海底高地和其他特征区域发生了融合,与格陵兰大陆在地形上是连续的,是其大陆边缘的一个组成部分。从地形和地质上看,罗蒙诺索夫海脊是属于格陵兰北部大陆边缘自然组成部分的海底高地,但是该划定主张所提交的数据并不能证明阿尔法—门捷列夫海脊和楚科奇边界区也是格陵兰北部大陆边缘自然组成部分的海底高地。因此,格陵兰北部区大陆架外部界限在罗蒙诺索夫海脊的欧亚海盆一侧的应是挪威(斯瓦尔巴特)和俄罗斯的 200 海里线,在其美

---

① 参见 2014 年 1 月 21 日挪威常驻联合国代表就 2013 年 11 月 26 日丹麦向大陆架界限委员会提交的划界案给联合国秘书长的普通照会,http://www.un.org/Depts/los/clcs_new/submissions_files/dnk68_13/2014_01_21_NOR_NV_UN_001_14-00060.pdf,访问日期:2024 年 5 月 17 日。
② 参见 2014 年 12 月 15 日丹麦向大陆架界限委员会提交的划界案,http://www.un.org/Depts/los/clcs_new/submissions_files/dnk76_14/dnk2014_es.pdf,访问日期:2024 年 5 月 17 日。

洲海盆一侧则是加拿大和俄罗斯的 200 海里线。

在未决的海洋界限方面，丹麦表示格陵兰北部的外大陆架申请区与挪威划界案、俄罗斯划界案存在重叠，与加拿大和美国在这一区域的潜在外大陆架区也可能存在重叠。挪威表示，不反对委员会对这一区域的划界主张提出建议，但建议不能影响两国之间大陆架界限的最终确定。2014 年 3 月 27 日丹麦与俄罗斯互换照会，声明互不反对委员会对这一区域的划界主张提出建议，但其建议不能影响两国之间大陆架界限的最终确定。此外，丹麦与加拿大经过磋商表示这一重叠问题将通过条约磋商进行解决，对于与美国的重叠问题也是如此。

继丹麦提出相关主张之后，联合国秘书长又收到挪威、加拿大、俄罗斯和美国四国关于丹麦划界案的反应照会。这四国的态度基本一致：丹麦的划定主张所涉及的区域与挪威、加拿大、俄罗斯和美国在该地区的潜在大陆架存在重叠，但根据 2006 年 2 月 20 日挪威与丹麦（包括格陵兰）签署的关于格陵兰和斯瓦尔巴德群岛地区的大陆架及渔业划界协议以及俄罗斯与丹麦达成的协议的规定，挪威、加拿大、俄罗斯和美国均不反对委员会审议该划界案并提出建议，但是其建议不能妨害两国之间大陆架界限的最终确定。① 目前，这两个划界案均未进入审议程序。

此外，加拿大一直视北冰洋为"自家后院"。2003 年加拿大批准了《公约》并于次年启动其大陆架项目。2009 年 7 月，加拿大宣称对北极离岸资源拥有主权并提出北方地区发展策略。具体来说，加拿大地质调查局（GSC）

---

① 参见 2014 年 12 月 17 日挪威常驻联合国代表就 2014 年 12 月 15 日丹麦向大陆架界限委员会提交的划界案给联合国秘书长的普通照会，http：//www.un.org/Depts/los/clcs_new/submissions_files/dnk76_14/2014_12_17_nor_nv_dnk4_001.pdf；2014 年 12 月 29 日加拿大驻联合国代表就 2014 年 12 月 15 日丹麦向大陆架界限委员会提交的划界案给联合国秘书长的普通照会，http：//www.un.org/Depts/los/clcs_new/submissions_files/dnk76_14/2014_12_29_CAN_NV_DNK4_001_en_15_-.pdf；2015 年 7 月 21 日俄罗斯常驻联合国代表就 2014 年 12 月 15 日丹麦向大陆架界限委员会提交的划界案给联合国秘书长的普通照会，http：//www.un.org/Depts/los/clcs_new/submissions_files/dnk76_14/2015_07_21_RUS_NV_NV_001_15-00554.eng.pdf；2015 年 10 月 30 日美国常驻联合国代表就 2014 年 12 月 15 日丹麦向大陆架界限委员会提交的划界案给联合国秘书长的普通照会，http：//www.un.org/Depts/los/clcs_new/submissions_files/dnk76_14/2015_11_02_US_NV_DNK_001_en.pdf，访问日期：2024 年 5 月 15 日。

和加拿大水文局（CHS）在20世纪90年代中期就已完成桌面研究，初步判定加拿大在北冰洋和大西洋可能存在200海里外大陆架，在其2003年批准加入《公约》后，有关大陆架划界需要的科学数据和资料的采集、整理和分析工作也随之展开。目前，加拿大已经提交了北极区域的200海里以外大陆架划界案。北冰洋划界的关键是罗蒙诺索夫海脊和阿尔法—门捷列夫海隆。目前，大多数学者认为罗蒙诺索夫海脊整体上为窄条陆块并横贯北冰洋，而阿尔法—门捷列夫海隆的起源和构造还存在争议。由于加拿大北冰洋大陆边缘东部主要受罗蒙诺索夫海脊和阿尔法—门捷列夫海隆控制，因此，"脊"的属性问题（即证明两条海脊为陆地的自然延伸）在加拿大大陆架外部界限主张的过程中至关重要。

除了加拿大，美国潜在的大陆架外部界限划定主张也值得关注。尽管美国至今仍未批准加入《公约》，但其早已着手大陆架外部界限的确定工作。美国共确定了8个存在200海里以外潜在大陆架的区域，包括阿拉斯加。21世纪初，美国曾表示将对阿拉斯加沿岸的北冰洋扩展大陆架提出主权要求，[①]并于2003年、2004年两次开展北极绘图活动。2004年，新罕布什尔大学对北极地区的楚科奇冠、白令海、阿拉斯加海等区域开展多波束声呐测绘计划，并于2007年再次派遣"希利"号破冰船前往北极进行海底地图绘制工作，以确定阿拉斯加北部大陆架延伸的范围。

自2008年开始，美国和加拿大又多次联合派团考察北极大陆架，收集有关北极大陆架和海底的科学数据，以帮助划定两国之间的大陆架界限，确定《公约》承认的美国和加拿大各自的主权权利。

随着北极地区200海里外大陆架纷争的日益凸显，美国将积极维护本国海洋权益，尤其是对大陆架执行主权权利的决心，以促使其尽快批准加入《公约》。美国2009年公布的《北极新政策》认为，加入《公约》并向委员会提交200海里以外大陆架的证据将对美国主张北极地区外大陆架界限提供极大的帮助。美国与加拿大之间关于波佛特海划界问题一直未解决，与俄罗

---

① 黄勤怡：《北极地区200海里外大陆架争端的法律探析》，《法制与社会》2014年第10期，第74-76页。

斯之间的《1990年美俄海洋划界协定》也尚未生效。为了解决北极地区外大陆架划界争议，美国应在国际法允许的范围内，采取一切行动确定其在北极地区的大陆架外部界限，同时积极敦促俄罗斯批准《1990年美俄海洋划界协定》。一旦美国批准加入《公约》，相信其很快就会向委员会提交其大陆架外部界限主张，尤其是阿拉斯加大陆边缘。

第五章　全球海洋边界划分实践的现有桎梏与优化路径

国际法与国内法一样涉及法律适用的问题。不同的是，国际社会没有专门的立法机关，甚至作为可以脱离成员国、拥有极大权威性的国际组织——联合国都不具备国内法意义上的立法权，① 但是它在推动国际公约制定方面的作用却不容忽视。根据日本学者村濑信也的归纳，"作为一种倾向，国际公法传统领域的问题（国家责任、主权豁免）提交给国际法委员会（ILC），而如需要高度专门性技术知识领域的问题（譬如说，外层空间法、海洋法等）则提交特别委员会，其他如政治背景浓厚的问题（如不适用武力、联合国宪章再探讨等）则提交第六委员会下设的特别委员会"。② 因此，联合国大会在推动国际公约制定方面的作用不容小觑。同时，各主权国家还可以通过国家实践、参与国际条约的起草与协商等方式运用理念和行为影响国际公约的造法走向，甚至转化为海洋法最直接的行为规范，这也是国际法特色下创立规则的特点。

从上述的一系列案例实践可以发现，虽然目前已经存在相当数量的海洋划界判决，但是遵循先例形成一条统一的国际判决规则尚未得到国际学界的正式认可。目前海洋划界案例呈现的明显趋势是：①争议边界的数量呈大幅增长，逐渐明显且持续地需要海洋划界实践；②具有持续且采取和平方式确立边界的传统；③更多依赖于以公平原则为基础的协议，而非单一模式。同时，相关国际审判组织的成员正在通过累积法院案件数量形成自己的审判特色，从而反过来促进海洋划界法则从模糊趋向确定。国际实践和国际审判组

---

① 根据《联合国宪章》第四章的规定，联合国大会的职责基本上被限定在对"本宪章范围之内任何问题或事项"进行讨论和提出建议。
② 车丕照：《"人类命运共同体"理念的国际法学思考》，《吉林大学社会科学学报》2018年第6期，第23页。

织的积极性会引发划界规则的多元化和复杂化。无论是通过协商谈判，还是通过第三方解决海洋边界争端，累积的种种经验都可以用于协助未来海洋划界。因此，深入研究划界争议的主要类型，对于为解决争端提供系统性模型或思路具有重要意义。①

费力摩和森金克在 1998 年提出的国际法发展"三阶段"，包括规则的出现阶段（norm emergence）、规则的扩散阶段（norm cascade）和规则的内化阶段（internalization）。② 就国际法而言，当发展到第三阶段时，规则已经内在地体现在行为者的行为逻辑之中，其作用以及其所应具有的地位、约束力等不言而喻。其中，最为重要的当属第一阶段，即规则的出现阶段。往往是由个别国家或少数国家迈出相关实践的第一步，才有后续国家的跟进，进而最终产生国际化的过程。以大陆架制度为例，它是在相关实践并不为当时国际法规则体系所禁止（而非明示）的情况下，推动国家海洋主权管辖范围的进步。当然，这种实践的"合法性"一定会受到多方质疑，但由于国际法规则体系的灵活性与动态性，其效果是极为有限的。

对于这种突破性实践，目前各国主要是通过解释、适用和创制三种不同方式来进行。无论是解释还是适用，都是在既存规则体系的基础上，通过渐进式发展来完成对既存规则的挑战。值得注意的是，国家在解释、适用或创制、确立新规则的时候，都必须坚定地建立在已有的国际法实践的基础上，既不能凭空创造新的规则，也不能没有限度地解释和适用既有规则，这样的行为很难被其他国家接受、被国际社会认可并推广。基于本书前述的不同类型的案例介绍，本章将在理论与实践结合的基础之上，对划界制度理论之中存在的若干规则解释和实践的缺失问题进行讨论，以期提供一些解决问题的新思路。

---

① 傅崐成，等编译《弗吉尼亚大学海洋法论文三十年精选集（1977—2007）》，厦门大学出版社，2009。
② 也有学者认为第三阶段更适合被称为"规则的国际化"阶段，这样更加符合国际法发展的实际情况。类似观点可参见高建军：《国际海洋划界论——有关等距离/特殊情况规则的研究》，北京大学出版社，2005；黄伟：《单一海洋划界的法律问题研究》，社会科学文献出版社，2011。

第一节　划界原则与方法的区别化考量

国际海洋划界是指在两个或两个以上国家之间的海洋权利主张区域发生重叠的情况下，通过某种方式确立国家之间的海洋边界的过程。因此，划界的前提是两个或更多国家对某一特定海域拥有相同的权利并彼此重叠。同时，在划分此区域时，要遵守《公约》所明示或默示的划界原则或方法。其中，海洋划界方法论（delimitation methodology）是国际法院在"黑海划界案"中首次提出的概念。[1] 根据该案所涉国际司法机构的审判，"海洋划界方法论"所提出的划界路径分为三个阶段：第一阶段，出于对争议海岸的地理特征、海洋的环境因素等特征的综合考虑，确立一条临时的海洋边界线。在目前的国家实践中，等距离线、夹角平分线、垂直线等都是惯用的确定临时线的方法。第二阶段，考虑是否存在需要调整或改变临时线的"相关情况"（relevant circumstances），以确保实现公平的划界结果。所要考虑的"相关情况"，按照著名国际法学者伊恩·布朗利教授的总结，主要包括争端双方海岸的整体地形，譬如存在多重凹陷的海岸走向形态、离岸较远的岛屿、双方海岸线长度差距较大等；还有存在特殊的海底地质构造和地貌，譬如海沟、海槽等；此外还有争端双方的行为，如在争议海域的石油开采活动所形成的事实上的界限、争议海域自然资源的影响范围、公平获取争议海域自然资源的原则、争端当事国的国防与安全利益、争端当事国的航行利益等。第三阶段，对临时边界线进行成比例性检验，以确保双方对于海岸线长度的比例与依划界所得相关海域面积的比例之间保持平衡。比例原则的作用在于审查最终划界结果的公平性，以确保不产生不成比例的划界结果。[2]

---

[1] International Court of Justice, Maritime Delimitation in the Black Sea between Romania and Ukraine, Judgment of 3 February, 2009, https://www.icj-cij.org/public/files/case-related/132/132-20090203-JUD-01-00-EN.pdf/，访问日期：2024年5月15日。
[2] 尹恩·布朗利：《国际公法原理》，曾令良、余敏友，等译，法律出版社，2007，第118-203页。

主流的海洋划界方法主张划定一条单一边界①，这在简化程序的同时也产生了一些问题。例如，印度尼西亚自1960年起即陆续将196条群岛直线基线作为管辖海域的外部界限，然而在许多点上，其"海面主张和海床主张不尽一致"，极易形成"灰区"。另外，还有一类特殊海域是因当事方之间管辖权主张冲突而形成僵局的地区。对于灰区和陷入僵局的地区，相关国家往往通过签订协议设立共同开发区，作为在划定永久边界之前的权宜之计。

一、公平原则的根本地位

关于领海区域的划界，《公约》第15条规定，"如果两国海岸彼此相向或相邻，两国中任何一国在彼此没有相反协议的情形下，均无权将其领海延伸至一条其每一点都同测算两国中每一国领海宽度的基线上最近各点距离相等的中间线以外。但如因历史性所有权或其他特殊情况而有必要按照与上述规定不同的方法划定两国领海的界限，则不适用上述规定"。关于专属经济区的划界，《公约》第56条第3款规定，"本条所载的关于海床和底土的权利，应按照第六部分的规定行使"；第74款第1款规定，"海岸相向或相邻的国家间专属经济区的界限，应在国际法院规约第三十八条所指国际法的基础上以协议划定，以便得到公平解决"。关于大陆架区域的划界，《公约》第83条第1款规定，"海岸相向或相邻国家间大陆架的界限，应在国际法院规约第三十八条所指国际法的基础上以协议划定，以便得到公平解决"。参照《国际法院规约》第38条："法院对于陈诉各项争端，应依国际法裁判之，裁判时应适用：①不论普通或特别国际协约，确立诉讼当事国明白承认之规条者。②国际习惯，作为通例之证明而经接受为法律者。③一般法律原则为文明各国所承认者。④在第五十九条规定之下，司法判例及各国权威最高之公法学家学说，作为确定法律原则之补助资料者。（法院之裁判对当事国及本案外，无约束力。）前项规定不妨碍法院经当事国同意本'公允及善良'

---

① 所谓单一边界，主要是指当事国遵循同一划界规则或标准，以协议或请求裁判的方式对其大陆架和专属经济区之间的权利主张重叠区域划定一条边界线的过程。参见黄伟：《单一海洋划界的法律问题研究》，社会科学文献出版社，2011，第53-59页。

原则裁判案件之权。"①

通过对比梳理上述划界条款可以发现，除了存在历史性所有权或其他特殊情况外，只有领海区域的重叠区划界可以根据《公约》第 15 款"中间线/等距离线"方法直接划定。关于专属经济区和大陆架区域，《公约》提出当事双方需要将国际法院规约提及的国际条约、国际习惯、法律援助和司法判例等法律渊源以及"公平划定"一词作为划界双方当事国的实践标准，即公平原则。申言之，协商是划界的程序，公平原则是海洋划界的根本目的和最高要求，并已经成为国际习惯。公平原则作为一个法律概念实际上是源于正义的思想追求，公平原则应该作为适用于每一个划界案的基本原则。② 而中间线则是可以采取由当事国协商选择的具体方法。同时，中间线也必须是相关国家予以公认和同意的；否则，不能作为划界边界线的起始线。③ 自 1945 年 9 月 28 日美国发表"杜鲁门公告"之后，各国开始关注大陆架区域的权益，逐步按照公平原则进行了一系列的国家实践活动，旨在划分同邻国之间的大陆架边界。例如，1945 年 10 月墨西哥关于大陆架的总统声明、1947 年 8 月 1 日秘鲁公布的第 781 号总统法令等。但真正使公平原则在大陆架划界中取得显著地位的是国际法院在 1969 年审理的北海大陆架划界案，国际法院在该案中指出："并无任何划界方法可以防止不公平的结果，所有划界方法都可能导致相对不公正。因此，有必要寻求的并不是固定的划界方法，而是划界目标"；④ 进而在随后的仲裁实践中，如 1982 年突尼斯—利比亚划界案、1985 年利比亚—马耳他划界案中，公平原则的解释和适用得到不断的完善与革新，同时也确立了其作为习惯国际法在海域划界中的重要地位。为落实《公约》所确立的"结果公平"的目标，实际上自 1985 年利比亚—马耳他大陆架案以来，国际司法机构在处理相关划界争议时，不断推动公平原则和等距离划界法二者之间的融合，努力使公平原则朝着确定性规范方向演进。⑤

---

① 詹宁斯、瓦茨：《奥本海国际法》，王铁崖，等译，中国大百科全书出版社，1998，第 95 页。
② 魏合龙，等：《国际海洋划界技术发展与探讨》，《海洋地质动态》2003 年第 6 期，第 2 页。
③ 金永明：《海洋问题专论》第二卷，海洋出版社，2011，第 86 页。
④ North Sea Continental Shelf, Judgment, ICJ Reports 1969, para. 92.
⑤ 张卫彬：《公平原则及相关情况规则探讨——兼析中国东海大陆架划界基本主张》，《当代亚太》2010 年第 1 期，第 147 页。

什么是公平？正如国际法院在北海大陆架案中所说，公平既不是指绝对的平分，也不是数量上一人一半的概念。① 其也做出特别说明：公平原则与"公允及善良"原则（ex aeque et bono）不同。而且公平原则是国际法院可以直接适用的"一般法律原则"，无须经当事国特别授权与同意。② 就公平与法律之间的关系而言，一般认为"公平"在以下3种情况中可以被适用：在法律规定的范围内（infra legem）、在现行法律的范围之外（praeter）以及在与法律相抵触的情况下（contra legem）。从传统观念看，当在法律规定的范围内适用时，公平原则是在个别案件中修改现行法律规则以消除其严厉性的工具。但是，亚里士多德（Aristotle）认为，法律并不能在每个特定案件中都能达到预期的目的，在一些特殊情况下，法律需要由公平原则加以调和以获得公正的结果。③ 这更适合理解为一种补充性规则或救济手段。亚里士多德将正义分为分配正义与矫正正义。④ 其中矫正正义即公平的矫正功能的来源。亚里士多德认为，衡平就是当法律因其过于原则化而不能解决具体问题时，对法律进行的一种矫正。这种矫正正义其实就是公平。⑤ 当法律的发展没有与社会关系的发展和变迁相匹配时，不可避免地会出现法律空白的情况。此时，公平可被用来填补法律的真空地带，是一个独立的、可直接适用的规则。当现行法律规则的适用导致显失公平的结果产生时，法院可以凌驾于法律规则之上对案件作出更加公平的裁判，这是公平的第三个作用——法律之外的功效。当然，这一功效的实施取决于案件的具体情况以及偏离实在法的程度。"公平解决"的规定在海洋划界中具有突出作用，同时也引起了很大的争议。一方面，在国际法院、法庭及仲裁机构做出的海洋划界裁决中，公平解决作为公平在海洋划界领域的具体表现，要求司法机构和仲裁机构能够充分了解个别案件的具体情况，并根据具体情况适用具体规则；另一方面，公平的引

---

① 《北海大陆架案判决书》第91段。
② 《国际法院规约》第38条第2款。
③ Janne E. Nijman, "Equity in International Law", in Encyclopedia of Public International Law, ed. Rudolf Bernhardt（Amsterdam: North–Holland, 1995）, pp. 112–116；胡应志译，蓝海昌、曹力校：《国际法中的公平原则》，《环球法律评论》1990年第5期，第59页。
④ E. 博登海默：《法理学：法律哲学与法律方法》，邓正来，译，中国政法大学出版社，2004，第14页。
⑤ 罗国强：《国际法本体论（第二版）》，中国社会科学出版社，2015，第173页。

入导致了法律上的不确定性和不可预测性，使各国无法适用确定的法律规则来划定其海洋边界。

同时，公平原则因其概念模糊、外延宽泛，具有诸多局限性。法官格罗斯在缅因湾案中一针见血地指出了公平原则的"空洞性"。① 但是，除非当事方授权司法机构按照"公允及善良"的原则判案，否则司法机构无权排除现行法律的适用，而直接凌驾于法律之上。② 主要原因是国际法院往往享有比国内法院更大的裁量权，如果不能够充分恰当地适用公平原则解决争端，那么必将导致法官的过度统治。③ 因此，在利用这一概念解决国际争端案件时，需要秉持更加严谨的态度，防止这个"一揽子概念"引发司法独裁。④

在专属经济区和大陆架重叠区域的划界方法选择上，1949 年加拿大与美国的缅因湾划界案中，国际法院特别分庭的庭长罗伯特·阿戈（Robert Ago）法官就曾要求美国和加拿大回答："假如某一种或某一套特别方法看起来很适合大陆架划界，而另一套特别方法看起来很适合专属渔区的划界，那么缔约双方认为优先选择其中一种或一套特别方法从而寻求给大陆架和专属渔区划定一条界限的法律基础是什么？"这个问题直接指向单一划界方法在今后实践中的地位，同时从侧面佐证了清楚阐述、理解并适用公平原则的重要意义，⑤ 即公平原则需要考虑一切有关情况，它不是一种抽象的法律规范解释，必须与可能取得公平结果的原则和规则密切联系起来。譬如，由于大陆架区域的划定与复杂的海域状况以及其他相关因素联系密切（包括岸线曲折、海底地质构造、岛屿分布位置等），国际法院沃尔多克法官曾指出，"困难在于几乎无法穷尽的各种地理因素，导致大陆架划界问题要因案而异"，在理想的状态下，适用公平原则须把"一切有关因素"全部考虑进去，它不但包括

---

① Dissenting Opinion of Judge Gros, ICJ Reports 1984, p. 365.
② 高健军：《国际海洋划界论——有关等距离/特殊情况规则的研究》，北京大学出版社，2005，第 84 页。
③ 参见 Gulf of Maine, Judgment, Separate opinion of Judge Gros. 1984, para. 41.
④ 小田兹法官认为"这是一个可以对其作出不同解释的一揽子概念"。参见 Libya & Malta, Judgement, Separate opinion of Judge Oda, para. 65.
⑤ 黄伟：《单一海洋划界的法律问题研究》，社会科学文献出版社，2011。

自然因素还会涉及人文因素。① 从相关的国际司法实践来看，对"有关因素"的认定在本质上是随着情况的变化而不断变化的，国际司法机构通过赋予各种因素相应的重要性，以实现产生海洋划界公平结果的愿望。②

二、等距离线/中间线方法的有限适用

目前，国家实践中经常使用的一种划界方法是等距离线/中间线法，该方法最早是被用来划分领水的。由于领海紧临沿海国的海岸，所以适用中间线法造成的不公平结果并不显著，该方法在这一区域的广泛使用获得了国际法院的认可。但在专属经济区与大陆架区域，由于距离海岸线越来越远，中间线造成的不公平现象日益凸显，因此不能简单地予以应用。③《大陆架公约》第6条第1款规定，"同一大陆架邻接两个以上海岸相向国家之领土时，其分属各该国部分之界线由有关各国以协议定之。倘无协议，除因情形特殊应另定界线外，以每一点均与测算每一国领海宽度之基线上最近各点距离相等之中央线为界线"；第2款规定："同一大陆架邻接两个毗邻国家之领土时，其界线由有关两国以协议定之。倘无协议，除因情形特殊应另定界线外，其界线应适用与测算每一国领海宽度之基线上最近各点距离相等之原则定之"。可见《大陆架公约》中规定的大陆架划界遵循了"协议—等距—特殊情况"的三重规则。但1969年，国际法院在北海大陆架的判决中否定了中间线成为一般国际法或习惯国际法的论点，指出等距离线作为一种方法并非强制使用的，而是可以选择的，不存在任何情况都必须使用的唯一划界方法。在判决第101段中有关于公平原则和等距离方法的经典陈述："1. 在划界问题上，一国没有适用等距离线的义务；2. 没有适用于所有情形的单一划界方法；3. 划界应该根据公平原则以协议方式为之，并且考虑所有相关情形，使每一方都能获得尽可能多的大陆架面积，且一方自然延伸的大陆架区域不会侵入另一方自然延伸的大陆架区域。当上述方法导致大陆架区域重合时，双

---

① Waldock H. M., *The International Court and the Law of the Sea* (*Cornelis van Vollenhoven Memorial Lecture*). University of Leiden, 1979.
② 袁古洁：《国际海洋划界的理论与实践》，法律出版社，2001年。
③ 贾兵兵：《国际公法：和平时期的解释与适用》，清华大学出版社，2015年。

方应成比例划分之，或者在无法达成协议时，平等地划分，除非双方同意在重合区域部分或整体采用共有管辖权、使用、开发的制度；4. 谈判应考虑的因素包括地理形态，大陆架区域的地理、地质结构和自然资源，沿海国的大陆架范围和该国根据海岸线的一般走向测量出的海岸线长度之间的合理比例。"①

总体来看，等距离线/中间线是一种简单易行的划分重叠区域的方法，如果可以获得公平结果则可以适用；如果不能，则需要选取或创制其他更适合个案中自然因素和人文因素等"一切有关因素"的方法进行重叠区域的划界，以确保能够获得公平结果。目前，关于利用等距离线/中间线方法进行重叠区域的海域划界案件正呈现叠加与累进的趋势，并且对其他国家产生了持续的吸引效应。之所以产生这种趋势，是因为在客观上这种方法在领海区域已经被屡次实践，并产生了一定的传播效应，其简单、便捷的特点已获得国际社会的认可。

在主观上，许多海洋大国已经掌握了利用这种方法为自己主张更多海洋区域的精髓和技艺。因此，往往存在这样一种现象，即当海洋法治发达国家利用规则在实践中的巨大影响力，通过精心准备的预案完成了划界规则偏离《公约》的"固化"与"法律化"时，新兴海洋国家还停留在政策层面，试图通过国际外交和政治进行反对意见的阐述与解释，这是我们应该警惕和避免的。当然，不可否认的是，国际政策层面的沟通、谈判甚至反对策略确实可以在紧急时刻起到博弈的作用，可以暂时捍卫自身立场，保护自身的权益。但是，从国际规则发展的角度看，建设性地参与新规则的形成、国际实践的推动中，才是逐步走到国际社会法治体系舞台中央的有效路径。在处理距沿海国海岸12海里之外的海洋区域的划界问题时，我们需要正视并积极强调：《公约》以及国际法院规约只确认了公平原则的法律地位，从未正式确立"等距离线/中间线"的法律地位。

---

① International Court of Justice, North Sea Continental Shelf cases, Judgement of 20 February, 1969, https://www.icj-cij.org/public/files/case-related/51/051-19690220-JUD-01-00-EN.pdf，访问日期：2024年5月15日。

三、三步划界法

2009 年"罗马尼亚—乌克兰黑海划界案"具有里程碑式的意义,海洋划界三阶段方法正式确立,并在其后的海洋划界判例中被国际法院和有关法庭沿用,这标志着海洋划界法律进一步朝着确定性方向发展。国际法院根据《公约》第 74 条和第 83 条的规定,提出并适用了海洋划界三阶段方法,具体为:在第一阶段,确定临时等距离线;在第二阶段,鉴于《公约》第 74 条和第 83 条的要求是"公平解决",法院将审查是否存在需要调整临时等距离线或中间线的因素,以实现公平的结果;在第三阶段,国际法院将核实该划界线是否会因为各自的海岸线长度比例与各国参照划界线的相关海域比例之间存在明显的不相称而导致出现不公平结果。①

在 2012 年"孟加拉国和缅甸孟加拉湾海洋划界案"中,法庭正式采用了海洋划界三阶段方法。② 在"尼加拉瓜诉哥伦比亚领土和海洋争端案"中,国际法院同样使用了这一方法,③ 构建临时中间线后,在第二阶段详细审查了双方提出的每项应考虑的因素,即相关海岸线的长度、整体地理环境、双方的行为、安全和执法方面的考虑、公平地获取自然资源、在该地区已经生效的划界,以确定这些因素是否构成调整或移动临时中间线的"相关情况"。④ 在 2014 年"秘鲁诉智利海洋划界案"中,国际法院为寻求"公平解决"通常采用的方法为海洋划界三阶段方法。⑤

在 2014 年"孟加拉国海域边界仲裁案"中,仲裁庭阐述了这一方法的法律地位。虽然仲裁庭将这一方法称为等距离/相关情况规则,但其本质仍是

---

① Maritime Delimitation in the Black Sea (Romania v. Ukraine), Judgment, ICJ Reports 2009, paras. 115 – 121.
② 2009 年"罗马尼亚—乌克兰黑海划界案"中使用了"分阶段划界"的表述,并且详细阐述了何为第一阶段,何为第二阶段以及第三阶段,但是并未使用"三阶段"(three stage - approach)或者类似的表述。
③ Territorial and Maritime Dispute (Nicaragua v. Colombia), Judgment, ICJ Reports 2012, paras. 190 – 193.
④ Territorial and Maritime Dispute (Nicaragua v. Colombia), Judgement, ICJ Reports 2012, paras. 205 – 228.
⑤ Maritime Dispute (Peru v. Chile), Judgment, ICJ Reports 2014, para. 180.

海洋划界三阶段方法。由于《公约》第74条和第83条没有规定特定的划界方法，因此，如果有关国家不能达成协议，则将通过和平解决争端的机制来确定适当的划界方法。在处理专属经济区和大陆架划界问题时，法院和法庭以一个首要目标为指导，即所选择的划界方法应达到公平的结果。仲裁庭同时补充，整个划界过程的透明度和确定性是该过程中要实现的额外目标，由此产生的并且仍在发展中的国际判例构成的司法判例，属于《国际法院规约》第38条第1款第4项的国际法渊源，并且这一判例法应纳入《公约》第74条和第83条。① 虽然仲裁庭采用了这一方法，但是也援引了"尼加拉瓜和洪都拉斯在加勒比海的领土与海洋争端案"的论述，即"在特定情况下，可能有一些因素使等距离线方法的适用不合适"。② "加纳和科特迪瓦大西洋海域划界案"也采用了等距离/相关情况的提法，但仍属于海洋划界判例第二阶段所称等距离/相关情况规则增加比例检验后的变体，即海洋划界三阶段方法。该案法庭认为，关于海洋空间划界的国际判例原则上倾向于采用等距离/相关情况规则。③

在后续的海洋划界案件中，国际法院沿用了这一划界思路。在2018年"加勒比海和太平洋海域划界案"中，国际法院在划定单一海洋边界时，根据《公约》第74条和第83条的"公平解决"规定，按照既定方法中的三个阶段划定了专属经济区和大陆架的界限。④ 在2021年"索马里诉肯尼亚海洋划界案"中，法院认为，"在本案中没有理由使用法院发展出来的三阶段方

---

① Bay of Bengal Maritime Boundary Arbitration between Bangladesh and India, Award, PCA Case No. 2010 – 16, 7 July 2014, paras. 338 – 339.
② 国际法院在"尼加拉瓜和洪都拉斯在加勒比海的领土与海洋争端案"中指出，法院的判例阐述了在海洋划界实践中广泛使用等距离线方法的原因：它具有一定的内在价值，因为它具有科学性，而且应用起来相对容易。然而，等距离线方法并不自动拥有高于其他划界方法的优先权，在特定情况下，可能有一些因素使等距离线方法的适用不合适。参见Territorial and Maritime Dispute between Nicaragua and Honduras in the Caribbean Sea (Nicaragua v. Honduras), Judgment, ICJ Reports 2007, para. 272.
③ Delimitation of the Maritime Boundary in the Atlantic Ocean (Ghana/Côte d'Ivoire), Judgment, ITLOS Reports 2017, para. 289.
④ Maritime Delimitation in the Caribbean Sea and the Pacific Ocean (Costa Rica v. Nicaragua) and Land Boundary in the Northern Part of Isla Portillos (Costa Rica v. Nicaragua), Judgment, ICJ Reports 2018, para. 135.

法以外的其他方法"。①

自《公约》通过以来，国际法院和相关法庭逐渐发展出一套海洋划界方法，以帮助其执行《公约》。《公约》第74条和第83条要求划界应得到"公平解决"。实现"公平解决"则要求划界线应尽可能让双方的海岸以合理和相互平衡的方式产生海洋权利方面的效力。②自罗马尼亚—乌克兰黑海划界案确立了海洋划界三阶段方法后，国际法院和法庭对专属经济区、大陆架或者单一边界线的划定始终分三个阶段进行。为实现"公平解决"，国际法院和法庭在第二阶段会考虑是否有"相关情况"需要调整或移动临时等距离线。《公约》第74条和第83条并未明确规定何为"相关情况"，这是因为"相关情况"是根据个案确定的。第三阶段的比例检验也是为了确认划界实现了《公约》要求的"公平解决"，具体的检验由法院在每个案件中参照总体地理情况加以判断。

第二节　不同区域的国家实践

一、领海划界：中间线的绝对权威

（一）海洋权益起算线的划定

领海基线是测算领海宽度及划定外部界限的起始线，也是领海的内部界限。邻海基线向陆一侧为沿海国的内水，向海一侧至领海外部界限即为该国的领海。因此，领海基线的确定是领海确定的前提，领海基线的形状也与领海的面积存在着密切的关系。一国领海基线距离海岸的远近关系到其海洋管辖权容许的范围，因此如何划定领海基线对沿海国意义重大。

对于领海基线的划定，一开始人们选择了实际的海岸线，即陆地和海洋交接的痕迹线，表现为高潮线或者低潮线。例如，罗马时代人们使用高潮线，

---

① Maritime Delimitation in the Indian Ocean (Somalia v. Kenya), Judgment, ICJ Reports 2021, p. 3.
② Territorial and Maritime Dispute (Nicaragua v. Colombia), Judgment, ICJ Reports 2012, para. 215.

认为领海的起点应该位于能够在其沿岸的安全地方构筑起不受潮水最高潮威胁的海岸炮台的海岸线上。但是这种方法受到了自然环境和各国需求的双重挑战。实际上，海岸线容易受自然潮汐、冰川融化、台风、海啸等情况的影响，其确定时具有较大的不确定性。同时，各国对海洋资源的需求不断增多，这一方法难以满足各国不断扩张本国海洋权益的要求。

到了 19 世纪中期，科学技术的不断进步使监测和计算潮位数据成为可能，为确定领海基线提供了更多的技术手段。彼时，世界上大多数沿海国已经选择将海岸低潮线作为领海基线，如 1839 年英法渔业条约便规定采用低潮线起算领海。这一方法可以将领海基线外推至离海岸更远的地方，从而实现对更宽海域的控制。对于低潮线的确定，有人认为可以若干年为周期计算该国的平均海平面；有人认为应该根据平均低潮线确定，即取多频次海水退落较低的低潮线平均而得，从而尽可能外推领海基线；在海潮范围广而海底坡度小的海岸区域，还有人主张以历史记载的最低潮线确定，这一方面可以避免船舶搁浅，尽可能保证船舶的航行安全，另一方面可以进一步扩大内水的范围，因为历史最低潮线往往会在平均低潮线向海若干海里处。此外，也有人认为领海基线应当符合海岸的自然弯曲，因此只有掌握海岸上每一点的低潮数据，才能使低潮线精准地反映海岸的走向。但是，在一些特殊的海岸地形条件下，基线会呈现出不规则和不稳定的形状，为领海划界带来技术上的困难。

1935 年 7 月，拥有复杂的海岸线地形（峡湾、小岛、岩礁等）的挪威颁布法令，将北纬 66°28′08″以北的水域划为渔区，具体方法为从俄罗斯边境到韦斯特峡湾之间，用直线基线将在挪威本土、岛屿以及岩礁上选定的 48 个基点用线段连接起来，以连线的内侧水域为内水，连线以外 4 海里的海域为领海。这一划界方法在英挪渔业案中得到了国际法院的认可[1]，法院认为为了满足地区性要求，沿海国对于基线的划定享有必要的承认权，前提是不偏离海岸线的一般方向。直线基线法通过国际法院判例的形式奠定了其重要的国际法地位，这在一定程度上弥补了低潮线的不足之处。[2] 此后 20 年内，至少

---

[1] The Anglo–Norwegian Fisheries case, ICJ Reports 1951, pp. 128–129.
[2] 李令华：《英挪渔业案与领海基线的确定》，《现代渔业信息》2005 年第 2 期，第 26–28 页。

有 60 个国家全部或部分地采用了这一方法。这便是司法判决影响国际法发展的一个实例。

总体而言，领海基线可分为正常基线、直线基线和混合基线三种模式。另外还有适用于群岛国制度的群岛基线。《公约》第 5 条规定："除本公约另有规定外，测算领海宽度的正常基线是沿海国官方承认的大比例尺海图所标明的沿岸低潮线。"其中，大比例尺海图一般是指八万分之一的海图。低潮线在海洋学上是指海水在引潮力作用下后退至最低水位时水面与岸边的相交处，而它在《公约》中没有明确的解释。因此，这一规定为各国绘制低潮线时能够采用不同标准提供了实践上的便利。实践中，正常基线多适用于海岸线较为平缓的地区。

根据《公约》第 7 条的规定，直线基线是在大陆沿岸突出处或岸外岛屿最外缘选定一系列适当的基点，再连接相邻点构成一条沿海岸的折线。直线基线一般适用于海岸线极为曲折或者紧临海岸有一系列岛屿的地区，其划定不应在任何程度上偏离海岸的一般方向，也不得致使另一国领海同公海或专属经济区隔断。从规定的语言来看，对于是否适用直线基线是非常宽松的，沿海国可以选择适用或者不适用直线基线的方法。但是，对于海岸曲折的标准，《公约》并没有规定，因此各沿海国的做法有所差别，如美国认为，海岸曲折是指存在三个以上相互邻近的深的凹陷，且每个凹陷的深度超过封闭其入口的直线基线长度的一半。对于紧临海岸的岛屿，《公约》也未明确规定岛屿与陆地的距离，实践中多认为是指 12 海里以内。同时，根据《公约》第 121 条规定的岛屿需要为"自然形成"，所以人工岛屿、结构和设施不能作为直线基线的基点；至于既有自然因素又有人为修筑成分的混合岛屿，能否作为直线基线的备选基点，目前只能取决于国家实践。

岛屿的领海、毗连区、专属经济区和大陆架应按照《公约》适用于其他陆地领土的规定加以确定。因此，所有的岛屿不论其面积大小都可以有自己的领海，而且岛屿拥有其领海的前提条件并不是它必须被人占领。至于那些由岩石岛屿组成的在地理、经济和政治上联系密切的实体，即"群岛"的基线将如何划出，就涉及群岛国的制度问题。第三次联合国海洋法会议召开前，群岛国制度尚未形成，各国实践也不统一。在第三次联合国海洋法会议上，经过反复协商，《公约》在其第四部分规定了群岛国制度。按照《公约》第47条的规定，群岛国可以划分连接群岛最外缘各岛和各干礁最外缘各点的直线群岛基线，并从基线量出其领海、毗连区等其他海域。在划定群岛基线时，《公约》规定了一些限制：①这种基线必须包括主要的岛屿和一个区域，在此区域内，水域面积和陆地面积的比例应为1∶1到9∶1；②此种基线长度不得超过100海里，但围绕任何群岛的基线总数中至多3%可超过该长度，最长为125海里；③此种基线的划定不应在任何程度上偏离群岛的一般轮廓。从第三次联合国海洋法会议的国家实践来看，有些国家在认定群岛国属性时存在偏差，进而为之后是否适用群岛基线产生了争议。

群岛制度中包括洋中群岛，其是否能够划定直线基线存在争议。① 洋中群岛，也称远洋群岛，是指远离大陆相当距离被视为相对独立的整体，不再构成大陆沿岸部分的群岛。有学者认为洋中群岛可以划定直线基线，代表人物有希腊学者苏菲亚·库佩拉（Sophia Kopela）、英国学者克里斯·沃默斯利（Chris Whomersley）及中国学者王军敏、王勇、张海文、周江、张华等，其主要观点为：《公约》并未调整洋中群岛基线问题，而洋中群岛作为整体划定直线基线的国家实践已形成习惯国际法。然而，美国及其学者则反对洋中群岛划定直线基线，其观点集中反映在研究报告《海洋的界限》（limits in the seas）、《过度海洋主张》（Excessive Maritime Claim）中。美国海洋法事务方面的权威代表、美国前海军上校及国务院法律顾问阿什利·罗奇（J. Ashley Roach）认为洋中群岛划定直线基线的国家实践不能满足习惯国际法的要求。中国的立场是"岛屿相互距离较近的群岛或列岛，可视为一个整体，划定领海范围"。②

由于地理环境的多样性，沿海国的海岸线、邻近岛屿的形状、分布等都存在着复杂性，虽然《公约》第14条规定了混合基线法，即"沿海国为适应不同情况，可交替使用以上各条规定的任何方法以确定基线"。但是从现有的实践来说，不少沿海国政府颁布的领海基线，尤其是对直线基线的确定

---

① 郭中元、邹立刚：《洋中群岛划定直线基线问题研究》，《河北法学》2019年第37卷第9期，第130-139页。
② 赵理海：《关于南海诸岛的若干法律问题》，《法制与社会发展》1995年第4期，第50-63页。

与国际法有不小出入。由于《公约》并没有对直线基线的线段长度作出专门规定，尤其是对最大可允许的长度没有限制，所以无法避免某些沿海国刻意划出过长的基线。这一现象一直持续到 2000 年才引起国际法院和仲裁法庭的重视。此外，由于对领海基线种类选择的不合理也引发了诸多国际冲突，许多海岸线明显平缓的国家放弃了正常基线而选用了直线基线，借以扩大自己可以管辖的海域面积。规则的不充分、不准确，为部分国家在海洋权益主使下随意划定基线提供了机会，不合理地将领海与其他管辖区域朝向海方向扩展，从而导致国际公海区域的减少。因此，领海基线的选用和划定标准亟须统一，直线基线的最大长度必须得到严格的限制，任何国家都不能自行其是，否则就会有损公平划界的目的。①

有学者在大量国家实践的基础上，总结出各沿海国建立沿海基点和基线的具体技术标准和规则的初步要求，即①在海岸平坦的地方必须运用正常基线；②每条直线基线的长度不超过 24 海里，河口与海湾封口线在低潮时同样不超过 24 海里，"紧接海岸"的距离指 12 海里；③直线基线走向偏离海岸一般方向范围不应大于 15°；④等于或小于 1″（秒）的基点或转折点地理坐标；⑤注明直线线段的性质，如恒向线、测地线、方位角、大圆线、小圆线和低潮线等；⑥注明基点和直线基线参考的大地基准面（坐标系）等。②

在如今海平面上升的背景下，基线的稳定性受到了严重冲击。由于海平面上升会造成基线向陆地方向的移动，而在《公约》制定时并未考虑到这点，因此产生了固定基线与流动基线的争论。尽管联合国基线委员会在 2012 年的报告中认为基线正常是变动的，且在极端情形下，可能会造成领土和相关海洋权利的全部丧失，但这样的论断显然是置小岛屿国家的利益于不顾。让这些对全球气候变化影响较小的国家独尝最大的恶果，显然违背了公平原则。③ 而

---

① 李令华：《关于领海基点和基线的确定问题》，《中国海洋大学学报（社会科学版）》2007 年第 3 期，第 14-18 页。
② 李令华：《英挪渔业案与领海基线的确定》，《现代渔业信息》2005 年第 2 期，第 26-28 页。
③ 李学文、张克宁：《海平面上升情形对海洋法的影响及中国南海权益维护》，《中国海商法研究》2017 年第 3 期，第 40-49 页。

采取固定基线的方式则违反了"陆地统治海洋"和"基线决定国家管辖海域范围"这两项根本性规则。①

（二）外部界限的划定

领海的外部界限就是领海的外侧线，也是划分领海和专属经济区等其他领域的界限，其与领海基线共同确定了一国领海的确切范围。虽然《公约》第4条规定，"领海的外部界限是一条其每一点同基线最近点的距离等于领海宽度的线"，但是没有规定如何划定该外部界限。根据各国实践和学者的划分理论，基本上都采取"交圆法""共同正切线法"或"平行线法"：② 交圆法适用于正常基线，以基线上某些点为中心，以领海宽度为半径，向公海方向画出一系列相交的半圆，其交点之间的弧线连接成的线，便是领海的外部界限；共同正切线法适用于直线基线，以每个基点为中心，以领海宽度为半径，向公海方向画出一系列半圆，再画出相邻两个半圆之间的共同正切线，连接这些切线的交点所得的折线便是领海的外部界限；平行线法适用于所有种类的基线，将领海基线向与海岸大致走向垂直的方向平行外推等于领海宽度的距离，从而得到与基线曲折程度一致的外部界限。

以上三种方法中，"交圆法"的适用性更广、算法精度更高，但是地球表面是球面，因此在二维的经纬度坐标中并不是圆。对此，有学者提出用最短距离法和椭圆法来解决这一问题。最短距离法是指在经纬度坐标下，逐点寻找最短距离，从第1个点开始类推执行以下操作：以该点为中心，分别画出四条到该点距离为领海宽度的边组成矩形的研究区域，找到该区域中与该点距离小于或等于领海宽度的所有点；连接区域中所有这些点的外轮廓线就是领海基线外推领海宽度距离所得的领海外部界限。这一方法的优点是精度高，网格点划分越细，越有利于找到外推界限，缺点是计算量会随着网格精细度的提高而增大，计算时间过长。因为大多数国家公布的领海基线都是经

---

① 陈奕彤：《海平面上升的国际法挑战与国家实践——以国际造法为视角》，《亚太安全与海洋研究》2022年第2期，第50–67页。
② 刘泽荣：《领海法概论》，世界知识出版社，1965；高维新、蔡春林：《海洋法教程》，对外经济贸易大学出版社，2009；薛桂芳、胡增祥：《海洋法理论与实践》，海洋出版社，2009；屈广清、曲波主编《海洋法》第4版，中国人民大学出版社，2017。

纬度数据，而地球的1个经度从低纬到高纬对应的距离逐渐减小，经纬度跨度较大的国家的基线外推的界线误差就会较大，且界线不是标准的圆，而是近似于椭圆，其横轴在纬圈方向上，纵轴在经圈方向上。鉴于此，椭圆法是以椭圆近似代表到同一点距离相同的点的集合，对每个领海基点都画一个这样的椭圆，所有椭圆的外轮廓线即为领海外部界限。这一方法的优点在于计算时间短，但是精度较低，只能减小误差而无法消除误差。①

关于领海直线基线的争议，代表性案例为1951年的"英挪渔业案"，这也是首个关于领海基线的案例。当时，由于英国渔船不断闯入挪威渔区，两国发生多次捕鱼争端，因此挪威国王颁布敕令，通过连接沿岸外缘的高地、岛屿和礁石上的基点而成的直线基线确定了4海里专属渔区。英国认为，直线基线法仅适用于海湾，并且挪威采用的直线段太长，这些做法在当时都是违反国际法的。由于与挪威多次谈判失败，英国便向国际法院起诉。1951年12月18日，国际法院就此案作出判决，支持了直线基线在国际法中的效力，并提出在划定直线基线时可参照的相关标准，例如不能偏离任何沿岸线的一般方向的合理范围，因为是陆地赋予了沿海国关于沿岸水域的权利，以及基线以内的海洋区域必须充分接近陆地领土，应当考虑地区的经济利益等②。但是，之后许多仿照挪威选择直线基线的国家，在划界实践中似乎都背离了直线基线的相关应用规则：

（1）在海岸线并不曲折的情况下选择直线基线，例如哥伦比亚、塞内加尔、冈比亚、几内亚、阿尔巴尼亚、古巴、厄瓜多尔和马达加斯加等。哥伦比亚沿着加勒比海的海岸划出一条长约131海里的直线基线，其所包围的海岸线并不曲折，且紧接海岸的地方没有一系列岛屿。塞内加尔和冈比亚南北海岸、几内亚和阿尔巴尼亚的海岸均相对平直，却也都选择了直线基线，其中在珊瑚海的约克角半岛西北海岸的一条平坦微有起伏的海岸线中，建立了直线基线体系。古巴的部分平坦海岸中，同样划了直线基线。③ 厄瓜多尔和

---

① 宋博，等：《基于领海基线外推领海、毗连区和专属经济区的2种算法及其比较》，《海洋开发与管理》2018年第2期，第63－66页。
② The Anglo – Norwegian Fisheries case, ICJ Reports 1951, p. 133.
③ 曹英志、范晓婷：《论领海基点和基线问题的发展趋势》，《太平洋学报》2009年第1期，第66－73页。

马达加斯加的海岸线同样不曲折,并且岛屿稀少,但是两国都采用直线基线封闭了整个本国海岸。①

(2) 沿着不紧临海岸的岛屿划定直线基线,如阿根廷公布的直线基线与最近海岸间的最大距离为 105 海里。越南以距海岸线 75 海里的一座孤立小岛为基点划定了直线基线。②

(3) 直线基线过度偏离海岸线的大致方向,如在英挪渔业案中直线基线偏离角度最大仅为 15 度,然而在泰国湾内柬埔寨所划定的直线基线中 1~4 段与海岸一般方向线的偏差却达到 70 度。厄瓜多尔和缅甸在某些区域的直线基线偏离角度也达到了 60 度。再如,俄罗斯将在北冰洋部分海岸的领海基点确定在了距离陆地较远的沙滩或岩石小岛上,从而导致基线偏离了海岸一般方向的合理范围。

(4) 直线基线的划定使另一国的领海同公海或专属经济区隔断,如委内瑞拉的领海基线割断了圭亚那的领海通向公海的去路。摩洛哥的直线基线隔断了西班牙在北非的麦里亚和休达等地。

更为过分的是,有些国家将基点设定在海洋中,甚至设定在另一国的领海内,而非大陆沿岸突出处或岸外岛屿最外缘。如在"孟加拉国和缅甸在孟加拉湾的海域争端"中,由于孟加拉湾地理特征极为复杂,难以适用《公约》的一般规定,因此孟加拉确定了"深度法"(60 英尺的深度)这一测量基线的方法,遭到缅甸和印度的强烈反对。③ 又如日本将属于中国主权管辖的钓鱼岛诸岛作为领海基点公布了日本的领海基线。

如前文所述,由于《公约》没有限制直线基线段的长度,因此基线段过长成为直线基线实践的普遍问题,尤其是在亚洲和太平洋区域。如缅甸穿过莫塔马湾划定了一条长达 222 海里的直线基线。朝鲜在日本海的一条直线基线超过 200 海里。阿根廷公布的直线基线平均段长 103 海里,最长可达 120 海里。④

直到 2001 年"卡塔尔和巴林海洋划界与领土争端案",国际法院才开始

---

① 蒋新宁:《有关领海基线的国际法规则》,《求实》2005 年第 S2 期,第 203-204 页。
② 张晏瑲:《海洋法案例研习》,清华大学出版社,2015。
③ 陈宇:《孟加拉和缅甸在孟加拉湾的海域争端及其对中国南海问题的启示》,《战略决策研究》 2018 年第 5 期,第 3-24 页。
④ 蒋新宁:《有关领海基线的国际法规则》,《求实》2005 年第 S2 期,第 203-204 页。

对领海基线的确定采取了严格的政策，要求巴林按照其海岸和岛屿的地理事实确定基点。① 另外，在"厄立特里亚—也门案"中，仲裁庭拒绝接受在一个珊瑚礁上设立基点。② 可以看出，国际机构正在推进领海基点和基线的确定向着统一的方向发展。还有一些沿海国也正在致力于对已主张的领海基线进行修正，如几内亚在1964年划定了一条120海里的直线基线，遭到有关国家的抗议后，于1980年重新发布新法令，以低潮线为基线。联邦德国于1980年在北海领海外侧泊船处划了基线，后于1994年撤销该主张。英国在1997年主动放弃将本国一个远离大陆且无人居住岛屿作为不适当的基点。挪威政府近年来也重新修正了本国的领海基线，不再在斯瓦巴德群岛划直线群岛基线。

（三）中间线方法的有效性

作为沿海国陆地向海的延伸，领海早已被视为一般国际法所公认的沿海国可行使其权限的区域。在海洋权利大辩论时代，不论是闭海论者还是自由海论者，都承认沿海国对领海的主权主张。③ 争议的焦点在于领海的宽度。

早期对领海的范围带有任意的倾向，如中世纪的巴托鲁斯的100海里或二日航程说，以及其弟子巴尔都斯的60海里或一日航程说。再如17世纪"盎格鲁-撒克逊"派学者主张适用的"中央航道主义（Thalweg）"原则，以及最早为苏格兰所采用的"视力说"原则。④ 1702年，荷兰人宾刻舒克的

---

① International Court of Justice, Case concerning maritime delimitation and territorial questions between Qatar and Bahrain, Judgement of 16 March, 2001, https://www.icj-cij.org/public/files/case-related/87/087-20010316-JUD-01-00-EN.pdf, 访问日期：2024年12月1日。
② Arbitral Tribunal, Award of the Arbitral Tribunal in the Second Stage of the Proceedings (Maritime Delimitation) between Eritrea and Yemen, 1996, https://pcacases.com/web/sendAttach/518, 访问日期：2024年12月1日。
③ 刘世芳：《领海学说及其惯例之变迁》，载何勤华、李秀清主编《民国法学论文精萃：国际法律篇》第6卷，法律出版社，2004，第388-397页。
④ "中央航道主义"亦大抵为最早的有关领海划界的原则。1023年顾那特王（Cnut）宪章规定，凡在"海洋中央本侧"所发见物品，能运至散得维齿港者，应将一半分给教会，余为发见者之所有，是也。13世纪末期，伦敦大礼官安得鲁（Andrew Horn）所著的《裁判龟鉴》（Mirror of Justice）一书中，言明裁判权可及于本国周围的海洋中央线。"视力说"原则，以人肉眼的可视范围来确定领海宽度，但由于受天气、地形等多种因素影响，视力范围存在一定的不确定性和局限性。参见刘世芳：《领海学说及其惯例之变迁》，载何勤华、李秀清主编《民国法学论文精萃：国际法律篇》第6卷，法律出版社，2004。

名作《海洋领有论》问世，主张"领土权尽于武力之所尽"（potestatem terrae finiri, Ubi finitur armorum vis），即"大炮射程说"的雏形。此后，虽仍有大炮射程为"两里格"（6 海里）抑或"一里格"（3 海里）之辩，但领海宽度已逐渐摆脱了任意的想象，而逐步有了统一的距离标准。

进入 20 世纪之后，相向国家间的领海划界实践已出现了一般的习惯国际法规则，如以相向国家海岸最近各点距离相等的中线为界的"等距离中间线原则"，以及适用于航道或海峡的"深水航道中间线原则"。1932 年 1 月 30 日，丹麦和瑞典就厄勒海峡边界问题签署一项声明（Danish – Swedish Declaration concerning the Sound），规定其大部分边界均以中间线为基准，该线上的每一点都同两国海岸的最近点距离相等。① 1927 年英国与"柔佛苏丹"（Sultan of Johore）签订的《1927 海峡殖民地与柔佛领水协定》（*Straits Settlement and Johore Territorial Waters Agreement of 1927*）中，双方在柔佛海峡适用了深水航道中间线作为边界线。② 不过有些时候，仅在部分相向海域适用等距离中间线原则，其他部分则不采用特定原则，而是经协商划界，如 1972 年加拿大与法国就圣皮耶（法国）与纽芬兰（加拿大）间划界问题，所划界线仅五分之一适用等距离中间线原则，其他部分则经两国协商划定。

与相向国家间的领海划界实践不同的是，相邻国家间的领海划界实践缺乏连贯性，除适用"等距离中间线原则"之外，如 1976 年《哥伦比亚和巴拿马划界协定》（*Colombia – Panama Delimitation Agreement*），亦采用了其他标准。1909 年，国际常设仲裁法院（Permanent Court of International Arbitration, PCIA）在瑞典与挪威间的"格里斯巴丹那划界案"（the Grisbådarna Case）中，从公平原则出发，认为"领水是附属于领土的。"1658 年《罗斯基尔德和约》（Treaty of Roskilde）把巴赫斯割予瑞典，其领水也随之被割让。因此，确定其范围时应适用划界时的规则而不能适用其后发展起来的中间线规则。仲裁庭最后适用的规则是一条与海岸垂直的线，从而将格里斯巴丹那的海岸

---

① R. R. Churchill and A. V. Lowe, *The Law of the Sea*, 3rd edn, (Manchester: Manchester University Press, 1988) 154.
② Straits Settlement and Johore Territorial Waters Agreement of 1927. Colony of Straits Settlements and Sultanate of Johore, Article I.

划归瑞典。① 该案适用的垂线原则始于17世纪的国家实践,自《1661年挪威和瑞典边界条约》(Treaty of 1661 concerning the Norwegian – Swedish Boundary)后受到重视。直至今日,垂线原则有时仍被作为划界时的参考,如1958年《波兰和苏联划界协定》(Poland – USSR Delimitation Agreement),以及1972年《巴西和乌拉圭乔伊河岸与横向海域界线协定》(Brazil – Uruguay Agreement on the Chuy River Bank and the Lateral Sea Limit)。此外,有些相邻国家间海域界线遵循通过陆地与海相接点的纬线,如1975年《厄瓜多尔与哥伦比亚划界协定》(Delimitation Agreement between Ecuador and Colombia)。②

当存在特殊情况(如岸外岛屿或历史性水域)时,往往需要对临时划定的界线进行例外调整。岛屿在海洋划界实践中存在"全效力""半效力""零效力"之说。③ 一般而言,在国家的划界实践中:①位于一国领海之内、靠近国家本土大陆的岛屿,双方条件相近的岛屿、群岛国家的岛屿,或者面积大、人口多、地理位置重要的岛屿,一般都能在划界中获得全效力。有时一国基于政治、经济和发展两国关系的考虑,也会给予岛屿全效力。在全效力的情形下,岛屿可拥有自身的领海、毗连区、专属经济区或大陆架。比如在2001年"卡塔尔和巴林海洋划界与领土争端案"中,国际法院将哈瓦尔群岛和贾南岛的主权分别判给巴林与卡塔尔,并在划界中赋予这两个岛全效力。争议岛屿享有全效力的情况在实践中并不多见,其仅仅适用于岛屿主权归属明确——当事国愿意缔结国际协议或者提交国际司法机构裁决的情况。②当位于一国领海以外的岛屿存在影响双方边界的走向时,划界双方出于公平的考虑往往会赋予该岛屿半效力,如1977年英法大陆架仲裁案中英国的锡利群岛。在半效力的情形下,岛屿仅享有适当的海域。相对于全效力,半效力在有关争端的解决中更为常见。③对于主权有争议或面积很小、对本国不重要且远离本土大陆的岛屿,一般会给予其零效力。如1958年巴林和沙特阿拉伯的划界协议中,在决定边界线的端点或转折点时,小岛被忽略

---

① 张晏瑢:《海洋法案例研习》,清华大学出版社,2015。
② R. R. Churchill and A. V. Lowe, *The Law of the Sea*, 3rd edn, (Manchester: Manchester University Press, 1988) 154.
③ 罗国强、叶泉:《争议岛屿在海洋划界中的法律效力——兼析钓鱼岛作为争议岛屿的法律效力》,《当代法学》2011年第25卷第1期,第114–116页。

不计。① 零效力既适用于争议岛屿的主权归属能够明确的情况，也适用于其无法明确的情况，并至少可以保证没有任何当事国因获得争议岛屿的主权而受益更大，是一种方便灵活且相对公平的做法，故而在国际实践中得到较为广泛的运用。总之，全效力和半效力仅适用于争议岛屿主权归属能够明确的海洋划界；零效力不论主权归属能否明确都可在划界中适用；半效力和零效力在相关国际实践中更为常见。

然而在所有案件中，倘若出现特殊情况，如岸外岛屿或海岸一般外形，或基于历史所有权之水域主张，等等，相关国家间就可能必须协商采用其他界线，如《1974年印度与斯里兰卡两国间历史性水域划界协定》(*1974 Agreement between Indian and Sir Lanka on the Boundaries in Historic Waters between the Two Countries*)。因考虑"历史"因素，乃使用"修正后中线"（a modified median line）。不可否认，为精确与简洁起见，目前最普遍的做法是参考地理坐标划定界线，而此划界几乎不可避免地必须调整准确的中间线或其他标准。但由于每个个案的特殊性，使划界标准的统一十分困难，更何况划界标准的提出，原先系基于权宜性与妥协性，因而亦很难试图从该等案例中推论出所谓国际法规范。事实上，在1985年"几内亚诉几内亚比绍案"（Guinea/Guinea – Bissau）中，法庭判决所有划界案件需依个案情况，以能否获得衡平解决为目的，予以检视。2001年国际法院在"卡塔尔诉巴林海域划界案"（Qatar/Bahrain Maritime Delimitation Case）中亦明确指出：就相邻领海划界问题，"最符合逻辑且最为广泛使用的方法是首先画出等距离临时界线，接着考量是否存在特殊情形，以及是否必须调整临时界线"。换言之，依目前的趋势，划定相邻领海界线的方法中，应先行划出等距离中间线作为临时界线，接着考量是否存有特殊情况，以及是否必须参考特殊情况或相关要素调整临时等距离线。

（四）相关国际立法会议

1. 1930年海牙国际法编纂会议

1930年海牙国际法编纂会议筹备委员会编纂的《讨论的基础》第16条

---

① 周忠海：《海涓集——国际海洋法文集》，中国政法大学出版社，2012；John Briscoe, "Islands in Maritime Boundary Delimitation", *Ocean Yearbook 7* (1988): 14–41.

载明:"当两国所濒临的海峡宽度未超过两倍领海宽度时,每一国之领海在原则上可以延伸至海峡之中心线"。然而,该条款并未涉及海岸相邻国家间领海界限之划定。遗憾的是,1930 年会议未能就任何划界条款达成共识。1956 年,国际法委员会在听取了关于领海技术问题的专家委员会的建议之后,编写的关于海洋法的最后报告中包含了关于领海划界的两项条款:第 12 条涉及海峡中领海的划界和其他海岸相向情况的划界;第 14 条涉及两个相邻国家间的领海划界。这两个条款的实质内容是领海的划界应根据相关国家间的协议。在无法达成协议的情形下,除非证明另一界线的特殊情况是合理的,否则在两国海岸相向的情况下,该边界就是中间线,等距离原则适用于海岸相邻的情况。①

2. 第一次联合国海洋法会议

第一次联合国海洋法会议于 1958 年在日内瓦召开。这次会议是在国际法委员会经过 7 年的筹备工作,准备了有关公海、领海、大陆架和渔业制度的条款草案的基础上召开的。参加会议的一共有 86 个国家,会议通过了《领海及毗连区公约》《公海公约》《大陆架公约》《公海渔业和生物资源养护公约》四项公约,通称为"日内瓦海洋法四公约"。此外,还有《签署有关强制解决争端任择性议定书》。在第一次联合国海洋法会议上,英国代表表示,为公平起见或因某一具体海岸的形状,可能存在难以接受中间线作为实际的划界线的特殊情况,例如航道或小岛。挪威代表则指出,1956 年国际法委员会草案第 12 条和第 14 条"所处理的问题是如此紧密地相互关联,在某些情况下几乎没有区别,如两个国家有一个共同的陆地边界在一个深湾湾头与海相遇"。② 于是,上述两条款被结合在一起作为《领海及毗连区公约》第 12 条的主要内容,一是如果两国海岸相向或相邻,在彼此没有相反协议的情形下,两国中任何一国均无权将其领海延伸至一条其每一点都同测算两国中每一国领海宽度的基线上最近各点距离相等的中间线以外。但如因历史性所有

---

① 萨切雅·南丹、沙卜泰·罗森:《1982 年〈联合国海洋法公约〉评注》第二卷,吕文正、毛彬译,海洋出版社,2014,第 109 - 110 页。
② 萨切雅·南丹、沙卜泰·罗森:《1982 年〈联合国海洋法公约〉评注》第二卷,吕文正、毛彬译,海洋出版社,2014,第 111 - 112 页。

权或其他特殊情况而有必要按照与上述规定的不同的方法划定两国领海的界限，则不适用上述规定。二是海岸相向或相邻的两国的领海分界线，应在各沿海国官方承认的大比例尺海图上标明。

德国代表团提出，等距离原则在涉及长期占有（longa possessio）或国际法所认可的历史性权利时，不应适用。此类权利与通过正式协议确立的权利具有同等的法律效力。这一观点在《公约》的立法过程中得到了体现。例如，在1956年国际法委员会提交的海洋法报告草案中，领海划界条款（第12条第1款"在无法达成协议的情况下"、第14条第1款"在无此类协议的情况下"）的表述，被修订为"在彼此没有相反协议的情形下"；同时，草案第12条第1款中的"特殊情况"概念被扩展为"历史性所有权或其他特殊情况"，从而为领海划界规则引入更多弹性考量因素。

3. 第二次联合国海洋法会议

第一次联合国海洋法会议未能就领海的宽度、公海捕鱼和生物资源养护的制度，以及其他尚未解决的国际海洋法问题达成协议，因此，其在第21次全体会议上通过第8项决议，决定请求联合国大会在其第13届会议上研究是否有必要召开第二次全权代表国际会议，以进一步审议本次会议的未决问题。第二次联合国海洋法会议于1960年3月17日至4月27日在日内瓦召开，会议原计划解决领海宽度和渔区界限问题。然而，有82个国家参加的此次会议未能就这些实质性问题达成任何实质性协议。

4. 第三次联合国海洋法会议

1973年12月，第三次联合国海洋法会议在联合国总部纽约召开第一期会议。会议召开之际，同时宣布结束作为海洋法会议筹备会议的海底委员会的工作。第三次联合国海洋法会议是迄今为止联合国召开的时间最长、规模最大的国际立法会议。会议设三个主要委员会，分别负责审议海洋法的各项实质问题。第一委员会负责审议国际海底勘探开发制度和机构，主席为喀麦隆的保罗·巴梅拉·恩戈（Paul Bamela Engo），副主席由巴西、德国和日本的委员担任，报告员为澳大利亚的查尔斯·莫特（Charles Mott）。第二委员会负责审议海洋法的普遍事项，包括领海、专属经济区、大陆架等，主席为委内瑞拉的阿吉拉尔（Andres Aguilar），副主席由捷克斯洛伐克、肯尼亚和土耳其的委员担任，报告员为斐济的萨蒂亚·N. 南丹（Satya N. Nandan）。第三委员会负责审议保护海洋环境、海洋科学研究和技术转让，主席为保加利亚的扬科夫（Lankov），副主席由哥伦比亚塞浦路斯和联邦德国（西德）的委员担任，报告员为苏丹的阿卜杜勒·M. A. 哈森（Abdel M. A. Hassan）。

在海底委员会商议阶段，关于国家间领海划界的提案基本分为两派：一派提案强调在海洋划界中使用中间线和等距离方法，如塞浦路斯、乌拉圭、乌干达、赞比亚、马耳他等；另一派提案则强调在公平原则的基础上考虑特殊情况国家间的相互协议，如土耳其、巴西、中国等。① 两派的争论在第三次联合国海洋法会议第三期会议（1975 年）上产生第一次交锋。会议成立了一个关于划界问题的非正式磋商小组，其后形成的非正式单一协商案文第二部分第 13 条逐字重复了《领海及毗连区公约》第 12 条，② 即采纳了中间线和等距离原则。第二次交锋出现在第三次联合国海洋法会议第七期会议（1978 年）期间，"海岸相邻或相向国家之间海洋划界及其争端解决"被确定为"核心问题"，由曼纳（芬兰）任主席的第七协商小组处理。此次交锋仍以中间线和等距离派胜出。曼纳在小组工作报告中指出，"关于第十五条（有关海岸相向或相邻国家之间的领海划界）似乎普遍表示支持保留其目前在非正式综合协商案文中的形式"。③

最后成文的"海岸相向或相邻国家间领海界线的划定"作为《公约》第 15 条的内容。至此，关于海岸相邻或相向国家之间的领海划界规则基本确定，其基本规则是：划界应由有关各方共同协议，而非单方面的；在没有达成协议的情况下，以中间线方法为一般规则，以历史性所有权或其他特殊情况下的划界方法为例外规则。

---

① 萨切雅·南丹、沙卜泰·罗森：《1982 年〈联合国海洋法公约〉评注》第二卷，吕文正、毛彬译，海洋出版社，2014，第 110–112 页。
② 该条在订正后的单一协商案文中分成两个条款，第 14 条为原第 13 条第 1 款，第 15 条为原第 13 条第 2 款。在非正式综合协商案文中，第 14 条被重新编号为第 15 条，逐字重复了原条款的内容。同注①。
③ 萨切雅·南丹、沙卜泰·罗森：《1982 年〈联合国海洋法公约〉评注》第二卷，吕文正、毛彬译，海洋出版社，2014，第 114 页。

二、专属经济区划界：稳中有变

（一）固定的单边划定

专属经济区是指沿海国为勘探、开发、保存及管理海域内之海底及其地下、水面之天然资源，以及对于其海水、潮流及风力利用等经济上的开发或勘探活动，对之享有"主权权利"。必须指出的是，沿海国对专属经济区的主权权利基本上仅限于经济勘探和开发（物质性的限制）。在这方面，"主权权利"的概念必须同"领土主权"区别开来，领土主权是全面的，除非国际法另有规定。按照《公约》的规定，专属经济区的外部界限为从测算领海宽度的基线量起不超过 200 海里的范围，包括从领海外部界限到专属经济区外部界限之间的全部水体和海床上的部分生物资源。因此，当领海宽度为 12 海里时，专属经济区的最大宽度为 188 海里。1945 年 9 月 28 日，美国总统杜鲁门在同一日内发布两项宣言，一项涉及大陆架权利（第 2667 号总统公告），一项涉及渔业资源（第 2668 号总统公告）。第 2668 号总统公告《关于美国领海以外的公海渔业政策的公告》全文如下：

> 鉴于多年来，美国政府一直关切毗邻其海岸的渔业资源保护与可持续发展，现行安排存在不足，且考虑到这种情况可能产生的潜在不利影响，美国政府已仔细研究改善该领域保护措施的管辖权基础以及国际合作的可能性；以及
>
> 鉴于此类渔业资源作为沿海社区的生计来源和作为国家的粮食与产业资源，具有特殊的重要性；以及
>
> 鉴于新方法和新技术的逐步发展加剧了在更广海域的捕鱼活动，导致在某些情况下严重威胁渔业资源，使其枯竭；以及
>
> 鉴于保护沿海渔业资源免遭破坏性开发的迫切要求，并审慎顾及每一地区和每种情形的特殊性，沿海国的特殊权利和产权，以及其中任何其他国家可能已经建立的合法利益；
>
> 所以此刻，我——美国总统哈里·杜鲁门，宣布如下关于公海上某

些地区沿海渔业的美国政策。①

出于养护和保护渔业资源的迫切要求，美国政府认为在毗邻美国海岸公海的一些地区建立养护区是恰当的。这些地区已有或者将来可能发生相当规模的渔业活动，且此类活动已为或将仅为美国国民所从事。美国认为建立有明确界限的养护区是恰当的。在此区域内，渔业活动受到美国的规范和控制。当此类活动已经或将由美国国民和其他国家国民共同从事，养护区的明确界限可以按照美国和此国家间的协议建立，且此区域内的渔业活动应当受到协议的规范和控制。基于上述原则，任何国家在其离岸建立养护区的权利一经确认，即附带认可给予美国国民可能在此区域内存在的任何捕鱼利益。养护区所在公海的性质，以及其间自由和畅通的航行权利，不受任何影响。

在"杜鲁门公告"颁布之后，1947年6月，智利宣称对与其国家领土的大陆及岛屿海岸邻接的大陆架及其下蕴藏的自然资源拥有主权权利。同时，智利还主张对200海里邻接海域及其下自然资源的主权权利，旨在保护捕鲸业、深海渔业以及确保航行自由。同年8月，秘鲁宣布其对大陆架的主权权利和管辖权可延伸至大陆架的全部深度和宽度，并声称在邻近其海岸的200海里海域内行使相同的管辖和保护权，目的是为了保护近海渔业（尤其是凤尾鱼）免受远洋捕鱼船队的干扰，并保障航行自由。

进入20世纪50年代，其他拉丁美洲国家也提出了类似的主张。例如，1952年8月18日，智利、厄瓜多尔和秘鲁三国共同发表了《圣地亚哥宣言》②，主张从其海岸线起至少200海里范围内的海域、海床及底土拥有主权和排他管辖权。③

专属经济区的概念由肯尼亚于1971年1月首次向亚非法律咨询委员会（Asian–African Legal Consultative Committee）科伦坡会议提出，具体的设想体现在次年8月其向联合国海底委员会提交的"关于专属经济区概念的条款

---

① 参见 https：//cil. nus. edu. sg/databasecil/1945 – us – presidential – proclamation – no – 2668 – policy – of – the – united – states – with – respect – to – coastal – fisheries – in – certain – areas – of – the – high – seas/. 访问日期：2024年9月28日。
② US Department of State, Limits in the Sea, No. 86, pp. 4 – 5.
③ 萨切雅·南丹、沙卜泰·罗森：《1982年〈联合国海洋法公约〉评注》第二卷，吕文正、毛彬译，海洋出版社，2014，第114页。

草案"内。其要旨为，所有国家都有权在其领海以外建立宽度不超过 200 海里的经济区，并可对其中的自然资源行使主权权利。肯尼亚的提案尽管遭到日本、苏联和波兰等坚持传统公海渔业自由原则的国家的反对，但得到了多数发展中国家的积极支持。

与此同时，拉丁美洲国家开始形成类似于专属经济区的概念——承袭海。这一概念首次出现在 1972 年 6 月 9 日加勒比国家会议签署的《圣多明各宣言》中。1973 年 8 月 2 日，哥伦比亚、墨西哥和委内瑞拉正式向海底委员会提交了关于"承袭海"的建议。到了第三次联合国海洋法会议，两种主张已有效融合，专属经济区的概念不仅获得了大多数发展中国家的支持，也逐渐得到了一些发达国家的认可，如加拿大和挪威。专属经济区的提出可视作是主张 200 海里领海的国家与反对扩大领海管辖范围的发达国家之间的妥协方案。拉丁美洲国家选择 200 海里作为渔区的外部界限被认为是遵循某些先例，即 1939 年巴拿马主张的 200 海里宽度的安全区。事实上，捕鲸产业只需要 50 海里的区域。但因在联合国海洋法会议上，其他国家很难说服这些主张国接受少于 200 海里的方案，且 200 海里也是已存的关于专属区域的主张中最宽的范围，所以选择这一距离被认为是最容易在专属经济区的外部界限问题上达成一致的方式。

截至 1994 年 10 月 1 日，世界上已经有 93 个国家提出了 200 海里专属经济区的主张，16 个国家提出了 200 海里渔区的主张，一些国家还制定了关于专属经济区的国内法。[①] 随着专属经济区的广泛建立，全世界海洋面积的 36% 处于沿海国的管辖之下。

在没有 200 海里以外大陆架的情形下，专属经济区和大陆架的外部界限同为 200 海里，重叠专属经济区划界的案件往往会涉及大陆架划界。在这种情况下，各国倾向于划定一条单独的边界。因此，重叠专属经济区的划界规则与重叠大陆架的划界规则多有相似。典型案例如 1984 年的缅因湾区域海洋边界划界案[②]、

[①] 王铁崖：《国际法》，法律出版社，1995，第 37-45 页。

[②] International Court of Justice, Case concerning delimitation of the maritime boundary in the Gulf of Maine Area between Canada and United States of America, Order of 30 March, 1984, https://www.icj-cij.org/public/files/case-related/67/067-19840330-ORD-01-00-EN.pdf, 访问日期：2023 年 10 月 15 日。

1993 年的"格陵兰和扬马延之间区域海洋划界案（丹麦诉挪威案）"① 等。在缅因湾区域海洋边界划界案中，国际法院分庭首先排除了自然边界的适用，因为就美国主张的按地质因素划界而言，美国和加拿大位于同一海床上，"地貌学上，没有理由区分划界区域内美国与加拿大在大陆架上各自的自然延伸，甚至最具特征的'东北海沟'也不具备划分两个地貌单位的真正水槽的特征"；就加拿大主张的按水体总体性划界而言，"分庭不相信在像海水这类流动性很大的环境里能识别出有助于所要求的这类划界的自然界限"。② 分庭以《公约》确立的"公平原则"为基础，将缅因湾地区的界线分为三段：第一段以两国海岸的海上投影相互重叠部分尽可能等分为原则，以两国协商确定的划界起点 A 向两国基本海岸线的垂直线所夹锐角的反射角的平分线为分界线；第二段以中间线为基础，利用海岸长度比例和小岛的作用加以适当校正，使分界线位于美加海岸线长度 1.32∶1 的比例处，自第一区段与其相交处起至湾的封口线与其相交处止；第三段采用几何学方法，自第二区段边界线终点向湾口封口线画一垂直线，至双方协商指定的划界终点的三角区。

在国际法院和仲裁的判决中，关于重叠专属经济区的划界，可以认为以下因素是法院或仲裁庭重点予以考虑的：鱼种的分布与存量状况，过去的捕鱼业绩，沿岸的地理、经济和社会状况等。而不重视地质、地形要素，只重视海岸线的长度、岛屿的存在、比例等地理要素，以及争端当事国的行为和第三国的行为。

（二）众说纷纭的双边划界

专属经济区的国家间争议主要是相邻或相向国家重叠区域的划界问题。《公约》第 74 条对于海岸相向或相邻国家间专属经济区划界的原则和方法作了以下规定：

1. 海岸相向或相邻的国家间专属经济区的界限，应在国际法院规约

---

① International Court of Justice, Case concerning maritime delimitation in the area between Greenland and Jan Mayen (Denmark v. Norway), Judgment of 14 June, 1993, https://www.icj-cij.org/public/files/case-related/67/067-19840330-ORD-01-00-EN.pdf, 访问日期：2023 年 10 月 15 日。
② 参见联合国：《国际法院判决、咨询意见和命令摘要（1948—1991）》，ST/LEG/SER.F/1：150。

第三十八条所指国际法的基础上以协议划定，以便得到公平解决。

2. 有关国家如在合理期间内未能达成任何协议，应诉诸第十五部分所规定的程序。

3. 在达成第 1 款规定的协议以前，有关各国应基于谅解和合作精神，尽一切努力作出实际性的临时安排，并在此过渡期间内，不危害或阻碍最后协议的达成。这种安排应不妨害最后界限的划定。

4. 如果有关国家间存在现行有效的协定，关于划定专属经济区界限的问题，应按照该协定的规定加以决定。

第 1 款中所指的"国际法院规约第三十八条"是专属经济区划界的基础。公平原则既是划界的基本原则，也是划界追求的结果，以和平方式达成协议应是划界遵循的方法。据统计，在实行 200 海里专属经济区制度后，有 135 个独立的沿海国和许多未独立领土面临至少与一个邻国发生区域重叠的问题，因而需要通过谈判来解决。关于相邻或相向国家间专属经济区的划界问题，也是第三次联合国海洋法会议上始终存在争议的重要问题。专属经济区的划界和大陆架不同，其并不依靠地理环境当然享有，而是需要国家的明示宣布。但是，划界所依靠的原则和考虑的因素又受到地理环境的制约，这一点和大陆架划界相似。由于全球沿海国的海域情况复杂，各国的诉求和主张因地而异，因此海划界问题上形成了不同的主张，主要有主张"公平原则"和"中间线原则"（或称"等距离线原则"）的国家。比如，爱尔兰、利比亚、罗马尼亚以及中国都主张按照公平原则划界；英国、日本、西班牙、希腊等国家主张中间线（等距离线）是划界的普遍原则。两方互不相让，直至1981年第十期会议提出"以便得到公平解决"的折中案文，才基本上被两方所接受。尽管主张不同划界原则的国家在协商中作出妥协，但由于《公约》对专属经济区划界原则的开放性规定，实践中易引发各种不一致的专属经济区划界方法。[①] 有些相邻或相向国家间重叠的专属经济区按照等距离方法进行划分，例如1976年印度—斯里兰卡海洋疆界协定、1978年

---

① 袁古洁:《专属经济区划界问题浅析》,《中外法学》1996 年第 6 期, 第 28 - 31 页。

哥伦比亚与海地海洋界限协定、1980 年法国和汤加签订的《划分专属经济区专约》（Treaty on the Delimitation of the Exclusive Economic Zone）等；有些则按照公平原则的宗旨达成，如 1977 年哥伦比亚和哥斯达黎加海洋划界条约等；也有一些是在公平原则的基础上进行了延伸性操作，如 1975 冈比亚和塞内加尔海上疆界协定按照经纬度进行划分。

（三）相关国际立法会议

1. 第一次联合国海洋法会议

专属经济区概念的提出源自沿海国对海洋生物资源，尤其是渔业资源的权利要求。早在《公约》通过之前，就有国家将管辖权延伸至海洋生物资源上的做法。在 1930 年海牙国际法编纂会议上，已有提案要求在毗邻领海的区域"有效实施渔业法"。"杜鲁门公告"的提出加剧了这一海域的立法混乱，拉丁美洲、非洲、亚洲等新兴海洋国家纷纷提出"承袭海""专属经济区""二百海里国家管辖区域"等概念，管辖范围不断向公海延伸。因此，第一次联合国海洋法会议势必要为这一问题寻找解决方案。会议除通过了《公海渔业和生物资源养护公约》之外，还通过了一些决议，在这些决议中可以看到专属经济区的理念根源，包括国际渔业养护公约的决议三、养护措施合作的决议四、人为捕杀海洋生物的决议五，以及关于沿海渔业的特殊情况的决议六。①

1958 年《公海渔业和生物资源养护公约》虽然赋予沿海国对邻接其领海的公海区域内的生物资源的养护"有特别利害关系"，亦容许沿海国在符合一定条件时可为养护海洋生物资源，于邻接其领海的公海区域"单方采取适当养护措施"。然而《公海渔业和生物资源养护公约》并未赋予沿海国对渔业资源捕捞、养护与管理的"专属权利"，也未将其他资源包括在内。

2. 第二次联合国海洋法会议

第二次联合国海洋法会议预期解决领海宽度和渔区界限问题。其中，加拿大和美国代表共同提交了一份提案，建议可授权沿海国设立自领海基线最

---

① 萨切雅·南丹、沙卜泰·罗森：《1982 年〈联合国海洋法公约〉评注》第二卷，吕文正、毛彬译，海洋出版社，2014。

远 6 海里的领海,以及自领海基线最远 12 海里的毗连渔区,在该区域内沿海国拥有与领海相同的捕鱼和开发海洋生物资源的权利。遗憾的是,该提案未获三分之二多数通过。本次会议未达成任何实质性协议,仅通过了两个附件:附件一由第八次全体会议做出,规定了会议记录问题,附件二由第十三次全体会议做出,仅提及在渔业问题上的国际援助。

附件二

第二次联合国海洋法会议,

经过对渔区界限问题的审议,

认识到影响捕鱼的国际法发展可能导致许多国家在实践和需求上的改变,

进一步认识到在许多沿海国家,经济发展和生活水平需要更多的国际援助以改善和扩大其渔业和捕捞产业,而这些产业在许多情况下受到缺乏现代设备、技术知识和资金的制约:

1. 认为应根据国际法和实践的新发展,提供技术和其他援助以帮助各国对其沿岸和远海捕捞做出调整;

2. 提请参加会议的各国政府注意到现已可通过联合国和各专门机构获得各种援助和便利;

3. 敦促联合国各机关和各专门机构,特别是联合国粮食及农业组织、联合国技术援助委员会和联合国特别基金对任何成员国政府由于新发展事态做出的援助请求给予同情与紧急考虑,并敦促他们共同或单独考虑对技术和物质援助的进一步全面研究与方案制订;

4. 邀请经济及社会理事会将响应本决议采取的行动通知大会;

5. 请求联合国秘书长提请适当的联合国机关和专门机构关注本决议,以在实际可行的最早时间采取行动。

3. 第三次联合国海洋法会议

第三次联合国海洋法会议召开前夕,各方对渔区的设立基本分为两派:一派是以美国、加拿大、澳大利亚、新西兰等发达国家为代表的温和派,主张较窄的渔区范围,并提出按照"种类方法"对生物资源进行有限制的管辖。如美国代表主张最大 12 海里渔区，这一海域可成为领海并且沿海国拥有排他的捕鱼权。在 12 海里之外，可以按照为养护和分配资源获得一致同意的标准，由区域组织来管理捕鱼。另一派是以拉丁美洲等发展中国家为代表的激进派，主张较宽的渔区及不受限制的主权权利，总体要求在 200 海里范围内获得更多的资源权利。①

总体而言，渔区制度的设立需要解决三个技术性问题：首先是划界的方法；其次是渔区的最大范围；最后是渔区的法律地位。1973 年海底委员会第二分委会指出，划界的方法或按照距离标准，或按照深度标准，或两者皆采用。至第三次联合国海洋法会议第二期会议（1974 年），专属经济区的概念已基本被接受，继而是讨论区域的法律地位。自渔区概念产生以来一共出现过三种观点：一种是领海主义，即主张 200 海里为领海；一种是优先主义，即沿海国对该区域生物资源的开发享有优先权；还有一种是区域主义，即建议创设一种新的法律制度来管理具有自身特色的海洋空间并独立于领海和公海。随着会议讨论的进行，第一种极端的领海主义立场已基本被摒弃；第三种区域主义的立场逐渐为"卡斯塔涅达（Castañda）小组"所接受。② 至第三次联合国海洋法会议第三期会议（1975 年），绝大多数提案均赞成适用 200 海里的距离限制。至此，作为第三次联合国海洋法会议创新之一的专属经济区制度基本建立。

专属经济区制度建立以后，随之而来的便是专属经济区的划界问题。早期重叠渔区的划界都是通过协议确定的，并没有作为广泛应用的先例。在将专属经济区和大陆架的划界一并处理而设置的"海域划界及其争端解决协商小组"的审议中，一直存在着两种实质上不可调和的方法：①适用中间线或等距离线加特殊情况方法划界；②适用公平原则划界。两种方法的共同点是都承认通过协议进行划界是解决重叠区问题的最令人满意的方法。各国在此

---

① 萨切雅·南丹、沙卜泰·罗森：《1982 年〈联合国海洋法公约〉评注》第二卷，吕文正、毛彬译，海洋出版社，2014。
② "卡斯塔涅达小组"是处理专属经济区问题的小型非正式私人小组。萨切雅·南丹、沙卜泰·罗森：《1982 年〈联合国海洋法公约〉评注》第二卷，吕文正、毛彬译，海洋出版社，2014，第 456–457 页。

问题上也基本分为三派，一派坚持以公平原则进行划界，如土耳其；一派强调中间线方法的作用，如希腊；更多的则是选择折中的方式，即杂糅两种方法，将公平原则作为达成划界协议的基本要素，同时适用等距离原则，如荷兰、罗马尼亚、肯尼亚、突尼斯和法国等。非正式单一协商案文最后采纳了折中派的意见。其出发点在于，大陆架和专属经济区虽有内在联系，两者的划界问题磋商也是一同进行的，但是第74条专属经济区划界条款没有先例予以支持，而第83条大陆架划界条款则在《大陆架公约》第6条第1款和第2款中均有表述，并且国际法院和仲裁庭已处理过不少大陆架划界的案例。因此，早期对专属经济区划界的设想参照了领海划界的标准。

在第三次联合国海洋法会议第十期会议（1981年）上形成的经妥协的新案文删除了"中间线或等距离线"的划界方法，最终的专属经济区划界规则与大陆架划界规则基本一致。在划分重叠的专属经济区或大陆架时，由于存在历史、政治、经济和社会等一系列的复杂因素，多数划界争议很难在短时间内达成最后的一致。为此，《公约》设置了延缓争议升级的临时处理划界争议的方法，即"临时安排"，具体规定在《公约》"划定海岸相向或相邻国家间专属经济区界限"的第74条第3款和"划定海岸相向或相邻国家间大陆架界限"的第83条第3款，两者表述一致，即"在达成第1款规定的协议以前，有关各国应基于谅解和合作的精神，尽一切努力作出实际性的临时安排，并在此过渡期内，不危害或阻碍最后协议的达成。这种安排应不妨害最终界限的划定"。上述条款结合了《公约》第123条有关"闭海或半闭海沿岸国的合作"的规定，① 可知有关国家为达成海域划界的最后协议或临时安排，应履行以下三项关键性义务：第一，诚实履行磋商的义务，也就是双方或多方需要采用对话、谈判的方法互通信息，力争解决或缩小分歧；第二，避免加剧争议的义务，即要求有关国家面对争议现状，保持克制，避免争议

---

① 《联合国海洋法公约》第133条规定，闭海或半闭海沿岸国在行使和履行本公约所规定的权利和义务时，应互相合作。为此目的，这些国家应尽力直接或通过适当区域组织：(a) 协调海洋生物资源的管理、养护、勘探和开发；(b) 协调行使和履行其在保护和保全海洋环境方面的权利和义务；(c) 协调其科学研究政策，并在适当情形下在该地区进行联合的科学研究方案；(d) 在适当情形下，邀请其他有关国家或国际组织与其合作以推行本条的规定。

升级；第三，推进磋商成果的义务，即在磋商中，各方承担为推进协议达成而努力的义务，坚持互谅互让，稳步促成磋商成果。①

三、大陆架区划界：风险与机遇并存

大陆架制度在国家实践中主要存在两个问题，一是大陆架外部界限的划定问题，二是相邻或相向国家间大陆架重叠区的划界争议。前者是沿海国的单向主张，尤其是宽大陆架国家 200 海里外的大陆架外部界限确定存在很多争议；后者主要是当事国双方之间的重叠区的权利纠纷，具有双向性。

（一）边界的单边划定

与航海相比，因受限于科学技术手段，国际社会对海底矿物资源的关注较晚。海底政治基本发端于近代。19 世纪中后期，虽开始出现铺设海底电缆和进行海洋勘测的活动，但人们对海底矿物资源的商业兴趣远落后于科研兴趣。② 在自然科学中开始使用"大陆架"这一名称大约是在 19 世纪后半叶。据记载，当时英国的"挑战者"号探险船是最早使用"大陆架"名称者之一，该船上的科学工作者默莱和伦纳指出，100 英寻③既是区分浅水沉积与深海的界限，也是大陆主体的外部和上部界限的标志。休·罗伯特·米尔于 1887 年第一次在地理意义上明确地将"大陆架"这个词应用于大陆边缘。

较早的有关大陆架权利主张的案件是 1951 年石油开发有限公司与阿布扎比酋长仲裁案。1939 年 1 月 11 日，阿布扎比酋长与石油开发有限公司签订了一份协议，将在阿布扎比特定区域钻探开采石油的专属权利转让给该公司。1949 年 3 月 25 日，该公司在给酋长的信中声称"该公司享有包括大陆架底土在内的整个阿布扎比地区的石油开采专属权利"。但是酋长却认为其权利仅限于陆地领土。于是双方基于协议仲裁条款将争端提交仲裁，以确定大陆架底土区域的权利归属。阿斯奎斯勋爵被选为仲裁员。该案涉及大陆架问题的是协议区域的范围，不仅包括"阿布扎比统治者所管辖的一切土地及其从

---

① 金永明：《中国海洋法理论研究》，上海社会科学院出版社，2014，第 47－49 页。
② 巴里·布赞：《海底政治》，时富鑫译，生活·读书·新知三联书店，1981。
③ 100 英寻约等于 182.88 米。

属区域",还包括"所有的岛屿及附属于这一区域的水域"。阿斯奎斯勋爵认为,1939年时大陆架的概念还不存在,即使存在,也不能成为一项确定的国际法规则。因此,这里的"水域"仅限于"领海及其下方的海床和底土",超越领海部分不应成为转让的区域。① 然而在同时期,美国已经开始主张大陆架权利,并力图赋予大陆架一个确切的定义和范围。1945年9月28日,美国总统杜鲁门发布第2667号总统公告——《关于大陆架的底土和海床的自然资源的政策》,全文如下:

> 鉴于美国政府意识到世界范围内对石油和其他矿产等新资源的长期需求,认为应当鼓励为发现和提供这些新资源所作出的努力;鉴于专家所持的观点,即这些资源大部分位于毗邻美国海岸的大陆架上,且现代科技的发展使对其的利用已经或将很快变得切实可行;鉴于认识到对这些资源进行开发时的保护和谨慎使用的利益考虑,需要设立管辖权;鉴于美国政府的看法,即对毗邻一国的大陆架底土和海床上的自然资源行使管辖权是合理及公正的,因为使用或者保护这些资源的措施的有效性有赖于海岸的合作与保护;因为大陆架可被视为沿海国陆地的延伸,因此天然附属于陆地;因为这些资源通常是自陆地领土流向海洋的沉积;出于自我保护的考量,驱使沿海国密切关注离岸利用这些资源本身必需的行为。
>
> 出于保护和谨慎使用自然资源的紧迫性,美国政府就处于公海下但毗邻美国海岸的大陆架底土和海底上的自然资源,受美国的管辖和控制。如果大陆架延伸至另一国的海岸,或与相邻国家共有,其边界应当由美国与相关的国家在公平原则的基础上划定。大陆架上方公海水体的性质,以及其间自由和畅通的航行权利,不受任何影响。②

"杜鲁门公告"将科学意义上的大陆边缘纳入国家的管辖范围,并统称为"大陆架"。自此,法律意义上的大陆架逐渐进入国际社会的视野,并在

---

① 张晏瑲:《海洋法案例研习》,清华大学出版社,2015,第15-21页。
② *Proclamation 2667—Policy of the United States with Respect to the Natural Resources of the Subsoil and Sea Bed of the Continental Shelf*, The American Presidency Project(28 September 1945), http://www.presidency.ucsb.edu/ws/index.php?pid=12332#axzzlvCgc5iu4. 访问日期:2024年9月28日。

不久之后掀起了海洋史上一场"静悄悄的革命"。① 在这一时期，国际社会对大陆架外部界限的认知是不确定的。《大陆架公约》采纳了可开采能力和水深标准，将大陆架权利限制在"领海范围以外，深度达 200 米或超过此限度而上覆水域的深度容许开采其自然资源的海底区域的海床和底土"。然而，该标准在不久之后即为实践所抛弃。在第三次联合国海洋法会议上，设立大陆架外部界限的标准成为一大主题和难题。经过多轮博弈，最终形成两项公式规则和两项制约规则，即沿海国划定大陆边外缘的定点上的沉积岩厚度至少为从该点至大陆坡脚最短距离的百分之一，或者为离大陆坡脚的距离不超过 60 海里的定点，且该定点不超过从测算领海宽度的基线量起 350 海里，或者不超过连接 2500 米深度各点的 2500 米等深线外 100 海里。

早期，两国之间的大陆架划界并没有明确的原则，仅仅体现为确保达成对双方公平的效果，如 1942 年英国殖民地特立尼达和委内瑞拉关于帕利亚海湾的划界。"杜鲁门公告"也倡导应当按照"公平原则"划分大陆架。然而若缺失可予以量化的标准，公平原则将很难适用。因此，这一时期国际法委员会通过的相关条款中采纳了适用相对简单明确的"等距离中间线原则"。该原则随后成为《大陆架公约》的划界原则。

"等距离中间线原则"的适用在 1969 年北海大陆架案中遇到了挑战。在划分联邦德国、丹麦及荷兰的海域时，丹麦和荷兰主张适用《大陆架公约》规定的等距离中间线原则划定全部界线，而联邦德国认为这种划法会产生不公平的结果，因为联邦德国的海岸呈凹形，从其海岸两端分别划出的等距离线最终形成交叉，从而使联邦德国得到的大陆架只是一个与其海岸长度相比小得不成比例的三角形。联邦德国主张，在类似北海这样的地形中，正确的规则应当是有关国家根据其海岸长度按比例拥有现有大陆架"公平合理的部分"，即适用按公平合理的比例分配大陆架的原则。国际法院首先驳回了联邦德国的主张，认为：国际法院的任务是划界，而不是分配有关区域。划界的程序涉及对原则上已属于该沿海国家的某一区域划定边界，而不是重新确定该区域。公平合理份额的理论与大陆架相关法律规则中最基本的规则完全

---

① 联合国新闻部：《〈联合国海洋法公约〉评介》，高之国译，海洋出版社，1986，第 11-17 页。

不符，沿海国对构成其陆地领土海底自然延伸的大陆架区域的权利是因其对该陆地的主权而自始存在的、固有的。行使该项权利，无须实施特别的法律行为。因此，对视为整体的尚未划分的区域进行分配的概念（该概念是公平合理份额理论的基础）与大陆架权利的基本概念是不一致的。同时，国际法院也驳回了丹麦和荷兰的主张，一方面，联邦德国没有批准《大陆架公约》，因而不受其第6条规定的法律约束；另一方面，等距离中间线原则并非大陆架权利一般概念的必然结果，也不是一条习惯国际法的规则。国际法院认定，该边界线应根据各当事国达成的协议，并按照公平的原则划定。在协议的谈判过程中，各方应予考虑的因素包括：①当事各方海岸的一般形状，以及任何特殊和独特的特征的存在；②迄今为止已知的或容易查明的关于大陆架区域的自然和地质结构及自然资源；③各国的大陆架范围与其海岸线长度之间的合理比例程度，海岸长度要按照海岸线一般走向，并考虑同一地区任何其他大陆架划分的实际和预期的影响来测定。①

"杜鲁门公告"将自然延伸视为大陆架的权利基础，北海大陆架案则为该权利设置了一个限制，即一国领土的自然延伸不得侵犯另一国领土的自然延伸。然而无论如何，作为大陆架区别于其他海域的最大特征，地质地理因素仍未被重点体现在划界案中。在2012年的"孟加拉国和缅甸孟加拉湾海洋划界案"中，法庭重新定义了大陆架主张的权利基础。法庭表示难以接受"自然延伸构成沿海国享有200海里外大陆架权利基础所必须满足的单独、独立的标准"。同时，这一权利基础需要符合《公约》第76条第4款的大陆边外缘的相关规定。此外，法庭将两项公式线规则也视为确定大陆架权利基础的依据，地质地理因素明确成为划界考量的因素之一。在选择划界方法时，法庭认为，《公约》第83条并未区分200海里以内和以外的大陆架划界，200海里以外大陆架的划界方法不应与200海里以内的方法有所区别，因此，法庭决定应用等距离加有关情况规则划定的200海里以内的临时线继续延伸至200海里以外划界使用。

孟加拉国和缅甸孟加拉湾海洋划界案连同其后经仲裁的孟加拉国和印度关于孟加拉湾海洋划界案一起，在印度、孟加拉国和缅甸之间形成了一个

---

① 参见联合国：《国际法院判决、咨询意见和命令摘要（1948—1991）》，ST/LEG/SER. F/1: 83-86。

"灰色区域"。该区域在印度200海里专属经济区内而在孟加拉国200海里外大陆架上,在缅甸200海里专属经济区内而在孟加拉国200海里外大陆架上,以及在印度、缅甸共同的200海里专属经济区内但在孟加拉国200海里外大陆架上,仍有待当事国之间达成特定协议或建立适当的合作安排以分配海洋权益。在法庭和仲裁庭的判决中,关于重叠大陆架的划界,可以认为以下因素是法院和仲裁庭重点考虑的:①地理因素,包括陆地自然延伸、海岸形状、海岸线的长度、岛屿的位置与性质;②地质和地形上的要素,包括重大海床形体的改变;③矿床的统一性、第三国的利益等因素。重叠专属经济区的划界主要依据经济因素,而重叠大陆架的划界则主要依据地质、地理和地形、自然资源,尤其是非生物资源的结构和构造。如此差异化的安排也契合了设立专属经济区和大陆架制度的初衷。①

一般而言,国际法上大陆架的基础界限是200海里,但是出于对那些拥有宽大陆架的国家的利益考量,可以允许其大陆架延伸至不超过距离领海基线350海里或者2500米等深线向海100海里处。根据《公约》第76条对大陆架的定义,当自然大陆架的宽度超过200海里时,大陆架的范围可以继续延伸。200海里外大陆架的产生是基于大陆架的自然延伸,而作为海洋法演化史中的一个关键概念,自然延伸既包含着法律属性,也具有母体自带的自然属性。② 因此,自然延伸是200海里以外大陆架界限划定的首要条件。③ 相较于《大陆架公约》,《公约》对大陆架的定义不但更为具体合理,而且兼顾了宽大陆架国家和较窄大陆架国家的特殊利益,但同时,由于海洋科技的高度发展,这些规则的实践依然存在相当多的不确定性。④ 例如,对

---

① 金永明:《中国海洋法理论研究》,上海社会科学院出版社,2014,第43－47页。
② Dispute concerning Delimitation of the maritime boundary between Bangladesh and Myanmar in the Bay of Bengal (Bangladesh/ Myanmar), Dissenting opinion of Judge Lucky, ITLOS case No.16 (2012): 248, 272; Jorgen Lilje-Jensen and Milan Thamsborg, "The Role of Natural Prolongation in Relation to Shelf Delimitation beyond 200 Nautical Miles," *64 Nordic Journal of International Law*, (1995): 629.
③ Surya P. Subedi, "Problems and Prospects for the Commission on the Limits of the Continental Shelf in Dealing with Submissions by Coastal States in Relation to the Ocean Territory Beyond 200 Nautical Miles," *26 The International Journal of Marine and Coastal Law 413*, (2011): 421.
④ The IOC study of the implications of preparing large-scale maps for UNCLOS III, (UNESCO 1979): 121; P. A. Verlaan, "New seafloor mapping technology and article 76 of the United Nations Convention on the Law of the Sea," *Marine Policy*, No.21 (1997): 425-434.

"自然延伸"并未进行准确的缩限解释,由此引发了对该术语的解释争论,进而导致委员会在处理相关法律术语的解释时遭到了沿海国的质疑甚至反对。

根据《公约》第76条第8款的规定,200海里外大陆架的情报"应由沿海国提交根据附件二在公平地区代表制基础上成立的大陆架界限委员会。委员会应就有关划定大陆架外部界限的事项向沿海国提出建议,沿海国在这些建议的基础上划定的大陆架界限应有确定性和拘束力"。在《公约》附件2中规定了委员会的组成、时间、人员、职权等,专门负责处理外大陆架划界问题。根据《公约》的规定,委员会除了为沿海国提供大陆架外部界限划定的科学和技术咨询意见,其主要职能是审议沿海国提交的关于200海里以外大陆架外部界限的划界案并提出建议,沿海国根据建议确定的大陆架外部界限才是具有约束力的最后界限。[①] 但是,尽管《公约》第76条对大陆架外部界限规定了技术规则,但实践证明划定大陆架外部界限的复杂性和艰巨性远非《公约》制定时所能够预见的。例如,似洋脊地貌的形成比最初《公约》草拟第76条时预想的更加复杂多变。尽管《准则》并非《公约》的强制性部分,但作为非拘束性文件,它详细阐述了《公约》中的技术规则等,因此在一定程度上其可被视为《公约》的重要执行参考。在许多国家实践中,沿海国正在对《准则》进行深度探索与演绎,以谋取更多的海洋利益。

《公约》中关于大陆架外部界限的规定目前已经被广泛用于各国实践中。截至2024年1月9日,委员会已经收到93份国家和地区的大陆架外部界限划定申请。按照《大陆架界限委员会议事规则》的规定,如果沿海国提出的200海里外大陆架提案不存在争端,则委员会可就此提案进行审议并提出建议,并且按照《公约》的规定该建议具有法律约束力。如果沿海国提出的200海里外大陆架提案存在上述争端,则委员会将不进行审议。比如,针对日本在申请中提出的南太平洋大陆架外部界限的主张,中国以冲之鸟礁的法

---

① 方银霞、李洁、唐勇,等:《全球外大陆架划界进展与形势分析》,《中国海洋法学评论》2016年第2期,第1–36页。

律属性未定为由正式提出了反对照会。① 2009 年 5 月 7 日，中国常驻联合国代表团还就马来西亚和越南联合提交的 200 海里外大陆架划界案向联合国秘书长潘基文提交了反对照会，阐明了中国政府的严正立场，郑重要求委员会按相关规定不审议上述划界案。

（二）双边划界原则

"陆地统治海洋"是国际海洋法发展中的最本质观念，也是大陆架制度的基本原则之一。在大陆架划界中最突出的问题便是海岸相向或相邻国家之间的大陆架划分问题，确定大陆架划界原则和方法对于解决这类问题至关重要。从目前一系列的大陆架划界实践看，最主要的原则有三个，即公平原则、自然延伸原则和中间线或者等距离原则。

公平原则是解决国际争端的基本原则。这一原则不仅要求大陆架划界方法和程序的公平性，同时也要求划界结果需要合理兼顾双方的利益，而不是简单地用平分的方法进行划界。鉴于这一原则的基础性和笼统性，在解决大陆架划界时适用公平原则需要考虑的具体因素多且复杂，如需要考虑海岸的曲折变化、海底的地质构造、岛屿的分布位置和人类的生存条件等，② 而中间线或等距离原则和自然延伸原则都是以公平原则为基础进行的，"以公平原则为出发点和归宿点是确保划界公平结果实现的必要条件"③。在国际海洋法实践中，公平原则其实是被广泛运用的。相较于其他的原则和方法，公平原则更趋向于一种价值理念，即以"公正、合理、诚信"的理念解决海洋争端。具体体现在公平原则的方法，在国际法院的判决中表述为"必须从具体情况出发，并以划界必须符合公平原则这一基本规范来衡量和决定"。所谓具体情况，一是要考虑大陆架是陆地的自然延伸这一基本事实，二是要考虑相关具体条件和因素，例如，海域的情况、海岸的构造、海岸的长度、海岸

---

① 《中国外交部称日本无权在冲之鸟礁设定大陆架》，2009 年 8 月 28 日，http：//news.163.com/09/0828/03/5HP8AGVT0001124J.html，访问日期：2024 年 5 月 27 日。
② 高维新、蔡春林：《海洋法教程》，对外经济贸易大学出版社，2009，第 41 - 46 页。
③ 张卫彬：《公平原则及相关情况规则探讨——兼析中国东海大陆架划界基本主张》，《当代亚太》2010 年第 1 期，第 147 - 160 页。

线的比例，以及海湾、海槽、岛屿位置等，将"一切有关情况"考虑在内，全面权衡、相互协定，兼顾各方利益，采用最适当的划界方法以获得公平的结果。

自然延伸原则是确定大陆架的范围兼顾影响划界结果的一项法律原则，其首次出现于1945年的"杜鲁门公告"。《大陆架公约》采用"邻接海岸"的说法，也是对这项原则的肯定。《公约》第76条首先肯定了自然延伸原则的重要意义，但同时也对延伸范围做了限制，即大陆边对大陆架边界的地理约束。需要提及的是，目前国际社会普遍使用的中间线或者等距离依然属于一种具体的划界方法。"中间线"在划界结果上可以近似于"等距离线"，它们曾在《领海及毗连区公约》和《公约》关于领海的划界方法中出现。所谓中间线，是指两个或两个以上海岸相向国家在进行大陆架划界时，依其每一点均与测算各国领海宽度的基线的最近点距离相等的线，将此线作为划界依据就是中间线方法。《领海及毗连区公约》第12条将"等距离线"定义为："测算各该国领海宽度之基线上最近各点距离相等之中央线。"等距离标准强调划界过程的程序性和划界结果的可预见性，《公约》在大陆架重叠区域的划界主张中用"公平结果"取代了"中间线方法"，其实也是回避了这一方法与"自然延伸"原则的直接对立，对相邻或相向国家的大陆架的划界进行了一种折中的处理。

（三）重叠区域的划界实践

相邻或者相向国家间的划界争议一直以来都是国际社会的热点问题，包括领海、毗连区、专属经济区和大陆架重叠区域的划界问题，其中以大陆架划界最为复杂。根据《公约》第83条的规定，相邻或者相向国家之间的划界通常以双方协议的方式公平合理地解决。实际上，在《公约》实施之前，大陆架纠纷就已长期存在，协议解决划界纠纷虽然是和平解决国际争端的一种方式，但是当事国往往会因为各自坚持的基本原则不能达成一致，导致争端迟迟不能得到解决。因此，在大陆架重叠区域的划界实践中，国际法院的司法判决或者仲裁裁决案件更具有参考价值和援引意义。

1969年北海大陆架案就是一个典型案例，其发生于《公约》问世以前。

国际法院在这个案件的审判中，首次提出大陆架是陆地领土的"自然延伸"，即"大陆架构成其陆地领土向海方向在海底的自然延伸是自古以来就存在着的事实。沿海国凭借对陆地的主权对大陆架海域行使权利"，① 并在判决中认定自然延伸原则是"与大陆架有关的所有法律规则中最基本的规则"，"中间线"只对《大陆架公约》的缔约国有约束力，并非习惯国际法。北海大陆架案的判决将公平原则和自然延伸原则共同作为大陆架重叠区域划界的基本守则，这对日后的司法实践具有重要指导作用。自1969年北海大陆架案之后，在第三次联合国海洋法会议上，经过支持公平原则划界的国家集团的巨大努力，《公约》虽然没有明确公平原则作为大陆架划界的基本准则，但在第83条中获得了"以便得到公平解决"的结果。

在1977年英—法大陆架案中，仲裁法庭对《大陆架公约》第6条和公平原则之间的关系进行了说明，认为等距离和特殊情况的综合考虑才是第6条的正确实践方式。在等距离的基础上考虑特殊情况，才是对公平原则的追求表达。等距离划界是一种划界方法，其与国家实践均应符合公平原则。在1982年突尼斯—利比亚大陆架划界案中，国际法院的判决依旧坚持了公平原则，考虑了所有相关情况，包括划界区域的地理特点和双方海岸的一般结构等。在案件的审理过程中，还充分考虑了大陆架自然延伸的属性。在1985年利比亚—马耳他大陆架划界案中，当事国双方都同意划界的目的是"达到公平解决"。本着公平原则，并考虑所有相关情况，国际法院的判决也遵循了这一原则。在审判中，法院拒绝了马耳他提出的"必须以等距离线作为边界"的要求，认为"等距离方法既不是唯一的划界的适当方法，也不是唯一的出发点"。在2001年卡塔尔诉巴林案中，国际法院正式提出了"公平原则及相关情况规则"，② 并在2002年喀麦隆诉尼日利亚案③、2007年尼加拉瓜

---

① North Sea Continental Shelf Cases (Federal Republic of Germany/Denmark; Federal Republic of Germany/Netherlands), Judgment, I. C. J. Reports, 1969: 22.
② International Court of Justice, Case concerning maritime delimitation and territorial questions between Qatar and Bahrain, Judgment of 16 March, 2001, https://www.icj-cij.org/public/files/case-related/87/087-20010316-JUD-01-00-EN.pdf，访问日期：2024年10月10日。
③ International Court of Justice, Case concerning the land and maritime boundary between Cameroon and Nigeria, Judgment of 10 October, 2002, https://www.icj-cij.org/public/files/case-related/94/094-20021010-JUD-01-00-EN.pdf，访问日期：2024年10月10日。

诉洪都拉斯案①以及 2009 年罗马尼亚诉乌克兰黑海划界案②中确认了这一具体规则及其适用方法。

除了以上第三方介入大陆架划界争端的案例外，还有一部分划界争端是通过当事国双方达成双边条约或协定解决的，但是协议的达成也都是基于公平原则，而非完全采用中间线进行划定，例如 1957 年苏联—挪威的大陆架界限协定、③ 1973 年阿根廷—乌拉圭的大陆架划界协定、1974 年伊朗和阿拉伯联合酋长国（迪拜）大陆架边界协定、④ 1974 年伊朗—阿曼的大陆架划界协议、1978 年美国—委内瑞拉边界协定、1978 年荷兰—委内瑞拉边界协定、⑤ 1979 年苏联—土耳其边界协定等。按照等距离线进行划定，进而参考特殊情况进行适当调整的双边条约包括：1938 年沙特阿拉伯—巴林波斯湾大陆架协定、⑥ 1965 年苏联和芬兰划分芬兰湾海域与大陆架边界协定、1968 年意大利—南斯拉夫划分大陆架协定、1968 年挪威—瑞典关于划分斯卡格拉克海峡大陆架协定、⑦ 1969 年阿布扎比—卡塔尔划分波斯湾的协定、⑧ 1972 年芬兰—瑞典划分大陆架协定、⑨ 1973 年加拿大和丹麦关于划分格陵兰与加拿大之间大陆架协定、⑩ 1974 年印度和印度尼西亚关于尼科巴岛与苏门答腊之间大陆

---

① International Court of Justice, Case concerning territorial and maritime dispute between Nicaragua and Honduras in the Caribbean Sea, Judgment of 8 October, 2007, https：//www. icj - cij. org/public/files/case - related/120/120 - 20071008 - JUD - 01 - 00 - EN. pdf, 访问日期：2024 年 10 月 10 日。
② International Court of Justice, Case concerning maritime delimitation in the Black Sea between Romania and Ukraine, Judgment of 3 February, 2009, https：//www. icj - cij. org/public/files/case - related/132/132 - 20090203 - JUD - 01 - 00 - EN. pdf, 访问日期：2024 年 10 月 10 日。
③ Limits in the Seas. No. 17, https：//www. state. gov/e/oes/ocns/opa/c16065. htm, 访问日期：2024 年 10 月 10 日。
④ R. R. Churchill and M. Nordquist. *New Directions in the Law of the Sea*, (London：British Institute of International and Comparative Law, 1988), pp. 235 - 241.
⑤ Limits in the Seas. No. 91, https：//www. state. gov/e/oes/ocns/opa/c16065. htm.
⑥ Bahrain - Saudi Arabia, Continental Shelf Boundary Agreement. UN Legislative Series, ST/LEG/SER. B/16：409 - 411.
⑦ Limit in the Seas, No. 2, 16, 9, 12. https：//www. state. gov/e/oes/ocns/opa/c16065. htm, 访问日期：2024 年 10 月 15 日。
⑧ Limits in the Seas, No. 18, https：//www. state. gov/e/oes/ocns/opa/c16065. htm, 访问日期：2024 年 10 月 15 日。
⑨ UN Legislative Series, ST/LEG/SER. B/18. 439.
⑩ International Legal Materials. Vol. 8 (1974)：506 - 511.

架协定等。①

（四）相关国际立法会议

1. 第一次联合国海洋法会议

1950年国际法委员会开始着手进行公海问题的研究。早期文稿以可开采能力为标准定义大陆架，即大陆架的外部界限由沿海国开采大陆架资源的能力决定。1953年国际法委员会对该定义进行了修改，将可开采能力标准改为固定水深标准。1956年"美洲国家资源养护特别会议：大陆架与海水"提出将可开采能力和水深标准合二为一，即沿海国的大陆架权利应当扩展至"深度达200米或超过此限度，扩展至对海床和底土自然资源容许开采的上覆水域的深度"。这一基本思想影响了《大陆架公约》，其第1条规定，为本公约各条款的目的，"大陆架"一词是指：邻接海岸但在领海以外，其上海水深度达200米或超过此限度而上覆水域的深度容许开采其自然资源的海底区域的海床和底土；邻近岛屿海岸的类似的海底区域的海床和底土。

至于重叠大陆架的划界，1958年《大陆架公约》第6条规定：如果同一大陆架邻接两个或两个以上海岸相向的国家的领土，则属于这些国家的大陆架的疆界应由这些国家之间的协定予以确定。在无协定的情形下，除根据特殊情况另定疆界线外，疆界是一条其每一点与测算各国领海宽度的基线的最近点距离相等的中间线。

如果同一大陆架邻接两个相邻国家的领土，大陆架的疆界由两国之间的协定予以决定。在无协定的情形下，除根据特殊情况另定疆界线外，疆界应适用与测算各国领海宽度的基线的最近点距离相等的原则予以决定。

在划定大陆架疆界时，按照本条第一和第二两款所载的原则划定的任何线均应参照一定日期存在的海图和地形予以确定，同时应参照陆地上永久固定的标明点。

综上，《大陆架公约》其实已涉及大陆架划界中的两大问题：一是单一大陆架的外部界限，二是重叠大陆架之间的划界。前者包含两项独立平行的标准和两项制约。两项标准即200米水深标准和可开发标准，且缔约国有权

---

① Limit in the Sea. No. 62, https://www.state.gov/e/oes/ocns/opa/c16065.htm，访问日期：2024年10月15日。

任选其中一个标准来确定本国的大陆架。两项制约即大陆架必须与其沿海国相邻接，该区域的自然资源必须可以开发。① 而后者，重叠大陆架之间的划界虽引入了"等距离中间线"要素，却仍不乏公平原则的体现。理由在于，划界优先应由国家之间的协定予以安排，在没有协定的情况下，遵循特殊情况加等距离中间线的模式。等距离中间线和特殊情况并不是相反的，而是复合的单一规则，其目的是按公平原则划界。② 然而无论如何，《大陆架公约》有关单一大陆架的外部界限的规定，以及重叠大陆架之间的划界的规定，都缺乏严密性和稳定性。

《大陆架公约》的缺陷在不久之后便显现出来。表现之一是，随着科学技术的突飞猛进，国际社会开发沿岸海域自然资源的能力也与日俱增，开发的深度和广度呈无限扩展之势，以200米水深标准和可开发标准为划定大陆架外部界限的依据，既滞后于现实，又在相当程度上并不精确，且在很多地理情况下使用也并不妥当。1969年联合国大会在第2574A（26次会议）号决议中指出，1958年《大陆架公约》"没有有效准确地界定该海域的界限，在该海域沿海国行使旨在勘探开发自然资源的主权权利，对这一问题的习惯国际法也是不确定的"。③ 表现之二是，在重叠大陆架之间的划界方法中，有关特殊情况的规定未加以解释和细化，使操作性较强的"等距离中间线原则"成为事实上的参照标准，如1969年的北海大陆架案，最终导致在划界中出现不公平的结果。然而因第二次联合国海洋法会议未涉及大陆架问题，因此，对大陆架外部界限和重叠大陆架划界的讨论留到了第三次联合国海洋法会议。

2. 第三次联合国海洋法会议

《公约》将大陆架制度完全纳入海洋法，使之作为一个整体，而不是像1958年《大陆架公约》一样予以区别对待。《公约》的大陆架制度包括大陆架新的法律定义、划定其外部界限的方法，并成立了大陆架界限委员会。

第三次联合国海洋法会议期间，因专属经济区概念的提出，使其与大陆架制度之间的关系变得不确定，一种主张把二者合并为一项制度，管理200

---

① 金永明：《中国海洋法理论研究》，上海社会科学院出版社，2014，第9-11页。
② 金永明：《中国海洋法理论研究》，上海社会科学院出版社，2014，第5页。
③ 萨切雅·南丹、沙卜泰·罗森：《1982年〈联合国海洋法公约〉评注（第二卷）》，吕文正、毛彬译，海洋出版社，2014。

海里范围内的生物资源和非生物资源；另一种主张在200海里范围内实行专属经济区制度，200海里外实行大陆架制度，① 甚至产生了是否应保留大陆架制度的疑问。经各方妥协，出现了200海里以外大陆架资源的收益分享机制，才使这一制度最终被保留了下来。在第三次联合国海洋法会议第三期会议（1975年）上，第二委员会成立了关于大陆架的非正式磋商小组，并就三个需要解决的优先问题建立了分支磋商小组，包括：①第三磋商小组，负责研究"对200海里外大陆架上的开发应缴的费用和实物"与"大陆边外缘的定义"；②第六磋商小组，负责研究"大陆架外部界限的定义和对200海里以外的大陆架上开发应缴的费用与实物问题"，以及"大陆架外部界限定义和收益分享问题"，其内部又成立了一个由38个国家组成的小型磋商小组，负责研究"大陆架的外部界限""二百海里以外大陆架上的开发应缴的费用和实物""海底洋脊""大陆架界限委员会及其职能"与"斯里兰卡问题"等；③第七磋商小组，负责研究"海岸相向或相邻国家间的大陆架划界"，以及"关于划界的争端解决机制"。

第三节　相关要素的效力界定

无论是国内法还是国际法，所涉及的任何一种法律制度或法律概念的设立都离不开最初的立法动因。它们的立法精神只有与其立法动因和追求的目标保持一致才能体现其自身存在的意义，正如美国法理学家博登海默曾指出的："任何值得被称之为法律制度的制度，必须关注某些超越特定社会结构和经济结构相对性的基本价值。"② 这一点在海域划界制度的建构中依然适用。

一、脊状物的判定标准

海底脊状物（ridge - body）是划定200海里外大陆架外部界限过程中最

---

① 王铁崖：《国际法》，法律出版社，1995，第13 - 17页。
② E. 博登海默：《法理学、法律哲学与法律方法》，邓正来译，中国政法大学出版社，1999，第35 - 37页。

常见的海底地质特征，同时也是最难处理的问题之一。《公约》在第 76 条提到了三类海底正地形与大陆架的关系：深洋洋脊（oceanic ridge）（第 3 款）、海脊（submarine ridge）（第 6 款）和海底高地（submarine elevation）（第 6 款），它们具有不同的法律地位。海底高地包括海台、海隆、海峰、暗滩和坡尖等，其作为大陆边的自然组成部分属于沿海国陆地领土自然延伸的范畴，可以主张与大陆同样的大陆架权利，适用 2500 米等深线外加 100 海里和 350 海里线的包络限制。同样，海脊也可以看作沿海国陆地领土的自然延伸，但它在主张大陆架外部界限过程中只能且必须受 350 海里包络线的约束。三者之中，只有深洋洋脊不属于大陆边的自然延伸组成部分，不能被沿海国用来主张外大陆架。但由于《公约》第 76 条并没有给出这三类海底地形的准确识别方法和法律定义，地理学界用于描述海底地形的专门术语中也没有这三个概念，因此，如何在实践中应对似脊状物的复杂和多样性，区分这三类海底地形，是一个难点。委员会和联合国海洋法与海洋事务办公室组织编写过相关文件，对界定这三种海底正地形提出了建议，但始终没有形成统一的认识和标准。委员会曾在《准则》中说道，"很难建立统一的标准来区分海底高地和各种脊，应该逐案审理"。

目前，关于海洋划界等资料以及《公约》中涉及似脊状物的词汇并没有做到完全统一，容易在理解时造成误解，在此先将常见的词汇列出进行区分：

（1）ridge（脊），最广义的地理概念，在海洋法中可以统一称作似脊状物，因为它包括海底高地、海脊和洋脊。

（2）submarine ridge（海底洋脊，简称海脊），是《公约》第 76 条第 6 款提出的法律概念。

（3）oceanic ridge（深洋洋脊），是《公约》第 76 条第 3 款提出的法律概念，更加准确的表述应当是"深洋洋底的洋脊"，因为《公约》的原文是"the deep ocean floor with its oceanic ridges…"

（4）submarine elevation（海底高地），是《公约》第 76 条第 6 款提出的法律概念，更加准确的表述应当是"作为大陆边自然构成部分的海底高地"，因为《公约》的原文是"submarine elevations that are natural components of the continental margin"。

（5）underwater oceanic ridge（水下洋脊），这个词语在苏联的提案中曾用到，近似深洋洋脊，但具体含义难以判定。

（6）seafloor highs（海底高地形），在委员会《准则》中出现过，意指《公约》第 76 条定义的三种海底正地形。

似脊状物的问题与大陆边的定义密切相关，为此第三次联合国海洋法会议倾注了大量精力在关于《公约》第 76 条中提出的"大陆边"背后的原则达成共识。表 4 展示了第三次联合国海洋法会议时各国关于似脊状物的主张。除了各国提案之外，丹麦、冰岛、美国也在 1980 年以非提案的形式对海底高地等概念作出了一定解释，即"海底高地是指具有与有关沿海国陆地领土基本相同的地质结构的海底高地"（丹麦），"三百五十海里限度的标准适用于构成有关沿海国陆块延伸的脊"（冰岛），"楚科奇海台及其作为它的组成部分的海底高地，不能被视作脊，而是包括在所提议的第 76 条的最后一句话中"（美国）。这些提案和解释代表了各国的利益取向，可以说，似脊状物的判定标准是各国利益博弈、相互妥协的产物。①

表 4　各国提案关于第 76 条描述似脊状物用法的历史发展②

会议	提案方	术语及其在第 76 条中的描述	被吸收到第 76 条的情况	备注
1979 年第 8 期	苏联	大陆边不包括"水下洋脊"	部分采用	本次会议的结果是只修正了《非正式综合协商案文修正（一）》第 3 款："大陆边包括沿海国陆块没入水中的延伸部分，由陆架、陆坡和陆基的海床和底土构成，它不包括深洋洋底，也不包括其底土。"

① 白佳玉：《〈联合国海洋法公约〉缔结背后的国家利益考察与中国实践》，《中国海商法研究》2022 年第 2 期，第 3－13 页。
② M. H. Nordquist, J. Norton Moore and T. H. Heidar et al., *Legal and Scientific Aspects of Continental Shelf Limits* (Leiden: Martinus Nijhoff Publishers, 2004), pp. 47－59.

续表

会议	提案方	术语及其在第76条中的描述	被吸收到第76条的情况	备注
1979年第8期（复会）	苏联	在"海底洋脊"上陆架延伸不能超过350海里	部分采用	
1979年第8期（复会）	10个国家的"大陆边专家"	界定"海底洋脊"是"由洋壳形成的狭长的海底高地"	未采用	
1979年第8期（复会）	保加利亚	陆架不延伸至"海底洋脊"	未采用	
1979年第8期（复会）	日本	大陆边"不包括深洋洋底和由洋壳形成的洋脊"	部分采用	
1980年第9期	宽陆架国家集团	大陆边应该包括"海底高地，但不包括深洋洋底的洋脊"	部分采用	1979年第8期复会1980年第9期会议的相关成果是形成《公约》第3款和第6款
1980年第9期	澳大利亚	列举了"海台、海隆、暗滩和坡尖"等应包括在海底高地的例子	部分采用	
1980年第9期	苏联	大陆边不包括"深洋洋底及其洋脊、海山、海底平顶山及任何其他不位于大陆边上的海底高地"；"在有任何海脊和海底高地的区域，本条第3款所提到的除外，大陆架的外部界限不应超过350海里"	部分采用	
1980年第9期	第六协商组主席	大陆边"不包括深洋洋底及其洋脊"；在海脊上陆架不得超过350海里	部分采用	

二、岛和礁的甄别路径

岛、礁的延伸权利主张在全球海域划界中是一个极为重要的问题。全世界共计约有 50 万个岛屿，总面积达 3823×10^4 平方千米，其中包括面积超大的岛屿，如格陵兰岛的岛屿面积就超过 84×10^4 平方千米。其中，有至少 123 个岛屿面积均超过了 100 平方千米。《公约》第 8 部分赋予了岛屿与陆地同等的法律地位，也就是主张领海、专属经济区与大陆架的权利。根据《公约》的规定，领海的权利等同于国家主权，专属经济区制度的设立主张针对的是海床上覆水域的经济权，大陆架制度主张涉及的是海床和底土的勘探开发权。基于岛屿上生活的居民利益需要，这些权利主要包括两个方面，一是岛民的生存需要，二是岛民的发展需要。因此，反推之，能维持人类居住及其本身的经济生活是一个海上地物等同于陆地拥有大面积海域管辖权的前提条件。

从文本上梳理，《公约》第 121 条第 1 款是指从自然属性上看广义的岛屿为何，暂没加入其他诸如社会、经济、人文等方面的属性考量，因此没有将此概念作为此海上地物是否应该拥有专属经济区和大陆架的评定标准。第 2 款是进行限缩解释后的狭义岛屿，这一类岛屿具有与陆地领土相同的法律地位。[①] 第 3 款是关于岩礁的法律地位问题。岩礁是一种特殊的岛屿，由于它不具备维持人类居住或其本身的经济生活的条件，因而不具有主张专属经济区和大陆架的法定权利。由于岛屿制度设立的初衷就是要限制微小的海上地物（尤其是那些不能够维持人类居住和本身经济生活的微小的海上地形）拥有过大的海洋管辖区域，因此这一限定与对这类海洋地物的立法精神是一致的。

因此，在《公约》关于岛屿、岩礁的分类规定问题上，需要厘清以下三点：

第一，关于识别一种岛屿是否属于岩礁，在第 121 条第 3 款中明确了两个限制要素，即"人类居住"和"经济生活"，并且用"或"连接。因此，可以理解为只要符合"不能维持人类居住或其本身的经济生活"规定中的任一项，就应该属于岩礁之类，并且不具备主张领海之外海域的权利。即便在该条款起草的过程中，丹麦曾提出用"和"连接两个条件，但遭到了一致反对。因此，从制定《公约》的过程也可以看出，人类居住、经济生活两者的关系属于并集关系，不能作为同一项参考要件。

[①] 金永明：《岛屿与法律要件论析——以冲之鸟问题为研究视角》，《政治与法律》2010 年第 12 期，第 99 – 106 页。

第二，关于究竟何种标准为适合人类居住的环境，从《公约》的字面理解，可以认为"人类居住"并不限于"现在一定有人居住"这种现状事实。只要能够提供相关条件或材料，即使将来能维持人类居住也应该被列入一般的"岛屿"概念，而非岩礁。但这一前提是必须提供现在或将来人类居住的可能性的证据。

第三，关于何为经济生活，《公约》没有进一步说明。一般而言，诸如灯塔及其他航行支援设施等有利于海运、渔业活动及娱乐产业的活动都应该属于经济活动的组成部分。也有学者认为，要满足经济生活的要件，仅此是不够的，还需要满足一些商业性或生产活动的要件。类似气象观测、通信设施这些不属于经济生活范畴的活动，是否会泛化成特定的"经济生活"要素？进一步看，对于那些已经因为经济而设置的无人设施和建筑物，并且通过人工智能远程操控加以维持和利用的岩礁，又该如何看待呢？随着科技的发展，可以预见这种类型的维持和利用状况将在未来增加。因此，也有学者提出，这种状况通常应该被包含在"经济生活"之内。

根据对已提交的大陆架划界案例统计看，国际社会已经达成共识，认定需要用第121条第3款进行检验的特殊岛屿包括但不限于：英国的罗卡尔岛（Rockall）、沙格礁（Shag Rocks）、巴西的圣佩德罗和圣得罗群礁（Saint Peter and Saint Paul Rocks）、智利的萨雷戈麦斯礁（Salay Gomez Rock）、墨西哥的阿利霍斯群岛（Rocas Alijos）和日本的冲之鸟礁（对应岩礁特征统计见表5）。通过表5可以看出，岛礁的规模、有无植被和鸟类的情况等均应被列入岛屿分类的考虑要素。另外，主张用无人居住小岛确定领海基点，进而向海方向推进领海基线的沿海地区包括但不限于：澳大利亚的毕晓普和克莱克岛（Bihshop and Clerk Islets）以及麦克唐纳岛（McDonald Island）、新西兰的邦蒂岛（Bounty Island）、所罗门群岛（包括阿努塔岛 Anuta Island）、塞舌尔的鸟岛（Bird Island）、阿根廷的沙格礁和巴西的圣佩德罗和圣保罗群礁。

因此，对于这一类与岛屿有关的大陆架划界案，大陆架划界问题集中在：①这一岛屿究竟是否属于一般性岛屿，是否可以主张领海、专属经济区和大陆架的相关权利。②如何确定岛屿的领海基线，即自然延伸的起算线。这一问题在群岛国家的大陆架划界案主张中尤其值得注意，如在2013年的密克罗尼西亚群岛国主张的划界案中，其中每一个岛屿面积均较小，岛与岛之间距离较远、岛屿数量较多，其最东边的科斯雷岛（Kosrae Island）和离其最近的平格拉普岛（Pingelap Island）的最短直线距离约为143海里。由于《公约》并未对基点之间的距离做出明确规定，仅根据其第2部分第5条（直线基线）和第4部分第47条（群岛基线）的规定，究竟是以每个岛屿为单位，确定其自然延伸起算线，分别确定大陆架的延伸范围，还是连接所有岛屿的基点组成一个整体的自然延伸起算线，确定一个整体的自然延伸范围？两个结果将因为领海基线的长度与位置的不同而产生巨大差异。在密克罗尼西亚的划界案主张中，科斯雷岛和色盲岛的领海基点被直接连接成为一条整体的领海基线，进而在极大程度上扩大了岛屿的单独主张而产生的权利面积。

表5 典型岛礁的要素分析

岛礁	面积（km²）	高度（m）	有无植被	有无鸟类	形成原因
毕晓普和克莱克岛（Bishop and Clerk Islets）	0.6	50	有	有	火山岩
麦克唐纳岛（McDonald Island）	1	230	有	有	火山岩
邦蒂岛（Bounty Island）	1.4	73	有	无	火山岩
阿努塔岛（Anuta Island）	1.6	122	有	有	火山岩
鸟岛（Bird Island）	0.7	<20	有	有	火山岩
圣佩德罗和圣保罗群礁（Saint Peter and Saint Paul Rocks）	0.015	17	有	有	珊瑚礁
沙格礁（Shag Rocks）	0.2	75	无	有	珊瑚礁
冲之鸟礁（Okinotori Shima Rocks）	<0.00001	<1	无	无	珊瑚礁

资料来源：丘君，柳文华：《冲之鸟礁是否应有大陆架？——200海里以外大陆架划界案中无居民岛礁的对比研究》，《中国海洋法学评论》，2009年第2期，第19-32，221-238页。

三、冰封区域的法律形态

冰封岸线是近几年提出的新问题[①]。它既不是一个纯法律概念，也不是

[①] 不同于《公约》第234条提出的专属经济区内的冰封区域。

一个常用的地理概念，其主要是指那些常年被冰所覆盖的海岸线，这些海岸线一般位于在高纬度、寒冷的极地区域。它不同于陆地领土，也不具有海冰漂浮不固定的特性。目前，《公约》还没有关于存在冰架的海岸区域如何确定领海基线和划定大陆边延伸情况的特定规则。

在这一区域，冰架（ice shelf）是从陆地延伸到海洋的最常见部分，大的冰架可达数万平方千米，厚度可从 100～1000 米。崩解后的冰架成为冰山，也可以说冰山就是来源于冰架的崩解。由于密度的作用，冰架水面上的部分只约为全部体积的 1/10。全世界最大的冰架是南极洲的罗斯冰架和罗涅—斐尔希纳冰架。因常年积雪的作用，冰架由陆地冰川向海岸延伸，如同沉积物输送导致的水下陆地延伸。南极洲海岸有 44% 都连接着冰架，包括罗斯冰架、龙尼—菲尔希纳冰架和埃默里冰架。由于冰封区域绝大多数都远离人类活动区域，绝大多数冰封海岸线都位于暂时不存在海洋边界问题的南极区域，因此，第三次联合国海洋法会议并没有深入研究冰封海岸线以及冰架延伸带来的相关问题。这就注定第三次联合国海洋法会议所形成的《公约》并不适合于解决冰封区域或冰封海岸线的相关问题。事实上，第三次联合国海洋法会议期间，关于冰的法律地位的讨论也仅限于北极地区，并且主要在北极国家之间展开。从 20 世纪 60 年代开始，苏联和美国就有能力利用核动力潜艇在北极冰面下潜航，加拿大不断提出其关于北极领土的扇形理论，而此时《公约》并没有直接涉及冰的法律地位的问题。《公约》第 234 条只是一个关于环境保护的条款，也没有涉及在冰封海岸线上领海基点基线的位置确立问题。总体来说，冰架具有既不同于陆地领土，也不同于海冰的独特属性。《公约》没有关于在存在冰架的海岸区域如何划定领海基点和基线的规定。相关的国家实践也很少，尚不足以形成压倒性的共识。本章节仅从理论层面探讨对于这种特殊区域应如何应用自然延伸与大陆边准则划定权利界限。

领海基线既是测算沿海国可以主张的一切管辖海域的起算线，也是沿海国内水与领海的分界线。《公约》对沿海国家管辖范围内的领海、毗连区、专属经济区和大陆架区域的外部界限的限定，都是从领海基线量起的。因此，领海基线作为决定沿海国管辖海域的基准线，非常重要。虽然《公约》对礁石（第 6 条）、河口（第 9 条）、海湾（第 10 条）、港口（第 11 条）、泊船处

（第 12 条）、低潮高地（第 13 条）等不同情况下的领海基线问题作出了专门规定，但这些规定都没有专门涉及被冰所覆盖的海岸线的情况。对于不稳定的海岸线，《公约》第 7 条第 2 款提出："在因有三角洲和其他自然条件以致海岸线非常不稳定之处，可沿低潮线向海最远处选择各适当点，而且，即使以后低潮线发生后退现象，该直线基线在沿海国按照本公约加以改变以前仍然有效。"冰架具有类似的不稳定特性，是否可以适用这一条款呢？联合国海洋事务与海洋法办公室认为，第 2 款是第 1 款的补充，因此仅适用于河口三角洲地区。那么，在接下来的《公约》第 7 条第 3 款中，关于如何划定直线基线的规则是否也只适用于河口三角洲地区呢？

作为地球上平均海拔最高的大洲，南极洲的平均海拔高度达到 2350 米。该洲与其他大洲的主要差异在于，南极洲的海拔主要来自厚重的冰层累积。若将南极洲表面的冰雪层剥离，其裸露的陆地基岩平均海拔高度接近 410 米。南极大陆的冰盖覆盖面积约为 1340 万平方千米，若计入陆缘冰的面积，则可扩展至约 1400 万平方千米。在南极大陆，露出地表的山峰面积仅占总面积的 0.4%。从地理形态学角度分析，南极大陆呈现出中部隆起并向四周逐渐倾斜的高原地貌特征，其上覆盖的厚重冰层宛若一个巨大的锅盖倒扣在南极大地上，因此，也被称为南极冰盖。南极冰盖的平均厚度约为 2450 米，在某些区域的厚度可达到 4776 米。当南极进入冬季，冰盖与周边的海冰连成一片，形成约 3300 万平方千米的冰原，其面积甚至超过了非洲大陆。[1] 值得注意，南极冰盖并非静态不变，它持续不断地从大陆中心向周边海洋移动，平均流动速度为每年数米至二十余米。冰流在大陆边缘形成冰岸，随后倾泻入海，形成陆缘冰，并在断裂后形成冰山，漂浮于南极周围的大洋中。在本质上，冰山与浮冰存在着差异前者是从南极冰盖脱离的产物，后者是由海水冻结而成的海冰。南极大陆缺乏自然港口，现有的小型码头和泊船设施对于南极海岸线的确定影响微弱。因此，在探讨南极大陆的自然延伸权利主张之前，确定南极大陆自然延伸起算线的问题显得尤为重要。

---

[1] 参见武汉大学中国南极测绘研究中心，极地科普之南极自然环境，https://pole.whu.edu.cn/cn/gb_article.php?modid=03003. 2025 年 5 月 25 日最后访问。

在历届国际海洋法会议及实践上,英国、美国、新西兰、澳大利亚、加拿大、南非、爱尔兰等国家均支持将冰架与陆地同等看待,如罗斯冰架,由于常年不化的冰架及向海延伸的冰盖、冰舌已经成为南极大陆不可分割的一部分,因此,利用向海延伸的冰架、冰舌和冰山等外缘划定领海基线在操作上比较简单。但不可忽略的是,由于南极地区冰架面积巨大,一旦冰架被赋予法律地位,将会对南极大陆所能主张的周边海域范围产生重大影响。如果冰架可以被与陆地同等看待的理论成立,不但自然延伸的起算线将大大向海迁移,海平面以下的冰架等的延伸也应同理被视为陆地延伸,自然延伸的终结界限也将进一步外推。而当今全球变暖问题导致的全球升温、冰层融化而带来的全球边界变动将更为巨大。以罗斯冰架为例,如果把领海基线定位在罗斯冰架外缘,其专属经济区面积将会剧增,大部分可通航的海域将被纳入其专属经济区范围;如果仅按照南极大陆陆地外缘确定其领海基线,罗斯冰架外缘所在海域则属于公海。也有学者主张赋予冰架半效力,即冰架可被视为等同于陆地,但其法律效力要比陆地少,比领海多。当然,也有观点反对利用冰架来确定南极大陆的领海基线,其主要理由就是,这些冰架并不是持久稳定的,可能造成南极大陆的领海随着冰架的变化而不断移动。同时,还有一个疑问一直存在,由于巨厚的冰盖长期压迫,南极大陆本身持续下沉,如果除去冰盖,南极大陆很多地方的海拔都在海平面以下。即使承认某些国家对南极领土的主权,这种被冰层覆盖且在海平面以下的陆地领土是否可以被视为国家管辖范围的海洋区域?而且在冰架与陆地邻接的纵向区域,有时还隔着一层海水。如果冰架被视为陆地,那么这层海水应该具有何种法律性质,应该属于地下水、内水还是领海?

总的来说,多数学者和目前的国家实践都支持用冰架的边缘作为领海基线,这是符合《公约》的规定以及精神的,这样的领海基线还具有通过遥感影像进行直接定位的优势。但由于冰层的形态多样,所以不应该直接全部认定为具有主张国家管辖海域的效力,对于那些在陆地上形成、联合,在外力作用下到达海岸,并继续向外延伸超出陆地岸线的冰架可以视为陆地。在南极大陆上,对于与陆地之间没有海水相隔的冰架,建议可以等同于陆地的法律地位进行考量。同时,根据《公约》第7条规定的精神,冰架外缘的变化不应该影响其成为领海基点或基线。由于岸线上的冰的位置和形态是随着时间缓慢或加速变化的，如果采用冰架作为领海基线，那么有必要定期向联合国备案更新冰架所代表的海岸线的位置变化情况。

四、富沉积物区的外溢效力

从《公约》第76条第4款的规定来看，沿海国200海里以外大陆架的外部界限不可能超过两条线：一条是沉积岩1%厚度点连线，这是一条其上所有点的沉积岩厚度都不少于该点至大陆坡脚最短距离的1%的曲线；另一条是距离线，这是一条其上所有点距离大陆坡脚不超过60海里的曲线。这两条公式线可用于划定沿海国200海里以外大陆架外部界限，公式线以内是沿海国200海里以外的大陆架可能扩展到的地方。但从实践的角度来看，只有先划定这两条公式线，才能知道沿海国的大陆边是否超过200海里，如果这两条公式线在200海里线以内，则应以200海里线为沿海国大陆架的外部界限，此时不存在划定200海里以外大陆架外部界限的问题；只有这两条公式线中的一条或者全部在200海里线以外，才有根据第4～6款划定大陆架外部界限的必要。因此，第76条第4款关于公式线的规定是整个第76条适用的基础和关键，若没有它则无论是自然延伸标准还是200海里距离标准都无从谈起。

关于沉积岩1%厚度点公式的适用，需要针对世界各地不同大陆基做出相应分析，因为这一公式规定的大陆基外部界限是由大陆基下面的沉积厚度决定的。如果要应用此规则，沿海国家必须记录下大陆坡脚的位置以及该坡脚向洋的沉积厚度。典型的大陆基的沉积和其他毗邻大陆坡脚的沉积物是由毗邻连接的大陆上侵蚀下来的海流带来的物质构成，这些沉积物混有深海和半深海物质。在理想的大陆边地貌模式中，这些沉积物属于大陆基。在许多情况下，沉积物的塌落和再沉积经常大大改变陆坡和陆基的地貌形态。对于"沉积厚度"，又可理解为大陆边任何位置的沉积厚度均为从海底至位于沉积底部的基底顶端之间的垂直距离，而不论海底坡度或基底顶端表面坡度如何。在特殊地理背景下，大陆边不具有可以识别的典型大陆基，但同时在大陆坡坡脚向海的区域仍然可能有大量的沉积物堆积，最为例外的情况可以参考《公约》附件二《关于使用一种特定方法划定大陆边外缘的谅解声明》。

《关于使用一种特定方法划定大陆边外缘的谅解声明》是基于孟加拉湾的特殊地形而产生的，主要是指：

考虑到在下列情形下，一国大陆边的特殊特征：（1）二百米等深线所在处的平均距离不超过二十海里；（2）大陆边沉积岩的大部分位于大陆基之下；

考虑到《公约》第七十六条适用于该国大陆边对该国所将造成的不公平后果，因为沿着按照该条第4款（a）项（1）和（2）目所许可的最大距离划定的作为大陆边整个外缘的线上的沉积岩，其厚度的数学平均值将不少于三点五公里；而且将有一半以上的大陆边被其排除在外；

认识到虽有第76条的规定，这种国家可以连接各定点划出长度不超过六十海里的直线的方法，划定其大陆边外缘，各定点以经纬度标明，而且各点上的沉积岩厚度不少于一公里。

一国如应用本声明上一段所述方法划定其大陆边外缘，则一个邻国也可以利用这个方法划定其地质特征相同的大陆边外缘，如果该邻国具有这种特征的大陆边外缘是沿着按照第七十六条第4款（a）项（1）和（2）目所许可的最大距离划定的线，而在该线上的沉积岩厚度的数学平均值不少于三点五公里。①

简而言之，由于孟加拉湾地形特殊，陆架非常狭窄，而孟加拉海底扇的存在导致陆基沉积物厚度非常之大，沉积物厚度为1%的定点处的沉积物的平均厚度仍可达到3.5千米。因此沿海国家斯里兰卡认为按照《公约》第76条的公式线划定外大陆架会造成极大的不公平。对于此种情况，按照此附件二的说明，在不超过外部界限的情况下选取沉积物平均厚度为1千米的定点连线。虽然此谅解声明仅针对孟加拉湾，但正是由于海底扇这种特殊地形的存在，才导致划界的特殊性。那么，海底扇这类特殊海底地形在大陆架区域的分布是否具有普遍性呢？对大陆架划界规则的适用是否会造成一般性影响？

根据地质学家的收集信息统计，全球典型海底扇及分布见表6。其中，分

---

① 国家海洋局海洋发展战略研究所：《联合国海洋法公约》，海洋出版社，2014，第304页。

布于大陆边区域的大型海底扇包括亚马逊扇、阿斯托亚扇、孟加拉扇、印度扇、劳伦蒂扇、罗纳扇、尼罗扇、尼蒂纳特扇、圣卢卡斯扇、拉霍亚扇。这些海底扇的垂直长度可从几千米至数千千米。除了世界上最大的海底扇——孟加拉海底扇长达 2000 多千米，北端沉积物厚度最大可超过 16 千米以外，规模较大的海底扇主要有位于西大西洋的亚马逊扇，印度洋阿拉伯海的印度扇，西大西洋的劳伦蒂扇，中印度洋东部的尼罗扇。从扇体的地貌形态上来看，除密西西比扇、尼罗河扇和亚马逊扇等海底扇的外形为锥形或扇形外，其余海底扇多呈长舌形或伸长形。从扇体汇集的沉积物厚度来看，较为开阔的海盆或规模较大的扇体比较容易发育较厚的沉积物，图 1 为所收集的海底扇体长度与沉积物厚度对比示意图（由于未收集到孟加拉扇的准确数据，故图表中没有列出）。

表 6　全球典型海底扇特征

扇名称	位置	形成时代	地壳性质	规模				形态	沉积物来源
				长×宽（km）	面积（km²）	最大厚度（m）	体积（km³）		
亚马逊扇	西大西洋	早中新世—全新世	洋壳	700×(250～700)	$3.3×10^5$	4200	$7×10^5$	长锥形	陆源
阿斯托亚扇	东北太平洋	更新世	洋壳	250×130	$3.2×10^4$	2200	$2.7×10^4$	梯形	火山和冰积物
印度扇	印度洋阿拉伯海	始新—全新世	洋壳	1500×960	$1.1×10^6$	>3000	$1×10^6$	长扇形	陆源
劳伦蒂扇	西北大西洋	第四纪	洋壳	(500～1500)×(200～400)	$(1.8～4.2)×10^5$	2000	$1×10^5$	长舌状	冰积物
罗纳扇	地中海利翁湾	晚第三纪	陆壳与洋壳	440×200	$7.0×10^4$	1500	$1.2×10^4$	伸长形	陆源
尼罗扇	中印度洋东部	中新世—更新世	陆壳	280×500	$7.0×10^5$	>3000	—	扇形	陆源

续表

扇名称	位置	形成时代	地壳性质	规模				形态	沉积物来源
				长×宽(km)	面积(km²)	最大厚度(m)	体积(km³)		
尼蒂纳特扇	东太平洋美国华盛顿海岸外	中更新世	洋壳	260×80	2.3×10⁴	1000	9000	三角形	火山
圣卢卡斯扇	东太平洋美国加利福尼亚海岸外	中新世	洋壳	60（半径）	6000	1000	3000	半锥形	陆源
拉霍亚扇	东太平洋美国加利福尼亚海岸外	第四纪	洋壳	40×50	1200	1600	1175	梨形	陆源

资料来源：吕炳全：《海洋地质概述》，同济大学出版社，2008，第25–41页。

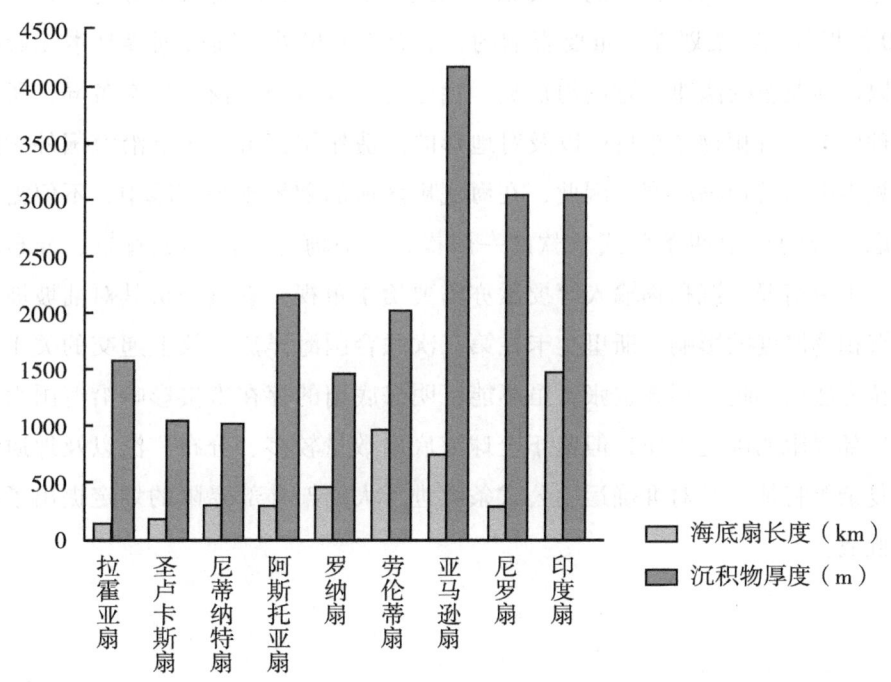

图1 典型海底扇特征（扇体长度和沉积物最大厚度）

根据目前对几个分布于大陆边且面积较大的海底扇的调研情况，位于巴基斯坦—印度被动大陆边缘的印度海底扇对 200 海里外大陆架的划界产生了较大影响。由峡谷输送的大量沉积物堆积在陆坡和陆基的过渡区域，使大陆坡脚点加 60 海里的公式线在海底扇存在区域被明显外推，因此，可以将印度扇归为对 200 海里外大陆架划界影响较大的一类；加利福尼亚海岸转换边缘的陆架较窄，在这里发育形成的蒙特利尔海底扇由于沉积时间较短，沉积量较少，且受到下切谷的影响，对 200 海里外大陆架的影响并不明显。因此将蒙特利尔海底扇归为对 200 海里外大陆架划界影响较小的一类。另外，位于主动大陆边缘的孟加拉湾，其虽然陆架很窄、陆基宽阔，但因喜马拉雅山脉的风化与剥蚀作用而在孟加拉湾产生了大量沉积物，又使陆基厚度剧增，形成了全球最大的海底扇。考虑到公平原则，最终因为此海底扇的存在而生成了一条新的规则，即上文所述的谅解声明。虽然目前此声明仅对孟加拉湾具有特殊效力，但也可使其自成一类，即对大陆边缘地形有极大改造作用而在法律问题上产生巨大影响的一类扇。因此，初步可以将海底扇分为三种：对 200 海里外大陆架划界有重要影响的、对 200 海里外大陆架划界基本无影响的以及涉及新的法律问题的海底扇。由于海底扇分布广泛，形态各异，所处地理位置、沉积物分布特征以及对地形的改造作用都可能影响沿海国外大陆架划界中的沉积物厚度，因此，在海底扇区域的划界规则实践中，不但需要考虑《公约》中两条公式条款的一般操作，对海底扇的形成背景、分布形态、水深情况、沉积物输入等要素亦需要给予重视，着重分析其对陆坡坡度和沉积物厚度的影响。斯里兰卡在第三次联合国海洋法会议上递交的关于孟加拉海底扇影响的划界主张，虽不能证明海底扇的存在直接影响沿海国大陆架外部界限的确定工作，但鉴于全球海底扇数量较多、分布广泛以及地质背景复杂等特征，其对准确运用公式条款进行大陆架外部界限的划定提出了新的挑战。[1]

---

[1] 邱文弦、金翔龙、黎明碧：《海底扇对外大陆架划界的潜在影响》，《海洋学研究》2010 年第 4 期，第 29-35 页。

第六章　代表性洲域的海洋治理现状

全球各大洲均有其独特的地理情况和复杂的政治经济情况，本章以拉丁美洲地区①（以下简称拉美）与亚洲为代表性洲域，介绍全球典型海域的海洋治理情况。之所以选择这两个大洲，主要是因为以下三点。

第一，在地理条件上，这两个大洲均有绵长的海岸线，拉美东临加勒比海和太平洋，西临大西洋，拥有约4.5万千米的海岸线；亚洲大陆的海岸线长度则达58万余千米，约占地球海岸线总长度的23.51%，②周围海域包括印度洋、太平洋、北冰洋。

第二，在政治经济等其他情况上，这两个大洲也富有代表性，海洋经济均是其经济收入的重要组成部分。在拉美，渔业是最重要的经济活动之一，秘鲁、智利目前为世界鱼类产品出口排行前五的国家。海洋是230万拉美渔民的生计来源，捕捞所得的海鲜也为不富裕的沿海居民提供了所需的蛋白质，以改善他们的营养状况。海运则因其显著的成本和容量优势在该地区成为最重要的货物运输方式。2021年，拉美地区集装箱吞吐量第一的巴拿马科隆港处理了约492万标准箱货物。巴拿马运河更是沟通太平洋和大西洋的重要人工水道，仅在2020年，巴拿马运河就为中美洲国家创造了26.6亿美元的通行费收入，在该年全球贸易量因新冠疫情缩减的情况下，该项收入较2019年仍有增加。③加勒比海上的旅游业在一些拉美小岛国家国民生产总值中可占20%以上，在安提瓜和巴布达甚至达到惊人的60%。④亚洲周围的海域同样蕴藏着大量生物及非生物资源，同时也是多条

---

① 指美国以南的美洲地区。
② 刘闯、石瑞香、张应华，等：《2015年全球岛（礁）有多少？陆地面积及海岸线长几何？——基于Google Earth遥感影像的数据结果》，《全球变化数据学报（中英文）》2019年第3期，第124-148页。
③ Martin Placek, Latin America: largest container ports by container traffic 2021, Statista (Dec 8, 2023), https://www.statista.com/statistics/729938/leading-container-ports-latin-america/.
④ M. Tambutti, et al., "The outlook for oceans, seas and marine resources in Latin America and the Caribbean: conservation, sustainable development and climate change mitigation," *United Nations Publication, Economic Commission for Latin America and the Caribbean*, (2020): 8.

重要的国际航道的必经海域。依托丰富多样的海洋资源,亚洲的海洋产业门类众多,涵盖造船、海洋工程装备制造、海洋金融、航运、滨海旅游、渔业等多个领域。同时不少海洋产业经过长期发展,规模已经相当庞大。2016年,亚洲水产养殖的产量占世界总产量的比重超过89.4%,中国、印度、越南、印度尼西亚、孟加拉国和泰国等国均为世界主要的海产品供应国;2019年,根据英国《劳氏日报》统计,7个中国港口的集装箱吞吐量位居全球前十;2023年,中、日、韩三国的造船产量占世界市场份额的75%,国际市场中超过80%的钻井船产自韩国。① 对亚洲经济而言,海洋无疑是不可或缺的经济支柱;对占全球人口约60%的亚洲人而言,海洋更是其赖以生存的衣食来源。

第三,两大洲在海洋上面临的困境也是全球共同面临的危机的缩影。在拉美,海洋环境问题已经引起了重视。在墨西哥湾沿岸,化学污染和富营养化威胁着水体的健康,导致水中氧含量减少、混浊度增加,并直接影响水体中生物的生存。人口、城市数量的增长和旅游业的发展则导致海洋垃圾的迅速增加,拉丁美洲和加勒比海地区已受到微塑料垃圾的严重污染。长期的过度捕捞也影响了拉美地区的渔获量,与20世纪80年代的数据相比该地区的渔获量已减少了23%。拉美海洋治理的危机已然波及当地生产、生活的多个方面,给拉美各国蓝色经济的发展蒙上了阴影。亚洲辽阔的疆域和庞大的人口数量造成了更复杂的周边环境、更多元的文化背景及大量历史遗留问题,这些因素给亚洲海洋治理带来了不可忽视的挑战,东亚就存在着多个第二次世界大战后遗留的海洋领土争议问题,至今仍未能得到解决②。同样催化海洋争端的还有亚洲海域中丰富的油气资源,面积超过23.4万平方千米的波斯湾海底埋藏着超过全球储量50%的石油,因石油的开采和运输问题,海湾国家在该海域长期存在争端。除了持续发酵的海洋领土争端,马六甲海峡、新加坡海峡等重要水道也常常发生海上袭击事件,引发国际范围内对亚洲海域海上安全的担忧。

---

① 傅梦孜、刘兰芬:《全球海洋经济:认知差异、比较研究与中国的机遇》,《太平洋学报》2022年第1期,第78-91页。
② 金永明:《构建亚洲海洋命运共同体的几点思考》,中国海洋发展研究中心官网,https://aoc.ouc.edu.cn/2019/1205/c9821a278041/page.htm,访问日期:2023年12月8日。

第一节　拉丁美洲的海洋治理

一、拉丁美洲国家海洋法适用

拉美国家在国际海洋法形成的过程中起到了不可或缺的作用，并很早就采取了捍卫海洋权的措施。1947年，智利总统在其发表的声明中就宣布将国家主权扩展到距智利200海里以内的海域，由智利进行保护和控制，但不影响其他国家公海自由航行的权利。1952年，智利、厄瓜多尔、秘鲁签署《圣地亚哥宣言》，宣布对"接邻本国海岸并从海岸延伸不少于200海里的海域，享有主权和管辖权"。相似的主张在1970年智利、秘鲁、萨尔瓦多、尼加拉瓜、巴拿马、乌拉圭等9国签署的《蒙得维的亚海洋法宣言》中被重申，此后几年中，拉美各国在这一问题上采取了一致观点，并在1973年向第三次联合国海洋法会议提出了原则性立场。[1]

《公约》出台后，得到了拉美国家的广泛认可。截至目前，31个沿海国家中有29国已成为公约缔约国，仅秘鲁和委内瑞拉尚未批准，两个内陆国家也加入了《公约》。它们对于《公约》落地实施的强烈意愿和举措或许比签署本身更值得关注。11个国家根据《公约》第287条的规定对争端解决程序作出选择，8个国家[2]根据《公约》第298条的规定作出排除强制性仲裁的书面声明，占根据这两个条款作出声明国家数量的四分之一。[3] 它们也相当积极地根据《公约》改变海洋政策或修正国内的海洋立法，纵观20世纪50年代至80年代拉美国家有关200海里权利的主张，虽然它们所提及的200海里主要强调海洋资源的控制权而并非领海问题，但显然和《公

---

[1] 刘显娅：《拉美国际法之探讨》，《拉丁美洲研究》2007年第1期，第31-37页。
[2] 阿根廷、智利、古巴、厄瓜多尔、墨西哥、尼加拉瓜、特立尼达和多巴哥、乌拉圭。
[3] 刘衡：《拉美国家与国际海洋争端的和平解决》，中国法学网，http://iolaw.cssn.cn/xszl/gjf10/zglm/201910/t20191021_5017737.shtml，访问日期：2023年12月31日。

约》条款最终明确的 12 海里领海和 200 海里经济区的制度存在差别。加入《公约》后，阿根廷、巴西和乌拉圭改变国内政策以适应《公约》的要求，萨尔瓦多、尼加拉瓜和巴拿马没有修订相关的国内法规，但在实践中放弃了 200 海里领海的主张。整体而言，拉美国家较乐意遵守《公约》的条款，虽然在具体条约的执行和解释中存在不同意见，但这种分歧并非区域性问题。

此外，拉美国家还通过双边合作、区域合作的方式解决海洋治理的问题。比如拉美的内陆国家通过和沿海邻国进行协商解决进出海问题，其中一些协商成果中的规定比国际公约中相似领域的规定更先进。在渔业管理中，拉美各国也通过合作的方式化解争端，在加勒比海盆区域，它们通过签署双边协议解决利益冲突，如《墨西哥和古巴间的渔业协议》（*Fishery Agreement between Mexico and Cuba*）。不少多国参与的渔业国际组织也在其间为跨国问题，如洄游鱼类保护等提供了帮助。

综上，拉美国家一直是国际海洋法体系形成过程中的积极参与者和实践者。在处理国际条约的国内适用问题时，7 个拉美国家在宪法中规定国际条约是国内法律的一部分，如巴拉圭宪法第 141 条规定，"凡依据法律规定签署并由国会批准，经过换文程序的国际条约具有法律效力，并依本宪法 137 条所规定的位阶成为国内现行法律体系一部分"，秘鲁宪法规定，"国家缔结且有效的条约是国家法律的一部分"。这些国家对于国际法的国内适用采取的是直接"纳入"的方式，至于其他拉美国家是否以不同的方式适用国际法，目前尚缺乏相关资料。

值得注意的是，不少拉美国家在宪法中明确了国际条约的效力位阶，总体而言，拉美国家对国际法持较为开放包容的态度，其中甚至有部分国家规定国际条约的地位等同于宪法，认为国际条约和宪法同属于国家最高法律，如阿根廷、巴西、墨西哥等。大部分国家规定国际条约的地位低于宪法但高于其他国内法，如玻利维亚。当国际法和国内法发生冲突时，也有不少国家在宪法中规定了较为具体的处理方式：海地宪法第 276 条第 2 款规定，国际条约和协定一经依照宪法规定的形式签署并批准即成为国家立法的一部分，与之抵触的法律应即废止；洪都拉斯宪法则规定，条约或公约与国内法律抵触时，前者优先。①

二、拉丁美洲国家海洋生态保护

（一）过度捕捞下的太平洋和大西洋海域

渔业是拉美地区最重要的经济活动之一。西部海域的秘鲁寒流将海洋深处的营养物质带到海洋表面，形成了秘鲁沿海的渔场，东部海域的巴西暖流和福克兰洋流交汇，形成了巴西沿海的渔场。面向南太平洋的秘鲁和智利均为世界主要渔业出口国，巴西的渔业产量略次于这两国。

智利沿海盛产沙丁鱼、鳕鱼和鲸，秘鲁沿海盛产头足类和鳀鱼。这些地区的商业捕鱼在 20 世纪末出现前所未有的增长，成为规模庞大的产业，为当地人创造了数千个就业岗位。进入 21 世纪后，秘鲁的渔业产量在 400 万～1000 万吨波动，并对贝类和虾类进行水产养殖，总量约达 4 万吨。智利也在过去的几十年中发展经济品种的海水网箱养殖，如银鱼、南方鳕鱼、珠母贝等。巴西的水产养殖历史更为悠久，从 20 世纪 70 年代起就开始发展，进入 21 世纪后增长迅速，2012 年已达 155.12 万吨。②

渔业活动在带来丰厚经济回报的同时也严重威胁了拉美的海洋生态。拉美沿海的生物多样性在世界海洋中居于前列，但这也意味着这些海域的生态极易遭受人类活动的破坏。在过去的 30 年中，拉美地区的水产养殖量增长速度为世界平均水平的两倍，而沿海的红树林则是发展水产养殖的理想场所，飞速扩张的沿海水产养殖无疑在一定程度上加速了红树林的消亡。离海岸更远的地区，如北巴西—圭亚那大陆架，则聚集了现代化捕鱼船队，过度捕捞使这些海域中的生物数量急剧减少。

---

① 戴瑞君：《美洲国家如何处理国际法与国内法的关系：以人权条约为例的分析》，中国法学网，http：//iolaw.cssn.cn/xszl/gjf10/zglm/201910/t20191021_5017750.shtml，访问日期：2023 年 12 月 30 日。
② 陈新军：《南美渔业》，中国大百科全书网，https：//www.zgbk.com/ecph/words?SiteID = 1&ID = 123010，访问日期：2024 年 1 月 5 日。

秘鲁、巴西、墨西哥等国的渔业机构在注意到相关的生态危机后进行了一系列监管改革。21 世纪初，墨西哥颁布了针对软体动物和虾类的特殊捕捞法规并建立了特别保护区，其余拉美国家也并非毫无行动，智利等国家同样通过修订其渔业法规引入了可持续发展的要求，但这些措施的成效并不尽如人意。一方面，拉美国家的海域监管将不同资源的管理权限划拨给不同的机构，机构在监管过程中未能与其他机构进行合理协调，甚至常常在管理层面产生冲突。另一方面，他们的监管措施往往指向短期目标，渔业政策呈现拉锯式特征，极不稳定，[①] 而实现海洋渔业的可持续发展是一项长期工程，需要系统性规划。当地渔民为了维持生计，在某几种特定海产品被禁止捕捞时便会转向捕捞其他海产品，这样的捕捞依然会破坏海洋的生态结构。由于人类在海洋中的活动更加难以监测，设立海洋保护区的国家也未能为区内的物种提供有力的保护，这使拉美海域的数百个海洋保护区成为"纸上公园"，海洋的整体环境并未得到改善。[②]

（二）气候变化和极端天气影响下的加勒比海域

人类活动导致的气候变化固然是一个全球性的问题，但加勒比地区在气候变化和极端天气面前付出的代价格外巨大。海平面上升、海洋变暖和酸化是长期困扰该地区的问题，飓风等极端天气事件则可能在短时间内对该地区海洋的生态系统造成毁灭性打击。随着海平面上升问题的加剧，在加勒比海域出现 4 级和 5 级飓风的比例大大增加，风暴潮也更加肆虐。以格林纳达为例，该国在 2004 年和 2005 年遭受两次飓风的袭击，其中 2004 年的飓风伊万（Ivan）摧毁了该国 90% 的红树林，成为格林纳达历史上最具破坏性的自然灾害之一。据统计，自 1950 年以来，已有 300 多场飓风袭击加勒比地区，造成的经济损失超过 260 亿美元。对安提瓜和巴布达、巴哈马等国而言，极端天气还造成了居民的流离失所，飓风导致了巴布达岛上所有居民的撤

[①] 王双：《拉美沿海地区海岸带综合管理经验与教训——基于拉美沿海地区与中国浙江沿海地区的对比研究》，《浙江海洋学院学报（人文科学版）》2014 年第 4 期，第 11 - 17 页。
[②] Xiao Recio - Blanco, "Protecting Marine Biodiversity in Latin America through Area - BasedFisheries Regulation," *Georgetown Environmental Law Review*, Vol. 28 (2015): 75 - 106.

离，而在此前300多年内，该岛上一直有居民居住。① 同时，加勒比海域海水的pH值在过去20年间持续下降，海洋酸化问题威胁着红树林和珊瑚的生存，也直接导致了海洋中贝类生物生长速度的减缓，严重影响海水养殖的产量。②

显然，气候变化和极端天气对加勒比海国家而言不仅是影响海洋生态的重要因素，更是影响国家发展和存续的重要因素。近年来，加勒比地区的国家已开始着手采取措施修复海洋生态系统，该海域的多个国家已联合成立加勒比海珊瑚礁保护联盟，多米尼克于2023年宣布在800平方千米的区域内设立全球首个抹香鲸保护区，禁止商业捕捞和大型船只通行。但这些举措大多只能针对某些特定的物种，对海洋整体生态保护而言只是杯水车薪。面对气候变化这样的全球性问题，加勒比地区的国家则更加无能为力，他们的困境仍将持续。

三、拉丁美洲国家海洋划界现状

拉美地区的海洋争端相较世界其他地区的海域而言数量并不多，20世纪，大部分拉美国家的主要冲突发生在国内，而非和邻国之间。西班牙在该地区的殖民统治使拉美各国拥有类似的宗教、政治和文化制度，尽管在19世纪18个共和国通过拉美独立战争取代原有的4个总督辖区，但在处理领土边界问题时，他们依然选择依照依法占有原则继承殖民时期的边界。③ 不过其他国家（如英国）的殖民地边界及西班牙殖民时期未确定的边界等历史遗留问题也在日后成为拉美地区海洋领土争端的成因之一。

---

① Lisa Benjamin, Adelle Thomas, "Climate Justice Symposium: Gender and Climate Justice – Implications for Policy Formation in the Caribbean Region," *Loyola Law Review*, Vol. 66 (2020): 329.
② Latin American and Caribbean countries threatened by rising ocean acidity, experts warn, International Union for Conservation of Nature (Apr 3, 2018), https://www.iucn.org/news/secretariat/201804/latin-american-and-caribbean-countries-threatened-rising-ocean-acidity-experts-warn, 访问日期：2024年2月10日。
③ Richard J. Kilroy, "Maritime and Territorial Boundary Disputes in Latin America: Regional Implications of the 2012 ICJ Ruling in Nicaragua v. Colombia," *The Journal of Territorial and Maritime Studies*, Vol. 1 (2014): 91–111.

虽然19世纪拉美的独立战争的确遗留了一部分争端，但拉美地区的海洋划界争端绝不可理解为单纯的历史问题，实际上，20世纪末，大部分争端才首次或以和过去迥异的方式出现。《公约》出台后，各国依照其规定可以拥有200海里范围的专属经济区，这使划定海洋边界的重要性再次凸显，但也产生了新的争端。如哥伦比亚和委内瑞拉虽然在1941年已经解决了陆地边界的争端，但是他们无法预料到，40年后海洋边界的划界范围将扩大到距离海岸线200海里的区域。同时，海洋勘探技术在20世纪迅速发展，20世纪60年代，委内瑞拉附近的海底发现了石油，这使拉美各国更加重视海洋权益，在考虑海洋领土问题的解决时更不愿让步。[1] 此外，拉美地区国家早年签订的部分条约已经到期，如1855年智利和阿根廷签订的"冻结"领土与边界主张的条约、1970年委内瑞拉和圭亚那签订的12年内不就争端提出索赔的议定书等，这些条约背后实质性的海洋划界争端问题并没有得到解决，反而会随着条约的失效而暴露出来。

总体而言，拉美地区海洋划界争端最密集的区域为加勒比海域，哥斯达黎加、巴拿马、哥伦比亚等国在该区域都发生过海域划界争端，此外，在南太平洋海域和大西洋海域也有部分争端存在，如秘鲁和智利的海上边界争端、智利和英国的马尔维纳斯群岛争端。

（一）外大陆架划界进程

拉美地区的31个沿海国家中，13个国家共计向委员会提交了15份划界案[2]，其中有6份划界案已经得到委员会的建议。此外，拉美国家还在2011年至2018年提交了5份划界案的修订，其中巴西提交了3份，阿根廷和巴巴多斯各提交了1份。巴巴多斯、阿根廷的修订案以及巴西关于南部地区的修订案已得到委员会的审议建议。秘鲁、哥伦比亚、委内瑞拉、巴拿马及多米尼克、圣卢西亚等加勒比海小岛国家尚未提交外大陆架划界案（表7）。

---

[1] Jorge I. Domínguez, Boundary Disputes in Latin America, United States Institute of Peace（Sept. 2003），https://www.usip.org/sites/default/files/resources/pwks50.pdf，访问日期：2024年2月10日。

[2] 数据参见联合国大陆架界限委员会官网，https://www.un.org/Depts/los/clcs_new/commission_submissions.htm，访问日期：2024年2月10日。

表 7　拉美国家向委员会提交划界案情况

提交国家	提交时间	进度
巴西	2004 年 5 月 17 日	2007 年 4 月 4 日委员会通过建议
墨西哥（墨西哥湾西部）	2007 年 12 月 13 日	2009 年 3 月 3 日委员会通过建议
苏里南	2008 年 5 月 12 日	2011 年 3 月 30 日委员会通过建议
巴巴多斯	2008 年 8 月 5 日	2010 年 4 月 15 日委员会通过建议
阿根廷	2009 年 4 月 21 日	2016 年 11 月 3 日委员会通过建议
乌拉圭	2009 年 7 月 4 日	2016 年 8 月 19 日委员会通过建议
特立尼达和多巴哥	2009 年 12 月 5 日	已成立小组委员会
古巴	2009 年 1 月 6 日	委员会注意到了划界案（但尚未成立小组委员会及进行审查）
圭亚那	2011 年 6 月 9 日	委员会注意到了划界案（但尚未成立小组委员会及进行审查）
墨西哥（墨西哥湾东部）	2011 年 12 月 19 日	委员会注意到了划界案（但尚未成立小组委员会及进行审查）
巴哈马	2014 年 6 月 2 日	委员会注意到了划界案（但尚未成立小组委员会及进行审查）
哥斯达黎加和厄瓜多尔的联合提案	2020 年 12 月 16 日	委员会注意到了划界案（但尚未成立小组委员会及进行审查）
智利（复活节岛东大陆架）	2020 年 12 月 21 日	委员会注意到了划界案（但尚未成立小组委员会及进行审查）
厄瓜多尔（卡内基山脊的南部地区）	2022 年 1 月 3 日	委员会注意到了划界案（但尚未成立小组委员会及进行审查）
智利（智利南极领土的西部大陆架）	2022 年 2 月 28 日	委员会注意到了划界案（但尚未成立小组委员会及进行审查）

拉美国家较早提交的外大陆架划界案没有遭到邻国的反对，得到了较为顺利的审议。巴西在外大陆架划界过程中尤为积极，不仅在 2004 年率先提交了划界案，还根据 2007 年委员会的建议对原有划界案进行修订并在 2015 年、2017 年、2018 年陆续提交了这些修订案。此外，巴巴多斯和阿根廷两国也采取了相似的行动。他们配合委员会修订划界案的积极性在世界范围内都格外突出，约占目前提交的修订材料的二分之一，且提交日期都相当靠前。巴巴

多斯在向委员会陈述修订时还尤其指出"同意小组委员会关于经修订的划界案的结论"。他们在重视海洋权益维护的同时又较为遵守《公约》的规定，尊重委员会的建议，也能主动推动外大陆架划界进程，对国际海洋法持相对开放的态度。

但此前得到委员会审议的 6 份划界案中，仅有巴巴多斯划界案涉及加勒比海域，其余尚在等待审议的过程中，未来的审议是否依然能如此前一样顺利尚且存疑。加勒比海域划界争端更为密集，且还有格林纳达、多米尼克、圣卢西亚等多个紧密相邻的小岛国家未提交外大陆架划界案。这些加勒比海岛国的生计虽与海洋息息相关，却由于贫困、自然灾害、政局动荡等长期忽视对本国海洋权益的保护。但随着经济和科技的发展，他们必然会对资源利益丰厚的外大陆架给予更多关注，相关海域的划界是否还能如此前一般迅速推进仍待观察。

（二）海洋争端解决现状

在讨论拉美地区海洋争端解决路径的过程中，不可回避的是拉美地区有别于世界其他地区的国际法，该地区存在大量双边、多边文件和条约、宪章规定和平解决国际争端的义务，不得改变领土现状、占领地固有原则、不承认对领土的武力征服等也是拉美地区国际法的重要原则。在实践中，通过谈判等外交手段及仲裁、诉讼等司法手段和平解决领土争端，避免在国际关系中使用武力也是拉美地区国家倾向采用的策略。

19 世纪后半叶到 20 世纪，仲裁是拉美国家偏好的争端解决方式。20 世纪 30 年代前，美洲国家签订了 250 个以上仲裁及和平解决争端的条约，争议国通常邀请中立的第三国主持仲裁，如西班牙、美国、英国等。相关统计显示，从 19 世纪 20 年代到 20 世纪 70 年代，拉美国家共进行领土仲裁 22 次，近二分之一的国家选择接受仲裁结果，数量远高于世界其他国家和地区，不过其中大部分是陆地领土争端案件，涉及海洋争端的案件极其罕见。[①] 到 20

---

① 王孔祥：《拉美国家领土争端中的国际仲裁》，《国际关系学院学报》2006 年第 6 期，第 66 – 71 页。

世纪后期,拉美国家不再倾向以仲裁的方式解决划界争端问题,即使1971年,阿根廷和智利仍然将比格尔海峡的争端交由英国仲裁,仲裁结果也未能得到阿根廷的接受和履行,最终经过梵蒂冈教皇的调停及1984年双方和平条约谈判①才最终从政治角度解决了这一争端。

同一时期,拉美国家开始将海洋争端提交国际司法机构进行裁决。分析既往提交至国际法院的案件,可以发现大量案涉争端发生于加勒比海沿岸国家间。且这些国家一旦开始将海洋争端交由国际司法机构处理,后续也往往会继续向机构提交其他争端,尼加拉瓜就是其中的典型。提交国际法院的12个案件中已有10个案件完成裁决,2个案件仍在审理过程中(表8)。

表8 加勒比海沿岸国家间海洋争端审理情况

受理机构	案件	处理流程
国际法院	陆地、岛屿和海上边界争端(厄瓜多尔/洪都拉斯)	尼加拉瓜1990年申请参加,1992年法院判决
	尼加拉瓜和洪都拉斯在加勒比海的领土和海洋争端(尼加拉瓜诉洪都拉斯)	2007年法院判决
	领土和海洋争端(尼加拉瓜诉哥伦比亚)	洪都拉斯和哥斯达黎加2011年申请参加,2012年法院判决
	申请复核1992年9月11日对陆地、岛屿和海洋边界争端案(萨尔瓦多诉洪都拉斯:尼加拉瓜参加)所做判决(萨尔瓦多诉洪都拉斯)	2003年法院判决
	航行权利和相关权利争端(哥斯达黎加诉尼加拉瓜)	2009年法院判决
	海洋争端(秘鲁诉智利)	2014年法院判决

① M. C. Mirow, "International Law and Religion in Latin America: The Beagle Channel Dispute," *Suffolk Transnational Law Review*, Vol. 28 (2004): 1-30.

续表

受理机构	案件	处理流程
国际法院	尼加拉瓜与哥伦比亚在尼加拉瓜海岸200海里以外划分大陆架的问题（尼加拉瓜诉哥伦比亚）	2016年法院对初步反对意见进行判决，2023年法院就案情实质问题作出判决
	加勒比海主权权利和海洋空间受侵犯的指控（尼加拉瓜诉哥伦比亚）	2016年法院对初步反对意见进行判决，2017年哥伦比亚提出反诉，2022年法院对案件实质问题作出判决
	加勒比海和太平洋海洋划界（哥斯达黎加诉尼加拉瓜）	两个案件诉讼程序合并，2018年法院就合并案件作出判决
	波蒂略岛北部的陆地边界案（哥斯达黎加诉尼加拉瓜）	
	危地马拉的领土、岛屿和海域主张（危地马拉—伯利兹）	双方在规定时限内提交了规定诉答状，法院尚未确定审理日期
	萨波迪拉环礁群的主权归属（伯利兹诉洪都拉斯）	法院设定双方提交诉答状的时限分别为2023年5月2日（伯利兹）、2023年12月4日（洪都拉斯），伯利兹在规定时间内提交了诉状
国际常设仲裁法院	巴巴多斯—特立尼达和多巴哥（专属经济区及大陆架划界）	2006年仲裁庭裁决
	圭亚那—苏里南（海洋边界划定及海上活动争端）	2007年仲裁庭裁决

但案件的判决并不意味着海洋争端的彻底解决，不少拉美国家的宪法中存在"领土条款"，如洪都拉斯宪法第9条中申明，洪都拉斯领土位于太平洋和大西洋与危地马拉共和国、萨尔瓦多共和国和尼加拉瓜共和国之间，它与这些共和国的边界如下：与危地马拉共和国，由1933年1月23日在美利坚合众国华盛顿特区的仲裁裁决所确立……相似的列举领土边界及确认边界

相关条约的条文被称为"领土条款",这些条款可能本身并不意味着对国际司法机构判决的抵制,不少拉美国家在宪法中也都承认国际法的最高地位,但在面对国际司法机构的判决时,拉美国家可以通过灵活援引和重新解释"领土条款"抵制对本国不利的判决,也可以通过修改"领土条款"使对本国有利的判决合宪。

尼加拉瓜就是将国际法院判决选择性合宪的拉美国家之一,在 2012 年与哥伦比亚间的领土和海洋争端中,国际法院只支持了尼加拉瓜的部分主张,而在博贝尔群岛、萨瓦纳岛等部分岛屿的主权问题上支持了洪都拉斯的主张,最终 2014 年尼加拉瓜使判决中两项对其有利的海洋划界合宪。同时,尼加拉瓜有意忽略了其他对尼加拉瓜具有法律约束力的划界判决,包括 1992 年尼加拉瓜和萨尔瓦多的陆地、岛屿、海上边界争端案等,并在宪法第 10 条第 3 款中强调"尼加拉瓜共和国只承认在其领土上自由同意并根据共和国政治宪法和国际法规则承担的国际义务。如尼加拉瓜不是缔约国,则不受任何其他国家签署的条约(约束)"①。在字面意义上,该条款可理解为,其他国际判决不受到尼加拉瓜的承认,即使尼加拉瓜是诉讼中的当事方。该案件中的另一个当事国哥伦比亚也不愿接受国际法院的判决,认为根据哥伦比亚宪法第 101 条该裁决只有在尼加拉瓜和哥伦比亚签订新条约的情况下才可执行。

与之全然相反的是智利和秘鲁两国对 2014 年国际法院判决的态度,其中秘鲁甚至不是《公约》的缔约国,但双方都没有抵制判决的执行。裁决后不久,两国总统就进行了会晤并同意举行两国外交部长和国防部长会议。在具体执行联合计划的过程中,两国也遵守了国际法院的判决。秘鲁已完成关于航行、基线和空间主权的法规,改善国内法、2014 判决和《公约》之间的衔接,智利也在修改海洋相关立法的进程之中。②

---

① 法条原文为:The Republic of Nicaragua only recognizes international obligations on its territory that have been freely consented to and in accordance with the Political Constitution of the Republicand the rules of International Law. Likewise, it does not accept any treaties signed by othercountries to which Nicaragua is not a contracting party.
② Walter Arévalo Ramírez, "Resistance to territorial and maritime delimitationjudgments of the International Court of Justice andclashes with 'territory clauses' in the Constitutionsof Latin American states," *Leiden Journal of International Law*, Vol. 35 (2022): 185 – 208.

除仲裁和诉讼这样的半司法或司法解决方式外,政治协商在拉美海洋争端解决中也十分普遍。20世纪60年代后,拉美国家相互签订海上共同开发协定,1970年至1980年,阿根廷和乌拉圭、哥伦比亚和厄瓜多尔、哥伦比亚和巴拿马、巴拿马和哥斯达黎加等国家之间都签订了海洋划界或海上合作条约。目前,政治谈判依然在拉美国家解决海洋争端的实践中大量存在,如委内瑞拉和圭亚那在埃塞奎博地区进行的争端谈判。两国在该地区的争议由来已久,2015年以来,美孚石油公司在埃塞奎博近海发现大规模高品质油田,预计可采储量约110亿桶,而委内瑞拉国内的石油资源虽然丰富,但开采成本高、收益低,石油产业发展不良,对石油资源的争夺激化了两国间的矛盾。2023年12月14日,委内瑞拉总统马杜罗与圭亚那总统阿里在圣文森特和格林纳丁斯会晤,就两国领土争端问题展开对话,承诺避免发生任何让争端地区紧张局势升级的事件,并在拉共体、加勒比共同体及巴西的参与下解决争端。[1]

综上,拉美国家处理海洋争端的手段相当多样和灵活。他们较为大胆地将海洋争端提交仲裁或诉讼,并积极推动程序的进行,同时也不排除在后续继续使用谈判、协商等政治方式实现争端的解决。但总体上,海洋争端的解决在更大程度上依赖拉美国家本身的政治态度,即使已有仲裁裁决或国际司法机构的判决,他们依然可以在不直接反对裁决、判决本身的情况下,以"领土条款"援引和修改的方式规避对自己不利的部分。综合海洋争端解决手段在一定程度上体现了拉美国家在解决该问题上的决心和恒心,他们不害怕直面海洋争端,也能够采纳各种争端解决程序的优势,在一种方式无法实现争端解决的目标时果断转换路径,直到海洋争端彻底解决。

四、拉丁美洲海域治理改善之思考

拉丁美洲被东西两洋环抱,海岸线绵长,又濒临墨西哥湾和加勒比海,海洋资源尤为丰富,不仅拥有大量海洋油气资源和产值超5亿美元的渔业[2],

---

[1] 张峻榕:《两国总统会晤达成部分和平协议 委主承诺和平化解领土争端》,《文汇报》2023年12月18日第6版。
[2] 曹廷:《中拉蓝色经济合作:机遇、挑战与实践路径》,《边界与海洋研究》2022年第3期,第87–106页。

还因地理位置优势拥有阿卡普尔科港等大量良港和巴拿马运河。海洋为拉美国家的发展创造了优越的条件，拉美国家也一直重视对海洋权益的维护，积极加入《公约》，并运用诉讼、仲裁、协商等多种手段促进海洋争端的解决。在海洋生态保护领域，拉美国家注意到了海洋生态问题的严峻性，采取了建立海洋保护区、修订渔业政策等方式尝试保护海洋生物多样性。目前，智利约拥有94万平方千米的海洋保护区，阿根廷、乌拉圭也承诺在既有保护区的基础上扩大、新建海洋保护区。[1]

但拉美的海洋治理依然存在不可忽视的漏洞。受国家经济发展水平和政局环境制约，拉美国家的海洋监管成效不佳，远低于预期，特别是在打击海上贩毒和管理海洋保护区两大领域，这必然会成为该海域国家发展蓝色经济的阻碍。2017年的统计显示，大西洋西南部和太平洋东南部沿海的鱼类可持续种群不足50%，而大西洋中西部和太平洋中东部的这一数据则约为80%。红树林覆盖率在2001年至2018年则下降了20.22%，多达40%的红树林物种濒临灭绝。[2] 这些数据均足以证明拉美国家在海洋保护中收效不佳，且其在海洋数据共享方面落后于全球其他地区，信息交换量不足50%。在背靠海洋发展渔业、旅游业、养殖业等产业发展本国经济的同时，拉美各国也应不断思索优化海洋政策，增加海洋保护资金投入，提高海洋治理监管实效以应对当下的海洋危机。

（一）加强特定领域的国内海洋法完善

拉美国家海洋法的国内适用和海洋争端解决实践中所蕴含的内在立场相当一致——他们尊重国际法的权威性。这种权威不仅限于法律意义上的拘束力，更在于政治、国际声誉和影响力[3]，因而拉美国家即使并不赞同仲裁或国际司法机构的判决，也往往不愿公然挑战其权威或直接攻击仲裁、判决本

---

[1] 费尔明·库普：《拉丁美洲"南锥体"国家如何引领海洋保护》，中外对话网，2019年4月5日，https://chinadialogueocean.net/zh/5/77562/，访问日期：2023年12月25日。
[2] 曹廷：《中拉蓝色经济合作：机遇、挑战与实践路径》，《边界与海洋研究》2022年第3期，第87–106页。
[3] Karen J. Alter, Laurence R. Helfer, Mikael Rask Madsen, "How Context Shapes the Authority of International," *Law and Contemporary Problems*, Vol. 79 (2016): 1–36.

身。但在另一个层面，当国内的公众舆论对判决表现出强烈的抵触情绪时，拉美国家政府又要回应负面的公众话语，这使他们致力于寻找一种既不构成对国际法或仲裁、裁决的公然违反又能符合国家期望的解决方式。虽然在尼加拉瓜和哥伦比亚的案件中，哥伦比亚因败诉退出《波哥大公约》，不再接受国际法院的强制管辖，但总体而言，拉美国家对国际海洋法持积极开放的态度。他们并不认为仲裁或诉讼的结果意味着案件的"一锤定音"，因此很少在是否将争端提交仲裁或诉讼的问题上僵持，也敢于运用各种程序解决海洋争端，展现了特殊的"拉美智慧"。

但在一些具体领域，拉美国家缺乏专门的立法进行有效的海洋治理，其中一个最重要的领域为海上毒品走私。秘鲁、玻利维亚、墨西哥等拉美国家均存在海上毒品走私行为，其中哥伦比亚贩运的可卡因在2009年占据全球可卡因总量的80%，且大量通过海洋运输。现有资料显示拉美国家政府并未对猖獗的海上毒品走私行为进行有效监管，而在拉美国家自身未能对海上贩毒行为进行有力打击的情况下，美国作为这些海上贩毒路线的途经点或终点长期以来积极抓捕和起诉毒贩，造成了一系列过分扩张管辖权的争议。① 一方面，加强国内立法和监管可以在一定程度上减少海上毒品跨国犯罪的发生；另一方面，面临相似问题的拉美国家也可通过区域性国际组织的平台，在罪犯的逮捕、移交和起诉等方面建立合作，化解管辖权引发的争端。

（二）制定更科学的海洋生态保护政策

拉美国家此前的海洋生态保护收效不佳的原因之一为制度本身的设计并不完善。大部分拉美海洋保护区允许在其范围内进行采掘，也不禁止使用拖网或者刺网捕鱼，即使这些捕鱼方式可能造成海洋哺乳动物的死亡。相关保护政策由于仅聚焦于短期目标，更替频繁，导致海洋生态保护工作缺乏连贯性。此外，海洋保护区的实际管理也并不完善，机构之间相互独立、各自为政。针对既往海洋政策的缺陷，建立综合性的海洋资源管理系统似乎是改善拉美海域生态保护现状的可行路径，各部门可建立共同的海洋信息平台，以

---

① Marshall B. Lloyd, Robert L. Summers, "Pirates on the High Seas: an Institutional Reponseto Expanding U. S. Jurisdiction on Troubled Waters," *Boston University International Law Journal*, Vol. 38 (2020): 75.

便在进行决策时相互协商,以集体决策代替个别决策。同时,监管机构还应与当地渔民对话,渔民是海洋生态政策的直接利益相关者,不考虑渔民生计的渔业政策无疑是拉美海域非法捕鱼盛行的原因,如何平衡渔民生计和生态保护是政府及监管机构应着重思考的问题。

面对气候变化引发的海洋生态破坏,加勒比国家的区域性努力不足以缓解这一问题。他们已在本土采取措施缓解气候变化,如危地马拉的玛雅生物圈保护区在联合国教科文组织的帮助下计划通过 30 年时间(2012—2042 年)避免砍伐森林来减少 3700 万吨二氧化碳排放。[①] 但气候改善无疑是一项全球化的长期工程,联合国秘书长古特雷斯在出席 2022 年加共体峰会时也提到,所有人都需要更多的雄心和气候行动,发达国家也应履行承诺提供 1000 亿美元的气候融资以弥补加勒比国家在气候变化中遭受的损失[②]。加勒比国家所占全球碳排放量的比例极少,而 20 国集团则占全球碳排放量的 80%,加勒比国家能做的只有参与和推动国际性气候变化谈判。

第二节 亚洲区域海洋治理现状

一、亚洲国家海洋法适用

亚洲国家对建设国际海洋法体系的参与可追溯至 1958 年的第一次联合国海洋法大会,当时由 8 个发展中国家提出的"八国提案"成为大会上最后进入表决的提案之一,缅甸、印度尼西亚、菲律宾、阿拉伯联合王国作为亚洲发展中新兴海洋国家的代表参与其中。在两年后的第二次联合国海洋法大会上,"八国提案"发展为"十八国提案",伊朗、伊拉克、约旦、黎巴嫩、沙特阿拉伯和也门也加入其中。这些提案推动了发展中国家扩大领海宽度至 12

[①] 徐永春:《联合国报告:气候异常威胁拉美和加勒比生物多样性》,新华网,http://www.news.cn/world/2023-12/14/c_1130026695.htm,访问日期:2024 年 12 月 1 日。

[②] Caribbean "Ground Zero" for Global Climate Emergency, Says Secretary-General, Addressing Government Heads at Regional Conference, United Nations Press Release (July. 3, 2022), https://press.un.org/en/2022/sgsm21361.doc.htm,访问日期:2024 年 12 月 1 日。

海里这一普遍要求的最终实现，展现了亚洲各发展中国家联合一致、争取海洋话语权的努力，更好地保障了资源型国家（如伊朗、伊拉克、沙特阿拉伯等）海洋资源开采的权利和安全。

第三次联合国海洋法会议结束后，大部分亚洲国家在2000年前都加入了《公约》，孟加拉国、亚美尼亚、卡塔尔三国在2000—2010年加入，泰国、东帝汶、阿塞拜疆在2010—2020年加入，朝鲜、柬埔寨、伊朗、阿富汗、不丹、阿联酋承诺将批准并加入，但至今仍未批准。此外，中亚五国①和土耳其、以色列、叙利亚未承诺加入《公约》。由此可见，大部分亚洲沿海国家都是《公约》的缔约国，而未加入的各国大多为内陆国，仅有朝鲜、柬埔寨、伊朗、阿联酋4个国家拥有海岸线及领海。

除普遍参与《公约》外，亚洲各国也在海洋划界、科学考察、环境保护、渔业、海上安全、搜救等多个领域积极签订双边或多边条约，如2000年签订的《中越北部湾划界协定》、2004年签订的《亚洲地区反海盗及武装劫船合作协定》（Regional Cooperation Agreement on Combating Piracy and Armed Robbery against Ships in Asia）等。因不少亚洲国家较早开始重视海洋权益及海洋开发，部分条约的签订甚至早于《公约》，如1956年中国、朝鲜、苏联三国签订的《关于在救护海上遇难的人命和救助海上遇难船舶及飞机方面进行合作的协定》（Agreement on Cooperation in the Rescue of Persons in Distress at Sea and in the Salvage of Ships and Aircraft in Distress at Sea），1974年日本、韩国签订的《日本和大韩民国关于共同开发邻接两国的大陆架南部的协定》（Agreement between Japan and the Republic of Korea Concerning the Joint Development of the Southern Part of the Continental Shelf Adjacent to the Two Countries）。更值得注意的是，在同一或相似海洋议题中，亚洲国家能够在早期国际条约的基础上不断发展、更新其国际条约。如中国于2007年、2018年在海上搜救领域又与韩国、日本分别签订相似的双边协定②，又如中越北部湾海洋划界争议

---

① 指哈萨克斯坦、乌兹别克斯坦、吉尔吉斯斯坦、塔吉克斯坦、土库曼斯坦。
② 分别是《中华人民共和国政府与大韩民国政府海上搜寻救助合作协定》和《中华人民共和国政府和日本国政府海上搜寻救助合作协定》，资料详见外交部官方网站，http://www1.fmprc.gov.cn/wjb_673085/zzjg_673183/bjhysws_674671/bhgjty/hssjhzsbty/，访问日期：2024年12月1日。

中，中国在 2000 年协定的基础上于 2011 年和 2013 年与越南相继签署《关于指导解决中越海上问题基本原则协议》(Agreement on the Basic Principles Guiding the Settlement of Maritime Issues between China and Vietnam) 及《中华人民共和国国家海洋局与越南社会主义共和国自然资源与环境部关于开展北部湾海洋及岛屿环境综合管理合作研究的协议》(Agreement between the State Oceanic Administration of the People's Republic of China and the Ministry of Natural Resources and Environment of the Socialist Republic of Vietnam on Conducting a Joint Research on the Comprehensive Management of the Marine and Island Environment in the Beibu Gulf)，将合作从解决划界问题发展至开展海洋环境管理和科学协作①。

综上，亚洲国家的国际海洋法参与起步较早，并在《公约》统领下于各个特定领域制定、发展了更为具体的国际条约。在这些国际条约的国内适用过程中，亚洲各国的做法可大致分为三类，即一元体系、二元体系及区分体系。

（一）一元体系国家——以东帝汶、俄罗斯为例

据现有资料显示，在宪法中明确规定国际条约经批准、公布后可以直接适用的沿海亚洲国家有东帝汶、俄罗斯②、斯里兰卡③等。例如，东帝汶宪法规定国际公约、条约、协定经过主管机关批准加入并在国内公布后，即成为

---

① 《中越签署北部湾海洋合作协议 海洋合作获新突破》，中国新闻网，https://www.chinanews.com/gn/2013/10-14/5375581.shtml，访问日期：2024 年 12 月 1 日。
② 在地理位置上亚洲北临北冰洋，加之北冰洋海洋治理讨论无法避开俄罗斯，所以在此将俄罗斯纳入亚洲国家进行讨论。
③ 斯里兰卡宪法规定，经议会 2/3 以上成员同意批准加入的国际公约、条约、协定在斯里兰卡具有法律效力，除为了国家安全利益外，不得制定与之相抵触的国内法。原文为：Where Parliament by resolution passed by not less than two-thirds of the whole number of Members of Parliament (including those not present) voting in its favour, approves as being essential for the development of the national economy, any Treaty or Agreement between the Government of Sri Lanka and the Government of any foreign State for the promotion and protection of the investments in Sri Lanka of such foreign State, its nationals, or of corporations, companies and other associations incorporated or constituted under its laws, such Treaty or Agreement shall have the force of law in Sri Lanka and otherwise than in the interests of national security no written law shall be enacted or made, and no executive or administrative action shall be taken, in contravention of the provisions of such Treaty or Agreement。

其国内的法律,在与其国内法规相抵触时居于优先地位①。但目前仍无相关资料展现东帝汶国内适用国际海洋法的实践,原因可能有以下两点:一方面,东帝汶于 2002 年才正式建国,国家法律体系尚不完善;另一方面,如今东帝汶仍有 40% 以上的贫困人口,且该国经济高度依赖石油开发②,因而其迫切主张目前仍集中于帝汶海石油资源归属领域。

与东帝汶相反,俄罗斯在一元体系下开展了国内海洋法建设的成功实践。俄罗斯宪法第 15 条相似地规定公认国际法原则及俄罗斯联邦签署的国际条约是其国内法律体系的组成部分,俄罗斯东临太平洋、北临北冰洋,漫长的海岸线及其所带来的巨大海洋资源潜力使俄罗斯长期高度重视海洋领域的立法。1997 年加入《公约》后,1998 年其就制定了《俄罗斯联邦内水、领海和毗连区法》(Law of the Russian Federation on Inland Waters, the Territorial Sea and the Contiguous Zone)《俄罗斯联邦专属经济区法》(Law of the Russian Federation on the Exclusive Economic Zone)进一步确认其对于海域权利的管控,1999 年又出台了《俄罗斯联邦海商法典》(Maritime Code of the Russian Federation)。随着北极海域的开发进程,近年来,俄罗斯又针对北冰洋海域制定了《北极地区开发法》(Arctic Development Law)《北极航道航行条例》(Regulations on Navigation in the Arctic Sea Route)《海上作业指挥部章程》《北极航道冰上引航章程》(Regulations on Ice Pilotage in the Arctic Sea Route)等多部法律以维护其在该海域的权益③。

(二) 二元体系国家——以印度为例

以国家制定国内法律的形式实施国际条约的代表国家为部分南亚、东南

---

① 东帝汶宪法原文为:1. The legal system of East Timor shall adopt the general or customary principles of international law. 2. Rules provided for in international conventions, treaties and agreements shall apply in the internal legal system of East Timor following their approval, ratification or accession by the respective competent organs and after publication in the official gazette. 3. All rules that are contrary to the provisions of international conventions, treaties and agreements applied in the internal legal system of East Timor shall be invalid.
② 杨文澜:《〈联合国海洋法公约〉下强制调解第一案——"东帝汶与澳大利亚强制调解案"述评》,《国际法研究》2018 年第 3 期,第 50 - 70 页。
③ 唐刚:《〈联合国海洋法公约〉在俄罗斯的实施及其对中国的启示》,《海大法律评论》2022 年,第 349 - 366 页。

亚国家——印度、巴基斯坦、马来西亚、缅甸。印度宪法第 253 条规定："议会有权为印度全境或者部分地区制定法律，以执行双边或者多边条约、协定、公约，或者其他在国际会议、组织或者其他机构所作的决定"，其他几国的宪法则将为执行国际条约制定法律规定为联邦的立法事项之一①。巴基斯坦虽拥有 29 万平方千米海域的生物及非生物资源，但其人口及经济中心远离沿海，对海洋治理相对忽视②，而印度、马来西亚、缅甸都建立了国内海洋法体系，其中印度的国内海洋立法层次丰富、涉及领域多样，因而本文采用印度为典型进行分析。

除宪法外，印度国内海洋法律体系还包含议会立法及政府发布的行政法规或对于某一具体事项的公告，主要涉及海域管辖、海洋安全、渔业活动、海洋能源四个领域。在海域管辖领域，印度 1976 年制定《领海、大陆架、专属经济区与其他海域法》，当时第三次联合国海洋法会议正在召开中，这部法律吸收了领海、无害通过权、专属经济区等在《公约》中最终呈现的海洋法概念和术语，同时强调了印度中央政府在这些区域实施管制的权利和具体的行权方式。但在关于大陆架的规定中，这部法律规定印度可以将目前生效的国内法全部或部分适用至大陆架，而《公约》仅规定沿海国享有勘探开发大陆架自然资源的权利，印度的规定似乎有超出《海洋法公约》授权范围的嫌疑，与之并不完全一致。在海洋安全领域，印度 1986 年出台《国家安全警卫法》建立特别反恐部队，打击海上恐怖主义犯罪，2002 年制定《制止危害海上航行安全非法行为和大陆架固定平台法》(*Law on Suppression of Unlawful Acts against the Safety of Maritime Navigation and Fixed Platforms on the Continental Shelf*)，在国际海事组织相关公约的框架下，细化危害海上安全、大陆架固定平台安全的法律责任、诉讼程序和惩罚措施。在渔业活动领域，印度分别于 1981 年和 2005 年颁布《印度海洋区域（外国船只捕鱼监管）法》[*Indian Maritime Zones (Regulation of Fishing by Foreign Vessels) Act*] 和《沿海

---

① 戴瑞君：《认真对待国际法——基于对亚洲各国宪法文本的考察》，《国际法研究》2016 年第 4 期，第 28 – 45 页。
② 官高杰、曾信凯：《巴基斯坦海洋安全治理的潜在风险与优化路径》，《南亚研究》2022 年第 3 期，第 88 – 110 页。

养殖管理局法》(Coastal Aquaculture Authority Act),制止非法捕捞行为,规范本国渔业发展秩序。在海洋能源领域,印度也有 2010 年生效的《近海地区矿产(开发和管理)法》(Offshore Areas Mineral (Development and Management) Act),用于监管海洋矿产资源的勘探开发活动。此外,在航运、港口安全、海洋环境保护等领域,印度也有相关立法。同时,由于印度为联邦制国家,除中央政府制定的全国性法律外,各邦也可以进行立法,因而处理地区性海洋事务的政府行政法规也为数不少。[1]

总体而言,印度的海洋立法自其独立以来经过了较长时间的发展,通过吸收殖民时期英国的法律构造,在多个重要海洋法领域内较早制定了国内法律。但在近 10 年中,印度似乎较少更新完善其已有的海洋法律体系,目前较新的有关海员权益保护和海盗行为打击两项立法。在海洋能源和海洋生态保护领域,印度并无进一步举措,在海洋能源勘探日益发展、海洋生态保护需求日益迫切的今天,这极有可能使印度的海洋法体系陷入过时落后的危机中。

(三) 区分体系国家——以中国为例

部分亚洲国家未采用单一的国际法适用方式,而是根据不同国际公约、条约的性质和内容决定采用"纳入"还是"转化"方式,科威特、巴林、卡塔尔等西亚国家是其中的代表。根据这几个国家宪法的规定,大部分国际条约经批准可以直接成为其国内法的一部分,但涉及国家领土主权、友好结盟、需要国家承担财政预算外支出等方面的条约,则要经过其国内立法程序才能实施。[2] 对处在波斯湾沿岸的这些西亚国家而言,他们的海洋议题关乎主权、石油资源开发、霍尔木兹海峡 (Hormuz Strait) 的通行和管理等多个方面,不同领域的国际海洋法适用可能采用完全不同的方式。

实际上,还有部分亚洲国家未在宪法中明文规定国际条约的适用方式,但他们可能在实践中进行区分适用,中国就是其中一个典型。中国宪法没有规定国际条约的适用方式,但从各涉外法条文中可推知中国在不同海洋治理

---

[1] 孔维杰:《印度海洋法律体系研究》,西南政法大学硕士学位论文,2020,第 13 - 27 页。
[2] 戴瑞君:《认真对待国际法——基于对亚洲各国宪法文本的考察》,《国际法研究》2016 年第 4 期,第 28 - 45 页。

领域对国际法适用采取的不同态度。《海商法》第 268 条第 1 款规定："中华人民共和国缔结或者参加的国际条约同本法有不同规定的，适用国际条约的规定；但是，中华人民共和国声明保留的条款除外。"可见在《海商法》领域，国际条约的效力高于国内法律，而这种位阶对比的前提是相关国际条约已经是国内法律的一部分，因而与《海商法》相关的国际条约是采用"纳入"方式适用的。与其不同的是《领海及毗连区法》和《专属经济区和大陆架法》，两部法律在《公约》规定的海域权利的框架下、在重申《公约》赋予权利的基础上，具体化了中国在相关海域开展海洋科学研究、污染防治、海洋作业等的权利。

二、亚洲国家海洋生态保护

（一）污染与保护伴生的太平洋海域

太平洋海域长期受到人类活动的影响，存在较为严重的海洋污染和生态破坏问题，沿海开发、渔业活动、石油开采、海上运输、废物排放等因素长期威胁着太平洋海域的水体健康。

东亚国家影响显著，如韩国沿海工厂直接向海洋中排污，导致自 1991 年起其领海沿岸水质一直处于二等水平；大量围海造田破坏了相当于首尔面积 3 倍的滩涂。日本在 20 世纪 60 年代发展重化学工业，也向海中排放大量废弃物，严重污染伊势湾、濑户内海、洞海湾等近海水域。同时，部分自然灾害也加剧了太平洋海域的海洋污染。2011 年日本发生 9.1 级地震，该地震伴随着海啸，造成福岛核电站核泄漏，大量核辐射污水排入海洋并扩散，且该问题至今仍未得到妥善解决。[1]

除东亚国家造成的海洋污染外，外来的废弃物也导致东亚海域海洋环境的恶化。近年来的新闻报道显示，2016 年至 2018 年，东盟地区的塑料垃圾进口量从 83.7 万吨增加到 226.6 万吨，增幅达到惊人的 171%，目前全球海洋塑料污染最严重的 5 个国家均位于亚洲。东南亚国家成为发达国家的主要

---

[1] 于海涛：《西北太平洋区域海洋环境保护国际合作研究》，中国海洋大学博士学位论文，2016，第 54–55 页。

垃圾输出地。这些垃圾难以循环利用，其中很大一部分被倒入海洋，对生态环境造成极大破坏。[①]

进入21世纪，随着经济水平的提高，东亚国家开始关注海洋污染对海洋产业及人类健康的不利影响，采取一系列管控污染、保护生态的措施。海洋生态系统丰富的东南亚各国中，缅甸、菲律宾在殖民时期已有建立海洋保护区或海洋公园的实践，历史超过百年。其中菲律宾海洋保护水平处于全球领先地位，2019年已拥有超过1800个海洋保护区，形成保护区网络，目前其工作重心也从单纯追求保护区数量转为加大保护力度。文莱、越南、马来西亚、柬埔寨等国近年来也以立法、建立海洋保护区等方式不断开展海洋生态保护。2015年越南出台《越南海洋和海岛资源环境法》（*Vietnam Law on Marine and Island Resources and Environment*）保护海岛生态、禁止污染物排海，2018年柬埔寨在高龙岛建立第一个海洋公园，2020年缅甸在卡沃松镇和考伊岛之间的沿海水域建立第二个海洋保护区，印度尼西亚在2019年也拥有了总面积达226800平方千米的195个海洋保护区。[②] 位置略靠北的其他东亚国家也有不少针对海洋保护的举措。截至2022年，中国累计实施58个"蓝色海湾"整治行动项目、24个海岸带保护修复工程项目、61个海洋生态保护修复重大项目，改善区域海洋生态系统质量。韩国在2001年至2018年建立13个湿地保护区，占韩国滩涂总面积的57%，并于2021年实施《第一期滩涂管理修复基本规划（2021—2025）》。

但保护措施的采取并不意味着长期困扰太平洋海域的污染问题和生态问题已经得到彻底解决。太平洋沿岸的亚洲地区人口规模庞大，城市数量众多，生活、生产污水的排放给近岸海洋生态保护带来了严峻的挑战。中国生态环境部发布的《2022年中国海洋生态环境状况公报》显示，黄海、渤海的水质仍在下降，辽东湾、渤海湾、长江口、杭州湾、珠江口等近岸海域为污染集中区域。对依赖海洋发展的东亚各国而言，如何控制污染的产生、恢复被破坏的海洋生态将是一项长期的议题。

---

① 徐伟：《全球海洋塑料污染最严重的5个国家都在亚洲》，中国海洋发展研究中心官网，http://aoc.ouc.edu.cn/2019/0919/c9829a267463/page.htm，访问日期：2024年12月1日。

② 王佳微、夏颖颖、吕慧铭，等：《东南亚国家海洋保护区发展探析》，《海洋开发与管理》2022年第39期，第67-73页。

（二）面临石油污染的印度洋海域

与亚洲接邻的印度洋海域同样遭受着城市、工业、农业污染物及不合理渔业捕捞的威胁。巴基斯坦的拆船业缺乏污水处理设施，拆船产生的废油、压舱水、舱底水等被直接排入印度洋。① 斯里兰卡、印度仍在印度洋进行非法捕渔，甚至捕捞濒危的鲨鱼。这些活动无疑是在不断破坏印度洋的海洋生态，据目前资料，印度洋沿岸国家改善海洋环境的举措较少，但并不是说近年来这些国家在海洋保护中毫无行动。在2020年的联合国生物多样性大会上，阿布扎比环境局保护和恢复沿海海洋生态系统的方案被联合国环境规划署列为全球十大倡议，这是对其沿海濒危物种及其栖息地保护的肯定，阿布扎比的可持续渔业指数也从2018年的8.9%上升到2021年底的62.3%。② 2022年5月16日，约旦亚喀巴经济特区管理局与海洋勘探机构OceanX签署谅解备忘录，将亚喀巴海洋保护区纳入全球海洋保护区网络。③ 除执政当局采取的行动外，国际组织、民间组织也持续为海洋生态保护而努力。世界自然基金会巴基斯坦分会与当地渔民合作成功从海中回收超过1000千克的渔具，并与"榄蠵龟项目"合作保护海龟的产卵地，巴基斯坦的一群潜水员则成立了一个名为"气候X"的组织开展海洋保护、生态文化旅游宣传等活动。④

此外，石油泄漏在印度洋海域造成的污染是一个值得重视的问题。波斯湾沿海因惊人的海洋石油储量而闻名，但石油在开采、运输过程中存在泄漏的风险。2003年，"塔斯曼海精神号"在卡拉奇港入海口搁浅，导致3万吨石油泄漏，当地17所学校关闭一周，暂停捕渔3个月，居民也出现明显的不适症状。⑤ 除油轮外，在波斯湾地区海洋输油管道也是一种常见的石油运输

---

① 何湘怡：《巴基斯坦海上非传统安全挑战：现状、治理措施及影响》，《边界与海洋研究》2023年第8期，第66-89页。
② Shaikha Salem Al Dhaheri：《推进海洋保护，守护下一代绿色明天》，凤凰网，https：//i.ifeng.com/c/8RCVn6lZtn3，访问日期：2024年12月2日。
③ 上海全球治理与区域国别研究院：《中东研究｜阿拉伯国家改革发展动态第三十期》，微信公众号"中阿改革发展研究中心"，访问日期：2022年6月6日。
④ 佐费恩·易卜拉欣：《阿拉伯海中的"潜水拾荒"：与时间作战，治理海洋垃圾》，网易网，https：//www.163.com/dy/article/DUVGH3T30514R9P4.html，访问日期：2024年12月5日。
⑤ 何湘怡：《巴基斯坦海上非传统安全挑战：现状、治理措施及影响》，《边界与海洋研究》2023年第8期，第66-89页。

方式，这种方式同样存在隐患，且在过去 10 年内，漏油的风险逐渐增加。2019 年伊朗哈尔克岛管道的石油泄漏造成超过 300 平方千米的污染[①]，且相似事件于 2023 年 8 月在伊朗杰瓦纳港到哈格岛石油码头的一条输油管道上再次发生。虽然近年来已有相关研究致力于应用光学遥感图像监测波斯湾地区的油污泄漏，但目前尚未有证据证明这些科研成果已经投入实践。

三、亚洲国家海洋划界现状

亚洲毗邻太平洋、印度洋、北冰洋三大洋，其中太平洋和印度洋沿岸国家众多。根据《公约》第 122 条的规定，被两个或两个以上国家环绕并由一个狭窄的出口与开阔海洋相连，或全部或主要由两个或两个以上沿岸国的领海和专属经济区构成的海湾、海盆或海域为国际法意义上的闭海或半闭海。太平洋、印度洋上存在不少典型的闭海或半闭海，如南海、日本海、波斯湾等，当各沿岸国家都按《公约》规定对本国海洋权益进行主张时，在这些相对狭窄的海域就极易产生主权冲突、划界纠纷，不少狭窄的水道又往往占据着重要的战略地理位置或影响国际航运[②]，加之政治、历史因素，亚洲海域的划界争端是亚洲海洋治理讨论中不可忽视的重点问题。同时，自然资源争夺加剧也使各国将目光投向北极圈，北冰洋海域的划界在 21 世纪初就已拉开序幕，俄罗斯无疑是最早积极的参与国家之一。本书拟根据地理位置进行划分，分别分析太平洋、印度洋、北冰洋沿海国家海洋划界现状及纠纷。

（一）外大陆架划界进程

在亚洲 10 个岛国、24 个沿海国家以及横跨欧亚两洲的俄罗斯中，共有 17 个国家向委员会提交了一份或多份划界案[③]。俄、日两个发达国家率先提交划界案并审议通过，此后，2008 年至 2012 年，东亚、南亚各国相对集中

[①] Mina Mohammadi, Alireza Sharifi, Mohammad Hosseingholizadeh, Aqil Tariq, "Detection of Oil Pollution Using SAR and Optical Remote Sensing Imagery: A Case Study of the Persian Gulf," *Journal of the Indian Society of Remote Sensing*, Vol. 49 (2021): 2377-2385.

[②] 王玫黎、陈悦：《闭海或半闭海制度下海洋环境保护合作的立法模式探析与启示》，《西北民族大学学报（哲学社会科学版）》2020 年第 1 期，第 69-82 页。

[③] 数据参见大陆架界限委员会官网，https://www.un.org/Depts/los/clcs_new/commission_submissions.htm，访问日期：2024 年 12 月 2 日。

地提交了数个划界案，3个国家在2017年后提交了划界案，其中印度尼西亚共提交3份划界案，是亚洲国家中提交划界案数量最多的（表9）。

表9 亚洲国家及俄罗斯向委员会提交划界案情况

提交国家	提交时间	进度
俄罗斯（跨洲国家）	2001年12月20日	2002年6月27日委员会通过建议
日本	2008年12月11日	2012年4月19日委员会通过建议
缅甸	2008年12月16日	因孟加拉国的照会，委员会推迟审议
也门	2009年3月20日	也门没有在委员会届会上介绍划界案，委员会也没有成立小组委员会
菲律宾	2009年4月8日	2012年12月4日委员会通过建议
巴基斯坦	2009年4月30日	2015年3月13日委员会通过建议
马来西亚和越南联合提交	2009年5月6日	因中国、菲律宾的照会，委员会推迟审议
越南	2009年7月5日	
斯里兰卡	2009年8月5日	已成立小组委员会
印度	2009年5月11日	
马尔代夫	2010年7月26日	委员会注意到了划界案（但尚未成立小组委员会及进行审查）
孟加拉国	2011年2月25日	
中国	2012年12月14日	
韩国	2012年12月26日	
阿曼	2017年10月26日	
印度尼西亚	2019年11月4日	
马来西亚	2019年12月12日	
印度尼西亚	2020年12月28日	
印度尼西亚	2022年11月8日	

观察亚洲各国外大陆架划界案的进程发现，东亚太平洋沿岸各国在200海里外大陆架划界中基本未取得有效进展。日本、菲律宾、越南、中国、韩国、印度尼西亚、马来西亚等多国提交了划界案，但目前仅有日本、菲律宾两国分别于2008年和2009年提交的划界案在委员会审议通过。其余划界案或因提交较晚尚在等待审议[①]，或因牵涉国家众多无法达成无争端审议前提[②]，陷入停滞。

在印度洋沿岸的南亚、西亚诸国中，仅有巴基斯坦一国的划界案完成审议，南亚的印度、斯里兰卡两国的划界案成立小组委员会，也门虽很早提交了划界案，但始终没有完成划界案审议的前置程序。值得注意的是，西亚国家在200海里外大陆架划界中的参与极少，波斯湾沿岸国家中仅有也门、阿曼两国提交了划界案。

在北亚，俄罗斯长期以来积极推动北冰洋海域200海里外大陆架划界进程，是亚洲国家中最先提交200海里外大陆架划界案的国家。2001年划界案中，因俄方未能就位于北冰洋的罗蒙诺索夫海岭和阿尔法—门捷列夫海岭提供充足的地质数据，委员会建议俄方补充相关科学证据资料后再次提交。2015年，俄方提交了对北冰洋外大陆架划界案的修订，2021年又一次补充了两份科学证据。无论从参与时间还是参与程度来看，俄罗斯已然成为北极海域200海里外大陆架划界中的核心角色，并在掌握战略主动权的基础上，通过国际法程序不断巩固、扩大其权利范围。[③]

（二）海洋争端解决现状

1. 太平洋海域划界争端

东亚区域存在诸多岛屿、群岛，有半闭海如东海、南海、日本海等，海域中孕育着丰富的生态系统及渔业资源。该区域的国家因此大都具有悠久的渔业历史，他们地理位置接近，历史文化背景有着一定的相似性，但在内外政治、经济发展水平层面又不尽相同。长期以来，东亚海域围绕主权、自然

[①] 如中国2012年提交的东海划界案。
[②] 如马来西亚和越南2009年联合提交的南中国海南部划界案、越南2009年提交的北部划界案。
[③] 刘惠荣、张志军：《北冰洋中央海域200海里外大陆架划界新形势与中国因应》，《安徽大学学报（哲学社会科学版）》2022年第46期，第79-87页。

资源的争议随着海洋勘探、政局变化等因素阶段性恶化或改善，但始终未能得到彻底解决，至今仍是东亚各国海洋治理无法回避的持续性问题。

（1）东北亚。

东北亚的俄、中、日、韩四国之间就岛屿主权归属及海域边界问题产生了一系列复杂的争端，包括日俄间的南千岛群岛[①]争端、日韩间的独岛[②]争端、中日间的钓鱼岛争端等。大部分岛屿的争端浮现于二战结束后，《雅尔塔协定》（*Yalta Agreement*）《波茨坦公告》（*Potsdam Proclamation*）《旧金山和约》（*Treaty of San Francisco*）等多份文件确立了战后各国的领土范围，但相关国家并未在这些文件的执行中达成一致，并不断引入历史证据对相关规定做出符合本国利益的解释。在独岛争端中，日方认为《旧金山和约》为要求日方放弃对独岛的占领，但韩方认为独岛受郁陵岛管辖，应随郁陵岛归还。相似的争议同样出现在南千岛群岛争端中，俄方根据《雅尔塔协定》控制南千岛群岛，但日方否认放弃对南千岛群岛的领土主张，并认为其主张有历史证据支持。至今，争议各国间尚未能签订条约对其进行有效解决，这些争议在长期存在的同时也会在短时间内因某一方的举措而突然加剧，如对渔船、渔民的枪击和拘留等。

海洋资源竞争是东北亚海域的另一个焦点问题，主要包括渔业及油气开发。东北亚寒暖流交汇的海域中聚集了大量鱼群，但各国对专属经济区的范围存在不同认定，采用双边协议解决这一问题的尝试最终也未能成功。近年来，在争议水域开展渔业活动的渔民依然受到冲突国家的军事恐吓，紧张的局势并未得到缓解。中、日、韩三国在东海大陆架的油气开发过程中面临相似问题，虽然自 2000 年起，各方就不断开展磋商并签订协议，但是这些协议并没有改变各方相互矛盾的立场，更没有得到有效执行。[③] 总体而言，东北亚的海洋划界争端目前仍处于僵持中。

[①] 日方称之为"北方四岛"。
[②] 日方称之为"竹岛"。
[③] Guifang (Julia) Xue, Lei Zhang, "East Asian Seas – Conflicts, Strategies for Peaceful Resolutions and Accomplishments (Panel 1): Maritime Disputes in Northeast Asia and Escalation of the Sino – Japan Islands Dispute: Implications and Prospects," *Hawaii Law Review*, Vol. 35 (2013): 469.

(2) 东南亚。

东南亚有 9 个国家为沿岸国家或岛屿国家，其中菲律宾和印度尼西亚是世界上最大的两个群岛国家，而这些国家又相对集中地分布于一片海域中。当各国关注到这片海域沟通两大洋的独特位置及丰富的资源储备时，他们最大化己方海洋利益的举措往往导致矛盾的激化。东南亚的海洋划界争端始于 20 世纪 60 年代，所涉区域包含我国南海部分区域、安达曼海、马六甲海峡、新加坡海峡、泰国湾等，这意味着该海域内的海洋争端数量庞大。以印度尼西亚一国为例，其与菲律宾、越南、马来西亚等邻国都存在海洋边界争端。[1]

各东南亚国家在以外交方式解决海洋划界争端方面态度积极。1969 年至 2014 年，东南亚各国缔结了 29 项划界条约，同意 10 项临时安排，相比东北亚，东南亚协议解决海洋划界争议的实践更加丰富和成功。[2] 有学者认为，东盟这一区域性国际组织在改善东南亚诸国关系，促进各国达成一定和解与妥协方面起到了重大作用，如促进越南、泰国达成泰国湾划界协议。[3]

观察这些海洋划界协议的签订时间可以发现，1969 年至 1980 年是协议签订的高峰期，其中大量为大陆架划界协议，少量为领海划界协议或渔业划界协议。1980 年后协议签订的速度逐渐放缓，且多涉及专属经济区、大陆架、领海划界，少量涉及渔业。目前可查最晚签订的划界协议为 2014 年印度尼西亚和新加坡的领海划界协定，此后东南亚国家是否继续签订海洋划界协议仍有待证实。但根据此前协议签订频率的变化可以推测，大量能够通过政治谈判解决的海洋划界争端已在东南亚各国关系转暖时期得到了集中解决，剩下的海洋划界争端或因利害重大、参与国家众多、地理环境复杂等因素更为复杂、更难通过磋商解决。这意味着未来东南亚各国的海洋划界谈判将耗费更长的时间，且剩余海域划界争议也可能涉及东南亚各国以外的国家，如中国，这些都是未来东南亚海洋划界争端解决所面临的挑战。

---

[1] 周士新：《东南亚国家海洋划界的政策选择》，《国际关系研究》2019 年第 1 期，第 13 - 32 页。
[2] Tara Davenport, "Southeast Asian Approaches to Maritime Boundaries," *Asian Journal of International Law*, Vol. 4 (2014): 309 - 355.
[3] 周士新：《东南亚国家海洋划界的政策选择》，《国际关系研究》2019 年第 1 期，第 13 - 32 页。

同时，东南亚各国似乎并不愿将争端交由国际司法机构解决，目前相关案例仅有3个：诉至国际法院的印度尼西亚和马来西亚间的利吉丹岛、西巴丹岛主权归属案（2001年），诉至国际海洋法法庭的马来西亚诉新加坡围海造地案（2003年），诉至国际法庭的马来西亚和新加坡间的白礁岛、中岩礁与南礁主权归属案（2008年）。

2. 印度洋海域划界争端

印度洋海域亚洲国家的海洋划界争端主要通过签订划界协议和寻求国际司法机构裁判两种方式解决。

波斯湾地区的海洋争端解决大多采用签订划界协议的方式进行。波斯湾海底可观的石油储量所带来的巨大经济利益早在20世纪中期就得到了沿岸国家的关注，分享海洋利益、避免纠缠、尽早开发成为波斯湾沿海诸国的共同选择。① 自1969年卡塔尔和阿布扎比（阿联酋）签订第一个划界协议起，波斯湾沿岸国家便不断推动协议划界，至今为止已签订12项海洋划界条约。截至目前，波斯湾的大多数海洋边界已经完成划定。

印度洋海域也存在通过国际司法机构解决划界争端的案例，这些案件涉及岛礁主权归属、历史性捕鱼权、海洋边界确认等方面，案件数量虽不多，但在海洋划界方法论建立过程中具有重要意义（表10）。其中卡塔尔诉巴林案融合"公平原则"和"等距离/特殊情况"，将"公平原则及有关情况规则"应用于专属经济区及大陆架划界。缅甸/孟加拉国孟加拉湾划界案则是国际海洋法法庭实质性介入200海里外大陆架划界的首个案件。②

表10 印度洋海域通过国际司法机构解决划界争端的案例

受理机构	案件	处理流程
国际常设仲裁法院	厄立特里亚/也门红海划界案	1996年该案提交，1998年进行第一阶段判决，1999年完成划界判决

---

① 郭振华：《波斯湾地区海洋开发与海洋争端问题研究》，郑州大学博士学位论文，2013，第55页。
② 章成：《印度洋海区海洋划界争议的法律解决路径探究》，《南京大学法律评论》2019年第1期，第381–389页。

续表

受理机构	案件	处理流程
国际法院	卡塔尔诉巴林案	1994年和1995年两次就国际法院司法权与可受理性做出判决，2001年最终判决
国际海洋法法庭	缅甸/孟加拉国孟加拉湾划界案	2011年举行公开听证，2012年最终判决
	毛里求斯/马尔代夫海洋划界案	2021年进行初步反对意见判决，2023年最终判决

3. 北冰洋海域划界争端

到目前为止，并无其他资料显示有亚洲国家参与北冰洋海域划界争端，俄罗斯北冰洋划界所牵涉的国家及海域也并不在亚洲范围①，因而在此不展开叙述。

四、亚洲海域治理改善之思考

亚洲被印度洋、太平洋、北冰洋从西、东、北三面环抱，独特而复杂的地理地质及水文条件使亚洲海域成为地球上拥有最丰富、最迷人资源的一片海域，哺育了数量庞大的沿海居民，是亚洲各国长期以来赖以发展的资源富矿。在以《公约》为核心的国际海洋法体系创立之初，亚洲各国便积极参与其中，并在海域开发、划界等领域不断签订多边及双边条约予以补充。在海洋划界领域，亚洲海域的划界争议虽由于复杂的地理、历史、资源等难以在短时间内得到彻底解决，但大部分国家能够通过政治协商的方式开展合作，缓解争端。近年来，亚洲各国也更加重视过往不合理开发导致的海洋污染，并采取一些生态修复和保护措施。

然而，亚洲国家海洋治理未来的形势依然严峻。过往，亚洲各国多偏好采用政治协商的方式缓和海洋争端态势、开展共同开发，但在资源争夺日益激烈、国际局势日益紧张的今天，亚洲各国是否还能一如既往以和平、合作

---

① 参与北极地区海域划分的主要有俄罗斯、美国、加拿大、丹麦（格陵兰）、挪威和冰岛六国，其中苏联（俄罗斯）和挪威曾在2010年签署巴伦支海区的划界协议。

的方式处理海洋划界问题尚有待观察。而在生态保护领域，亚洲海域频繁的人类活动无疑是对海洋生态治理的持续挑战，目前亚洲各国在平衡发展、生态保护中投入的精力还远远不足。联合国《2020 年全球海洋科学报告》(*Global Ocean Science Report 2020*) 显示，相比美洲、欧洲甚至非洲，亚洲制定侧重海洋和可持续发展战略的国家最少，不足 10 个。同时，受到席卷全球的新冠疫情影响，亚洲几个传统的海洋科学研究投资大国的海洋科学预算也出现了减少，韩国约降低 5%，日本约降低 17%。[1] 实现这片富饶海域可持续发展的愿景，仍需亚洲各国政府主动对话、化解争端，增加对海洋生态治理的关注和投入，并探索学界、企业、政府多方参与的海域治理模式，推动联合国《2030 年可持续发展议程》(*2030 Agenda for Sustainable Development*) 在海洋领域的实施。

（一）以区分适用模式平衡国内法与国际法体系

观察亚洲国家对国际条约适用方式的态度，可以发现纯粹的一元体系国家和二元体系国家为少数，大部分国家会根据不同条约的性质和本国国情采用不同的适用方式。这样的安排显然是必要的，虽然亚洲国家宪法普遍传递出遵守国际法的强烈意愿，但如果在实践中将所有国际条约纳入国内法体系，可能会使一些国家产生国内法律不统一的问题。因为现实中进行国家间合作的主体不断增加，不仅存在国家间签订的国际条约，国家政府间、部门间也可能签订如"谅解备忘录"之类的文件，这些文件应否被纳入国内法体系，在相互之间、和不同位阶国内法间发生矛盾时又以何者为先都是很难解答的问题。即使不少国家已经规定由立法机关在国际条约缔结和生效前对其进行合法性审查，以避免其与国内法产生冲突，但这样的程序仅适用于重大国际条约的缔结，且审查范围仅限于宪法和法律。因而在很长一段时间内，对不同国际条约进行区分适用仍将是亚洲国家平衡国际法与国内法体系的常用手段。

---

[1] K. Isensee, ed., "Global Ocean Science Report *2020* – Charting Capacity for Ocean Sustainability," United Nations Educational, Scientific and Cultural Organization Publishing, 2020, pp. 35–39。联合国教科文组织数字图书馆网站，https://unesdoc.unesco.org/ark:/48223/pf0000375147，访问日期：2024 年 10 月 23 日。

(二) 多方合作建立综合海洋生态保护系统

亚洲海域生态破坏源于庞大的人口生存、发展造成的不合理海域开发，近年来，人们发现在海洋生态系统中不少问题彼此关联。例如内陆的污染排放造成近海水质恶化，红树林、珊瑚礁、海草床等沿海栖息地退化，渔业资源因此减少，而对海岸线上人口稠密的社区而言，渔业产品是他们重要的食物来源，排污行为最终对沿海居民的饮食安全造成了威胁。同时，虽然不少国家已采取措施保护海洋生态，但污染的源头依然没有得到控制，新的海洋生态问题还在源源不断地产生。

基于上述特征，亚洲的海洋生态保护更需强调综合性。实际上，20世纪末，联合国开发计划署就根据自然地理条件和海洋生物特征在东亚建立了大海洋生态系统（Large Marine Ecosystem，LME），倡导多国共同参与区域海洋生态保护，共同面对气候变化、经济发展停滞、不平等和贫困等给海洋环境保护带来挑战的因素。LME主要以5个指标评估海洋生态系统——生产力、鱼类和渔业、污染和生态系统健康、社会经济、海域管理，这些因素综合自然科学和社会科学，被用于诊断LME中应被优先解决的问题。这种尝试相当具有前瞻意义，在近年来越来越被重视的可持续发展议题中，LME模式的价值越发凸显。它同时也为国家政府、国际组织、国际金融组织、非政府组织和学界搭建了合作的平台，但在目前，私营企业似乎仍较少参与其中。[1] 在未来，LME项目的落地必然需要更多私营企业的参与，在旅游、航运和渔业领域，已有相关合作的成功案例，亚洲各国或许可从这些领域出发展开合作。

(三) 采取预防性措施防止海洋争端升级

从起因角度来看，大部分亚洲国家的海洋争端都可追溯至久远的历史背景，但实际导致这些隐患爆发的是近年来越发激烈的海洋资源、海洋权益争夺。尤其在东亚海域，可以观察到大部分争议岛屿面积较小，基本无人居住，但和大陆有一定距离，[2] 涉争国家往往看中岛屿归属背后隐含的大陆架、专

---

[1] Jose Erezo Padillaa, Andrew Hudson, "United Nations development programme (UNDP) perspectives on Asian Large Marine Ecosystems," *Deep-Sea Research Part II*, Vol. 163 (2019): 127-129.

[2] Nasu H, Rothwell D R, "Re-Evaluating the Role of International Law in Territorial and Maritime Disputes in East Asia," *Asian Journal of International Law*, Vol. 4 (2014): 55-79.

属经济区等广阔的海洋权利，因此各国围绕岛屿归属、岛屿与岩礁的区别①常有针锋相对的主张。

从解决海洋争端途径角度来看，大部分亚洲国家不愿国际司法机构介入争端解决过程，这在东亚地区表现格外明显。谈判是各东南亚国家长期以来解决争端的偏好，他们在国际海洋法基础上主张各自权益并达成一定妥协。东北亚虽然只有4项海洋划界协议生效，但争议各国同样没有将争端提交国际司法机构的意愿。

在过去数十年间，缔结协议化解海洋划界争端的方法的确在亚洲地区获得了瞩目的成果，即使是在一些未能确定最终海洋边界的海域，各国也能达成一些实质性的临时协议，暂时搁置领土争端，开展海上合作，但这种争端解决模式在未来可能面临更严峻的考验。海洋划界协议和临时安排的达成依赖于政治上的友好关系，多缔结于国家关系良好时期，但其后续实施过程中国家关系的变化极有可能给协议的实施带来变数，如《1990年马来西亚—泰国联合管理局法案》（第440号法令）［*Malaysia – Thailand Joint Authority Act 1990*（*Act 440*）］因两国间发生捕鱼权争端，历时11年才最终实施。同时，对海洋油气开发的迫切需要是此前各国相互妥协、达成划界协议或共同开发协议的重要原因，特别是在部分国家缺乏成熟的油气勘探、开采技术时，联合开发能够实现其利益的最大化。但随着科技的不断进步，越来越多的国家将掌握油气开采的专业知识，届时他们的合作意愿极可能不再如此强烈，相关海域的争议依然存在激化、升级的风险②。鉴于这些海洋争议的敏感性和其中介入的政治、历史因素，彻底解决争议将是一个极其漫长的过程。目前看来，缓和冲突态势、防止争议升级将是亚洲各国面对海洋争端的长期任务，相关措施包括分析争议海域可能发生的潜在冲突，同时采取预防性措施，避免争议恶化为武装冲突。例如马来西亚和印度尼西亚两国在2012年签订了一

---

① 根据《联合国海洋法公约》第121条的规定，岛屿的领海、毗连区、专属经济区和大陆架适用该公约中有关陆地的规定，但不能维持人类居住或其本身的经济生活的岩礁没有专属经济区或大陆架。
② Tara Davenport, "Southeast Asian Approaches to Maritime Boundaries," *Asian Journal of International Law*, Vol. 4 (2014): 309–355.

项针对渔民的谅解备忘录，同意在马六甲海峡北部尚未确定专属经济区范围的海域进行合作，由执法机构要求在该海域进行渔业活动的渔民离开，以这种方式代替对渔民的逮捕及对船只的扣留。类似的预防性措施不仅有利于相关海域的和平稳定、巩固各国既有协商成果，也将为推动海洋争端的最终解决创造良好的条件。